U0516095

BLUE BOOK

智 库 成 果 出 版 与 传 播 平 台

未来媒体蓝皮书

BLUE BOOK OF FUTURE MEDIA

中国未来媒体研究报告
（2024）

ANNUAL REPORT ON THE DEVELOPMENT OF FUTURE MEDIA
IN CHINA (2024)

智能视听：驱动未来媒体发展的新质生产力

Intelligent Audio-visual: The New Quality Productivity Driving
the Development of Future Media

主　编／林小勇

社会科学文献出版社
SOCIAL SCIENCES ACADEMIC PRESS (CHINA)

图书在版编目（CIP）数据

中国未来媒体研究报告.2024：智能视听：驱动未
来媒体发展的新质生产力/林小勇主编.--北京：社
会科学文献出版社，2024.11.--（未来媒体蓝皮书）.
ISBN 978-7-5228-4685-9

Ⅰ.G219.2

中国国家版本馆 CIP 数据核字第 2024M5K135 号

未来媒体蓝皮书

中国未来媒体研究报告（2024）
——智能视听：驱动未来媒体发展的新质生产力

主　　编／林小勇

出 版 人／冀祥德
责任编辑／周　琼
文稿编辑／徐　磊
责任印制／王京美

出　　版／社会科学文献出版社（010）59367126
　　　　　地址：北京市北三环中路甲 29 号院华龙大厦　邮编：100029
　　　　　网址：www.ssap.com.cn
发　　行／社会科学文献出版社（010）59367028
印　　装／天津千鹤文化传播有限公司

规　　格／开　本：787mm×1092mm　1/16
　　　　　印　张：26.5　字　数：441 千字
版　　次／2024 年 11 月第 1 版　2024 年 11 月第 1 次印刷
书　　号／ISBN 978-7-5228-4685-9
定　　价／138.00 元

读者服务电话：4008918866

主要编撰者简介

林小勇　厦门理工学院影视与传播学院副院长、教授,高级编辑,硕士研究生导师,鹭江杰出学者,福建省重点智库福建未来媒体智库主任、首席专家,福建省高校人文社科研究基地未来媒体发展研究中心主任,福建省网络视听应用创新重点实验室主任。主要研究方向为未来媒体、广播影视与网络视听。先后主持国家社科基金项目,省部级重大、重点项目等10余项。出版专著7部,发表学术论文30多篇。作品曾获中国新闻奖特别奖、中国广播电视新闻奖一等奖等奖项30多项。研究成果曾获国家广电总局优秀研究成果、福建省社会科学优秀成果奖二等奖、厦门市社会科学优秀成果奖一等奖等奖励。多篇咨询研究报告获省委主要领导批示并被省部级以上单位采纳。

蓝燕玲　厦门理工学院影视与传播学院副教授,传播学博士,硕士研究生导师,福建省重点智库福建未来媒体智库、福建省高校人文社科研究基地未来媒体发展研究中心、福建省网络视听应用创新重点实验室研究员,主要研究方向为传媒市场调研、新媒体数据分析与应用。在《厦门大学学报》《新闻界》《传媒》等核心期刊上发表以媒体研究、市场调研为主题的多篇学术论文;参与《中国互联网文化产业报告》《两岸创意经济研究报告》的编写;主持和参与国家社科基金项目、福建省社科基金项目、福建省教育科学规划常规课题、福建省教育厅科研项目、高层次人才引进科研项目20余项。

冷莹莹　厦门工学院博雅教育与艺术传媒学院讲师,福建省重点智库福建未来媒体智库、福建省高校人文社科研究基地未来媒体发展研究中心、福建省网络视听应用创新重点实验室研究员。主要研究方向为网络传播、新媒体，在《中国广播电视学刊》《中国电视》等核心期刊上发表学术论文多篇，近年来参与多项省部级以上课题，研究成果曾获福建省社会科学优秀成果奖二等奖、厦门市社会科学优秀成果奖一等奖等奖励。

摘　要

2023 年以来，大语言模型和垂直模型的应用探索爆发式推进，生成式人工智能突破式发展，在全球范围内掀起应用热潮。在数智化技术的推动下，"AI+"将成为未来视听媒体转型发展的"标配"，开放协同的"泛智能视听"时代正在到来。

《中国未来媒体研究报告（2024）》以"智能视听：驱动未来媒体发展的新质生产力"为主题，聚焦 2023~2024 年我国视听产业在智能新时代下面临的创新与挑战。全书由"总报告""产业生态""行业探索""调查数据""环球动向"五大部分构成。"总报告"全面分析了智能技术如何成为驱动视听产业变革的核心力量。"产业生态"重点从内容生产、技术服务、平台运营、教育培训和终端产品制造五个产业构成模块分析智能视听产业的发展现状与变革趋势。"行业探索"从广电、游戏动漫、数字出版、广告、影视等行业角度着眼，分析了智能视听技术如何为产业赋能。"调查数据"针对小学生、青年人、老年人等用户群体，以一手数据分析不同年龄群体的智能视听内容消费现状，并深入调研地方区县级融媒体中心，提出促进其高质量发展的对策建议。"环球动向"通过对美国、英国、韩国等国家智能视听产业的发展现状与热点进行梳理，从国际视野对智能视听产业开展更全面与深入的研究。

本报告分析指出，智能视听是广播电视与网络视听和以人工智能为代表的新一代信息技术产业、战略性新兴产业深度融合发展的结晶，是围绕多维度场景，进行自动化内容生成和沉浸式交互的视听传播新生态，其既是视听生产和应用的内容集合，又是相关技术、平台、产品、终端和服务的总称，具有技术集合性演进、表达虚实性相融、边界渗透式延伸和产业全链条覆盖的内涵特征。智能视听作为跨行业、多样态的产业集合体，应充分把握数字化转型新机

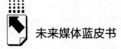
遇，突出创新驱动，加强技术创新，加快业态升级，推进机制革新，加速培育媒体新质生产力。

本报告认为，各主流媒体和商业平台纷纷以 AI 赋能视听生产，通过建强技术底座、创新内容形式、深化场景应用、拓展终端形态、强化社交互动等措施，为视听行业带来"质量与效率"变革，但也面临关键技术"卡脖子"、示范性应用少、复合型人才缺乏、治理框架待完善等挑战。在科技革命和视听产业变革的浪潮中，要以技术创新引领视听领域的变革与融合。智能视听产业要以"智慧"提升品质，向着"创新"方向前进，迈向高质量发展的新纪元。

《中国未来媒体研究报告（2024）》由厦门理工学院、福建省重点智库福建未来媒体智库、福建省高校人文社科研究基地未来媒体发展研究中心、福建省网络视听应用创新重点实验室联合编撰。

关键词： 未来媒体　智能视听　数智化

目 录 ⏩

Ⅰ 总报告

B.1 中国未来媒体年度主题报告（2024）：
　　"智能视听+"时代下的深度变革与挑战 ……… 冷莹莹　林小勇 / 001

Ⅱ 产业生态

B.2 智能时代下视听内容生产的再造与重构（2024）
　　…………………………………………… 蓝燕玲　刘司航 / 044
B.3 智能视听技术服务体系发展研究报告（2024）
　　………………………………………………… 魏　武　韩子童 / 064
B.4 智能视听平台运营的升维发展研究报告（2024）……… 张永年 / 086
B.5 智能视听人才队伍建设发展报告（2024）…… 江　南　王馨悦 / 105
B.6 智能视听终端制造产业发展现状与趋势（2024）……… 梁缘良 / 127

Ⅲ 行业探索

B.7 广电行业构建智能视听内容生产新格局………………… 魏曦英 / 149
B.8 游戏动漫业生成式 AI 应用发展报告（2024）
　　………………………………………………… 林馨雨　任一鸣 / 162
B.9 数字出版业的智能变革与重塑…………………………… 曹　丹 / 183

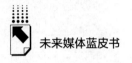
B.10 智能创意：AI引领下的广告产业发展报告（2024）

·············· 赖祯黎 何璐雯 / 195

B.11 影视行业智能视听发展报告（2024）

··········· 佘麒麟 刘泽浩 施 薇 / 216

B.12 交互新变革：视听大模型的发展与运用 ·········· 李建勋 / 233

Ⅳ 调查数据

B.13 智能视听可供性视角下青年网民内容生产与消费行为研究

·············· 张晓旭 李亚婷 / 248

B.14 智能视听"适老化"提升现状与用户调查报告

··············· 余 霖 石景源 / 271

B.15 小学生短视频黏性现状调研与防范机制探析

··············· 张 冀 崔茗婷 / 285

B.16 厦门市湖里区融媒体中心高质量发展研究报告（2024）

··········· 厦门市湖里区融媒体发展课题组 / 319

Ⅴ 环球动向

B.17 机遇与挑战：美国智能视听发展报告（2024）

··············· 李 啸 王冰倩 / 340

B.18 英国智能视听发展报告（2024）············· 朴经纬 邢渭姗 / 354

B.19 韩国智能视听发展报告（2024）············· 李玮琪 张世超 / 373

Abstract ··· / 392

Contents ··· / 394

皮书数据库阅读**使用指南**

总 报 告

B.1

中国未来媒体年度主题报告（2024）："智能视听+"时代下的深度变革与挑战*

冷莹莹 林小勇**

摘　要：　智能视听是广播电视与网络视听和以人工智能为代表的新一代信息技术产业、战略性新兴产业深度融合发展的结晶和新动向，是围绕多维度场景，进行自动化内容生成和沉浸式交互的视听传播新生态，其既是视听生产和应用的内容集合，又是相关技术、平台、产品、终端和服务的总称，具有技术集合性演进、表达虚实性相融、边界渗透式延伸和产业全链条覆盖的内涵特征。智能视听的发展可分为辅助增强、初步自动化和自动化内容生产3个阶段，当下AIGC进入应用爆发期，智能视听迈入2.0时代。各主流媒体和商业平台以AI赋能视听生产，通过建强技术底座、创新内容形式、深化场景应用、

　＊　本报告系国家社科基金项目"中国共产党对台广播的史料整理与数据库建设"（编号：23BXW015）的阶段性研究成果。

＊＊　冷莹莹，新闻学硕士，厦门工学院博雅教育与艺术传媒学院讲师，福建省高校人文社科研究基地未来媒体发展研究中心研究员，主要研究方向为网络传播、新媒体；林小勇，厦门理工学院影视与传播学院副院长、教授，高级编辑，硕士研究生导师，福建省重点智库福建未来媒体智库主任、首席专家，福建省网络视听应用创新重点实验室主任，主要研究方向为未来媒体、广播影视与网络视听。

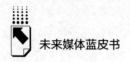
拓展终端形态、强化社交互动等，为视听行业带来"质量与效率"变革。不过，智能视听也面临着示范性应用少、复合型人才缺乏、治理框架待完善等挑战。在数智化浪潮的推动下，"AI+"将成为未来视听媒体转型发展"标配"，开放协同的"泛智能视听"时代正在到来。

关键词： 智能视听　AIGC　未来媒体

近年来，产业融合和科技创新成为传媒发展的两大主要推动力。从产业融合的发展趋势来看，互联网正在从消费互联网向消费互联网+产业互联网迈进，产业智能化、跨界融合发展已成为大趋势。从科技创新的发展趋势来看，以人工智能为代表的技术快速发展，成为推动新一轮科技革命和产业变革的关键力量，特别是 2023 年以来，以 ChatGPT 为代表的生成式人工智能（AIGC）引发全球"大模型"热潮，为各行各业升级提供了新的工具和视角。2024 年2 月，作为世界模拟器的视频生成模型——Sora 横空出世，这成为实现通用人工智能（AGI）的又一个里程碑时刻。在新一代信息技术的加持下，视听行业成为人工智能等新技术加速应用的核心场景。视听行业竞合加剧，格局不断演变，逐渐步入以智能化、场景化为特点的新阶段。在加快发展媒体新质生产力的当下，智能视听成为媒体深度融合发展的重要"新基建"，并不断跨界交叉，赋能千行百业，持续催生新产品、新业态、新模式、新机遇，一个前所未有的"智能视听+"时代疾驰而来。

一　智能视听的内涵与特征

作为广播电视与网络视听和以人工智能为代表的新一代信息技术产业、战略性新兴产业深度融合的产物，智能视听是新型技术底座和信息交流的"基础设施"，是数字经济的创新引擎，牵引、驱动和支撑着数字经济的发展。不过，智能视听是一个当下出现的新名词，学界和业界还未对其内涵给出清晰明确的界定。此外，由于智能视听产业基础理论研究相对滞后，国内尚未建立起统一、规范的智能视听产业分类标准。人工智能赋能视听行业不是传播技术的单一升级，而是对整个视听传播生态的颠覆与重构，厘清智能视听这一基本概念，建立科学、系统、可行的产业分类标准，对推动智能视听行业高质量发展具有重要作用。

（一）智能视听的概念

综观全球，信息传播开启了移动化、社交化、智能化进程，新型视听媒体加速嵌入社会生产与生活，带来了新的传播范式、生活方式和经济模式。有学者认为，智能视听是物联网、5G、人工智能、虚拟现实（VR）、增强现实（AR）等高新技术与人类最青睐的视听认知方式相结合的必然产物，是视听产品的自动生产、自动传输、自动发布、自动分发，甚至自动消费，其终端设备是一切被串联进智能物联网的物品，智能视听的消费场景可谓随时随地，如影随形。[①] 也有学者认为，传统视听的特征是单向传播和告知，智能视听实现了双向传播和交互，二者最本质的分野，就是技术带来的可能性多元化了。[②] 笔者曾于2019年受厦门市文化和旅游局委托主持"厦门市网络视听产业发展暨创建国家级网络视听产业基地"项目，开展了持续近一年接近于行业普查式的调研，提出创建国家级智能视听产业基地的建设方案、发展规划和促进智能视听产业发展的若干措施以及对策建议，并在提交给国家广播电视总局的申请报告中正式提出"智能视听"概念以及其属性特征，国家广播电视总局于2020年12月底正式发布《关于拟批复"中国（厦门）智能视听产业基地"的公示》，同意在厦门设立"中国（厦门）智能视听产业基地"，这是全国首个以"智能视听"命名的国家级广播电视和网络视听产业基地（园区），这也标志着国家行业主管部门对"智能视听"的提法及概念的认可。

本报告认为，智能视听是广播电视与网络视听和以人工智能为代表的新一代信息技术产业、战略性新兴产业深度融合发展的结晶和新动向，是围绕多维度场景，进行自动化内容生成和沉浸式交互的视听传播新生态，其既是视听生产和应用的内容集合，又是相关技术、平台、产品、终端和服务的总称。

从字面上看，智能视听是有别于传统广播电视的新型视听领域，以智能语

---

① 曾庆香、李嘉楷：《智能视听：万物皆语的信息播报》，《新闻战线》2020年第24期。

② 《胡正荣：从"跨屏"到"无屏"，构建我国智能视听全媒体传播体系》，"广电独家"微信公众号，2023年2月20日，https://mp.weixin.qq.com/s/iqFVWiftKtnjsAiNEGfOlA。

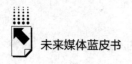

音、计算机视觉、自然语言处理、认知智能、机器学习等人工智能技术为引领，在大数据、5G、云计算、VR、AR 等新兴技术的共同驱动下，由人、机器等多元主体协同生产高质量、沉浸交互式的视听内容，其重塑了视听消费新模式。

从内涵上看，智能视听包含并拓展了广播电视与网络视听的现有范畴。智能视听以广播电视和网络视听为核心层，外延至由 AR、VR、MR 等构成的强调体验的混合现实互联网和以大数据为核心的智能互联网（含物联网）等视听衍生产业。同时，智能视听还集合了社交关系、产品服务、使用场景等要素，其外延不断拓展，智能视听开始广泛应用于文化旅游、游戏娱乐、无人驾驶、医疗健康、公共安全、居家服务等领域，未来或将呈现更多可能性。

从技术逻辑上看，科学技术是第一生产力，人类社会在经历三次工业革命后，迎来了新一轮科技革命和产业变革，人工智能、大数据、云计算、区块链、移动通信等成为新质生产力的内核，媒体的形态与生产方式也不断革新。随着媒体融合逐渐朝全媒体方向深入，新技术成为驱动融合创新的"引擎"。视听产业在顺应网络化、数字化、融合化等技术变革之后正逐渐向移动化、感应化、智能化等趋势发展，以颠覆性技术和前沿技术助力产业升级，打造未来媒体新动能。

从产业上看，智能视听产业高质量发展需要一个完整的产业生态体系，除技术创新外，还需硬件设备、内容生产、服务模式和制度层面的协同创新。完整的智能视听产业链应覆盖内容生产、技术服务、平台运营、教育培训和终端产品制造等五个方面，囊括影视、动漫、游戏、网络直播、教育培训、视听终端制造等产业业态。

从趋势上看，人类正在进入"泛视听时代"，具有泛众表达优势的智能视听内容供给的量级，较文字媒体呈几何倍数增长。智能视听正日益成为影响人们现实生活与媒介表达的介质形式。作为在新技术、新市场需求的推动下孕育而生的文化新业态，智能视听既是未来产业的重要构成，也是媒体新质生产力的典型应用领域。

（二）智能视听的内涵特征

1. 技术集合性演进

美国在 2016 年发布的《人工智能、自动化与经济》报告指出，人工智能不是一种特定的技术，而是应用于特定任务的技术集合。智能视听是人工智能应用于广播电视与网络视听的技术集合。智能视听的这种集合性表现在两个层面。一是从内部看，人工智能包含机器学习、计算机视觉、自然语言处理、生物识别、人机交互、机器人、知识图谱和 VR/AR/MR 等八大核心技术，每一类核心技术又构成技术集群，从而形成以识别、交互和执行为主题的新技术和新业态。[①] 目前，人工智能产业技术体系包括大数据和云计算、物联网、5G/6G、智能机器人、智能芯片、自动驾驶、AR/VR、计算机视觉、光电技术、智能推荐、语音识别、区块链、大模型、空间技术、生物识别、网络安全、自然语言处理、算力网络、人机交互、操作系统、AI 框架、知识图谱、多模态、具身智能等 24 个技术类别。其中，大模型、网络安全、算力网络、操作系统、AI 框架、多模态、具身智能等技术类别，在 2023 年中国人工智能产业应用活跃。[②] 而这些技术类别目前在广播电视与网络视听领域大多有所应用或即将应用。二是从外部看，智能视听的发展是与其他新兴技术相互融合、共同演进的过程。从其与人工智能技术合作关系数的占比看，排名前五的是大数据和云计算、物联网、5G/6G、智能机器人和智能芯片，占比分别为 42.70%、11.92%、8.02%、5.99% 和 4.60%。[③]

2. 表达虚实性相融

智能视听时代，新兴视听技术的涌现使得传统视听方式不能满足受众需求，用户对视听效果和交互体验的要求也越来越高。VR、AR、MR 等技术，打破了虚拟与真实的边界；5G 及"双千兆"宽带网为 4K/8K 超高清视频的流畅传输提供了保障；可穿戴设备等使视听交互更加便捷自然，为用户带来身临其境的感官新体验。在虚实融合的数字场景中，超高清、沉浸感、交互性既提升了智能视听作品的技术美感和艺术价值，也充盈了交互主体的情感体验。

3. 边界渗透式延伸

视听是人类认知世界的基本方式。在万物皆媒的时代，智能视听不仅是一种新的视听传播形态，更是一条新兴产业链，是信息交流的"基础设施"。随着技术融合与产业融合相互促进，智能视听产业的外延不断扩展，逐步从消费

---

① 孙丽文、李少帅、孙洋：《能量转换视角下人工智能关键核心技术产业化路径解析》，《科技进步与对策》2022 年第 14 期。

② 《中国新一代人工智能科技产业发展 2024》，"人工智能观察家 CINGAI"微信公众号，2024 年 6 月 25 日，https://mp.weixin.qq.com/s/VZpRI-3lLX_ acX25bUv8Fg。

③ 《中国新一代人工智能科技产业发展 2024》，"人工智能观察家 CINGAI"微信公众号，2024 年 6 月 25 日，https://mp.weixin.qq.com/s/VZpRI-3lLX_ acX25bUv8Fg。

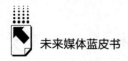

端向产业端渗透。智能视听在大数据、移动互联网、人工智能、量子信息、VR、5G 等新技术以及经济社会发展强烈需求的共同驱动下，尤其是在媒体融合发展的大趋势下，不断扩展产业边界，拓展媒体外延性，其融媒体、全媒体属性正日益突出，并被广泛应用在游戏娱乐、文化旅游、体育健身、智能家居、车联网、智慧教育等领域，成为支撑经济社会数智化转型的关键要素，推动形成"智能视听+"产业新格局。

4. 产业全链条覆盖

呼应技术革新引发的网络生态变化与传媒业发展变革，智能视听产业的边界不断外拓，逐渐覆盖由视听内容生产、视听技术服务、视听平台运营、视听教育培训、视听终端产品制造等环节构成的视听产业全链条。智能视听产业逐渐在智能视听媒体、平台等方面变道提速和换道发力，促进了基于广播电视、网络视听和人工智能技术应用的新技术、新产品、新业态、新模式蓬勃发展。

（三）智能视听的发展路径

新质生产力的显著特点是创新，既包括技术和业态模式层面的创新，也包括管理和制度层面的创新。① 智能视听作为跨行业、多样态的产业集合体，应充分把握数字化转型新机遇，突出创新驱动，加强技术创新，加快业态升级，推进机制革新，加速培育媒体新质生产力。

1. 构建智能视听技术创新体系

以智能视听技术创新为方向，前瞻布局并梯次推进关键技术研发，不断夯实技术底座。积极拓展数智技术应用新场景，以颠覆性技术和前沿技术催生智能视听新产品、新服务、新业态、新动能。深入实施国家文化数字化战略，加强文化与科技融合，推动实现智能视听技术应用与生产范式的突破性创新。

2. 打造高效协同的智能视听产业生态体系

实施智能视听产业链开放合作战略，推动内容生产、传输分发、终端呈现等视听产业链上下游的资源流动，打造高效协同的智能视听产业生态体系。聚焦智能视听产业链上各企业的短板弱项，加大对关键环节和重点企业的支持力度。优化区

---

① 《新质生产力的理论贡献、内涵特征和发展路径（深入学习贯彻习近平新时代中国特色社会主义思想）》，人民网，2024 年 7 月 17 日，http://opinion.people.com.cn/n1/2024/0717/c1003-40279211.html。

域产业链布局，打造专业化、差异化、特色化视听产业集群。推动智能视听产业链上各企业积极融合并服务于国家重大战略部署，构建推动经济社会发展的"枢纽"平台，构筑智能视听全产业链发展新格局。

3. 建设创新型高技能智能视听人才队伍

推动智能视听高质量创新性发展，人才支撑是关键。数智时代，视听人才的培养也将迎来巨大变革。作为未来产业的重要组成部分，智能视听人才队伍建设应聚焦未来科技革命和产业变革趋势，着力培养一批掌握关键技术的智能视听领军人才和创新团队。创新青年人才激励政策，选拔培养技术与创意并存、能力与价值并重的跨界融合型人才。优化智能视听产业人才激励机制，完善其考核评价标准和体系，培育高水平应用型人才。

4. 探索智能视听综合治理体系

以人工智能为代表的新兴视听技术，是技术属性和社会属性的统一体，其在快速发展过程中，也给视听行业和社会治理带来一系列挑战。技术应以人为本，要探索建立兼顾活力与秩序的智能视听综合治理体系，协同推进技术监管和内容治理，平衡发展与安全之间的关系。及时出台相关政策法规、行业规范及平台自治规定，划定"底线"和"红线"，维护清朗视听空间，保障行业健康有序发展，进而满足人民群众对美好视听生活的向往。

（四）智能视听的产业分类

根据《中国网络视听发展研究报告（2024）》，2023 年，我国网络视听市场规模持续壮大，超 1.15 万亿元，其中以网络视听业务为主营业务的存续企业有 66 万余家，它们构成媒体新质生产力的重要力量。在这些企业中，有约 10680 家广播电视和网络视听企业聚集在 28 个国家级广播电视和网络视听产业基地（园区），这些企业吸纳就业超过 21 万人，营业收入为 1658.30 亿元，[①] 视听产业园区成为视听产业高质量发展的载体。

当前，我国重点发展视听产业的城市有北京、上海、广州、杭州、长沙、成都、厦门等。各园区结合所在城市实际，聚焦特色优势，积极抢占视听产业

---

① 《2023 年全国广播电视行业统计公报》，国家广播电视总局网站，2024 年 5 月 8 日，https://www.nrta.gov.cn/art/2024/5/8/art_ 113_ 67383.html。

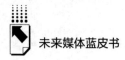

发展的制高点，成为推进战略性新兴产业发展、培育数字文化新业态的重要力量，如中国（厦门）智能视听产业基地围绕"智能"标签，着力"科技+文化"的智能视听赛道，构建完整的智能视听产业链，推动形成智能视听领域高端产业集群；又如2024年7月浙江省人民政府办公厅印发《关于加快推进大视听产业高质量发展的实施意见》，计划到2027年打造超万亿元大视听产业，培育三大千亿级产业集群，成为全国领先的大视听产业发展高地。在视听技术和视听业态发展的大背景下，广播电视和网络视听产业结构亟须升级、重构，以进一步激活数字经济发展活力。

表1 28个国家级广播电视和网络视听产业基地（园区）

序号	名称	序号	名称
1	国家重大革命和历史题材影视剧制作基地（中国电视剧制作中心）	15	中国（之江）视听创新创业基地
2	国家重大文献影视纪录片制作基地（中国新闻纪录电影制片厂）	16	中国（厦门）智能视听产业基地
3	国家科教影视片制作基地（北京科学教育电影制片厂）	17	湖南三辰卡通集团
4	中央电视台中国国际电视总公司（国家动画产业基地）	18	中国（长沙）马栏山视频文创产业园
5	中国（怀柔）影视产业示范区	19	中国广电·青岛5G高新视频实验园区
6	中国（北京）星光视听产业基地	20	中国－东盟网络视听产业基地
7	中国（湖北）网络视听产业园	21	中国（上海）网络视听产业基地
8	中国（成都）网络视听产业基地	22	合肥国家广播影视科技创新实验基地
9	中国（成都）超高清创新应用产业基地	23	苏州工业园区动漫产业园（苏州工业园区国际科技园）
10	深圳市动画制作中心	24	南京软件园（南京动画产业基地）
11	中国（广州）超高清视频创新产业示范园区	25	江苏（国家）未来影视文化创意产业园
12	中国（浙江）影视产业国际合作实验区	26	重庆市南岸区茶园新区动画产业基地
13	浙江横店影视产业实验区	27	天津滨海新区国家影视网络动漫实验园
14	杭州高新技术开发区动画产业园	28	中国（北京）高新视听产业园

资料来源：《「综述」广电视听产业基地（园区）：大视听产业创新发展新高地》，"国家广电智库"百家号，2023年8月24日，https://baijiahao.baidu.com/s? id=1775112150461864008。

1. 分类目的

《中华人民共和国国民经济和社会发展第十四个五年规划和2035年远景目标纲要》明确提出要"实施文化产业数字化战略，加快发展新型文化企业、文化业态、文化消费模式""培育骨干文化企业，规范发展文化产业园区，推动区域文化产业带建设"。习近平总书记也多次为文化产业发展指明方向，提出要"探索文化和科技融合的有效机制，实现文化建设数字化赋能、信息化转型"。[①]

从视听到智能视听，视听生态的演进离不开技术赋能、场景延伸、跨界融合和商业价值重构。智能视听产业的健康发展，不能局限于某一文化领域或行业，需要诸多要素的协作和多方主体的参与。应构建完备的产业体系，不断促进产业链、创新链、价值链的深度融合，形成竞合发展、共创共赢的良好局面。因此，智能视听产业分类研究要着眼于产业运作的全过程，分析不同环节的经济价值，以反映完整智能视听产业链的经济总量。

2. 分类原则

（1）以相关政策性文件为依据。本分类以党中央、国务院关于推动高质量发展的重大战略部署及《中华人民共和国国民经济和社会发展第十四个五年规划和2035年远景目标纲要》等相关文件为指导，依据国家广播电视总局印发的《关于推动广播电视和网络视听产业高质量发展的意见》、工业和信息化部等七部门联合印发的《关于加快推进视听电子产业高质量发展的指导意见》等政策文件，确定智能视听产业的基本范围。

（2）以《国民经济行业分类》为基础。本分类基于与《国民经济行业分类》（GB/T 4754—2017）同质性的原则，对其中符合智能视听产业特征的、以提供智能视听产品（货物或服务）为目的的相关行业类别进行再分类。

（3）科学性和可操作性相结合。本分类立足现行统计工作实际，充分考虑分类的可操作性和数据的可获得性，以及智能视听产业发展的政策要求和新业态新模式，力求全面、准确反映智能视听产业的发展状况。

（4）以相关统计分类标准为参考。本分类在充分考虑我国智能视听产业特点和实际发展状况的基础上，借鉴《产业结构调整指导目录（2024年本）》

[①] 《习近平在中共中央政治局第十七次集体学习时强调：锚定建成文化强国战略目标 不断发展新时代中国特色社会主义文化》，中国政府网，2024年10月28日，https://www.gov.cn/yaowen/liebiao/202410/content_6983529.htm。

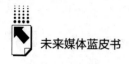

《文化及相关产业分类（2018）》《数字经济及其核心产业统计分类（2021）》《新产业新业态新商业模式统计分类（2018）》《战略性新兴产业分类（2018）》等统计分类的原则与方法。

3. 分类范围

本分类按照产业链构造，将智能视听产业分为01智能视听内容生产、02智能视听技术服务、03智能视听平台运营、04智能视听教育培训、05智能视听终端产品制造等5个大类（见表2）。

01智能视听内容生产大类包含0101内容节目创作生产、0102动漫游戏设计制作、0103网络出版服务和0104数字创意与融合服务等4个中类，既包括广播电视和网络视听节目的常见业态，又容纳了技术引领下涌现的新型视听业态。在0101内容节目创作生产、0102动漫游戏设计制作、0103网络出版服务及其所含小类的名称和说明方面，本分类参考了《文化及相关产业分类（2018）》、《互联网视听节目服务业务分类目录（试行）》（2017年版）。此外，为鼓励智能视听产业多元跨界，推动智能视听技术产业与文化创意产业、战略性新兴产业融合发展，本分类又制定了第4个中类（0104数字创意与融合服务）。该中类下的小类，参考了《战略性新兴产业分类（2018）》中8.4.0数字创意与融合服务的划分。

科技创新可以说是驱动智能视听行业发展的重要力量，因此02智能视听技术服务大类主要依据《国民经济行业分类》（GB/T 4754—2017）中的I信息传输、软件和信息技术服务业门类，并结合智慧广电建设，从0201现代信息传输服务、0202软件开发生产、0203现代信息技术服务3个方面，对智能视听产业依赖的基础设施、技术服务等进行再分类。

03智能视听平台运营大类主要依据《国民经济行业分类》（GB/T 4754—2017）中对643互联网平台的五个中类（互联网生产服务平台、互联网生活服务平台、互联网科技创新平台、互联网公共服务平台、其他互联网平台）的划分，结合智能视听产业特点，梳理出4个中类：0301广播电视集成播控、0302网络文化娱乐平台、0303视听科技创新平台、0304其他互联网平台。考虑到智能视听广告、直播带货等也是非常重要的视听产业，但又不适合直接放入01智能视听内容生产大类中，故划分到03智能视听平台运营大类，增加第5个中类0305现代商务服务。

04智能视听教育培训大类参考《教育培训及相关产业统计分类（2020）》中的031培训服务、053教育科技服务，分为0401职业技能培训和0402教育科技服务 2 个中类，容纳了职业技能培训、创业帮扶、科研服务等内容。

05 智能视听终端产品制造大类包括提供网络视听硬件设备的生产制造业，涉及视音频生产设备、网络传输设备、消费终端设备及相关核心元器件板块。本大类下的中类 0501 广播电视电影设备制造、0502 摄录设备制造及销售对应视音频生产设备板块，0503 网络传输设备、0504 消费终端设备分别对应网络传输设备、消费终端设备板块。各中类的对应小类，主要参考《战略性新兴产业分类（2018）》中 1.5.2 智能消费相关设备制造、8.1.0 数字创意技术设备制造的划分。

表 2　智能视听产业分类

01 智能视听内容生产	0101 内容节目创作生产	010101 数字广播影视及视听节目服务
		010102 数字广播影视及视听内容服务
		010103 数字新媒体服务
		010104 数字化娱乐服务
		010105 其他视听内容服务
	0102 动漫游戏设计制作	010201 数字动漫制作服务
		010202 数字游戏制作服务
		010203 互联网游戏服务
		010204 动漫、游戏数字内容服务
	0103 网络出版服务	010301 网络出版服务
	0104 数字创意与融合服务	010401 数字创意与融合服务
02 智能视听技术服务	0201 现代信息传输服务	020101 新一代移动通信网运营服务
		020102 下一代广播电视网运营服务
		020103 下一代广播电视内容分发服务
		020104 其他网络运营服务
		020105 卫星应用服务
		020106 固定互联网宽带接入服务
	0202 软件开发生产	020201 基础和通用软件
		020202 计算平台软件
		020203 人工智能软件
		020204 数字内容加工软件
		020205 行业软件
		020206 网络和信息安全软件
		020207 嵌入式软件
		020208 其他新兴软件开发

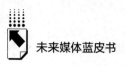
02 智能视听 技术服务	0203 现代信息技术服务	020301 信息技术咨询服务
		020302 信息系统集成与运行维护服务
		020303 数据处理与存储服务
		020304 集成电路设计
		020305 大数据服务
		020306 云计算服务
		020307 人工智能服务
		020308 物联网技术服务
		020309 互联网安全服务
		0203010 地理遥感信息及测绘地理信息服务
		0203011 综合解决方案服务
03 智能视听 平台运营	0301 广播电视集成播控	030101 广播电视集成播控
	0302 网络文化娱乐平台	030201 网络文化娱乐平台
	0303 视听科技创新平台	030301 视听科技创新平台
	0304 其他互联网平台	030401 其他互联网平台
	0305 现代商务服务	030501 互联网广告
		030502 互联网零售
04 智能视听 教育培训	0401 职业技能培训	040101 职业技能培训
		040102 创业与就业指导服务
	0402 教育科技服务	040201 产教融合服务
05 智能视听 终端产品制造	0501 广播电视电影设备制造	050101 广播电视节目制作及发射设备制造
		050102 广播电视接收设备制造
		050103 广播电视专用配件制造
		050104 专业音响设备制造
		050105 应用电视设备及其他广播电视设备制造
		050106 电影机械制造
	0502 摄录设备制造及销售	050201 影视录放设备制造
		050202 娱乐用智能无人飞行器制造
		050203 幻灯及投影设备制造
		050204 照相机及器材制造
	0503 网络传输设备	050301 通信系统设备制造
		050302 通信终端设备制造
		050303 新型计算机及信息终端设备制造
		050304 其他计算机制造

		050401 电视机制造
		050402 音响设备制造
		050403 可穿戴智能文化设备制造
05 智能视听 终端产品制造	0504 消费终端设备	050404 智能无人飞行器制造
		050405 服务消费机器人制造
		050406 智能车载视听设备制造
		050407 其他智能文化消费设备制造

资料来源：本课题组研究整理。

二　智能视听的发展历程

广播电视和网络视听本身是科技进步的产物。在人工智能技术特别是生成式 AI 爆发式增长的背景下，视听成为新技术加速应用的核心场景，"无视听不传播"日益成为学界、业界共识。万物皆视听，万物皆智能，视听传播正处于走向智能时代的新阶段。智能技术正逐渐渗透至媒体内容采集、生产、分发、接收与反馈的各个环节，智能视听成为媒体深度融合发展的重要方向，智慧化、数字化、网络化的视听产业新格局逐渐形成。可以说，智能视听既是我国新时期广播电视的新领域，也是网络视听迭代升级的结果，更是推动经济社会高质量发展的新供给和新动能。

（一）传播壁垒不断被打破，视听媒体持续演进

网络视听的发展历程可以追溯到 20 世纪 90 年代，1996 年中央电视台国际互联网站的设立，是中国视听新媒体诞生的标志。[①] 21 世纪初，随着网络媒体的迅猛发展，Web2.0 时代拉开帷幕，乐视网、土豆网、优酷网等商业视频网站相继成立，用户生产内容（UGC）模式兴起。由于网民自制的内容参差不齐，且存在大量版权侵权纠纷，视频平台纷纷转向高质量的专业生产内容（PGC）模式，引进网络自制剧。UGC 与 PGC 也成为网络视听内容生产的基本

---

① 庞井君主编《中国视听新媒体发展报告（2011）》，社会科学文献出版社，2011。

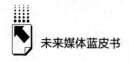

组成部分。2016年，快手、抖音、秒拍等移动短视频平台崛起，互联网趋向移动化、社交化，网络视听用户规模进一步扩大。2018年，我国网络视听的市场规模首超传统广播电视①，2022年底超过即时通信，成为第一大互联网应用②。

尽管互联网给传统广播电视媒体带来了巨大的挑战，但传统媒体和新兴媒体之间的壁垒不断被打破，两者加速融合，形成从"你是你、我是我"到"你中有我、我中有你"，再到"你就是我、我就是你"的融合发展格局。在数字化、智能化转型的当下，传统的广播电视和网络视听行业全面转型升级，加速技术跃迁，视听内容已经成为人民群众美好生活的一部分，立体多元的内容供给格局逐渐形成。

（二）智能浪潮来袭，视听产业开启智慧化转向

1. 人工智能深入演进，迎来爆发式增长新高潮

1950年，计算机科学之父阿兰·图灵首次提出"机器智能"（Mechanical Intelligence）一词。1956年，美国科学家约翰·麦卡锡、马文·明斯基等人在达特茅斯会议中探讨了"机器如何模拟人类智能，让机器能够像人一样思考"这一问题，人工智能（Artificial Intelligence，AI）概念由此出现。如今，人工智能的内涵早已扩展丰富，人工智能成为一门交叉学科。根据中国电子技术标准化研究院编写的《人工智能标准化白皮书（2018版）》，人工智能是指利用数字计算机或者由数字计算机控制的机器，模拟、延伸和扩展人类的智能，感知环境、获取知识并使用知识获得最佳结果的理论、方法、技术和应用系统。

60多年来，人类探索人工智能的道路充满未知、曲折和起伏，人工智能大概可分为6个发展阶段：1956年至20世纪60年代初期的起步发展阶段、60年代初期至70年代初期的反思发展阶段、70年代初期至80年代中期的应用发展阶段、80年代中期至90年代中期的低迷发展阶段、90年代中期至2010

① 崔保国、徐立军、丁迈主编《中国传媒产业发展报告（2019）》，社会科学文献出版社，2019。
② 《〈2023中国网络视听发展研究报告〉在成都发布》，中国网，2023年3月29日，http：//zw. china. com. cn/2023-03/29/content_ 85199750. html。

年的稳步发展阶段，以及 2011 年至今的蓬勃发展阶段。① 互联网发展经历了 PC 互联网和移动互联网两个阶段，人工智能正为其注入新动能。得益于大数据、云计算、移动互联网、物联网、脑科学、深度学习等信息技术与科学理论的发展，人工智能"日行千里"，突破了从"不能用"到"可以用"的技术拐点，特别是 2021 年以来，图片生成模型 DALL·E、语言生成模型 ChatGPT 和视频生成模型 Sora 的相继诞生，标志着生成式 AI 成为时代新范式，人类加速迈向智慧文明新时代。

作为 AGI 发展的重要里程碑，具有无限创作潜力的 Sora，突破了 Pika 和 Gen-2 等工具的限制，将生成的视频时长由几秒钟提升到一分钟，初具对物理世界的三维理解与创造能力。随着国内外越来越多视频生成大模型的出现和成熟，视听内容生产的技术门槛大大降低，这些技术未来还将成为视听行业的"超级工具"，带来更多想象。

2. 顶层设计前瞻引领，抢抓智能视听发展机遇

我国高度重视人工智能的发展，并将其上升为国家战略，通过加强人工智能政策顶层设计，构筑人工智能的先发优势。2016 年，中国人工智能市场开始飞速发展，这一年被业内称为"中国人工智能元年"，同年，《机器人产业发展规划（2016—2020 年）》《"互联网+"人工智能三年行动实施方案》等政策出台。2017 年 7 月，首部国家层面的人工智能中长期发展规划《新一代人工智能发展规划》印发，其明确了到 2030 年我国实现人工智能理论、技术与应用总体达到世界领先水平，成为世界主要人工智能创新中心的战略目标。2018 年，我国在上海成功举办第一届"世界人工智能大会"。

2018 年，由百度自动驾驶、阿里巴巴城市大脑、腾讯医疗影像、科大讯飞智能语音、商汤智能视觉组成的五大国家级人工智能开放创新平台建立。其后，《促进新一代人工智能产业发展三年行动计划（2018—2020 年）》《关于加快场景创新 以人工智能高水平应用促进经济高质量发展的指导意见》《新型数据中心发展三年行动计划（2021—2023 年）》《科技部关于支持建设新一代

---

① 《人工智能的历史、现状和未来》，中央网络安全和信息化委员会办公室、中华人民共和国国家互联网信息办公室网站，2019 年 2 月 16 日，https://www.cac.gov.cn/2019-02/16/c_1124122584.htm。

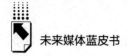
人工智能示范应用场景的通知》等政策纷纷出台，加快推动人工智能赋能经济社会发展。

2023年10月，为推动媒体数据资源的整合共享和开发利用，国家数据局挂牌成立。2024年，在世界各国竞先发展AGI的背景下，我国《政府工作报告》首次提出"人工智能+"概念，提出要开展"人工智能+"行动。

从"互联网+"到"人工智能+"，8年来，中国人工智能高速发展。据统计，截至2023年底，我国人工智能核心产业规模接近5800亿元，核心企业数量超过4400家，居全球第二，形成了京津冀、长三角、珠三角三大集聚发展区，① 人工智能已成为我国加快发展新质生产力的核心驱动力和重要抓手。

在科技浪潮的推动下，视听行业也不断适应时代变革，相关部门出台了引领行业发展的系列政策文件，鼓励探索实践人工智能与视听领域的深度融合，推动人工智能在广播电视和网络视听行业的广泛应用。如2018年11月，国家广播电视总局印发《关于促进智慧广电发展的指导意见》，要求充分发挥广播电视内容优势，加快大数据、云计算和人工智能等新技术在广播电视内容生产中的创新应用，进一步增强广播电视内容核心竞争力，形成智慧广电内容新优势，培育发展新动能。

2019年1月25日，中共中央政治局在人民日报社就全媒体时代和媒体融合发展举行第十二次集体学习，习近平指出"要探索将人工智能运用在新闻采集、生产、分发、接收、反馈中，全面提高舆论引导能力"。2019年4月，《广播电视行业应用大数据技术白皮书（2018）》发布；2019年5月，《广播电视人工智能应用白皮书（2018）》发布；"广播电视人工智能应用国家广播电视总局重点实验室"正式揭牌。其中，《广播电视人工智能应用白皮书（2018）》探讨梳理了广播电视人工智能应用的关键技术、体系架构、应用场景、典型案例及发展前景，引导广播电视行业在选题、剪辑、目录编制、节目评价、内容质量分析、虚拟主持人应用、视频增强和广告推荐等环节实现智能化升级，为行业提供了AI应用的明确方向。2019年8月，国家广播电视总局印发《关于推动广播电视和网络视听产业高质量发展的意见》，要求加快大数

---

① 《工信部王正：我国人工智能核心产业规模接近5800亿元》，澎湃新闻网站，2024年3月22日，https://www.thepaper.cn/newsDetail_forward_26774425。

据、云计算、人工智能、IPv6、5G、VR、AR 等新一代信息技术在广播电视和网络视听节目制作播出和传输覆盖中的部署和应用，加快服务能力与科技深度融合发展。

2021~2023 年，《广播电视和网络视听"十四五"发展规划》、《全国广播电视和网络视听"十四五"人才发展规划》和《广播电视和网络视听"十四五"科技发展规划》，为广播电视和网络视听行业持续创新绘制了宏伟蓝图并提供了坚实的人才和科技支撑。国家广播电视总局连续开展广播电视和网络视听人工智能应用创新大赛，助力广播电视和网络视听供给侧改革，推动智慧广电生态建设。2023 年 12 月，工业和信息化部、文化和旅游部、国家广播电视总局等七部门联合印发《关于加快推进视听电子产业高质量发展的指导意见》，首次提出发展八大视听系统，引导新型消费潜力加快释放。

2024 年是中国全功能接入国际互联网 30 周年，是习近平总书记提出网络强国战略目标 10 周年，也是实施媒体融合战略 10 周年。在持续的政策规划引领下，广播电视和网络视听行业与以人工智能为代表的新一代信息技术产业、战略性新兴产业深度融合，转型发展。智能视听既是推动媒体深度融合的重要"新基建"，也为视听行业带来了"质量与效率"变革。

3. 积极抢占 AIGC 赛道，智能视听迈入2.0时代

人工智能按照能力水平，可以划分为弱人工智能、强人工智能和超人工智能。AIGC 是继 UGC、PGC 之后利用 AI 技术生成内容的新型生产方式，其萌芽可追溯至 20 世纪 50 年代至 90 年代中期。结合人工智能的演进过程和趋势，AIGC 的发展可以分为 3 个阶段：助手阶段（AIGC 辅助人类进行内容生产）、协作阶段（AIGC 以虚实并存的虚拟人形态出现，形成人机共生的局面）和原创阶段（AIGC 独立完成内容创作，从感知、理解世界到生成、创造世界）。[①]据此，可将智能视听的发展分为辅助增强、初步自动化和自动化内容生产 3 个阶段。

AIGC 在视听媒体中的实践主要涵盖文本、图像、视频、音频和虚拟空间等方面。自 2016 年人工智能技术赋能视听产业以来，AIGC 作为视听内容创作

---

① 《李彦宏：未来十年，AIGC 将颠覆内容生产行业》，环球网，2022 年 7 月 21 日，https：//tech. huanqiu. com/article/48ueE8d6sB3。

者的辅助工具，协助人类提高识别、记忆、分析和判断等能力。机器人写稿、聊天机器人、AI 搜索、AI 剪辑、AI 媒资库、AI 审查、AI 合成主播等智能技术，成为 AIGC 创新应用的亮点。新华社"人工智能时代媒体变革与发展"调查结果显示，2019 年国内媒体人知晓程度最高的 5 项智能技术是 AI 合成主播、算法推送新闻、机器人写稿、舆情监测/新闻热点抓取和预测及智能检校，传媒领域落地的五大"明星"智能技术是原创识别及盗版追踪、视频字幕生成、算法推送新闻、图片视频自动分类、采访助手。① 这一时期，人工智能技术主要被用来重塑视听内容形态，通过辅助人类进行内容生产，助力传统媒体转型升级。因此，这一时期可以看作智能视听 1.0 时代。

2022 年，ChatGPT 诞生，标志着 AI 技术从感知、理解世界向生成、创造世界跃迁，AIGC 在内容创作层面达到了独立、原创水平。国家广播电视总局发展研究中心课题组曾就"ChatGPT 对视听产业将带来何种影响"向 ChatGPT进行咨询，ChatGPT 谦卑地回答："提高内容生产效率、改善个性化推荐、提供更好的内容搜索、增加虚拟主持人、增强互动体验。总之，ChatGPT 将为视听传媒行业带来许多新的机会和创新。"②

随着大模型、算力和多模态技术的快速提升，AIGC 进入应用爆发期，视听领域成为人工智能加速落地的核心场景。视听媒体全面拥抱 AI，围绕新闻生产、网络直播、影视文娱等视听形态，在语音处理、视频生成、虚拟交互和个性化推荐等视听场景上展现出巨大的应用潜力。当下，AIGC 实现初步自动化，成为视听产业的新质生产力，推动智能视听产业步入深度变革新阶段，智能视听也从 1.0 时代迈入 2.0 时代。

三　智能视听的发展热点

2023 年以来，大语言模型和垂直模型的应用探索爆发式推进，生成式人

---

① 《新华社发布 2019 年度"人工智能时代媒体变革与发展"研究报告》，"新华网"百家号，2020 年 2 月 20 日，https：//baijiahao.baidu.com/s？id＝1659038284788120977&wfr＝spider&for＝pc。

② 《「观察」ChatGPT 引领视听传媒进入智能新时代》，"国家广电智库"百家号，2023 年 3 月15 日，https：//baijiahao.baidu.com/s？id＝1760421382322130877&wfr＝spider&for＝pc。

工智能突破式发展，在全球范围内掀起热潮。各主流媒体和商业平台纷纷在培育媒体新质生产力上发力，以 AI 赋能视听生产，通过建强技术底座、创新内容形式、深化场景应用、拓展终端形态、强化社交互动等，为视听行业带来"质量与效率"变革。

（一）视听用户基础庞大，AI 内容消费量快速增长

2023 年，我国网络视听用户规模达 10.74 亿人，网民使用率为 98.3%，移动端视听应用人均单日使用时长超 3 小时，短视频应用人均单日使用时长为 151 分钟，网络视听的"第一大互联网应用"地位愈加稳固，成为实现媒体新质生产力的重要力量。全网短视频账号总数达 15.5 亿个、职业主播数量达 1508 万人，网络视听成为就业新渠道。全网主要视听平台拥有 10 万粉丝的账号数量超 50 万个，拥有 100 万粉丝的账号数量约为 4 万个，拥有 1000 万粉丝的账号数量约为 1000 个。中央广播电视总台、《人民日报》、新华社三大央媒头部短视频号粉丝数量超 10.13 亿个。[①]

在智能化浪潮中，普通视听用户对 AI 内容和 AIGC 类工具的需求持续增长。如在综合性视频平台哔哩哔哩上，科学科普类和 AI 相关的视频数量持续快速增长。2023 年，该平台 AI 相关内容日均视频播放量同比增长超过 80%，科普资讯、AI 技术应用、数字人和创意应用等领域火爆；AI 内容消费者超 8000 万，有六成为"00 后"群体。[②]

（二）关键技术持续创新，视听底座不断夯实

1. 数字基础设施扩容提速

智能视听技术的发展演进不是单一的升级，5G/6G、数据、算力、芯片等数字基础设施的发展与突破，为智能视听的发展提供了强大支撑。根据国家数据局发布的《数字中国发展报告（2023 年）》，截至 2023 年底，我国算力总规模达 230EFLOPS（智能算力规模达 70 EFLOPS），居全球第二位，存力总规模约

---

① 《〈中国网络视听发展研究报告（2024）〉在蓉发布》，中国网络视听节目服务协会网站，2024 年 3 月 28 日，http：//www.cnsa.cn/art/2024/3/28/art_ 1977_ 43660.html。
② 《年轻人流行在 B 站上学 AI，陈睿称 70% 的 90 后活跃在 B 站》，界面新闻网，2024 年 6 月 27 日，https：//www.jiemian.com/article/11336953.html。

1.2ZB；累计建成国家级超算中心 14 个，全国在用超大型和大型数据中心达 633 个，智算中心达 60 个，智能算力占比超 30%，高性能计算持续处于全球第一梯队；智能芯片、通用大模型等创新成果加速涌现，人工智能核心企业超 4500 家；全国数据生产总量达 32.85ZB，同比增长 22.44%，数据存储总量达 1.73ZB；数据流量规模持续增长，移动互联网接入总流量约为 0.27ZB，同比增长 15.2%；5G 基站数量达 337.7 万个，同比增长 46.1%。6G 关键技术迎来新突破，我国成功搭建国际首个 6G 试验网，未来有望实现通信与人工智能的深度融合。

2. 视频生成赛道热度攀升

继大语言模型飞速发展后，多模态成为大模型发展的前沿方向。多模态模型可将图像、文字、视频、语音等不同类型数据进行组合处理，交互体验更自然，其也更符合人类感知世界的方式。2023 年，视频生成领域取得突破性进展，诞生了 Gen-2、Pika、Genmo 和 Stable Video Diffusion 等多个爆款应用，成为 AI 视频元年。2024 年，AI 在视听行业广泛应用，海内外科技公司加快探索，视频生成领域竞争激烈。

国外方面，美国 OpenAI 在 2024 年 5 月 14 日推出的多模态大模型 GPT-4o，可分析图像、视频并识别用户情绪；5 月 15 日，谷歌推出对标 Sora 的文生视频模型 Veo，生成的视频时长超过 1 分钟，分辨率最高可达 1080P，并具有多种视觉和电影风格；6 月，Runway 推出 Gen-3 Alpha 模型，生成的视频在细节丰富度、画面连贯性以及动作表现上提升显著，面向所有用户开放使用。AI 初创公司 Luma 发布视频生成模型 Dream Machine，支持文生视频和图生视频两种模式。

国内方面，各大互联网公司和科技企业奋起直追，竞相发布新品，视频生成领域迎来更多竞争者。百度 UniVG 视频生成模型，可处理多种文本和图像。阿里巴巴音视频扩散模型 EMO，只需一张照片和一段音频，即可生成会说话唱歌的 AI 人像视频。快手 AI 视频生成大模型可灵，除了具备文生视频、图生视频功能，还支持已生成视频一键续写功能，单次操作可让视频延长 4~5 秒，在保证视频一致性的前提下，最长可生成 3 分钟的视频。字节跳动发布 AI 视频生成模型 MagicVideo-V2，将 AI 创作工具 Dreamina 更名为中文"即梦"，并开启生成功能测试。腾讯推出升级版文生视频模型 VideoCrafter2，大幅度提升光影效果。哔哩哔哩发布国内首个免费数字分身定制工具"必剪 Studio"，一站式集成"数字分身"及"音色定制"功能。由上海人工智能实验室研发的文生视频大模型"书生·筑梦"，可根据提示词生成转场流畅、故事连贯、画质高清的分钟级视频。商汤科技推出流式多模态交互模型"日日新5o"和人物视频生成大模型 Vimi，前者可实现实时跨文本、音频、图像与视频进行推理，后者可通过动作视频、动画、声音、文字等多种元素来驱动人物类图片生成高动态、高保真、单镜头的分钟级视频内容。美图基于奇想大模型发布 AI 短片创作工具 MOKI，能自动生成分镜图并将其转为视频素材。

此外，还有部分创业公司，或聚焦通用领域，或专注细分场景，也纷纷推出视频生成模型或工具，如爱诗科技（PixVerse）、生数科技（Vidu）、Morph Studio 和智象未来（Pixeling）、右脑科技（Video Studio）、李白 AI 实验室（神采 PromeAI）、毛线球科技（6pen Art）、布尔向量（Boolvideo）和 MewXAI（艺映 AI）等。

综合来看，2024 年上半年，AI 生成的视频时长延长，视频生成模型的输入方式多元化，AI 生成的视频连贯性和逻辑性得到改善，AI 视频生成取得了一系列令人瞩目的突破。

3. 广电媒体加速布局 AIGC

近年来，广电媒体主动拥抱新技术，竞相成立 AIGC 工作室。2024 年上半年，从中央广播电视总台、省级广电再到地市级广电，各台纷纷与业界学界展开合作，探索"AI+视听"转型升级路径，通过成立人工智能工作室或 AIGC 应用研究平台，加快推动视听大模型研发和全产业链 AI 化，推进 AIGC 多场景创新应用，打造自己的 AI 竞争优势（见表 3）。

表 3　各级广电媒体成立 AIGC 工作室

成立时间	媒体名称	实验室名称	主要任务
2024 年 2 月 23 日	中央广播电视总台	人工智能工作室	整合总台资源，训练"央视听媒体大模型"，打造视听节目创新创作的大平台
2024 年 2 月 23 日	成都市广播电视台	AIGC 创新应用工作室	推动前沿人工智能技术在广电生产领域的创新应用，探索"传媒 AI+"业务场景，重塑并构建全链条智慧融媒生态。开展人工智能社会实验，以数字文化助推新型智慧城市建设

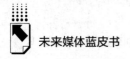

续表

成立时间	媒体名称	实验室名称	主要任务
2024 年 2 月 25 日	上海广播电视台	生成式人工智能媒体融合创新工作室	开展传媒领域重大应用场景建设,研发、应用人工智能大视听垂类模型,探索面向传媒文化的 AIGC 内容生成范式
2024 年 3 月 7 日	河南大象融媒体集团有限公司	AIGC 应用研究室暨产业孵化中心	通过"AI 科研及应用人才培育+投资孵化+产业项目培育"的 1+1+N 架构体系,推进 AI 技术在新媒体传播、应急安全内容、建筑设计及室内装饰、数字创意广告、影视及动画文化 IP 孵化、文化出海内容共创平台等多元领域的应用
2024 年 3 月 8 日	中山广播电视台	生成式人工智能(AIGC)实验室	整合中山广播电视台媒资源,对"视听媒体大模型"进行训练,综合运用可控图像生成、人物动态生成、文生视频等最新技术成果,打造视听节目创新创作平台
2024 年 3 月 16 日	北京广播电视台	人工智能融媒创新实验室	促进人工智能技术在传媒领域的产学研用一体化发展,促进人工智能技术研发、学术研究、成果转化、应用推广、市场拓展,促进新质生产力发展,加快塑造高质量发展新动能新优势
2024 年 3 月 19 日	重庆卫视	AIGC 应用工作室	将 AIGC 技术应用于节目制作、内容创作、传播推广等领域,提高内容生产效率和质量,降低制作成本,拓展媒体业务的新领域和新模式
2024 年 4 月 7 日	南京广播电视集团	AI 智媒创新研究院	以数智理念、广电思路探索 AI 智媒广电新场景的价值潜力,不断加大人工智能应用研发力度,自主研发数字人、人脸识别系统、AIGC 等一系列 AI 应用
2024 年 4 月 16 日	宁波广播电视集团	AI 应用实验室	以集团实际工作需求特别是节目生产需求为导向,更好地赋能内容生产和传播,同时积极探索和满足更广泛的社会化需求
2024 年 5 月 27 日	重庆卫视	人工智能融媒体创新中心	借助人工智能技术,推动媒体融合创新发展,助力重庆打造具有世界影响力的 AI 人才集聚高地

续表

成立时间	媒体名称	实验室名称	主要任务
2024年6月19日	太原市广播电视台	AIGC创新应用实验室	围绕AIGC技术的研发、应用和推广，为观众提供更加丰富、多元的视听体验
2024年6月25日	湖北广播电视台长江云新闻	AIGC新媒体实验室	搭建集教学研学、实训实践、创意生产、应用创新于一体的平台，培养一批具备新媒体创作与实践能力的人才，推动AIGC技术在新闻传媒领域的应用与创新
2024年7月11日	河北广播电视台（集团）	河北广电AIGC联合实验室	探索建立AIGC"技术研究—应用落地—对内支持—对外输出"的产业模式，促进全面智能化和高效内容生产技术的深度融合，发展多元化内容生态，促进沉浸式体验等应用场景的拓展，提供个性化、定制化智能服务
2024年7月16日	宁夏广播电视台	人工智能（AIGC）工作室	在文生图、文生视频、广电大模型、人机互动等领域开展研究，推动新闻创作与生产的智能化转型，为用户提供更加精准、丰富、多元的内容
2024年7月30日	无锡市广播电视台	AI/AIGC应用创新实验室	围绕"异构AIGC融合生产平台"服务优化、全媒体生产流程优化、经济频率AI智慧电台全程应用、编辑类视频内容的AIGC自动化生产、精品创作的AIGC新技术赋能等进行攻关研发，组织技术和业务培训，与外界合作探索AIGC在广电领域的应用场景和商业模式
2024年8月8日	福建省广播影视集团	人工智能实验室	构建高质量的多模态数据资产管控平台和新质融媒公共服务平台，推动媒体大模型的研发应用，促进AIGC视音频内容的繁荣发展
2024年8月19日	中央广播电视总台	AIGC（生成式人工智能）联合创新实验室	作为超高清视音频制播呈现国家重点实验室的组成部分，以"AI+创意内容+传播"的深度融合，更好地推动中华优秀传统文化的创造性转化、创新性发展

资料来源：本课题组根据公开资料收集整理，统计时间截至2024年8月30日。

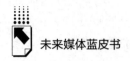

拥有高质量视听数据壁垒的广电媒体，具有训练文生视频大模型的优质资源。为强化面向未来的前沿关键技术的应用布局，部分广电媒体主动研发传媒视听垂类模型，构建文化传媒大模型应用生态，加快传统广电底层技术迭代升级。

2023 年 7 月，中央广播电视总台率先发力，与上海人工智能实验室合作，联合发布"央视听媒体大模型"，成为国内首个专注于视听媒体内容生产的 AI 大模型。2024 年 2 月，中央广播电视总台牵头发起成立"央视听媒体大模型"研发共同体，通过开放平台，联动产业链上下游，为视听媒体科研创新提供支持。

上海广播电视台依托"生成式人工智能媒体融合创新工作室"，确立了财经媒体专属 AI 大模型、新闻资讯类大模型应用、智能语音和大语言模型应用、智能手语数字人、生成式智能与多媒体通信、人工智能应用下的传媒伦理研究等六大重点攻坚方向，[①] 并推出首个 AIGC 应用集成工具 Scube（智媒魔方），提升新闻报道效率。2024 年 7 月，第一财经的"星翼大模型"研发成功并正式发布。

北京广播电视台研发 BRTV 融媒跨模态生成模型，采用北京广播电视台的高质量视音频数据做模型训练，探索"科技+媒体"合作新模式。

湖南广播电视台在已有 AIGC、虚拟现实、AI 多模态检索等技术的基础上，搭建"芒果垂类大模型"和 AI Agent 智能体应用平台，将 AIGC 技术应用于媒资运营、广告投放、内容生产等场景。2024 年 7 月，芒果 TV 大模型通过生成式人工智能（大语言模型）备案审核，意图在视频生成方向实现突破。

除了加强技术赋能，部分地方广电注重挖掘文化资源优势，推动传媒技术升级和文化传承创新。如宁波广播电视集团发布天一大模型，该模型与专业知识库结合，具备实时网络问答、专业领域知识问答、跨语言内容理解、从复杂信息中提取关键数据及内容生成等五大核心能力。同时，宁波广播电视集团依托海量优质方言类视听内容优势，重点训练宁波方言类 AI 大模型，进行垂类 AI 大模型的本地化深耕。又如河南广播电视台自主设计研发"大象元"AI 创

---

① 《上海广播电视台挂牌成立 AIGC 工作室》，"上观新闻"百家号，2024 年 2 月 25 日，https：//export. shobserver.com/baijiahao/html/719600. html。

作和应用平台，该平台以"东方审美+国风国潮"为核心，旨在打造具备东方特色及新时代文化的垂类模型。

综合来看，虽然广电媒体在 AIGC 领域的技术研发与应用尚处于起步阶段，但从"为我所用"的跟跑转向"自主创新"的领跑，我国广电媒体在人工智能技术研发和应用领域，正持续取得新突破。

（三）视听业态复合升级，新质内容竞相"喷涌"

1. 新闻生产

2024 年是 AIGC 全面赋能媒体融合发展的一年，随着智能技术的广泛渗入和深度融合，视听新闻生产流程不断遭受冲击与消解。AIGC 重塑"策采编播存发"每个环节，极大丰富了创意的实现路径，提高了内容的生产效率，也为受众带来了更丰富的报道体验。

一是重塑新闻生产流程。传统新闻生产，从策划选题、采访拍摄、写稿到审稿、配音、剪辑视频，再到主持人播报、直播录播、审核、发布等，要经历 10 多道工序。AIGC 可实现文本、图片、视频等不同内容类型的高质量自动生成，已成为不少新闻工作者的"得力助手"。2024 年全国两会期间，上海广播电视台通过 AIGC 应用集成工具 Scube（智媒魔方），利用多模态内容识别、横竖屏转换、自动稿件生成以及多语言智能翻译等 AI 能力，高效完成了新闻发布会、记者会直播实况整理与翻译，新闻稿件（标题、摘要、关键词和正文）生成，视频片段提取和字幕生成等报道任务，Scube 共计自动化生产了 149 个 AI 内容包，每个内容包生成间隔仅为 5 分钟，大大提升了新闻生产和传播效率。杭州文广集团以周播专栏《热搜 Talk》为实验案例，通过数据训练，研发出新闻资讯类的多模态算法应用。仅靠输入关键线索信息，其就能自动抓取网络报道、匹配相应文风，在几秒内生成新闻初稿，半分钟内完成自动配音，并通过超写真数字主播进行新闻播报，单人 2 天才能完成的工作量现在单人 1 小时就能完成。

二是重塑新闻内容形态。不同于传统的新闻报道，借助 AI 技术风口，从新闻主播到新闻画面，从新闻场景到新闻互动，视听新闻融合更多技术与创意，呈现出全新的创作形态，带来更丰富的视听体验。新闻主播方面，上海广播电视台升级虚拟主播申䒕雅，人物形象更亲和；广东卫视在三维虚拟演播室中加入"数字人小强"、CG 动画和三维虚拟动画，实现"真人"视觉效果；北京广播电视台依托 3D 虚拟制片系统，打造了形象靓丽的 3D 数字主播小京；南京广播电视集团运用语义理解技术，其数字主播可以接收用户问题并生成答案；在《杭州新闻联播》整档节目中，AI 数字人全程播报，创全国联播类新闻节目的先河。新闻画面和场景生成方面，央视《晚间新闻》栏目用 AI 生成的视频讲述候鸟迁徙背景，用 AI 生成的图片解释"强对流天气"；央视新闻短视频系列《AI 数"读"两会》，以充足的新闻画面资源，生成画面逼真、人物表情细腻丰富的场景素材；新华社创新使用实景三维技术和 AIGC 技术，打造穿越时空的沉浸式新闻报道空间；江苏省广播电视总台（集团）综合运用扩展现实、虚拟穿屏、AIGC、AI 虚拟主播等视听新技术，创作系列融媒体产品。

在不断更新的视听技术基础上，多家媒体进行了风格各异的内容形态创新，未来还将进一步推动新闻叙事、新闻生产、受众互动等多维度的深层变革。

2. 短视频

近年来，短视频行业经历高速发展后，已从增量市场迈入存量市场。在生成式人工智能出现之前，AI 技术在短视频应用方面，还大多停留在文本配音、声音合成、AI 绘画等创作辅助环节。在经历从语音到图像再到动态影像的快速升级后，人工智能的逻辑推理、多模态理解、多语言支持等能力，逐渐在短视频领域显现出巨大能量，助力创作者实现"一个人成为一支队伍"。

从前期策划、中期制作到后期包装，人工智能可以构思创意，并快速生成剧本草稿、角色对话和情节概要，也可以自动生成画面、检测修复画面、剪辑、识别语音、生成配音配乐、制作字幕、生成特效等，还可以基于 AI 大模型分析热点话题，制作用户画像，提取符合市场偏好的内容要素，实现个性化内容的推荐与分发。

目前快手、抖音和哔哩哔哩旗下的视频剪辑产品"快影"、"剪映"和"必剪"都已增加 AI 相关功能，部分 AI 功能已进入会员付费商业化阶段。如"剪映"推出 AI 作图、营销成片、AI 特效、AI 商品图和数字人等五大 AI 功能，简化了操作流程，可以让用户轻松创作出具有专业水平或观赏性、趣味性较强的图片、视频等。快手在 AIGC 方面以创作者为核心，推动实现人机共创，全流程提升短视频内容的创造力和生产力，旗下视频剪辑产品"快影"的 AI 创作板块，具有 AI 玩法、AI 工具和 AI 文案三大类别，包括 AI 生成视频、AI 舞王、AI 小说转动漫、AI 变装、AI 次元穿越、AI 幻术、AI 3D 运镜、AI 照相馆、AI 动漫、AI 瞬息宇宙、AI 绘画等功能。

3. 微短剧

2023 年网文视频化带来微短剧大爆发，微短剧成为视听行业新"风口"，全年主要网络视听平台上线微短剧超 3800 部，是 2022 年的近 2 倍。[①] 据艾媒咨询发布的《2023—2024 年中国微短剧市场研究报告》，2023 年中国网络微短剧的市场规模达到 373.9 亿元。

微短剧具有剧集时间短、制作成本低、制作周期短等特点，AI 技术全面融入微短剧的各个生产环节，推动微短剧迈向专业化、智能化新阶段。2024 年 3 月 22 日，央视频推出国内首部 AI 全流程微短剧《中国神话》，该剧的美术分镜、配音配乐全部由 AI 完成。

国家广播电视总局发布的《关于微短剧备案最新工作提示》指出，2024 年 6 月 1 日起，未经审核且备案的微短剧不得上网传播，标志着微短剧已从粗放式增长阶段转入提档升级新阶段。一边是蓬勃的微短剧市场，一边是趋严的监管，谁能用 AI 创新微短剧内容供给，实现 AI 微短剧商业化，成为业界关注的话题。2024 年 7 月，抖音和快手分别上线 AI 科幻、奇幻短剧《三星堆：未来启示录》和《山海奇镜之劈波斩浪》。前者全流程采用 AI 创作，融合了大语言模型、变化模型、文生图像技术、扩散模型、超分辨率技术、时序生成技术等，画质不输电影。后者的画面完全由 AI 制作，在自研视频生成大模型可灵的深度技术支持下，实现了电影级画质、特效。

4. 网络直播

当下，网络直播已经成为电商领域的"标配"，在流量、人力成本高涨的背景下，由人工智能驱动的数字人成为直播带货领域新的竞争着力点。2023 年，对数字人产品需求量最高的 5 个行业中，电子商务排名第一。[②] 相较于真

---

① 《中国网络视听发展六大新态势》，"国家广电智库"微信公众号，2024 年 3 月 28 日，https://mp.weixin.qq.com/s/shEFEZ7dzfl2D0JqJL272g。

② 《2023 年中国 AI 数字人产业研究报告》，艾媒网，2023 年 11 月 6 日，https://www.iimedia.cn/c400/96607.html。

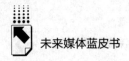

人主播，数字人成本低、情绪稳定、永不疲劳。当下，大批数字人主播涌入直播间带货，不少明星、头部主播的"分身"活跃在直播间。电商平台京东和淘宝积极推广数字人主播，期望提升销售效率、优化用户体验、重塑直播带货格局。

淘宝头部主播烈儿宝贝与数字人"烈儿宝贝"同台直播；数字人YOOKI入驻淘宝直播，通过设置讨论主题，引导用户许愿、表达生活感悟，其陪伴式互动吸引近145万人观看直播；电商直播头部企业美腕旗下"所有女生"直播间多次进行数字人直播，单场观看量一度超86万人次；通过"数字人IP营销+虚拟场景体验"模式，阿里巴巴为商家打造数字人主播、创作智能脚本、搭建AI直播场景，实现了直播间"24小时不停播"。

刘强东变身数字人"采销东哥"亮相京东App直播间，开播5分钟在线人数达382.3万人。随后，京东在"6·18"期间，开展总裁数字人直播活动，格力董明珠、海信胡剑涌等18位企业创始人、CEO、高管化身AI数字人下场直播。根据京东消费与产业发展研究院发布的数据，2024年"6·18"期间，京东平台的AI数字人主播累计直播时间达到38万小时，用户互动次数超过400万次。这一数据不仅凸显了数字人主播在电商直播领域的应用潜力，也反映出消费者对新型互动方式的积极响应。

不过抖音、腾讯视频号、快手电商等对数字人直播持相对谨慎的态度。抖音发布《抖音关于不当利用AI生成虚拟人物的治理公告》，对不当利用AI生成虚拟人物的行为进行严厉处置。腾讯视频号拟将使用插件、AI等工具生成的虚拟形象进行直播视为违规行为，鼓励真人直播。快手电商宣布不会为AIGC辅助创作的直播内容提供特殊流量扶持。

除了电商直播，AI技术在体育直播、演出直播等场景中的应用水平也在显著提升。体育直播方面，中央广播电视总台在2024年巴黎奥运会转播中，采用8K超高清直播技术，为观众提供沉浸式观赛体验；在羽毛球、攀岩和体操等赛事中运用AI辅助拍摄制作技术，使用最新的AI增强网络摄像系统、三维模型战术分析系统和AI画面切片系统提高赛事报道的制作效率。演出直播方面，AI修复版已故明星演唱会直播曾刷屏网民"朋友圈"，而融入元宇宙概念的沉浸式直播，创造出更多场景。2024年7月，在湖南卫视《青春芒果夜》节目现场近2000平方米的巨型裸眼屏幕中，巨型AI芒果崽与现场观众实时互动，现实与虚拟通过 AI 技术实现交互，湖南卫视成功打造出一场沉浸式直播音乐会。

5. 影视、动画、游戏

作为科技与文化的统一体，影视、动画、游戏的制作品质、视听体验、流程标准，在视听产品中具备技术引领特征。生成式 AI 在逼真模拟、高清画质和交互能力方面的不断突破，恰好契合了影视、动画、游戏的智能技术升级需求。影视、动画、游戏制作，过程复杂而精细，涉及诸多环节和人员，需要科学统筹规划。当下，生成式 AI 被视为影视工业化发展的助推器，推动影视行业从策划开发到项目制作、营销宣发的全链条转型升级。

策划开发阶段。AI 具有剧本理解功能，可将剧本、小说浓缩为故事大纲，撰写人物小传，提取关系图谱，提升知识产权（IP）的评估效率和准确率，进而发掘优质潜力项目。生成式 AI 可根据对故事内核的描述，快速生成概念视频，帮助投资方直观理解。其还可以在投入人力物力进行影视制作前，生成不同艺术风格的相关视频，辅助项目团队做出更明智的决策，或者生成先导片、预告片，帮助项目团队获取投资、获取市场反馈。

项目制作阶段。视频大模型可快速生成复杂场景，创造丰富视觉体验，生成更加逼真和震撼的画面，节省大量手工绘制时间。其还可以自动生成游戏角色、场景和任务，缩短游戏开发周期，为玩家提供更个性化的游戏体验。在剧本发生变化时，AI 可快速生成新的视觉内容。

营销宣发阶段。除了能够批量生成创意海报、宣传文案外，AI 在长视频的剧情理解、提炼等环节，也可以实现批量混剪视频、图文内容，大大释放创作生产力，提升内容制作效率。

全球首部 AI 电影《我们的终结者 2 重置版》"让 AI 探讨 AI"，使用了 Midjourney、Pika、Kaiber、ElevenLabs、ComfyUI、Adobe 等创作工具，呈现了一个人类对抗 ChatGPT 统治的世界。Sora 引发热议一周后，中央广播电视总台推出中国首部文生视频 AI 系列动画片《千秋诗颂》和首部 AI 全流程译制英文版系列微纪录片《来龙去脉》。哔哩哔哩《胶囊计划第二季》采用"3D 动捕+AI 转绘"技术生成不同场景。优酷现象级国漫《沧元图》应用 AI 技术，使虚拟人的姿态更加逼真。视频平台爱奇艺基于人工智能、大数据和云计算，搭建出三大影视工业化支持系统，辅助影视工作者预测分析商业指标、规范管

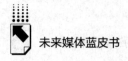

理影视制作流程，提升工作效率。①

AIGC 也潜在影响着艺术家、创作者们的工作。阿里大文娱超写实数字人厘里亮相电视剧《异人之下》，这是国内数字演员首次参演真人剧。湖南广播电视台推出首个 AI 导演爱芒，其形象融合了湖南卫视和芒果 TV 双平台制片人的肖像特征，其声音则是基于 95 后与 00 后导演的声音样本综合合成的。从瞬时生成脚本的 AI 编剧，到引发热议的 AI 演员，再到首个上岗的 AI 导演，AI 为影视行业注入了新的想象力，也进一步引发人们关于"AI 替代人类创造性工作"这一话题的思考和讨论。

6. 音频

在生成式 AI 爆发之前，音频行业的主要发展路径是利用智能语音交互来操控设备，如智能音响、车机、手表、家居等。目前 AIGC 技术在音频行业的应用处于起步阶段，但在内容创作分发和人机协同等方面已展现出巨大潜力。② 以喜马拉雅平台的数据为例，2023 年 AIGC 专辑数量相较于 2021 年增长了 8 倍，播放量增长了 353%，人均年收听 AI 专辑数量超过 6 部。③ 音频平台深度拥抱 AI，不断探索全场景下音频内容的融合与创新，助力音频内容生产的提质增效。

一是解放内容生产力。AIGC 可集合智能音量、智能配乐、音转文剪辑、AI 分段、智能检测、一键成片等功能，快捷生成故事、新闻资讯、音乐等多元化、个性化内容，大大提升创作效率。如喜马拉雅推出的"云剪辑"轻应用，降低了音频播客内容创作的门槛。云听大力布局 AI 一体化生产平台，以"AI 主播+AI 编辑"为平台赋能，每天自动生成上千条有声快讯。AI 亲子共创故事平台通过人机交互，帮助孩子发挥想象力，创作出专属故事。在 AI 作曲、AI 编曲平台，用户只需输入歌词或者旋律，选择风格、情绪、场景，即可创作出个性化音乐作品。

二是提升交互体验。基于语音识别和自然语言处理技术，用户可以通过语

① 《爱奇艺龚宇：顶级艺术家的水平可能是最后才被人工智能赶超》，"澎湃新闻"百家号，2023 年 3 月 30 日，https://baijiahao.baidu.com/s? id=1761804908580047577&wfr=spider&for=pc。

② 《揭秘未来声音世界：AIGC 如何驱动音频产业进入新增长周期?》，"每日经济新闻"百家号，2024 年 3 月 28 日，https://baijiahao.baidu.com/s? id=1794761799564388595&wfr=spider&for=pc。

③ 尹琨：《"耳朵经济"融入生活场景》，《中国新闻出版广电报》2024 年 1 月 3 日。

音搜索信息、控制音频播放，与音频平台进行更流畅的语音交互。AI 设备可以对用户进行个性化信息推荐，智能化适应用户的生活场景，从而提供更加便捷的伴随式服务，如智能音箱在用户起床时自动播放新闻，车载系统根据用户驾驶习惯推荐音乐。2023 年空间音频将听音体验提升到新维度，成为音频赛道新的增长点。据《北京青年报》，超过 45% 的受访者认为空间音频使音频内容富有临场感，97% 的受访者认为该技术改善了收听体验。[1]

三是全场景拓展。"音频+影视""音频+直播""音频+出版""音频+智能设备"等 AIGC 技术正在推动数字音频与更多行业融合，从而创造出更多可能。如在图书营销领域，AI 可基于书本文字生成音频，包含人物对话、旁白、人物内心独白、背景音乐等，还可通过调整语速语气、语音语调等要素，向读者生动地传递文本所蕴含的情感。科大讯飞推出超拟人语音合成技术，拟人度超过 83%，该技术不仅能优化交互体验，还能模拟人类情感和行为，提供个性化、富有同理心的服务。[2] 在 AI 驱动下，未来智能音频将实现更多场景与交互形式的创新。

（四）视听表达多元创新，文化科技双擎驱动

1. 沉浸式交互成为新的审美特征

智能视听是连接虚实世界的重要接口，在移动化、场景化时代，传统视听体验已经不能满足用户的需求。随着 5G 网络和 4K、8K 超高清技术的普及完善，在声光学、超强算力、大数据等高新技术的创新推动下，超高清、VR、AR、MR、CR、XR、数字人、云游戏等视听技术快速发展，并广泛应用于新闻报道、演艺演出、赛事转播、商业发布会、数字展厅等场景，从而为用户营造智能化、个性化、交互式、沉浸式的视听新体验。[3]

《中国虚拟数字人影响力指数报告》显示，2023 年，与"数字人""虚拟人"相关的企业有 99.3 万余家，其中年度新增相关企业 41.7 万余家，同比上涨超四成，数字人技术逐渐成熟、应用场景持续扩大。采用了 XR、裸眼 3D

---

① 陈斯：《音频爱好者都在"听"什么?》，《北京青年报》2024 年 1 月 10 日。

② 汪永安：《让世界"聆听"中国声音》，《安徽日报》2024 年 6 月 25 日。

③ 《2023 年中国大视听市场趋势洞察报告》，艾瑞网，2023 年 12 月 25 日，https：//report. iresearch. cn/report_ pdf. aspx？id=4281。

等技术的新型消费硬件相继发布,为用户展示出更具想象力的"屏之物联"世界。视听科技与文化创意深度融合,主题公园、博物馆、音乐馆利用"大空间 VR"技术提供超强沉浸式视听体验,① 杭州亚运会开幕式以数字烟花、数字火炬手、虚拟许愿灯的方式,实现全球首次大型演出 AR 互动。《风起洛阳》VR 全感剧场深受游客欢迎,一批"实景+VR"沉浸式影视主题智慧旅游目的地纷纷"出圈"。

广东、北京、上海、青岛、横店等多地陆续建成虚拟影棚,以虚拟制作为代表的数字化拍摄应用更加广泛。电影《流浪地球 2》启用虚拟化制作平台,以预拍排演方式为演员提供"可视化剧本"。网剧《云之羽》《狐妖小红娘·月红篇》、微短剧《柒两人生》及电视剧《清明上河图密码》,采用"实景+影视虚拟制作",实现场景快速搭建、切换,镜头语言更自然,拍摄效率更高。优酷的在拍剧集中,虚拟拍摄的占比最高达 10%,通过优化 AI 算法,虚拟拍摄的调试时长从 2 个小时缩短至 20 分钟。爱奇艺还建立了"实景扫描—资产重建—虚拟拍摄—精修入库—多业务复用"的制作流程。"现实+虚拟"的沉浸式互动成为智能视听时代新的审美特征,智能视听行业正在迈向高质量发展的新阶段。

2. 中华优秀传统文化赋能创新表达

优质内容资源是视听行业发展的基础,在智能视听供给侧,创作者们以创新表达为核心,深耕中华优秀传统文化的独特价值,加速其与科技领域深度融合。从远古神话到诗词典籍,从革命历史到国家战略,从城市发展到乡村振兴,科技之美交织文化之魅,AIGC 持续释放内容生产力,成为中华优秀传统文化创造性转化和创新性发展的重要推手。AI 系列动画片《千秋诗颂》聚焦国家统编语文教材中的 200 多首诗词,呈现了独具中国审美特色的视觉效果,展现了中华经典诗词中的家国情怀和人间真情。AI 全流程微短剧《中国神话》,以"国风""写意"为特色,还原中国神话之意境与风格。北京广播电视台发布的 AIGC 宣传片《AIGC 三国》再现"三顾茅庐""赤壁之战"等经典场面。河南卫视策划出品的奇幻文旅微电影《锦鲤与花神》,打造了独具视觉效果的"神都花事"。芒果 TV 人文漫游纪录片《湘行漫记》将观众带到左宗棠的少

---

① 《网络视听技术创新应用亮点》,"国家广电智库"微信公众号,2024 年 1 月 22 日,https://mp.weixin.qq.com/s/kg6i7YAbDwr3-hZLWM-YfQ。

年时代。北京中轴线申遗保护工作办公室等联合发起"AI 赋诗·贺新春"活动，用户输入主题或关键词，"云上中轴"微信小程序即可在数秒内生成专属藏头诗。中央广播电视总台数字文化艺术博物馆创新性打造 AI"先民导览员"，观众的"数字分身"也可以走进"历史"现场尽赏文明盛景，其通过数字化人工智能手段，实现了中华优秀传统文化"思想+艺术+技术"融合创新传播。

3. 视听国际传播样态实现新突破

随着国内智能视听的繁荣发展，其国际传播成为重要应用场景，主流媒体积极探索中国故事的新讲述方式，拓展海外市场，借助人工智能、扩展现实等技术赋能视听内容生产，创新视听国际传播样态。一是动画的国际传播取得新突破。通过使用文生声音、声线克隆、AI 视频处理等技术，《千秋诗颂》德语、意大利语、葡萄牙语版本在中国国际电视台（CGTN）上线，并在德国、意大利和巴西等的 10 多家国际媒体平台同步播出，成功吸引近 1 亿名海外观众，成为 AI 赋能动画国际传播的典型案例。二是微短剧成为视听国际传播新赛道。2023 年 ReelShort 等出海微短剧 App 用户量激增，微短剧在海外破圈传播。ReelShort 利用中文在线旗下的大模型"中文逍遥"生成并优化剧本，持续输出有针对性的内容。三是智能译制提升视听国际传播效能。中央广播电视总台推出的英文版系列微纪录片《来龙去脉》，在文本翻译、语音识别、多轨替换等译制流程中，全部采用 AI 技术。国广东方网络（北京）有限公司自主开发可以一键实现多语种译制的智能配音系统，降低了人力成本。科大讯飞多语种技术可满足 60 余种语言的智能语音需求，车载语音系统已覆盖 23 个主要语种。四是数字人直播开辟视听国际传播新蓝海。无须搭建直播间、无须真人出镜，也不需要主播具备流利外语，就能 24 小时开启直播带货，数字人直播席卷国内主流电商平台以及 TikTok、YouTube 等海外电商平台。

（五）新型终端日益成熟，视听场景深度变革

移动互联时代，作为视听媒体转型升级的"三驾马车"，场景、界面和终端的融叠给视听媒体提供了树立"大视觉"观念、锚定"游戏化"交互、聚焦"可感性"体验等跃升契机。① 斯坦福大学以人为本人工智能研究所发布的

---

① 梅凯：《智媒时代视听媒介的互嵌、跃升与纾困》，《传媒》2024 年第 9 期。

《2024 年人工智能指数报告》称，2023 年著名人工智能模型中，美国有 61 个，中国有 15 个。作为全球人工智能发展"领头羊"，中美两国呈现出不同的发展趋势。美国在高端芯片制造、基础研究和技术创新方面优势明显，中国拥有庞大的用户基数，为开发丰富的场景和提升用户体验提供了有利契机。

智能视听时代，终端设备的种类不断丰富。智能手机、智能笔记本、智能平板、VR/AR 设备、智能车机、可穿戴智能设备、智能音箱、智能家电、智能交互大屏等新型智能视听终端设备日益成熟和普及。2024 年 6 月，"苹果智能"系统正式亮相，能够跨平台应用于苹果旗下多款设备。华为、小米、OPPO、VIVO 等国内手机企业提前发力，建设 AI 产业链，在硬件、操作系统、应用程序和服务中全面融入 AI，实现全生态布局。华为鸿蒙操作系统与大模型深度融合，小米在操作系统中集成先进的 AI 功能，OPPO 和 VIVO 持续进行 AI 大模型的迭代和操作系统的优化。[1] 国际数据分析机构 Canalys 预测，2024 年 AI 手机出货量占全球智能手机出货量的 16%，2028 年将上升至 54%。继功能机、智能机之后，AI 手机成为下一个推动时代发展的拳头产品。

随着消费升级，"智能化"与"品质化"成为中国家电市场主旋律。智能家电应用面广，发展潜力大，成为促进家电产业发展的重要引擎。作为智慧家庭的控制中心，智能电视将终端变革作为重要方向，积极探索"盒端一体化"软终端，以及移动智慧屏等，AI 在电视大屏上的应用也不再局限于娱乐功能。如家电品牌长虹制定"视能、智能"双能战略，部分电视产品搭载"长虹超脑"人工智能大模型，具备感知、理解、学习三大能力，智能视听重新定义家庭视听娱乐。

随着新型视听终端加速嵌入信息传播的各个角落，智能视听正越来越多地参与智慧城市、智慧家庭、智慧出行、智能工厂、智能体育、智慧健康养老等创新领域。据中国广视索福瑞媒介研究（CSM）数据，2023 年前 10 个月，车载视听场景的人均消费时长接近 60 分钟，是居家视听的 1.4 倍，车内成为视听消费的主要场景。[2] 中国汽车消费市场规模位居全球之首，新能源汽车和智能网联汽车发展势头强劲，汽车突破单纯的代步功能，正逐渐演变为日常生活

---

[1] 贾丽：《手机巨头集体发力 AI 产业链开启"竞速赛"》，《证券日报》2024 年 6 月 12 日。
[2] 《车载音视频场景中广播媒体的突围路径》，腾讯网，2024 年 8 月 2 日，https://news.qq.com/rain/a/20240802A07AHU00。

"第三空间"。目前 AI 在汽车产业主要有人车交互和智能驾驶等落地形式，智能座舱被视为实现汽车智能化的关键路径。小鹏、蔚来、理想、问界等车企引入多屏联动、AR/VR 等技术，为用户提供智能化、沉浸式交互体验。[①] 爱奇艺、芒果 TV、哔哩哔哩、网易云音乐和喜马拉雅等视听平台，为车载娱乐系统提供多样化的高品质内容。华为、腾讯、百度、阿里巴巴、科大讯飞等推出大语言模型，为用户提供更自然的对话体验和界面交互。随着沉浸式体验的升级以及自动驾驶时代的到来，车载视听将迎来全场景变革。

2024 年 6 月，华为宣布原生鸿蒙系统正式商用，该系统可打通硬件、场景，支持多元交互、自由流转，服务"万物智联"。中央广播电视总台和上海、广西、湖北等广播电视台，相继启动鸿蒙原生应用开发，用新技术激发新动能，利用鸿蒙系统的全场景、原生智能、原生安全等优势，为用户在手机、平板、车机等多终端提供更加流畅、高效、安全的视听服务与体验。

（六）视听产业跨界融合，"大视听"篇章开启

科技含量高、产业带动力强是广播电视和网络视听产业的内在优势。在 AIGC、虚拟现实等新技术的赋能下，智能视听不断与文旅、教育、公益、医疗、农业、电商等行业交叉融合，呈现出信息交流"基础设施"的新特性，视听产业趋向形成智能"大视听"新生态。

在教育领域，河南广播电视台等主流媒体联合 AIGC 企业开办线下课堂，讲解 AIGC 技术应用、产业孵化、项目商业化运营等方面的知识，以实现 AIGC"产学研用"的成果转化。

在文旅领域，AI 生成短视频让各城市的文化资源"活"了起来。在第 14 个中国旅游日，由成都市广播电视台发起，广州市广播电视台、武汉市广播电视台（集团）、南京广播电视集团、苏州广电传媒集团（总台）、哈尔滨市广播电视台、合肥市广播电视台、济南市广播电视台、石家庄市广播电视台、盐城市广播电视台、宜宾市广播电视台等 10 余家广播电视台联合制作的 AIGC 主题系列城市宣传片《万千气象 AI 中国》上线。该片从歌词撰写到音乐制

[①] 中国信息通信研究院：《车联网白皮书（2023 年）》，2023 年 12 月，http://www.caict.ac.cn/kxyj/qwfb/bps/202312/P020240326618179274556.pdf。

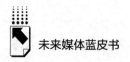
作、文案配音,从美术分镜到画面生成,全流程采用 AIGC 技术,以独特的 AI 视角多维呈现万千气象的中国图景。河南广播电视台"大象 5G 智慧文旅"入选 2023 年"全国智慧广电网络新服务"优秀案例,该项目联合河南博物院,运用 5G 云渲染互动、数字人、AI 语音合成等技术,通过大象新闻客户端向公众提供沉浸式数字文旅体验。

在社会公益领域,上海广播电视台利用 AIGC 应用集成工具 Scube 完成美术、分镜、视频、配乐等创意工作,推出《因 AI 向善》系列公益广告片,同时联合高校人工智能团队发起公益项目"润爱无声助聋门诊场景",在集成 AIGC 与元宇宙、机器人等技术的基础上,研发国内首个基于手语大模型的交互式数字人,为听障群体搭建起与外界沟通的桥梁。

四 智能视听发展的挑战

纵观人类社会发展史和科学技术迭代史,每一次重大技术革新,必然会引发传播边界的拓展和媒介形态的重塑。以生成式人工智能为引领的新兴视听技术,正在成为智能视听产业的新质生产力。2023 年中央经济工作会议强调,"要以科技创新推动产业创新,特别是以颠覆性技术和前沿技术催生新产业、新模式、新动能,发展新质生产力"。目前,AIGC 研发和应用还处于发展初期,智能视听在科技创新和产业创新领域,还面临诸多挑战。

(一)关键技术"卡脖子",示范性应用少

当前,中国的数字基础设施建设不完善,算力产业尚未形成规模。随着 AI 大模型数量呈指数级增长,高性能 AI 芯片面临国际出口管制和国内技术限制双重挑战。大模型训练依赖社交媒体、在线搜索引擎和电子商务平台等网络数据源,存在数据多样性不足和真实性不高等问题。整体来看,智能视听同样存在高质量数据库体量不足的问题,超高清、XR 等技术在内容供给、终端呈现等环节还存在短板,部分技术概念未能落地,产业生态远未成熟。

在面向 C 端的 AIGC 工具中,AIGC App 大体可分为 AI 工具型和 AI 社交娱乐型,至今没有出现爆款级应用。Questmobile 数据显示,2024 年 1 月,排名前十的 AIGC App 聚合的活跃用户规模为 5376 万人,同比增长 3725%,男性

用户占比75.3%，25～45岁用户占比近七成，中、高线上消费意愿用户占比近九成。① 不过，由于AIGC App均处于摸索爬坡阶段，用户活跃度和留存率普遍偏低。截至2024年6月，AIGC App中月活跃用户规模在100万人以上的占比达13.1%，月活跃用户规模为10万～50万人的占比为27.6%、10万人以下的占比为55.3%。其中，大部分社交娱乐类AIGC App功能与用户需求匹配度不高，导致月人均使用天数基本低于5天，绝大部分活跃率低于15%，卸载率偏高，在50%以上。②

此外，AI生成的视频普遍时间较短，质量参差不齐且逐渐出现同质化现象，尚未达到专业影视制作水准。AIGC App作为创意实现工具，如何打造垂直化、个性化模型，进一步提升用户需求适配度和用户黏性，辅助用户实现对视听内容的精细化、风格化、个性化处理，是智能视听行业面临的新挑战。

（二）"技术性失业"舆论引发持久社会压力

近年来，人工智能技术迭代频率非常高，反复冲击着人类的现有认知。斯坦福大学以人为本人工智能研究所发布的《2024年人工智能指数报告》指出，人们在沉浸于生成式人工智能带来的未来图景中的同时，产生了FOMO情绪（错失恐惧症）。麦肯锡发布的《生成式人工智能的经济潜力：下一波生产力浪潮》研究报告认为，2030～2060年，50%的职业将被AI取代。机器替代人类的焦虑弥漫，引发了持久的社会舆论和压力，也带来了诸多潜在的经济与社会问题。如百度旗下无人驾驶出行服务平台"萝卜快跑"一度在多个城市被紧急叫停或暂停服务，其间，"网约车、出租车司机抱怨'萝卜快跑'抢饭碗""公众担心网约车、出租车司机失业"等舆论频频出现。

益普索（Ipsos）的一组调查曾剖析了全球公众对人工智能的态度：2023年，认为人工智能会在未来3～5年对自身生活产生巨大影响的人的比

---

① 《QuestMobile2024生成式AI及AIGC应用洞察报告：头部APP应用去重月活用户突破5000万，C端、B端机会蜂拥而至》，QuestMobile网站，2024年3月12日，https：//www.questmobile.com.cn/research/report/1767395734913650690。

② 《QuestMobile2024上半年AIGC APP流量与场景研究报告：APP千万以上仅两家，八成月活低于50万，如何突围？》，QuestMobile网站，2024年7月10日，https：//www.questmobile.com.cn/research/report/1810879579541311490。

例从 60% 增加到 66%，受访者最担心人工智能被滥用和给工作带来消极影响。不过，不同人群之间的看法大相径庭，年轻一代、收入和教育水平较高的群体更为乐观，认为人工智能会给娱乐、医疗健康和经济等带来积极影响。当前，人工智能重塑人类生产生活方式的质变节点还未到来，AI 主播、AI 记者、AI 编剧、AI 导演、AI 剪辑师等也存在诸多局限，理性考量 AIGC 对视听生产的深远社会影响，是保障智能视听行业高质量发展的一个重要因素。

（三）智能视听呼唤更多复合型创意人才

微软公司 CEO 萨蒂亚·纳德拉将 AIGC 技术视为知识工作者领域的一次革命性变革。根据 IBM 发布的《2023 年全球 AI 采用指数》，2023 年有高达 85% 的中国企业表示未来将会增强对 AI 的投入和应用。在全球范围内，我国正以超前的积极姿态面对生成式人工智能。AIGC 的广泛应用，必将带来视听生产方式的变化，部分工作将受到直接冲击。但前沿技术的应用离不开前沿人才，正如历次技术革命，旧岗位的消失伴随着新岗位的产生。人机共生图景的实现，需要每一个内容创造者熟练掌握 AI 应用能力。在 AIGC 赋予个体视听生产权利的背景下，智能视听的呈现方式和行业供给将更加丰富。智能视听行业需利用新技术促进就业，全面开展人工智能素养教育，加强人机协同，以激发人类的创造潜力和积极性。

从个体层面看，使用 AIGC 进行内容创作的关键在于更新理念，主动适应新工具、新模式，提升创新技能。ChatGPT 出现后，提示工程师被纳入职业范畴，未来人人都将成为提示工程师，而提示能力则直接决定 AIGC 的内容产出水平。在 AI 发展的时代浪潮下，当机器还不能解决创意创新问题时，创新劳动者将会产生。广大新闻工作者和视听从业者应以开放包容的态度拥抱变化，合规探索使用 AI 技术，成为既懂技术逻辑又具备马克思主义新闻观的复合型、创意型视听人才，以探索人类创新表达的新可能。

从行业层面看，打造与智能化业务相适应的人才体系，构建 AIGC 创作生态，是促进 AI 与媒体行业深度融合的重要保障。媒体行业既需要在内部打造新型人才队伍，也要跨行业吸纳优秀人才，共同创造服务于视听场景的新技术和新产品，做好、做深媒体转型大文章。湖南广播电视台锚定"创意工程师"，培养"内容+技术"复合型人才。目前，90%的综艺节目、电视剧、纪录片制作团队使用新技术，团队内复合型人才占比超过80%。河南广播电视台打造精通AIGC创作的超级个体和团队，产出高质量影视内容，助力传统广电升级。通过持续举办AIGC培训进高校、AIGC创作大赛等活动，汇聚了一批包括科幻作家、导演、制片人、设计师等在内的优秀AI内容创作者，以在沉浸式传播时代占据有利位置。

（四）生成式人工智能负面效应不容忽视

生成式人工智能由用户个性化需求驱动，用户易将AI生成的内容当作"正确的""是我需要的"，进而失去对信息的质疑意识。当高度拟真化的AI生成内容与现实之间的界限越来越模糊，角色生成、语音克隆和视频生成等，或将成为快速、廉价的制假方式。通过大数据推荐和个性化内容分发，虚假内容进一步对目标受众的心理和行为产生影响。

此外，视听大模型训练建立在大量互联网公开数据基础上，存在较高的个人信息泄露及侵权风险。例如，国外方面，大模型GPT-4o未获好莱坞女星斯嘉丽·约翰逊授权，使用了高度类似其声音的Sky语音。对此，约翰逊发文表示不满，并强调要"确保个人权利得到保护"。国内方面，从"AI孙燕姿"一夜爆红，到AI"复活"逝者生意的出现，误用、滥用AI技术也给道德伦理、社会治理等带来新的挑战。

智能视听是重要的文化宣传阵地和意识形态阵地，英伟达创始人黄仁勋曾提出"主权大模型"概念，认为"每个国家都需要拥有自己的人工智能"。然而，前沿人工智能模型的训练成本正持续快速上涨，AI大模型逐渐显现出垄断趋势。如OpenAI预估花费7800万美元训练GPT-4，谷歌则预估花费惊人的1.91亿美元训练Gemini Ultra。[①] 在大模型垄断趋势下，自带预设立场和价值观倾向的生成内容很容易诱导群体认知偏向。

综合来看，人工智能技术是一把"双刃剑"，在催生出智能视听新业态的同时，也会给用户心智、用户隐私等带来潜在影响。追求安全视听体验，规避

---

① 斯坦福大学以人为本人工智能研究所：《2024年人工智能指数报告》，2024年4月15日，https：//aiindex. stanford. edu/wp-content/uploads/2024/04/HAI_ AI-Index-Report-2024. pdf。

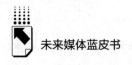

数据侵权，除了要牢牢守住意识形态底线，还应积极建立以版权为核心的涵盖开发、制造、交易及保护全链条的广播电视和网络视听大数据库。

（五）智能视听综合治理框架待完善

在诸多人工智能技术带来的负面效应下，加强生成式人工智能监管与推动技术进步显得同等重要。为规范生成式人工智能的应用，我国已发布《互联网信息服务深度合成管理规定》《生成式人工智能服务管理暂行办法》等，要求企业在提供智能对话、语音生成、人脸生成、人脸替换、沉浸式拟真场景等生成服务时，应当进行显著标识，并对生成内容的真实准确性提出要求，为 AI 技术发展划定底线。2023 年以来，《关于进一步加强车载音视频管理的通知》《关于加快推进视听电子产业高质量发展的指导意见》等，对智能视听新业态的发展起到重要促进作用。此外，中央广播电视总台、上海广播电视台、北京广播电视台等主流媒体也积极制定人工智能媒体使用规范，以"共创、共建、共享"的发展态度，确保生产"以人为本、智能向善"的优质内容。

人工智能治理是全球面临的共同挑战，视听治理智慧化还需要全球各国以宏观视角，开展广泛对话，不断凝聚共识，共同推动"AI 向善"。在第三届"一带一路"国际合作高峰论坛上，中国提出《全球人工智能治理倡议》，阐述了人工智能治理的中国方案。其后，首届全球人工智能安全峰会召开，中国、美国、英国等 28 个国家及欧盟共同签署《布莱奇利宣言》，承诺以安全、以人为本、值得信赖和负责任的方式设计、开发、部署和使用 AI。2024年 3 月，联合国大会通过首个全球性的有关人工智能的决议草案，呼吁抓住安全、可靠和值得信赖的人工智能系统带来的机遇，促进可持续发展，中国参与了共同提案。2024 年 5 月初，中法发布关于人工智能和全球治理的联合声明，强调加强国际合作。2024 年 8 月 1 日，欧盟《人工智能法案》正式生效，这是全球首部全面监管人工智能的法案，也是人工智能治理新的里程碑。

从行业到平台、从国内到国际，从微观到宏观，生成式技术与内容的治理需要平衡风险与发展之间的关系，坚持包容、审慎的监管原则。"用善治促善智"，为智能视听发展提供"制度围栏"，是探索兼顾活力与秩序的智能视听综合治理框架的有效路径。"可信人工智能"逐渐成为学界、业界的共识，未来还需要进一步提升智能视听治理的精准性、协调性。

五　智能视听的未来展望

2023 年以来，人工智能领域特别是大模型技术，迎来了快速发展的新阶段。在科技革命和视听产业变革的浪潮中，AIGC 不仅成为推动行业发展的核心力量，更以其创新的前瞻性引领视听领域的变革与融合。智能视听产业正以"智慧"提升品质，向着"创新"方向前进，迈向高质量发展的新纪元。

（一）"AI+"将成视听媒体转型发展"标配"

在数字化浪潮的推动下，主流媒体面临着深度融合、转型升级的紧迫需求，媒体新质生产力成为融合转型新的"关键变量"。人工智能技术是发展媒体新质生产力的原动力和关键驱动力，其在媒体领域的应用已经成为不可逆转的趋势，主流媒体正在加速从"+AI"到"AI+"的演进升级。

一是 AI 技术作为媒体融合的催化剂，将为媒体内容的生产、分发和消费带来革命性的变化。AIGC 技术的发展，使得机器能够参与到内容的创作过程中，重塑了视听内容生产规则，提升了内容生产的效率和质量。AI 算法优化了内容推荐系统，使得信息传播和用户互动更加个性化和精准化。

二是在"AI+"模式下，视听媒体的形态得以重塑。万物智联，虚实共生，数字化、智能化机遇为视听媒体转型注入无限可能。通过加强科技自主创新，视听媒体加快探索具有媒体新质生产力特点的新产品、新模式、新机制，向构建新经济、新消费业态拓展升级。

三是 AI 创新传播成为正能量内容的放大器。智能视听媒体的发展需要以主流价值观为引领。优质的内容是建立用户情感链接的关键，智能视听手段的辅助，使得正能量的传播更为高效。

四是"人智协同"，破解人才窘境，实现跨越式发展。"人智协同"作为一种新型的合作模式，为媒体人才队伍建设带来了突破性的机遇。长期以来，全媒体人才的短缺问题一直是媒体融合的瓶颈。尽管 AIGC 一度引发媒体工作者对失业的担忧，但随着视听媒体对人工智能应用的深入探索和实

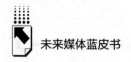

践，业界逐渐形成共识：人工智能不能替代媒体工作者，而是能够深度整合媒体内容生产各个环节的强大工具。"人智协同"将人工智能与人类智慧相结合，打破了人才瓶颈，将推动视听媒体实现质的飞跃和发展。

（二）开放协同的"泛智能视听"时代正在到来

在人工智能技术指数级发展的推动下，智能视听正迅速崛起，成为未来产业发展的核心领域。人工智能、大数据、虚拟现实等前沿科技的融合，共同重塑了信息交流的基础设施，不仅推动了视听产业与各行各业的深度融合，而且实现了跨模态、多元化的内容创新和产业布局的多维变革。随着变革的深入，我们将迎来一个全新的"泛智能视听"时代。

对普通个体来说，AIGC 工具的普及和应用，前所未有地提高了视听内容生产与传播能力。普通大众可以用自然语言向 AI 描述想法，AI 可以生成对应的视听内容，这不仅降低了个人生产和传播视听内容的成本，也使得内容生产进一步大众化。从 PGC 到 UGC，再到 AIGC，标志着传播权力的下沉和人的数字化生存。在 PGC 时代，只有少数专业人士拥有制作高质量视听内容的能力和资源。UGC 时代的到来，使得用户生产内容成为可能。而现在，AIGC 技术的应用正将个体内容生产的能力进一步提高，其促进了个性化创意表达的普及，个体创作者、专业机构、技术平台以及其他参与者，共同构建了一个多元、互动、共享的内容生态。

对媒体平台来说，开放共享和协同共赢的理念将成为构建大视听产业生态体系的关键。视听产业不再局限于传统的内容生产与分发模式，而是致力于实现内容创新、服务多样化和体验个性化。其通过提供更加精准的个性化消费体验，激活内容消费，并促进多主体协同参与社会服务，从而创造新的社会价值和经济价值。技术的融合与创新也将推动智能视听向更广阔的应用领域拓展，如数字文旅、智慧城市等，推动实现产业的跨界融合与价值重塑。这种跨界融合不仅能够为用户提供"沉浸式"视听体验和"智慧化"服务，也将为智能视听的发展注入新的活力和动力。

（三）技术与人文深度融合，助推人机价值共创

人工智能已经在图像分类、视觉推理和语言理解等方面取得了超越人类

的成绩，显示出巨大的发展潜力。比尔·盖茨曾预测："很快，互联网用户都会拥有一个 AI Agent（人工智能助理）。"这预示着，人工智能应用将更加普及和个性化，为人类生活带来更多便利。然而，《2024 年人工智能指数报告》认为，在更复杂的任务上，人工智能仍然落后于人类。这提醒我们，尽管人工智能在某些领域取得了显著成就，但它并非万能的。在追求技术进步的同时，我们应深刻思考人的价值、自由和尊严，积极关注并改善数字劳工的现实境遇，解决人工智能发展可能引发的群体性失业以及人的主体性、创造性被侵蚀等人机冲突。

智能视听技术的演进正让视频制作迈向"零门槛"，但技术背后人类的审美、情感和创造力，在高质量视听创作中仍然是不可替代的核心要素，优质内容始终是视听行业的核心竞争力。智能视听时代下的人机价值共创，不仅是技术的融合，更是思想、艺术、伦理的深度融合。"AI 教母"李飞飞在与英伟达首席科学家 Bill Dally 的对谈中明确表示，AI 不应该成为少数人的特权，必须让每个人都参与其中，"AI 越强大，我们越要珍视人性"。广大视听从业者应致力于深化创意思维、艺术表达与技术应用的整合，推动智能视听创作向更高层次发展。

人类不仅是人工智能的创造者，更是决定如何使用它的决策者，对人工智能技术既要"善用"也要"善治"。面对技术湍流，要坚持以人为本的价值观，共同建设"向善"的视听媒体生态，从而构建出和谐、智能、有温度的世界。

产 业 生 态

B.2
智能时代下视听内容生产的
再造与重构（2024）[*]

蓝燕玲 刘司航[**]

摘 要： 大数据、多模态转化、深度学习、大模型等智能化技术作为社会生产方式变革的新引擎，已然成为各行各业创新发展的加速器。2023~2024年以Soar、Vidu为代表的文生视频大模型的诞生，为视听产业结构性调整提供了内核推动力，驱动视听产业全产业链的升级迭代，特别是在内容领域更是颠覆性地重构了视听内容生产模式。本报告系统梳理与分析智能技术在视听内容生产领域的发展演进、应用场景与技术内核。同时，基于智能技术潜在的欺诈、隐私泄露、原创性争议等风险，进一步分析生成式人工智能给视听内容独创性、主体性、价值性带来的冲击与挑战——人工智能生成视听内容是否仍具有原创性与艺术性？如何在视听行业智能化升级进程中达成人机携手共进？当数据与算力成为内容共创主体时，视听行业不仅要思考人机共生的前路，更要思考人机共进的方法，让技术切实转化为助推视听内容发展的新质生产力。

* 本报告系"福建省创新战略研究计划项目"（编号：2024R0110）的阶段性研究成果。
** 蓝燕玲，传播学博士，厦门理工学院影视与传播学院副教授，主要研究方向为传播市场调研、新媒体数据分析与应用；刘司航，厦门理工学院硕士研究生，主要研究方向为广播电视编导。

关键词： 人工智能 视听行业 内容生产 数智化技术

视听行业的发展与科技的进步与应用向来密不可分。广播电视与网络视听领域都因技术而生、因技术而兴——广播因无线电通信技术成熟而问世；电视因电子信号传输技术而发展；网络视听因互联网、5G 技术创新而完善。智能视听则是网络视听产业与人工智能、5G 等新技术融合孕育而生的视听产业新业态。人工智能与视听领域的结合，为视听行业带来了革命性、创新性、颠覆性影响，进一步推动视听内容生产的再造与重构。2023 年 10 月，以"AI 开启新未来"为主题的 AIGC 智能视听大会在青岛举行，会议指出，当下我国智能视听正迈向产业链扩展，覆盖全场景服务，即将迎来高质量跃升式发展的重大机遇。[①] 视听内容与智能技术的交叉融合发展必将引领视听内容生产朝着便捷化、高效率、新样态等方向发展。

一 智能技术与视听内容生产的融合发展路径

自人工智能发展初始到当下，AI 技术与视听产业的融合，从浅层相加到紧密结合，再到如今的深度相融、模态赋能。人工智能已发展成为视听内容生产的算力内核、技术底座与赋能动力。

（一）人工智能赋能视听内容生产的发展演进

早在 2015 年 3 月，第二十三届中国国际广播电视信息网络展览会就已开始深入分析广播影视由数字化向智能化、智慧化演进的发展趋势，提出广播影视要从内容生产、传播覆盖、用户服务、监测监管等方面描绘未来智慧广电新蓝图；要加快推进广电融合网络的数字化、智能化，为人民提供更加优质高效的数字信息、生活服务。[②]

---

① 《智能大视听 一起向未来》，"人民网"百家号，2023 年 10 月 23 日，https://baijiahao.baidu.com/s? id=1780512807249856484&wfr=spider&for=pc。

② 《聂辰席出席第二十三届中国国际广播电视信息网络展览会并作主题发言》，国家广播电视总局网站，2015 年 3 月 26 日，http://www.nrta.gov.cn/art/2015/3/26/art_ 112_ 24547.html。

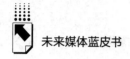

1. 开端：视听内容智能化生产模式逐步扩散

智能技术与视听产业结合最初从音频处理领域出发。从 2015 年开始，中国 AGI 技术产业化的先驱公司云知声、思必驰、科大讯飞等就开始以智能语音识别及语言处理技术为主构建服务体系，提供语音识别领域的云服务和硬件解决方案。2016 年第一部由 AI 参与剧本编写的恐怖片《不可能的事》（Impossible Things）上线 Kickstarter 平台，生成式人工智能开始参与视听内容编撰与构思。

2017 年 8 月 23 日，北京国际广播电影电视展览会举行，其中专题论坛"视觉人工智能峰会"以"人工智能浪潮下的电视场景革命"为主题，思考如何利用人工智能技术帮助电视行业更好实现产业内容革命。2017 年 10 月，国家广播电视总局在深入学习党的十九大精神的基础上，结合新闻出版与广播影视实际，科学分析了视听行业存在的问题，提出以新技术、新应用引领和推动广电媒体融合发展，密切关注大数据、云计算、物联网和人工智能以及 5G 等在广电领域的应用研究。至此，人工智能在视听内容生产上的应用已从单一音频处理领域，向多元场景开放。

2018 年 11 月，第六届中国网络视听大会提出，要以生产优秀作品为中心环节，鼓励支持网络视听行业开展技术创新、自主创新、融合创新，积极拥抱大数据、超级计算、人工智能等最新技术。"2018 爱奇艺世界·大会"上，爱奇艺提出将在 2018 年重点实施"智能、交互、开放"的战略部署，通过大数据，NLP 自然语言处理等技术推动视听内容升级，创作升级。智能技术不仅赋能了传统广播电视领域的生产变革，同时为网络视听领域的创新提供了更强的算力内核与技术底座，从而为智能视听产业雏形的诞生奠定了基础。

2. 变革：视听行业智能内容生产模式加速转型

2019 年，国家广播电视总局参与主办第三届世界智能大会，会议指出：AI 将促进广播电视和网络视听产业高质量发展，要积极发展"智能+"，以加快行业模式转变，促进其为生产赋能。① 国家广播电视总局旗下的广播电台节目可视化直播 App——"听见广播"，综合运用 5G+AI+VR 技术，采用自主研发的 AI 剪辑"Web"系统对音频/视频中的语音语义内容自主识别并进行智能

---

① 《总局参与主办第三届世界智能大会 张宏森同志出席相关活动》，国家广播电视总局网站，2019 年 5 月 17 日，http：//www.nrta.gov.cn/art/2019/5/17/art_ 112_ 45374. html。

剪辑，结合"AI+AR"技术开发虚拟互动道具，设计互动内容及方式，创新实现视听内容生产自动化、多样化、趣味化。

2020年，得益于深度学习算法的成熟应用，计算机视觉产品已占整体人工智能内容行业的57%，达到862.1亿元；同年，我国对话式人机交互产品的市场规模达到58.5亿元。① 与此同时，2019年，我国网络视听产业规模达4541.3亿元，截至2020年6月，我国网络视听用户规模达9.01亿人，网民使用率为95.8%。② 大规模受众群进一步推动视听内容生产朝高质量、高效能、创新性的发展方向迈进，视听内容以音频技术、交互技术为智能底座，其内容生产样态不断丰富。2020年，我国首个广播电视人工智能应用重点实验室正式揭牌，推进广播电视行业和人工智能产业深度融合。③

2021年，全球单月上传至网络的视频总时长已超过500万年，平均每秒诞生100万分钟的网络视频内容，网络视频流量占据全球所有网络用户流量的81.4%。海量数据为深度学习算法提供了支撑，④ 企业将网络视听内容作为"数据素材"喂养生成式人工智能，进一步助力与深化智能化视频内容生产技术的发展。2021年我国已启动的智能媒体项目与计划启动智能媒体项目的机构比2020年增加13.07%，达到65.91%。智能媒体集中亮相北京冬奥会云转播、AI主播、应急广播、网络理政等新场景，依托智能算法和知识图谱，重点打造内容多元生产分发和视听具体场景中的AI架构。⑤ 国家广播电视总局于2021年举办首届广播电视和网络视听人工智能应用创新大赛（MediaAIAC），参赛范围包括智能内容审核、视听内容智能化剪辑、视频内容修复等，目的是更

① 《中国人工智能产业研究报告（Ⅲ）公开版2020》，艾瑞网，2020年12月25日，https：//report. iresearch. cn/report_ pdf. aspx？id=3707。

② 《我国网络视听用户规模破9亿〈2020中国网络视听发展研究报告〉发布，短视频全面推动市场变革》，"央广网"百家号，2020年10月12日，https：//baijiahao. baidu. com/s？id=1680360447234377036&wfr=spider&for=pc。

③ 《广播电视人工智能应用重点实验室正式揭牌》，国家广播电视总局网站，2020年1月19日，http：//www. nrta. gov. cn/art/2020/1/19/art_ 114_ 49553. html。

④ 《2018年中国人工智能行业研究报告》，艾瑞网，2018年4月2日，https：//report. iresearch. cn/report/201804/3192. shtml。

⑤ 《〈中国智能媒体发展报告（2021-2022）〉重磅发布 聚焦中国智能媒体创新亮点》，中国传媒大学网站，2022年4月8日，https：//xuanchuanbu. cuc. edu. cn/2022/0408/c770a192258/page. htm。

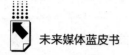
好地激发广播电视和网络视听行业人工智能科技创新、内容创新和应用创新活力，引领智慧广电创新性发展。

3. 深化：视听行业智能内容生产模式的颠覆与重塑

2022年，数字人柳夜熙丰富了"真人+特效+元宇宙"的视听内容生产形式，同年，数字人广泛应用于文旅、电商、零售、移动通信等行业。朱咏雷指出要践行新发展理念，坚持科技创新驱动，在电视剧创作传播领域积极探索应用虚拟制作、4K/8K、5G、云计算、人工智能等新技术，用科技为精品创作赋能。[1] 同年，华为打造的数字内容生产线 MetaStudio 上线，其定位为云上媒体基础设施平台，支撑高效率、高准度、高智能的数智内容生产与制作，为视听产业内容生产的降本提速提供了技术支撑。

2023年，我国累计建成开通5G基站293.7万个，超高清视频产业规模超过3万亿元，广电5G用户达到550万人以上。随着5G技术和4K、8K超高清网络技术的不断完善和普及，视听行业与虚拟现实技术、AI技术进一步深度融合。[2] 国家广播电视总局举办"第二十九届中国国际广播电视信息网络展览会""第三届广播电视和网络视听人工智能应用创新大赛""第三届中国广电媒体融合发展大会""第十届中国网络视听大会"等，聚焦AI议题中的产学结合，推动广播电视和网络视听与生成式人工智能的进一步密切结合。国家互联网信息办公室、国家广播电视总局等联合颁布的《生成式人工智能服务管理暂行办法》，进一步规范生成式人工智能技术的发展与治理，切实厘清智能视听技术赋能视听行业的基本架构、技术底线、伦理红线等。

2024年，DeepMind、Heygen、Movio、Opus、Midjourney、Kimi 等智能视像生成工具陆续发布并迅速被普及应用。2024年2月15日，OpenAI 正式发布人工智能文生视频大模型 Sora。生数科技联合清华大学在结合 Diffusion 与 Transformer 架构的基础上研发出"长时长、高一致、高动态"的大模型 Vidu。各类智能剪辑与模态转化工具的诞生与应用，共同标志着智能视听内容生产产

---

① 《朱咏雷出席推广〈电视剧母版制作规范〉开展国家电视剧版本存储工作电视电话会议》，国家广播电视总局网站，2022年5月18日，http://www.nrta.gov.cn/art/2022/5/18/art_112_60420.html。

② 《2023年中国大视听市场趋势洞察报告》，艾瑞网，2023年12月25日，https://www.iresearch.com.cn/Detail/report?id=4281&isfree=0。

业的飞速发展。根据《2024 AIGC 应用层十大趋势白皮书》，目前已有 60% 的企业使用大模型的公开版，50% 的企业在某项工作中进行 AI Agent 试点，73% 企业表示会制定 AIGC 使用范围的规范。[①] 生成式人工智能走向普惠，研究者们致力于切实解决其落地应用的最后一公里，打通产业结合的应用场景。4 月 25 日，第三十届中国国际广播电视信息网络展览会明确提出，人工智能给广播电视和网络视听带来新机遇、新挑战，各企业要深化交流、加强合作，共同推动以人工智能为代表的新一代信息技术赋能广播电视和网络视听向更高水平发展。技术端、产业端、合作端共同发展预示着一个全新的视觉叙事时代的到来，数据、算法、智能共同绘制着智能视听产业的新蓝图。

（二）智能视听变革视听内容生产的技术内核

智能视听内容生产以数字信息技术、智能技术为内容生产的支撑力、创新力、引领力，以"机器深度学习"和"大模型多模态转化"作为关键技术底座，双轮驱动视听行业内容生产的多元化、多样化、丰富化。

1. 生成式智能技术

生成式智能技术，主要是指具有文本、图片、音频、视频等内容生产能力的模型及相关数字技术。生成式智能技术包含大数据、算力、算法。大数据的质量和多样性对模型优化至关重要，是提高模型精准度的基础；算力在生成式 AI 领域直接影响算法优化、模型训练等关键环节，成为生成式人工智能技术发展的重要动能；算法决定着生成式 AI 的学习、决策与推理过程，影响着数据和算力如何进行结合，成为生成式人工智能技术的核心引擎。

从 2022 年 OpenAI 发布的 DALL·E2、ChatGPT、Stable Diffusion，到 2023 年谷歌推出的生成式大模型 Gemini Nano、Gemini Pro、Gemini UItra，再到 2024 年的 Sora、Vidu 等，都在预示在大数据、算力、算法加持下的生成式智能技术已成为智能视听内容生产的核心技术底座。

2. 深度学习与模态转化

各类生成式技术在 2023 年取得突破性进展，得益于"文本—音频""文

[①] 《2024 AIGC 应用十大趋势发布——智能化应用将出现爆发式增长》，"中国经济网"百家号，2024 年 1 月 19 日，https：//baijiahao.baidu.com/s？id＝1788474132245088578&wfr＝spider&for＝pc。

本—视频""视频—综合视频"等多模态转化技术以及人工智能深度学习技术的完善。大语言模型（Large Language Model）作为可以执行自然语言处理任务的深度学习算法，源于使用海量数据集进行超大型深度学习，能够识别、翻译、生成文本或其他多模态内容，从而利用"循环神经网络"和"卷积神经网络"等技术实现文生图、文生视频、文生语音。如谷歌推出的 VideoPoet，能执行文本到视频、图像到视频、视频风格化、影像修复等任务，是智能视听内容生产模态创新与变革的真正开端。此外，Transformer 架构成为一种广泛用于自然语音处理以及其他领域（如计算机视觉和语音识别）的强大神经网络结构，它区别于传统"循环神经网络"（RNN）和"卷积神经网络"（CNN），成为深度学习领域中用于处理序列数据的强大工具。在智能视听内容生产的具体工具中，Sora 在经典 Transformer 编辑器的基础上，采用了 Diffusion Transformer（DiT）这一定制化技术。腾讯的 AnimateZero、谷歌研发的 W. A. L. T 等智能生成工具，都基于 Transformer 架构，它们使得智能视听内容生产实现高质量的跨模态转化。

3. 视听内容生产路径

自 Sora 上线以来，国外公司的 StreamingT2V、MagicVideo、Boximator，以及国内抖音的 Dreamina、生数科技的 Vidu 等人工智能文生视频大模型相继发布。其为视听产业的内容创作赋能，引起视听产业的生产变革，主要由以下三条具体路径达成。第一，AI Large Model（人工智能大模型）模式，用户输入指令，辅以文字、图像、视频等数字数据，由人工智能大模型直接生成视听内容。这一过程处于无监管的"黑箱"状态，视频大模型训练和推理过程脱离创作主体控制，生成的视听结果可预测性较低。第二，AI Agent（智能体）模式，智能体作为一种可以操控基础模型的大模型，具备长时间记忆能力，在创作者发出指令后，可以依据用户习惯、云端数据、专业数据库等，分解任务需求，并结合多元基础模型进行适配，从而寻找最佳方式生成视听内容。第三，AI Workflow（人工智能工作流）模式，综合多元大模型，采取三阶段处理模式：第一阶段——语言生成阶段，使用相关提示词（Prompt）在大语言模型中生成剧本、文字描述等内容；第二阶段——图片生成阶段，利用文生图大模型，结合上一阶段的提示词和相关文字内容，生成符合创作者意愿的图片；第三阶段——图生视频阶段，将图片输入视频生成应用，设定运动轨道，时间速率，从而生成视频，使用辅助模型进行配音、字幕、旁白、音乐等元素设置。创作者在 AI Workflow 模式中对生成过程有较强的把控能力，其也成为智能视听内容生产的主要路径，如北美上映的首部人工智能电影创作作品《Our T2 Remake》、央视频的《中国神话》、芒果 TV 的 AIGC HUB 等都是使用 AI Workflow 模式生产的。

二 智能技术赋能视听内容生产多元领域

人工智能与广播电视和网络视听领域的结合，催生智能视听内容生产，促进其发展与兴旺，当下智能视听内容生产主要集中在以下领域。

（一）AI 赋能传统广电领域的内容生产

传统广播电视内容生产具有制作周期长、制作成本高、制作效率低等诸多现实问题，在传统媒体向数字媒体、智能媒体转型升级过程中，生成式人工智能成为其前进的"助推器"与飞跃的"新动能"。在 AI 与广播电视全领域深入相融后，广播电视内容生产呈现多元化、普惠性、高速率的特征。2023 年 7 月，中央广播电视总台联合上海人工智能实验室推出首个专注于视听媒体内容生产的 AI 大模型——"央视听大模型"（CMG Media GPT），其可以提供节目创作、节目剪辑、超写实 AI 数字人、AIGC 动画、AI 换脸等多方面服务。2024 年，首部文生视频 AI 动画片《千秋诗颂》在 CCTV-1 正式播出，其美术设计、动效生成和后期成片等环节均由生成式人工智能辅助完成。上海广播电视台正式挂牌成立"生成式人工智能媒体融合创新工作室"，研发财经媒体专属的 AI 大模型，其是基于 AIGC 的沉浸式、交互式音频内容生成的示范应用。同年，南京广播电视集团成立 AI 智媒创新研究院，自主打造了"牛牛 CHAT"智能对话、AI 文生图、AI 视频等一系列生成式 AI 应用，并将它们应用于《学习宁聚力》《思想的力量》《智见未来》等节目。

（二）AI 引领音频领域的内容变革

人工智能技术在语音识别、语音合成、语音互动、语音信息处理等领域的应用已相对成熟，根据 Market. us 统计，2022 年全球 AI 语音生成市场规模约达到 12.1 亿美元，预计在 2032 年，该数据将增长至 48.89 亿美元，年复合增长率达到 15.4%。① AI 技术开始重塑音频业内容生成模式，创造智能时代下的音频"新产物"。在中国，喜马拉雅推出 AI 智能创作工具"云剪辑"，集合智能音量、智能配乐、音转文剪辑、AI 分段、一键成片等功能；创作者可以通过"看"文字，像编辑 Word 一样剪辑音频，提高整体创作效率。UGC 音频社区——荔枝，通过接入 OpenAI 开发的大语言模型，在全球社交产品市场上推出 TIYA Bot，为用户提供在线音频 AI 对话功能。火爆全网的"AI 孙燕姿"采用 So-Vits-Svc 技术，结合本地的训练和推理教程，能快速生成 AI 歌曲。在国外，2023 年 Facebook 母公司 Meta 发布开源文生音频生成工具 Audiocraft，其包括：MusicGen，通过专门授权的音乐进行数据喂养与算法训练，根据用户输入的文本内容生成相关音频内容；AudioGen，主要使用公开音乐数据集进行训练，从而生成音频音效；EnCodec，通过有目的的数据训练，压缩多元类型的原始音频，并以高保真度重建原始信号，在减少音损的同时生成高质量音乐。生成式人工智能技术再一次助力多模态音频内容生产领域取得了突破性、飞跃性、爆炸性的进展。

（三）AI 加速"新兴媒体"领域的内容创新

短视频、微短剧、微电影等网络视听领域的新兴内容，与人工智能技术结合后更具便捷性、易用性、通达性等特征。因此，在这类领域，文生配音、个性文案、风格设定、自动剪辑、虚拟成像等应用更为普遍。在国内，"新兴媒体"领域智能技术的应用中，主流媒体发挥引领带头作用，央视频率先推出的 2024 年 001 号、002 号网络微短剧《中国神话》《AI 看典籍》，都运用了生成式人工智能技术。其中，作为国内首部 AI 全流程微短剧的《中国神话》，其美术、分镜、视频、配音、配乐全部由 AI 完成，标志着生成式人工智能在视听内容创作上的创新融合再次进入新阶段。同时其他新媒体平台也逐渐发力，2024 年 1 月抖音与创壹科技联合出品中国首部虚拟制片微短剧《柒两人生》。在国外，智能视听技术早已渗入微影像的制作中，Waymark 创作公司采

---

① 《AI 浪潮席卷"耳朵经济"：音频业"大模型"时代到来，情感陪伴需求难取代》，网易网，2023 年 3 月 27 日，https://www.163.com/dy/article/I0S0PCMD05199NPP.html。

用 DALL·E2 技术以及 D-ID 技术生成 12 分钟的微电影《霜》，TikTok 的 AI 图文玩法能利用生成式人工智能技术辅助短视频内容创作，根据用户输入的文字文本自主生成相应图像。

（四）AI 推进网络直播领域的内容更迭

智能时代下，"网络直播"这一网络视听衍生品的内容生产模式、内容生产主体、消费互动场景也迎来新突破。京东云团队推出"灵小播虚拟数字人"直播产品，实现 7×24 小时无人直播。百度的"云曦灵"通过其自研的语音、视觉技术，结合百度文心大模型及电商行业专属知识库，形成更适用于直播的"营销大模型"。澎湃新闻 24 小时直播频道"π24H-Live"上线，这一新型直播平台是在澎湃新闻年均 1500 多场直播实战的基础之上孕育而生的，由四大矩阵组成：全球新闻事件的实时现场（事件直播）、澎湃视角的"千里江山图"（慢直播）、覆盖各个采编部门的"数字人矩阵"、20 个全新栏目。其未来打通内外资源，孵化出的更多新闻 Up 主，重构直播样态。

三　智能技术对视听内容生产模式的再造与重构

人工智能技术与视听内容生产的融合主要聚焦于视听内容的叙事分析与创作、多模态自动生成、后期智能化剪辑、生产主体数字化、终端放映与推广、审核与监管等一系列内容制作场景。

（一）视听内容的叙事分析与创作

生成式人工智能密切参与视听内容文本的创作与分析。叙事文本是生成式 AI 的最早应用情景之一，自动叙事文本生成即为自然语言处理的一项核心技术，在内容续写、新闻撰稿、影视剧本创作等方面都被广泛应用。

早期智能生成式叙事模型存在难以精准解读、连续生成、合理编撰等问题。例如视听内容文本生成端——Transformer-XL（深度学习模型），其文本序列的默认长度是 512，在超出固定长度时，生成的"文本—文本"之间就会产生间断性，使语意失去连贯性，其生成的视听内容叙事范围和复杂程度有限，情节简单化、机械化，叙事可读性不足。

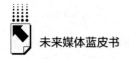
2023 年 OpenAI 推出 ChatGPT 4.0 Turbo，上下文处理长度达到 128K，即它可以同时处理 128 篇文章，能够对多重文本数据集进行理解与分析，生成综合处理后的文本内容。2024 年 Claude 在经过升级后，可支持超过 200K 的上下文处理长度，远超 ChatGPT 4.0 Turbo 的 128K 限制，被认为是可以处理更长语言文本的生成式大模型。在国内，2023 年一览科技与上海欢雀影业合作的首个 AI 辅助编剧项目——网剧《碟羽游戏》目前已完成剧本编写，其脚本等由 AI 自动撰写而成；2024 年 2 月上海电影宣布启动"iPAi"星球计划，将《葫芦兄弟》《中国奇谭》《黑猫警长》等经典 IP 的文字文本通过 AI 进行焕新。

华为云盘古大模型、通义千文大模型、讯飞星火大模型、文心一言大模型等也都能自动生成视听文本内容，并能通过用户对话不断修改具体文本，从而生成更契合用户需求的内容。当下智能视听的文本生成已从单一构造向深度理解、算法分析、创意构思发展，其文本叙事能力在完整性、艺术性、可读性、故事性等方面持续提升。

（二）视听内容的多模态自动生产

生成式人工智能在视听内容的多模态自动生产中，已实现多模态自动转化和"文本—视像""文本—音频"的交互转化。

1. 多模态自动转化

多模态自动转化加速视听产业内容生产多元一体化，为音频、视频、综合视频的处理与创作提质增速。Vidu 团队采用原创的 Diffusion 与 Transformer 融合架构 U-ViT，一键生成长达 16 秒、分辨率达 1080P 的高清视频内容。其在 2024 年 3 月推出的 Sound Effects 新功能，实现以指令生成视频或音频。OpenAI 推出的 GPTs，可以推动多模态自动转化，其本质逻辑是把 AI 大脑与人类智慧相结合。2024 年的首部水墨动画电影《龙门》，将水墨元素融入多模态视频生成技术，推动中华优秀传统文化借助新技术实现创造性转化、创新性发展。

2."文本—视像"的内容生产

生成式人工智能的更新与迭代使得创作者可以利用"视觉生成算法"根据文本内容直接创作连贯视觉画面，并采用"生成优化器"提高创作速度，同时还可以应用"情感连贯算法"确保视频表达的情感与文本相一致。AI初创公司Runway，在2023年已全面开放其AI制作产品Gen-2的使用权，其主要应用领域为"文字+图像生成视频"（Text+Image to Video）。2024年4月，Adobe Max London将静态图像模型更新为"Firefly Image3"，该模型在文字图像处理方面提供了更精确的用户控制界面和更高效的生成填补功能，实现了特定视觉结构的图像生成。2024年，Midjourney V6能通过更好理解语言文本提高图像生成效率，并结合AI输出和手工编辑提供最高2048×2048像素的图像分辨率。

3. "文本—音频"的内容创作

文生音频大模型在被持续供给人类声音素材进行培育的进程中逐渐体现出复杂性高、适应性强、情感丰富和社交敏感等特征。其在模仿人类语音特征的基础上尽可能地实现自然对话，在尽力对文本进行理解与分析后，形成符合文本内容特征的声音形象，并在相应的视听内容场景中提升声音拟真性。2023年《John Wick》短视频在制作过程中就应用Splash Pro创建相关音效以及配乐，同年12月谷歌发布名为"MusicFX"的创作工具，为音乐创作者提供丰富的声音素材，支持自动调整音量、节奏、音调等，能生成各种类型的音乐，并擅长生成70秒的乐曲。2024年3月Suno正式发布V3模型，用户输入关键词，其几秒内便可生成包含伴奏、歌词、人声的完整音乐，用户还可以根据自身习惯选择自定义模式和纯音乐模式。另外，还有Stable Audio、Mubert、Riffusion等AI声音生成技术不断地被应用到各类音频内容的生成过程中。

（三）视听内容的后期智能化剪辑

传统视听内容剪辑包括图像分割、色度渲染、特效合成等步骤，过程冗长且耗时长。生成式人工智能技术在自动剪辑、后期音频处理、二次创作等领域都能简化剪辑程序，提质增速，开启了人机协同的视听后期智能化剪辑时代。

1. 自动剪辑领域

FilmoraAI剪辑软件内含AI智能机器人，可以通过用户指令实现AI配乐、AI编辑等。用户选择AI文字转影片功能，输入文字，选择要播报的语言以及人声效果，该软件即会自动导入素材、字幕、人声以及背景音乐。秒剪App是由微信推出的视频剪辑制作软件，内置AI智能辅助系统，可以自动截取内

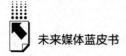

容、增添音乐，此外，该软件还包括海量素材库，可以提高成片质量与剪辑效率。

2. 后期音频处理领域

Beatoven AI 是一款可以对影视、游戏等的后期音频进行处理的人工智能音乐生成平台，为用户提供便捷的音乐创作服务，用户只需要进行文本提示，该平台即可生成配乐，提供 16 种多样选项，能生成时长 15 分钟的后期音频。2023 年发布的科幻电影《Trailer：Genesis》（创世纪），其预告片的后期剪辑就是由 AI 完成的，主要运用 Runway 处理视频、Pixabay 处理音乐、CapCut 剪辑视频。2024 年爱奇艺的"奇声智能配音"系统，可以基于文本对影像进行配音，使 AI 声音表现力更强、音色更丰富，更好赋能视听后期音频处理领域。

3. 二次创作领域

Mashup 是伴随 Web 2.0 和数字智能技术的兴起，而逐渐广泛流行的一种网络应用开发模式，其设计思路是将来自不同站点的数据源和 Web 服务加以混合与集成，以此构建一个新的应用。2023 年 Ghost CUT 软件专门提供去除功能，即通过自动识别原始内容从而去除图片或视频的字幕，其为短剧二创、解说视频二创提供便利条件。2024 年 3 月首部 AI 长篇电影——《Our T2 Remake》采用先进 AIGC 技术翻拍经典科幻动作片《终结者 2：审判日》，基于深度学习和大数据分析，完成从演员模仿到场景设计、后期剪辑、特效制作等工作，是对已有剧情的二次创作。

（四）视听内容生产主体数字化

智能技术赋能下的视听行业，不仅在视听内容的叙事分析与创作、多模态自动生成、后期智能化剪辑等领域发生深刻变化，在数字人的应用上也发生深刻变化。

《2023 年中国虚拟人产业发展与商业趋势研究报告》显示，中国数字人带动的产业市场规模和核心市场规模分别为 1866.1 亿元和 120.8 亿元。[①] 2024年国内人民网数字人白泽、新华网数字人筱竹和人民网记者共同演唱歌曲

---

① 《艾媒咨询 | 2023 年中国虚拟人产业发展与商业趋势研究报告》，"艾媒咨询"百家号，2023 年 4 月 10 日，https：//baijiahao. baidu. com/s？id=1762770806283632055&wfr=spider&for=pc。

《彩云之南》，实现视听内容生产中真人与虚拟数字人的联动，以数字技术打开内容创作新维度。2024 年，"众生云·智能数字人"产品使数字人能够以真人形象和声音与用户进行互动。中国潮短剧《神女杂货铺》《异人之下》《天选神女：怎么是 AI 啊》《AI 启示录》等影片均是在数字人的参与下完成内容生产制作过程的。

在国外，2023 年由虚幻引擎 Methuman 制作的数字人技术演示短片《Blue Dot》播出，数字人表情、神态等面部细节又一次细化。美国 CES2024 展会上，英伟达发布系列新产品，NVIDIA ACE 微服务首次亮相，这是一个使用生成式 AI 制作虚拟数字人的技术平台；微软推出的名为"Azure AI Speech text to speech（TTS）avatar"的 AI 工具，号称可以生成逼真虚拟的人类化身，在 2023 年 11 月 16 日正式开放给用户使用。多元技术赋能下的数字人，已逐渐广泛应用于视听内容创作中，推动视听内容生产主体的变革与创新。

（五）视听内容的终端放映与推广

以智能技术驱动与支撑的"生成式推荐范式"，可以结合当下语境与用户偏好为用户推荐适合的视听内容。相较于传统视听单一性、同质性、单调性的内容分发生产渠道，智能技术推动视听内容分发渠道多元化、丰富化、精准化。

2024 年，爱奇艺在 AI 领域的布局已经深入策划、开发、制作、宣发等影视工业环节中。爱奇艺推出"星罗剧情理解平台"，基于大语言模型与自研的多模态视频理解技术，显著提升了搜索精准度，大幅降低了用户的搜索成本，从而满足了个性化的用户需求。优酷上线对话式影视搜索工具——AI 搜片，用户可通过多轮对话实现模糊搜索、影视问答、剧情检索等，还可以和 AI 交流与讨论全网影视知识。

（六）视听内容的审核与监管

智能技术在视听行业中，不仅赋能内容生产，智能交互与场景应用，同时也为视听行业的内容审核与监管带来技术革新与方式改变。用 AI 守护 AI，护卫智能视听内容产业更好发展。

在国内，AI 智能内容审核平台正在不断建设与完善中。2023 年腾讯与虎牙共同成立的 AI 智能审核平台，通过整合"AI 智能识别""人工审核""网络志愿者"达成三位一体模式。腾讯全面开放"AI+大数据"内容风控安全技术，以应对直播平台面临的内容风险和威胁。2023 年新华网举行"AIGC－Safe"平台测试发布会，上线内容安全检测功能，该平台以先进的检测大模型为支撑，覆盖文本、图像及音视频的检测，检测速度快、准确率高，易于部署，能有效保障内容的真实性与合规性。在国外，网络视听平台也不断推进生成式人工智能技术对视听内容的监管。TikTok 在 2024 年 5 月 9 日发布声明，将开始自动标记从其他平台上传的人工智能生成内容；同时宣布同"内容来源和真实性联盟"（C2PA）合作，制定了"禁止未标记人工智能视听内容播放"的政策。

四 智能时代下视听内容生产面临的风险与挑战

人工智能技术为视听行业创新发展带来机遇的同时也带来了前所未有的挑战，特别是内容"伪造"与"泄露"引发的信任危机，主体"争议性"带来的版权争论，以及文化"霸权性"与"偏见性"带来的伦理风险等。

（一）"伪造"与"泄露"造成的内容信任危机

深度合成（Deep Synthesis）技术作为新兴的 AI 技术，能创建全新的数字化内容或替换已有内容，而深度伪造（Deep Fake）技术却是对该技术的破坏性应用。深度伪造技术带来现实娱乐化、真实拟合化、虚拟认同化等问题，进而引发了一系列欺诈事件与失信危机。奇安信发布的《2024 人工智能安全报告》显示，2024 年基于深度伪造技术的欺诈事件激增了30 倍。[①]

1. 欺诈

利用深度伪造技术伪造人物语气、表情、微动作等，并将其与视听内容生成技术相结合，即可造成信息混乱。由此引发的 AI 诈骗形式包括虚假视

---

① 《奇安信发布〈2024 人工智能安全报告〉：AI 深度伪造欺诈激增 30 倍》，"金融界"百家号，2024 年 2 月 29 日，https：//baijiahao. baidu. com/s？id = 1792204053989304670&wfr = spider&for＝pc。

频、谣言传播、虚假客服语音等，其诈骗特点呈现隐蔽性、多发性。美国全国广播公司（CNBC）指出"深度学习+造假＝深度造假"，生成式对抗网络（GAN1）在初步发现造假视频的瑕疵后，能立即对虚假视频的瑕疵进行美化，从而提升造假能力。虽然 Facebook 与微软已发起对深度伪造视频的检测挑战，谷歌也公布了大型深度伪造视频数据集，对抗虚假视频，但深度伪造技术输出的虚假信息因早已大量存在而较难根治。在后真相时代，深度伪造技术借助大数据生成众多虚假视频，增加了公众的认知负担，极大冲击了社会信任体系。[1]

2. 隐私泄露

使用云端上传的声音数据库、影像数据库、文本数据库在训练视听大模型与生产内容的过程中，容易造成个人数据泄露、虚假视频生成等问题。Verizon 发布的《2024 年数据泄露调查报告》共分析了 30458 起安全事件，发现其中 10626 起已确认发生数据泄露，其数量较 2023 年翻了一番，再创历史新高。[2] IPhone 木马"GoldPickaxe"在敏感信息收集上要求非常详细，通过诱惑用户进行人脸识别，盗取个人信息，再将用户人脸信息在视频领域进行深度伪造。微软开发的 AI 助手"Copilot"在未获得 GitHub 用户授权的情况下使用公共存储库进行训练。

（二）"机器"还是"人类"引发的主体性争议

从 2016 年基于神经网络生成的《阳光之泉》，到 2017 年智能生成的《这不是游戏》，直至当下基于 DALL·E2 生成的《霜》，以上影片在体现智能技术融入影视创作的同时，也引发了"谁是影像创作主体"的思考。

1. 原创性争议

"AI 是否具有创造性、独创性"是人机主体性争议的焦点。越来越多的现象日渐证明人工智能具有的"创造力"。ChatGPT 的"make it more"将 AI 生成的图像推向人类自身创作所未到达的极致，Sora、Vidu 等视频大模型也一再

---

① 刁生富、曹兰兰、吴选红：《后真相时代深度伪造技术的信任问题与信任重构》，《河南师范大学学报》（哲学社会科学版）2023 年第 6 期。

② 《Verizon〈2024 年数据泄露调查报告〉出炉，一文掌握关键信息》，"美创咨询"百家号，2024 年 5 月 9 日，https：//baijiahao. baidu. com/s？id=1798541982068422818&wfr=spider&for=pc。

证明人工智能的想象力不存在极限。2023年美国编剧工会（WGA）发起罢工，主要原因在于AI能以海量"数据资源"为养料，进行"缝合式"创作，威胁着视听原创内容工作者的工作，侵占了人类在创意构思、原创剧本等领域的已有利益。这是自1960年以来美国首次编剧全行业大罢工，也被认为是人类抵抗人工智能的首次集体行动。这场持续时间超过百日的争论，也再一次显示AI给视听内容原创性带来的巨大挑战与冲击。

2. 版权纠纷

版权归属上的争议也是AI领域中被广泛关注的议题。谷歌的MusicLM虽然能满足用户对音乐流派、情感的需求，但在一定程度上也确实造成了音乐作品侵权问题。Stable Diffusion被诟病为"原作拼贴软件"。与此同时，《华尔街日报》也报道了OpenAI公司未经授权使用大量路透社、《纽约时报》、《卫报》、BBC等主流媒体的文章训练ChatGPT模型，该公司侵犯了它们的版权。2024年，在网络大电影《山海奇迹》预告片的制作过程中，制作者将文字描述提供给人工智能平台，该平台利用文字描述生成图片，再将图片转化为视频，完成了预告片制作。同年1月，某短视频博主发布了与该预告片内容风格、镜头拼接一致的视频。同年4月，北京互联网法院经审核后正式对该短视频博主立案调查，此案也是人工智能文生视频侵权第一案。法院认为人工智能生成视频只要体现了创作人的独创性智力投入，就应当被认定为作品，受到《著作权法》保护，短视频博主构成内容侵权。

3. 主体争论

人工智能在提升视听内容生产力的同时，也引发了视听内容创作者与参演者的主体性危机，从生产端到供给端，人类作为主体的身份都出现弱化与隐退。首先是对视听创作主体的冲击，如长篇科幻电影《我们的终结者重制版》，该视听作品完全是由AI进行创作的，AI替代了编剧、摄影师、分镜绘画师、剪辑师等多元创作者；其次是对参演主体的替代，如优酷推出的影片《异人之下》，阿里大文娱数字人"厘里"在该剧中扮演了神秘角色，该剧是国内数字人首次参与真人视听作品，也标志着数字人给视听参演者带来挑战的正式开始。2024年第十届北京国际电影节首次开设AIGC电影短片单元，收到430部来自世界各地的作品；2024年上海国际电影节举办"畅想未来：全球AI电影时代"发布会，人工智能作为创作和参演主体已被广泛应用。

（三）"偏见"与"霸权"蕴含的伦理风险

"算法偏见"加剧特定形象污名化、"数智技术鸿沟"加剧文化霸权主义，这是生成式人工智能在内容生成时难以规避的问题。

1. 算法偏见

算法偏见越严重，性别歧视、种族主义、职业歧视和年龄歧视等问题就越多隐含在生成式人工智能技术中，进而生成偏见性信息与结果。第一，性别偏见。例如，在 Llama2 智能文生视频内容中，女性从事家务劳动的频率是男性的 4 倍，在 GPT 3.5、GPT 2 等生成的内容中，女性经常与污名化角色挂钩。第二，种族偏见。种族歧视、文化刻板印象等易造成种族分裂、文化同化等潜在风险。例如，在 ChatGPT 中输入专业人士相关的文本，最后生成的图像与视频大部分会指向白人种族或西方文化。第三，职业偏见与年龄偏见。其主要体现在对个体的数据预设方面。生成式人工智能制作的图像内容中从事教师、工程师、医生等社会地位较高的工作的人大部分是男性，Sora 生成的视像场景中，活动主体基本是年轻人，而老年群体被忽视。

2. 文化霸权

国际多文化环境中，人工智能虽然是跨文化、跨语境生成内容的，但不同国家、地区在人工智能技术发展进程中存在的数智鸿沟，造成了文化侵略与文化霸权现象的加剧。2023 年 12 月举办的第 11 届 WISE 峰会认为，不同国家权力与影响力的差异不仅仅来自经济方面，很大程度上也来自文化与信息方面。2023 年 ChatGPT 自主生成的内容中出现了大量虚假内容，如人工智能"双子座"曾被要求提供美国开国元勋、俄国沙皇、法国国王以及 20 世纪 30 年代德国的文化形象，但全部都要按照现代美国理念生成结果。这一系列文化曲解不仅背离文化平等价值底线，更容易造成"AI 霸权"下的文化侵略，进一步损害视听内容文化多元性与丰富性。

五 智能技术与视听内容生产融合发展的趋势与展望

在智能技术与视听内容生产的融合发展中，未来将产生更加多元化、广泛化、普适化的应用软件。技术与内容的深度相融与相互促进，将不断推进视听

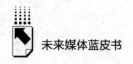

内容生产数字化、智能化、生态化发展。在为技术发展进步欢呼的同时，海量潜在的隐患与频发多样的难题也都亟须"智能技术"方面法律法规的出台与落地实施。

（一）驱动创新：智能技术为视听内容生产提供新质生产力

未来智能技术的使用场景将进一步呈现多元化发展趋势，以 Sora、Vidu 视频大模型为代表的生成式人工智能将广泛覆盖剧本创作、内容摄制、素材剪辑、演绎呈现等视听内容生产的各个环节，成为视听内容生产的技术支撑力。同时，智能技术将进一步实现普适化应用，在使用成本、技术门槛、知识素养上的要求不再严格，而是将呈现出易操作、便捷的使用趋向。此外，智能技术将进一步达成自主模式，人工智能模型能通过强大的跨模态生成能力，不断完善与创建自己的"思考模式"，从而学习和完成新任务，以"自主"能力创构视听内容。视听内容生产中"平均水平的基础劳动"将加速被取代，在智能技术加持下，未来视听内容的创作焦点将更多转向高质量创意、艺术审美与内容共情方面，从而推动更高水平的竞争。

（二）风险把控：安全治理是智能技术向善发展的保证

智能技术日益演进的同时，算法黑箱、技术偏见、Deep Fake、数据失真、算法反噬等潜在风险也随之而来。如何做好 AI 技术应用与治理的平衡？如何塑造负责任的 AI 内容生态机制？以上问题越来越成为视听行业内容生产的迫切需求与安全底线。首先，智能视听内容产品仍存在归属不清、版权争议、文本盗猎等问题，因此明晰版权归属以及界定知识产权成为破局之钥。其次，算法偏见与文化霸权是大模型在训练过程中的瓶颈，在技术发展中亟须加强关于道德与伦理的规范，坚持以人本主义思想保证技术应用的正当性、道德性、规范性。

近年来，我国出台的《网络信息内容生态治理规定》《网络数据安全管理条例（征求意见稿）》《互联网信息服务算法推荐管理规定》《互联网信息服务深度合成管理规定》《生成式人工智能服务管理暂行办法》等规定，从宏观上划定了人工智能技术发展的红线，但就细节而言，仍需根据现实发展需要不断精进与完善。现有的人工智能治理存在时效滞后化、范围脱域化、主体弥散化等棘手问题，这对监管方案的制定提出了更高要求，要能保证监管的精确性与时效性。

从"艺术抢劫"到"数字强盗"，再到"媒介共生"；从"人机竞争"，到"人机合作"，再到"人机共生"……"如何与 AI 协同共创"是当下智能视听行业的现实之问、发展之问、时代之问。人类始终是技术运用的第一主体、第一责任人，有义务、有责任推动与引领技术朝着健康可持续的方向发展。要将人类的价值观、道德观、人生观融合到技术的发展、演进与应用过程中，让智能技术真正成为视听内容生产中更具人文关怀、更有社会价值的优质生产力。

B.3

智能视听技术服务体系发展研究报告（2024）

魏 武 韩子童*

摘　要： 本报告从 AIGC 的角度出发，从前端基础设施、中端算法模型和末端应用服务方面总结了人工智能的技术发展现状和智能视听领域的服务应用情况，并结合国内外实践案例，通过采集、制作、存储、播出、分发和呈现等环节梳理了智能视听领域的全产业链智能化技术体系。此外，本报告在人工智能快速发展的背景和趋势下，提出在基础设施日趋完善、技术手段推陈出新、消费市场热情高涨、宏观监管更加有效的未来，智能视听面临的风险和挑战。

关键词： 人工智能　智能视听　视听服务　技术体系

习近平总书记指出："数字技术正以新理念、新业态、新模式全面融入人类经济、政治、文化、社会、生态文明建设各领域和全过程，给人类生产生活带来广泛而深刻的影响。"[①] 自 2021 年底横空出世以来，便引起社会广泛热议并影响至今的 AIGC（Artificial Intelligence Generated Content，中文译为"人工智能生成内容"或"生成式人工智能"[②]）是"数字技术"的典型反映。无论是技术过程还是内容产出，这四个字母组合成了 2023 年我国多个领域的年

---

* 魏武，传播学博士，厦门理工学院影视与传播学院讲师，主要研究方向为新媒体使用行为、视觉传播；韩子童，厦门理工学院硕士研究生，主要研究方向为微影像创作。

① 《习近平向 2021 年世界互联网大会乌镇峰会致贺信》，人民网，2021 年 9 月 27 日，http://politics.people.com.cn/n1/2021/0927/c1024-32237558.html。

② 关于两种中文翻译的差异，可参见林小勇主编《中国未来媒体研究报告（2023）》，社会科学文献出版社，2023，第 157~159 页。

度热词之一①，也连带着诸如 AI 文生图、AI 写作等热词频繁地出现在大众视野中②。艾媒咨询调研显示，超九成的受访者表示看好 AIGC 的发展前景③。同时，随着 AIGC 技术的日益成熟，其广阔的应用前景推动着市场规模快速增长，2023 年中国 AIGC 市场规模约为 170 亿元④，2028 年核心市场规模有望达到 2767.4 亿元，产业规模将突破 7202 亿元（如图 1 所示）。

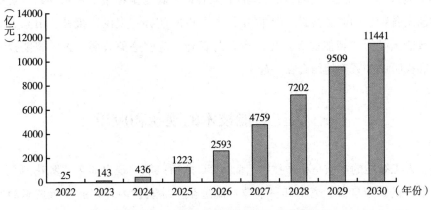

图 1　2022~2030 年中国 AIGC 产业规模

资料来源：《2023 年中国 AIGC 产业全景报告》，艾瑞网，2023 年 8 月 22 日，https：//report. iresearch. cn/report_ pdf. aspx？id = 4227。

如今的人机互动（Human-Computer Interaction），是融合了文字、音频、图像和视频等多种模态组合的交互过程。从自然语言处理（Natural Language

---

① 诸如电子出版（《AIGC、数据资产入表等入选 2023 年度数字出版领域十大热词》，腾讯网，2024 年 3 月 15 日，https：//new. qq. com/rain/a/20240315A09AAH00）或智能家居（《智能头条年终盘点 | 2023 智能家居十大关键词：卷、AIGC、Matter……》，搜狐网，2023 年 12 月 12 日，https：//www. sohu. com/a/743406313_ 121124370）等科技领域，以及经济领域（《2023 年度经济热词盘点 | AIGC：从百模大战到应用为王》，凤凰网，2023 年 12 月 25 日，https：//news. ifeng. com/c/8Vns2TAtaVA）等，都将 AIGC 列为其 2023 年的"年度热词"。

② 《〈2023 年轻人搜索关键词报告〉发布："AIGC""平替""松弛感"等引领潮流》，央广网，2023 年 12 月 27 日，https：//tech. cnr. cn/techph/20231227/t20231227_ 526536153. shtml。

③ 《艾媒咨询 | 2023 年中国 AIGC 行业发展研究报告》，艾媒网，2023 年 3 月 31 日，https：//www. iimedia. cn/c400/92537. html。

④ 《2024 年 AIGC 行业研究：多模态大模型与商业应用》，36 氪网站，2024 年 3 月 27 日，https：//www. 36kr. com/p/2706409983424389。

Processing）到跨模态表征生成（Cross-Modal Representation Learning），技术的不断迭代赋予了 AIGC 触碰"一切"（Omni）的可能。① 而经历了 2022 年的"AIGC 元年"和 2023 年的"AIGC 狂欢"，社会对 AIGC 也从"视听奇观"的感慨转向了有关"新质生产力"的思考。② 但实际上，国家广播电视总局在 2019 年发布的《广播电视人工智能应用白皮书（2018 版）》中，就已提出了"利用智能处理等技术实现视听体验的显著提升，与虚拟现实技术等结合更能创新出各种新的服务模式"，③ 同年，由中央网信办、人民日报社、山东省人民政府指导的"智能视听大会"在青岛召开。这些迹象表明，人工智能技术已和视听服务紧密地结合在一起了。

一 人工智能技术的现状和应用

人工智能的本质是科学技术，而 AIGC 之所以能呈现出如今"乱花渐欲迷人眼"的繁荣景象，离不开科学技术的进步。综观国内外智能视听技术的发展，可以将目前的 AIGC 产业生态图谱划分为三个环节：前端基础设施、中端算法模型和末端应用服务。概括而言，前端包括了硬件设施、数据库、算力算法及智算平台等；中端主要由通用大模型（General-Purpose Large Models）和开源社区（Open Source Community）构成；末端则在文本、音频、图像和视频这四类模态的基础上，发展出了策略生成（Strategy Generation）和跨模态生成（Cross-Modal Generation）两种类型，并在金融、分析、设计以及视听等多个领域，实现了 AIGC 的应用。④

---

① 如 OpenAI 旗下的 GPT-4o，详见《Hello GPT-4o》，OpenAI 网站，2024 年 5 月 13 日，https://openai.com/index/hello-gpt-4o/。

② 李政：《加速布局 拓宽赛道 AIGC 赋能广电新发展（AI 创作新风潮）》，《人民日报》（海外版）2024 年 6 月 14 日。

③ 《广播电视人工智能应用白皮书（2018 版）》，国家广播电视总局网站，2019 年 4 月 28 日，https://www.nrta.gov.cn/art/2019/4/28/art_3713_50799.html。

④ 《2024 年 AIGC 行业研究：多模态大模型与商业应用》，36 氪网站，2024 年 3 月 27 日，https://www.36kr.com/p/2706409983424389。

（一）AIGC 技术的发展现状

在基础设施方面，世界各大主要经济体纷纷加大网络基础设施建设的投入力度，筑牢互联网发展的基础[①]，我国在"十三五"期间就已经建成了全球规模最大的信息通信网络[②]，2023 年全国网民规模达 10.92 亿人，互联网普及率达 77.5%[③]。如此庞大的用户体量带来的是惊人的数据总量，《全国数据资源调查报告（2023 年）》显示，2023 年我国数据生产总量达 32.85ZB（泽字节），且全国 2200 多个算力中心的算力规模同比增长约30%。[④] 而"存力"作为算力的重要组成部分，2023 年 6 月便突破了 1080EB（1.08 万亿吉字节）的存储总规模，同时"运力"也大幅提升，从而形成了绿色、低碳、可持续发展的"绿色算力"。[⑤] 至此，单纯以算力为主的传统"数据中心"已无法应对数字市场的爆炸式发展，而是需要向通算、智算甚至是超算的方向演进。[⑥] 世界范围内已经涌现出 Acronis（瑞士）、Amazon Web Services（美国）、Cato Networks（以色列）等，集数据准备（Data Preparation）、AI 训练（AI Training）、AI 推理（AI Inference）于一体的智算数据中心（AI Data Center），我国则先后创建了飞天智算（阿里）、云骁智算（中国电信）、CFFF（复旦大学）等平台，AIGC 技术赋能智媒时代的千行百业。

在算法模型方面，2022 年以来，大模型（Large Model / Foundation Model）

---

① 《〈世界互联网发展报告 2023〉：大国关注信息基础设施建设，5G 网络已覆盖全球三成人口》，光明网，2023 年 11 月 8 日，https：//politics. gmw. cn/2023 - 11/08/content_ 369525 27. htm。

② 《基础设施建设全覆盖，为互联网腾飞筑根基》，中央网络安全和信息化委员会办公室、中华人民共和国国家互联网信息办公室网站，2021 年 2 月 3 日，https：//www. cac. gov. cn/2021-02/01/c_ 1613751827093040. htm。

③ 《第 53 次〈中国互联网络发展状况统计报告〉》，中国互联网络信息中心网站，2024 年 3 月 22 日，https：//www. cnnic. cn/n4/2024/0322/c88-10964. html。

④ 《最新报告出炉！2023 年我国数据生产总量达 32.85ZB》，中国政府网，2024 年 5 月 24 日，https：//www. gov. cn/yaowen/liebiao/202405/content_ 6953440. htm。

⑤ 中国信息通信研究院云计算与大数据研究所：《绿色算力技术创新研究报告（2024 年）》，2024 年 3 月，http：//www. caict. ac. cn/sytj/202404/P020240401364774432849. pdf。

⑥ 中国电信集团有限公司：《新一代智算数据中心（AIDC）基础设施技术方案白皮书（2023 年）》，2023 年 12 月，http：//www. chinatelecom. com. cn/main12/test2019/webziyuan/2023 12/P020231229586974848223. pdf。

技术快速发展，除资本平台的闭源模型外，还出现了大量开源的大（小）模型，以及微调（Fine-Tuning）算法等技术工具。大模型凭借其强大的自然语言与多模态（Multi-Modal）信息处理能力，能够应对不同语义粒度下的任务，并进行复杂的逻辑推理，展现出强大的迁移学习（Transfer Learning）和少样本学习（Few-Shot Learning）能力，通过快速掌握新任务实现对不同领域、不同数据模式的适配。[①] 无论是 OpenAI、Anthropic，以及文心一言（百度）、盘古（华为）等经典大模型，还是 OpenFlamingo（微软）或 Qwen2-72B（阿里）等开源模型，主要的发力方向均聚焦于大语言模型（Large Language Model，LLM）、视觉大模型和多模态大模型三个方向上。其中，多模态大模型能够支持文本、图像、音频、动画、影像等多种类型的内容输入，结合了自然语言处理和计算机视觉（Computer Vision，CV）能力，实现了人工智能对不同模态信息的综合理解和分析，能够更全面地理解和处理复杂数据。现阶段，AIGC 大模型从单模态向多模态发展已成为行业共识。根据应用领域的差异可将 AIGC 大模型分为三个不同的层级：通用大模型，适用于多个领域和任务；行业大模型，专为特定行业或领域设计；垂类大模型，针对特定任务或场景进行优化。随着模型算法技术水平和性能的不断提升，"AIGC+"已开始赋能各行各业，促进其高质量发展。

得益于算法模型的迭代，AIGC 的使用门槛不断降低，人工智能的应用场景愈发多元，应用服务的范围迅速扩大。根据沙丘智库的调研统计，2023年大模型落地应用案例中，金融行业占比超过三成，而从应用场景上看，知识管理、数据分析、内容创造等场景天然与大模型技术结合紧密，是当前大模型应用的主要探索方向（如图 2 所示）。概括而言，当前 AIGC 在应用市场的经营模式主要包括按调用量收费、SaaS（Software as a Service）订阅收费、通过提供增值服务和解决方案收费等，覆盖了从商业端（to Business，2B）到用户端（to Customer，2C）的广泛客户群体。[②] 在 2B 端，各国头部企业正积极开展战略布局，旨在提前建构竞争优势并重塑市场格局，其战略布局主要

---

① 中国人工智能学会：《中国人工智能系列白皮书——大模型技术（2023 版）》，2023 年 9 月，https://13115299.s21i.faiusr.com/61/1/ABUIABA9GAAgma6KqQYo-Z7D8wI.pdf。

② 《2024 年中国 AIGC 产业研究报告》，21 经济网，2024 年 3 月 28 日，https://www.21jingji.com/article/20240328/herald/d8fd48604b08e4a76bb29af200310010.html。

集中于三种产品与服务：第一种是服务内部，提升自身业务效率；第二种是面向企业提供 MaaS（Model as a Service），通过模型开发服务深度切入行业；第三种则是面向 AI 创业者/企业提供算力服务，比如政企、运营商或云厂商等。① 对于 2C 端而言，AIGC 技术主要被应用于社交方面，使得更多用户可以以较低的门槛参与到内容生产中来，从而给内容消费市场注入更加蓬勃的生机与活力。

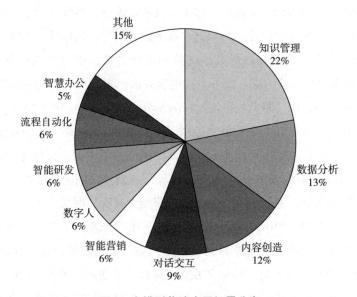

图 2 大模型落地应用场景分布

资料来源：《2024 中国大模型先锋案例 TOP30》，"沙丘社区"微信公众号，2024 年 1 月 24 日，https：//mp. weixin. qq. com/s/ NhFki5aQEwAn72mVQreaAQ。

（二）智能视听的服务运用

人工智能技术的创新迭代，视听行业的创作生产、传播分发和呈现体验等

---

① 华为：《迈向智能世界白皮书 2023—计算》，2023 年 10 月 4 日，https：//www-file. huawei. com/-/ media/corp2020/pdf/giv/striding-towards-the-intelligent-world/the_ intelligent_ world_ computing_ 2023_ cn. pdf。

各环节也在 AIGC 的助力下，朝着更智能、无界、沉浸和绿色的方向发展。①
如今，已有大量智能视听服务产品落地，如传统媒体方面，中央广播电视总台
（China Media Group）联合上海人工智能实验室运用了"文生视频"（Text to
Video，T2V）的 AI 技术创作了《千秋诗颂》系列动画片，上海广播电视台推
出了全国首个 AIGC 应用集成工具"智媒魔方"（Scube），湖南广电集团的首
个 AI 导演"爱芒"（AIM）正式"上岗"并参与节目录制。新媒体平台中，
爱奇艺和优酷等视频门户平台建立起了自己的智能创作系统，能够依据用户行
为和环境特征，实现个性化、精准化内容推送；同时，包括抖音、快手在内的
诸多短视频平台，也依托自身技术优势和市场资源，推出火山引擎视频云、
StreamLake 等视听解决方案。此外，在电影方面，2023 年斩获七项奥斯卡金像
奖（Oscars）的影片《瞬息全宇宙》（*Everything Everywhere All at Once*）的视觉
效果团队仅有 5 人，他们便巧妙地运用了 AIGC 技术来辅助完成特效镜头的制
作工作。② 可以说，智能视听技术的出现，不仅为媒体融合提供了新的可能，
还极大地提升了视听机构的生产效率，丰富了视听产品的表现形式，拓展了视
听服务的应用场景，赋能视听行业走向"智能大视听"时代。③

从供给侧来看，AIGC 不仅极大地促进了视听产业内容生产的提质增效，
同时还在不断地重塑着视听节目内容的生产方式，使视听产业呈现出"全流
程数智化"的服务新方向。2022 年底，《每日经济新闻》推出 AI 短视频自动
生成平台，开始尝试从文字创作到媒资库智能匹配，再到短视频自动生成和多
平台一键分发的全流程 AI 化。2023 年杭州亚运会期间，央视网的《大咖陪你
看》节目便将人工智能运用在内容采集和生产环节中，并推出了《亚运颂诗》
栏目，由 AIGC 生成海报、文案等内容，通过网民在社交媒体上的参与完成内
容共创。而传统广电和智能视听的相融结合，除了在 AIGC 通用范围内的 2B
和 2C 业务外，还发展出了 2G（to Government，政务端）的服务方向。比如，

---

① 《年度观查｜视听新技术发展与应用："未来电视"正萌发》，流媒体网，2023 年 2 月 10
日，https：//lmtw.com/mzw/content/detail/id/222245。
② 《「瞬息全宇宙」背后的 AI 公司，曾参与 Stable Diffusion 开发，去年获 5000 万美元融资》，
36 氪网站，2023 年 3 月 14 日，https：//www.36kr.com/p/2170436533825799。
③ 《智能大视听 一起向未来》，人民网，2023 年 10 月 23 日，http：//media.people.com.cn/
n1/2023/1023/c14677-40101241.html。

2024年川渝春节联欢晚会中，节目组利用 AIGC 技术对大足石刻、川渝熊猫、铜梁水龙等当地文旅资源进行创意展示，将"AIGC+沉浸式体验""AIGC+展览展示""AIGC+文旅互动"等场景应用于视听领域，构成了"大文旅"的特色趋势。① 概括来说，视听机构运用新技术加快在节目制作和播出系统等方面的网络化、智能化建设，通过实现平台 IP 化、云化、融合化、智能化等，提高定制化、个性化、精准化服务供给能力，深耕专业化、垂直化、场景化内容服务。②

对于消费侧的用户群体而言，基于大数据（Big Data）和 AI 等技术的用户画像和数据分析，让用户得以接收到更加个性化的内容，使他们在满足自身的独特需求和兴趣的同时，感受智能视听提供的"交互多维沉浸化"体验。在广播电视领域，国家广播电视总局率先开展"未来电视"的试点工作，旨在以高品质视听服务为切入点，通过构建更开放的生态体系，打造更融合的网络，实现更便捷的交互，提供多元化个性化频道定制服务、虚拟化协同化视听服务和智能化人性化智慧信息服务。③ 而在网络视听领域，《中国网络视听发展研究报告（2024）》显示，我国2023年的网络视听用户规模达 10.74 亿人，其"第一大互联网应用"的地位愈加稳固（如图3所示），消费市场对于智能视听的需求和期待不言而喻。值得一提的是，网络视听结合人工智能技术，在主题主线宣传方面取得了丰硕的成果，比如2023年国家广播电视总局"首屏首推工程"推送内容共获得超过202亿次的播放量，在主要短视频平台上的相关内容播放量多达580亿次，正能量话题阅读/观看量累计776.8亿次。④ 可以说，在 AIGC 助力下的智能视听正通过新场景、新应用、新模式等新型产品和服务方案，引导着视听消费的转型与升级。

---

① 《躬身入局，广电机构加速布局 AIGC》，流媒体网，2024 年 5 月 22 日，https：//lmtw.com/mzw/content/detail/id/233991。
② 《视听新技术发展与应用："未来电视"正萌发》，流媒体网，2023 年 2 月 10 日，https：//lmtw.com/mzw/content/detail/id/222245。
③ 《国家广播电视总局关于开展"未来电视"试点工作的通知》，国家广播电视总局网站，2023 年 9 月 8 日，https：//www.nrta.gov.cn/art/2023/9/8/art_ 113_ 65495.html。
④ 《我国网络视听用户规模达 10.74 亿，网民使用率达 98.3%》，央视新闻网，2024 年 3 月 28 日，https：//news.cctv.com/2024/03/28/ARTIhErtpb1CwkNTX5iYdmGf240328.shtml。

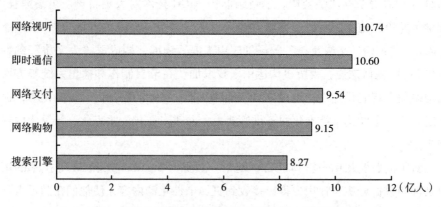

图 3　2023 年中国用户规模数量前五的互联网应用

资料来源：《〈中国网络视听发展研究报告（2024）〉在蓉发布》，中国网络视听节目服务协会网站，2024 年 3 月 28 日，http：//www. cnsa. cn/art/2024/3/28/art_ 1977_ 43660. html。

二　视听技术体系的智能化实践

国家广播电视总局立足新发展阶段、贯彻新发展理念、构建新发展格局，在实现新跨越的关键时期，发布了《广播电视和网络视听"十四五"发展规划》，要求加快技术规格升级、推进节目形态创新、开展新型视听技术研究，从而推动建立开放、融合、智慧的新型广播电视和网络视听技术体系，引导多元主体参与建立协同化的科技创新生态。[①] 该规划涉及视听行业的采集、制作、存储、播出、分发和呈现等环节，推动搭建起实践型智能视听技术体系。

（一）采集技术的革新

随着人工智能的发展，采集视听内容的方式不断创新，让拍摄效率、影音质量等大幅提升。一方面，摄录设备的轻量化、智能化趋势明显。比如无人机

---

① 《广播电视和网络视听"十四五"发展规划》，国家广播电视总局网站，2021 年 10 月 8 日，https：//www. nrta. gov. cn/art/2021/10/8/art_ 113_ 58120. html。

航拍，能够捕捉到传统地面拍摄难以企及的角度和高度，无人机航拍不仅成为新闻摄影领域的新兴热潮，还持续发展、更新、迭代并逐步扩展到视听行业的各个领域。当前，无人机航拍技术已相对成熟，其遥控装置、物理按键和软件系统的逐步优化，为视听内容的创作带来了更多的可能。另一方面，摄制规格朝向易用性和高清化的方向发展。《2023 年全国广播电视行业统计公报》显示，2023 年全国共开办地级及以上高清电视频道 1105 个，4K 超高清电视频道 8 个、8K 超高清电视频道 2 个，省级台频道全部实现高清化，[①] 而包括爱奇艺、哔哩哔哩在内的众多网络视听平台均开设了 4K/8K 内容专区，越来越多的用户能够接收到细腻逼真的画面。

除了精益求精地再现真实世界之外，人们对现实世界拟仿的探索也在持续进行。人工智能的加入，使得虚拟现实（Virtual Reality，VR）和增强现实（Augmented Reality，AR）等技术以惊人的速度发展，并迅速在视听领域落地了多样的现实交互应用。比如中央广播电视总台 2023 年春节联欢晚会上，《百鸟归巢》《当"神兽"遇见神兽》《满庭芳·国色》等 20 多个节目运用 AR、扩展真实（Extended Reality，XR）、虚拟制片（Virtual Production）等技术，[②] 为全国人民带来了一场科技与艺术完美融合的视觉新体验。此外，芒果 TV 在 LED、绿幕、VR 等虚拟拍摄方面和 360°空间视频（Spatial Video）、数字人（Digital Human）等制作方面做出了极具代表性的尝试，推出了以虚拟空间（及数字人）交互为主的线上线下虚拟拍摄体系，如网络纪录片《超时空寻找》使用 VR 技术构建历史场景、综艺节目《全员加速中》通过 AR/VR 等技术搭建出游戏时空"加速之城"，以及《声生不息·宝岛季》结合 LED XR 拍摄技术完成动态裸眼效果，[③] 芒果 TV 影视制作团队采用人工智能技术还原真实场景，带给观众身临其境的视听体验。

---

① 《2023 年全国广播电视行业统计公报》，湖北省广播电视局网站，2024 年 5 月 8 日，https://gdj. hubei. gov. cn/ywdt/xyzx/202405/t20240511_ 5187301. shtml。

② 《"硬科技"满满，盘点 2023 央视春晚的元宇宙技术》，搜狐网，2023 年 1 月 30 日，https://www. sohu. com/a/635700057_ 120998866。

③ 《事件点评：视频行业回暖，科技赋能成长》，东方财富网，2023 年 5 月 18 日，https://data. eastmoney. com/report/zw_ strategy. jshtml？encodeUrl = i78/i5MK/iy38/dcqZDWBYFMED 74jDwvBkl5eOdLoVU%3D。

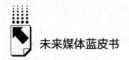
（二）制作流程的优化

视听行业积极推动优质视频的创新应用，利用新技术和新手段优化制作流程、丰富视听体验。在技术层面，随着人工智能技术近年来的突破性发展，AIGC 正从辅助内容创作的工具转变为内容生产的主体，这一变化不仅丰富了视听内容的内涵与外延，还引发了效率与成本的变革。[①] 比如，北京广播电视台将 AIGC 广泛应用于台内的视听内容生产，"文生文"已逐渐应用于节目撰稿、拍摄脚本、分镜头生成等方面，"文生图"已应用于平面宣传、版式设计、风格创作等方面，"文生音"已应用于数字人交互、资讯播报、译制片、节目配乐等方面，"文生视频"已应用于短视频、宣传片及节目动画特效制作方面。[②] 而在网络平台的内容生产方面，央视网也借助"无影"云电脑创制了包括《为智能亚运点赞 全红婵和陈芋汐的每次对决都注定是一场"神仙打架"》等在内的短视频，它涉及了包括多轮对话（Multi-Turn Dialog）、文案创作、逻辑推理、多模态理解、多语言支持，以及辅助图片创作等多种 AIGC 功能。[③]

除了坐拥行业资源的企事业单位外，随着 AI 技术发展，普通用户在视听平台上能够接触到的创作服务也逐步升级。比如剪映，作为字节跳动旗下的视频剪辑产品推出了"图文成片"功能，在用户输入一段文字后，软件便会智能匹配云端素材，自动添加字幕、旁白和音乐等，生成完整视频。而诸如快影（快手）、玩句（腾讯）、必剪（哔哩哔哩）等软件/平台，也相继提供了"AI 动漫视频""AI 文案推荐""AI 简笔画"等内容生成功能。值得一提的是，相比应用于图文和视频领域的 AIGC，人工智能技术在声音领域，特别是在语音

① 李雨昊、李泽华：《电视内容生产应用生成式人工智能的价值逻辑与风险防范》，《中国广播电视学刊》2023 年第 10 期。

② 《北京广播电视台党组成员、副台长陈祥：打造"AI+传媒"先锋示范生态，全力创建内容生产领域的新质生产力》，流媒体网，2024 年 5 月 8 日，https://lmtw.com/mzw/content/detail/id/233539。

③ 《"如飞似燕轻盈跃，十米悬落水不惊"AI 技术赋能短视频 助力亚运"智感"传播》，新浪财经网，2023 年 10 月 8 日，https://finance.sina.com.cn/jjxw/2023-10-08/doc-imzqmfnc8793027.shtml。

识别、语音合成、语音互动、语音信号处理等领域中的应用已较为成熟，[①] 相关企业推出了不少能够满足用户多样需求的音频类 AIGC 产品。比如，喜马拉雅 FM 推出的"云剪辑"工具，集合了智能调音、智能配乐、智能检测、AI 分段和一键成片等功能。而在 QQ 音乐和网易云音乐等音乐平台上，用户可以利用 AI 生成不同的音质和音色，以模仿明星的音色翻唱歌曲。

（三）存储方案的优化

伴随着技术的发展，内容采集和制作流程的便利使用户参与量提升，也导致了海量数据的生成。1998 年，美国科学家马西（Mashey）用"大数据"来描绘数字信息快速增长的结果，并提出了在理解、获取、处理和组织数据方面的四个难题。[②] 上一部分也提及了关于数据"存力"对当今 AIGC 技术发展的重要性，得益于基础设施建设的日趋完善，如今的人工智能大多以云服务器（Cloud Virtual Machine）的方式提供技术服务。虽然近年来全球云服务市场增速放缓，但产业竞争在提升效率、优化性能、创新发展等方面全面升级，我国云服务技术亦不断推陈出新，满足市场的多样性场景需求，助力多元产业升级。[③] 比如在云服务器中，各企业利用语音识别、图像识别、视频识别等人工智能视听技术实现编目和检索的智能化，解决传统媒资管理成本高、效率低的问题。[④] 如今，包括腾讯、百度、华为以及三大电信运营商在内的诸多云服务平台已面向各级用户提供数据服务，而中国广电网络股份有限公司（以下简称"中国广电"）则与阿里巴巴签订了战略合作协议，它们以"广电云"为基础，提供跨屏、跨网、跨域融合的广播电视一体化和数字化的智能应用。[⑤]

---

① 《新技术浪潮下的智能视听步入深度变革新阶段——2023 年人工智能赋能网络视听产业观察报告》，人民网，2023 年 10 月 21 日，http://yjy.people.com.cn/n1/2023/1020/c440911-40099917.html。

② 《大数据：发展现状与未来趋势》，全国人民代表大会网站，2019 年 10 月 30 日，http://www.npc.gov.cn/npc/c2/c30834/201910/t20191030_301783.html。

③ 《云计算白皮书（2023 年）》，中国信通院网站，2023 年 7 月 17 日，http://www.caict.ac.cn/kxyj/qwfb/bps/202307/t20230725_458185.htm。

④ 《广播电视人工智能应用白皮书（2018 版）》，国家广播电视总局网站，2019 年 4 月 28 日，https://www.nrta.gov.cn/art/2019/4/28/art_3713_50799.html。

⑤ 《中国广电强力挺进云市场》，流媒体网，2023 年 7 月 5 日，https://lmtw.com/mzw/content/detail/id/226019。

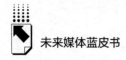
与一般的云服务运营商不同的是，中国广电的云服务强调"云网协同"，即打造出统一化的云平台，不仅要实现网络服务间的互联互通，更要实现媒体平台间的交融互通。① 2023 年，主流视听媒体的一体化趋势日益显著，一方面，各省级媒体积极整合内部资源，加强云平台建设，致力于打造"省域一体化"的传播格局。② 比如浙报集团的"天目云"和浙江广电集团的"新蓝云"合并为"天目蓝云"，成为新型智能化的融媒体技术平台，为全省主流媒体提供技术服务。另一方面，中央省市县四级媒体融合布局进一步优化，区域协同、联合作战，共谋视听行业的未来发展。2023 年 8 月，深圳、珠海、汕头、厦门及海南五大经济特区的主流新闻客户端共同组建"中国经济特区主流客户端联盟"，全域协同，构建经济特区数字化信息传播矩阵。中国广电通过"云网协同"，推动各级视听机构的媒体融合，化"散"为"聚"、变"单打独斗"为"协同作战"，实现"一体化融合"的智能视听格局。③

（四）播出机制的完善

大数据和云服务在视听行业的深度应用，不仅能提升数据管理的效率，还能在人工智能的助力下弥补传统播出机制的短板。不同于传统视听产业生产模式的"简单粗放"，智能视听基于大数据、全样本、多方位的用户行为深度分析，通过模型、数据、算法等多种手段，实现内容选题、素材集成、需求组合、分析预测、创作生产的全流程智能化。④ 比如在影视节目播出前的策划阶段，智能视听通过收集实时的全样本数据分析观众喜好，有针对性地创作内容；在预热阶段，通过大数据分析了解到观众的喜好，指导和决定传播推广方法；在播出阶段，根据数据分析及时获取社交媒体、论坛、搜索引擎等各种网

---

① 《［解局］878.47 万！广电布局云服务》，流媒体网，2024 年 4 月 8 日，https：//lmtw.com/mzw/content/detail/id/232830。

② 《2023 年媒体融合发展观察报告》，人民网，2024 年 5 月 21 日，http：//yjy.people.com.cn/n1/2024/0521/c244560-40240390.html。

③ 《2023 广电媒体融合报告：从 AIGC 到国际传播，广电媒体融合的新里程碑》，流媒体网，2024 年 1 月 18 日，https：//lmtw.com/mzw/content/detail/id/231165。

④ 《国家广播电视总局印发〈关于促进智慧广电发展的指导意见〉的通知》，央视网，2020 年 9 月 30 日，https：//5gai.cctv.com/2020/09/30/ARTIIY5bwQ51dgochaMhWZf9200930.shtml。

络渠道上的用户反馈。① 在具体运用上，智能视听可以通过对视听节目的观看人数、点播内容的点播量和点播时长、舆情事件的议题和焦点等展开数据分析，全面了解节目的传播效果、节目的制作质量、节目涉及艺人的影响力等，并根据分析结果预测用户行为，进而推动影视节目的生产和传播。②

除了通过人工智能对视听产品的外部市场展开分析外，对视听内容的内部监管也是安全播出范畴的重要组成部分。《新技术浪潮下的智能视听步入深度变革新阶段——2023年人工智能赋能网络视听产业观察报告》指出，在智能视听方面，尤其需要统筹推进"技术"监管与"内容"治理，实现发展与规范的动态平衡。③ 人工智能能够通过文字识别、语音识别、人脸识别等多模态CV技术，快速发现并处理违规内容，提升监管效率和有效性。比如，YouTube利用机器学习（Machine Learning）技术进行自动视频审核，过滤不适宜的内容。人工智能还可以基于标准化的广播电视节目特征提取编码技术，智能地比对和识别广播电视信号，从而降低人工监看的工作量，并通过整合编码、重组、解码及智能应用等视听播出链环节，实现精准化编码控制（AI for Coding）和智能化特征编码（Coding for AI），实现从视听编码到重构分析的一体化智构编码过程。④

（五）分发过程的智能

云计算、大数据和AIGC等技术变革与视听行业的数字化、智能化转型发展，共同推动内容分发网络（Content Delivery Network，CDN）技术的优化升级，成为当前提升用户体验的关键因素。CDN技术的核心是通过多边缘节点式的内容分散存储，实现对用户指令的快速响应，从而解决延迟和拥堵等问

---

① 《广播电视人工智能应用白皮书（2018版）》，国家广播电视总局网站，2019年4月28日，https://www.nrta.gov.cn/art/2019/4/28/art_3713_50799.html。

② 《加速推进新技术在广电有线网络中的应用》，澎湃新闻网，2020年7月3日，https://www.thepaper.cn/newsDetail_forward_8103648。

③ 《新技术浪潮下的智能视听步入深度变革新阶段——2023年人工智能赋能网络视听产业观察报告》，人民网，2023年10月21日，http://yjy.people.com.cn/n1/2023/1020/c440911-40099917.html。

④ 《中国智能视频编码行业白皮书》，艾瑞网，2023年4月26日，https://report.iresearch.cn/report/202304/4173.shtml。

题。而如今的云 CDN 能够实现资源的动态调整，AI-CDN 则结合了人工智能技术，通过机器学习和深度学习（Deep Learning）预测用户使用行为、分析网络状况，自动调整缓存策略和负载均衡参数，提高智能视听平台的性能。① 例如，YouTube 利用其庞大的用户数据，通过机器学习算法提升视频加载速度，实现内容的快速分发。而腾讯云 CDN 则针对门户网站、电商、UGC 社区等业务场景，提供强大的静态内容（如网页样式、图片、小文件），提升分发处理能力，从而显著提升网页用户的体验②。

结合大数据，智能化的 CDN 能够为用户提供更加私人的定制化服务，并通过深入分析用户的行为和偏好，进行精确的内容推荐与广告投放，从而增强用户的满意度和忠诚度。流媒体平台奈飞（Netflix）的推荐算法就是一个典型例子，从过去的个人观看排行（Personalized Video Ranker）、观看历史推荐（Because You Watched）到如今的个人影片推荐系统（Cinematch），通过长期对于用户观看历史和行为偏好的分析，以协同过滤算法（Collaborative Filtering）为用户提供个性化内容。③ 此般基于用户行为的精准投放（Precise Delivery）技术，已广泛运用到智能视听领域之中。央视频、央视新闻、央视影音等官方新媒体平台逐渐铺开的"总台算法"，通过整合社会属性、行为心理、设备属性、内容偏好等维度，建立起标签化的用户画像体系，实现了内容的精准投放，并在人工智能的辅助下，建立起从细分内容到爆款内容的漏斗模型（Funnel Model），将潜在成为热点或爆款的精品内容推送给更广泛的人群，从而有效地增强内容传播力。④

（六）呈现方式的多元

影音内容经历了采集与制作，在"上云"和推送后呈现在智能视听终端中，每一环的技术服务升级，都给用户带来了更精致的视听体验。比如，

---

① 《〈CDN 技术详解〉：深入解析 CDN 的核心技术与前沿发展》，天翼云网站，2023 年 12 月 25 日，https：//www.ctyun.cn/developer/article/496980838834245。

② 内容分发网络产品介绍，腾讯云网站，https：//www.tencentcloud.com/zh/products/cdn。

③ 《2023 年奈飞研究报告：流媒体帝国再续征程，多维路径助推规模增长》，未来智库网，2023 年 11 月 21 日，https：//www.vzkoo.com/read/20231121e1b79c2b19ce19a6f4450e67.html。

④ 《2022 内容科技应用典型案例：中央广播电视总台主流算法》，人民网，2023 年 5 月 26 日，http：//yjy.people.com.cn/n1/2023/0419/c449021-32668368.html。

FPGA（Field-Programmable Gate Array）图像处理技术和传感器的实时结合，让智能电视能够根据用户所处的环境智能调节影像亮度、对比度等参数，以适应不同的应用场景；视频增强和扩展（Enhance and Upscale）等技术则可以通过提高影像清晰度的方式改善视觉效果，优化经典影视作品的观看体验；而诸如头戴显示器等具身智能（Embodied AI）设备的推广和普及，极大地丰富了用户体验的渠道和方式。2023年世界范围内，VR和AR的市场规模分别约为251亿美元①和628亿美元②，中国市场全年AR/VR设备的出货量高达72.5万台③。头戴式虚拟现实设备与人工智能的结合，为用户提供了沉浸式的观影体验，同时芯片技术的进步和传输方案的改善，给高带宽和低时延的内容服务提供了强有力的保障。近年来，基于VR/AR的网络直播等新业态的涌现，预示着智能视听行业更加广阔的发展前景。

得益于智能搜索、感知和识别等技术的发展，视听终端及其应用正展现出蓬勃的智慧化趋势，丰富着用户观看体验的同时，也重构着人机之间的交互方式。亚马逊（Amazon）2023年的新品发布会上，搭载语音助手"艾丽莎"（Alexa）的电视Fire TV可以像人类一样与用户进行互动，④ 而小米旗下的人工智能交互引擎"小爱同学"则覆盖内容、工具、互动等多个领域，允许用户使用搭载在手机、音箱、电视、电脑等众多小米设备上的语音功能控制超过4000款的智能设备，实现一句话"智联万物"的便捷体验。⑤ 除了语音交互外，手势识别和姿态识别等应用也日渐普及，而交互形式的多元化也将人工智能引向了交互式（Conversational AI）的发展方向。由图

---

① "Virtual Reality（VR）Market Size, Share & Industry Analysis," FORTUNE BUSINESS INSIGHTS, 2024-06-24, https://www.fortunebusinessinsights.com/industry-reports/virtual-reality-market-101378.

② "Augmented Reality（AR）Market Size, Share & Industry Analysis," FORTUNE BUSINESS INSIGHTS, 2024-06-24, https://www.fortunebusinessinsights.com/augmented-reality-ar-market-102553.

③ 《四季度中国AR出货量历史首超VR，2023全年AR/VR出货量72.5万台》，International Data Corporation（IDC）网站，2024年2月28日，https://www.idc.com/getdoc.jsp? containerId=prCHC51917624.

④ 《亚马逊今年最重磅发布会：生成式AI加持Alexa助手，新款音响、平板、路由等硬件亮相》，新浪财经网，2023年9月20日，https://finance.sina.com.cn/stock/usstock/c/2023-09-21/doc-imznmafs6686031.shtml。

⑤ 小爱同学概述，https://xiaoai.mi.com/AboutXiaoai。

像、声音、影像等元素构成的互动数字叙事（Interactive Digital Narrative）文本矩阵，让用户得以根据自身的选择和反馈来影响媒体叙事的展示和播放。①未来，新型智能视听终端将在行业中得到更为广泛的部署应用，成为视听服务的重要入口和智慧家庭的信息中枢，同时将加速智慧养老、智慧教育、智慧医疗等业务的迭代升级，更好地满足人民群众对美好生活的新需求和新期待。②

总之，根植于庞大的内容消费群体和海量的内容资源库，人工智能技术在视听产业中迅速发展迭代，促进了涵盖采集、制作、存储、播出、分发和呈现等环节的智能化全产业链格局的形成，促进了智能生成、识别、处理、推送等关键技术体系的构建，人工智能与视听产业紧密融合。

三 智能视听发展的机遇与挑战

2023 年，我国广播电视和网络视听（含长视频、短视频、直播、音频等）行业总收入达 14126.08 亿元，同比增长 13.74%，其中传统广播电视机构总收入为 6330.63 亿元，同比增长 10.44%；网络视听服务机构总收入为 7795.45 亿元，同比增长 16.57%。③ 而我国的人工智能领域，预计将保持着 25% 左右的市场规模增长速度，于 2025 年达到 257 亿元，并在 2030 年超过万亿元（如图 4 所示）。上述数据不仅可以验证《2022 年智能视听发展研究报告》中对于"智能视听是在科技支撑和赋能下的必然趋势"④ 的预测，也能够呼应人民网研究院有关"人工智能技术突破式发展与创新应用给视听行业带来了质量与

---

① 周宏伟、匡野、宋馨谷：《智媒时代 AI 赋能互动叙事的传播策略探析》，《传媒》2024 年第 2 期。

② 《2024 年中国广电视听十大科技展望》，国家广播电视总局广播电视规划院、国家广播电视总局广播影视信息网络中心网站，2024 年 3 月 23 日，https://www.abp2003.cn/art/2024/3/23/art_ 68_ 43000. html。

③ 《数说五年：广播电视行业收入趋势和重要增长极》，江苏省广播电视局网站，2024 年 6 月 6 日，https://jsgd.jiangsu.gov.cn/art/2024/6/6/art_ 69985_ 11264382. html。

④ 《报告：智能视听是网络视听在科技支撑和赋能下的必然趋势》，中国新闻网，2022 年 8 月 16 日，https://www.chinanews.com.cn/cj/2022/08-16/9829007. shtml。

效率的变革，推动视听产品实现更多创意、更高效率、更新体验与更高品质"① 的观点。

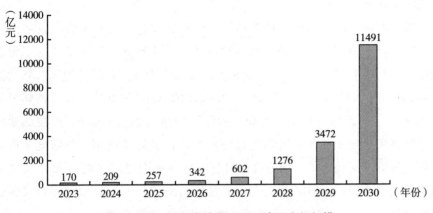

图 4　2023~2030 年中国 AIGC 产业市场规模

资料来源：《2024 年 AIGC 行业研究：多模态大模型与商业应用》，36 氪网站，2024 年3 月 27 日，https：//www.36kr.com/p/2706409983424389。

（一）发展机遇

2023 年以来，基于 LLM 的人工智能研发和应用成为各行各业颠覆式创新的核心突破点，人工智能技术迈向了从"专用人工智能"（Artificial Narrow Intelligence，ANI）向"通用人工智能"（Artificial General Intelligence，AGI）的转变。一方面，视听作为一种使用门槛较低的生活化交互方式，具备巨大的信息交流"基础设施"优势，使得视听技术和产品不断地在娱乐、健康、旅游、制造等行业中扎根，并与之交叉融合发展，推动形成"大视听"的产业格局。② 而相比于此前"元宇宙"（Metaverse）缥缈的"概念式"热潮，人工智能显得更加"看得见"和"摸得着"。AIGC 给视听行业带来的上下游技术体系革新，以及其在与文旅、教育、农业等产业的深度融合过程中构建的新内

---

① 《2023 年媒体融合发展观察报告》，人民网，2024 年 5 月 21 日，http：//yjy.people.com.cn/n1/2024/0521/c244560-40240390.html。

② 《人民网研究院发布〈2023 人工智能赋能网络视听产业观察报告〉》，人民网，2023 年 10月 21 日，http：//yjy.people.com.cn/n1/2023/1020/c244560-40100124.html。

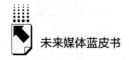
容、新消费、新产业等多元化生态体系，不仅成功带动了相关产业的升级，还推动了多元化的产业生态和新的消费市场的形成，从而形成了"视听+"的产业发展新方向。

另一方面，随着网络传输基础设施的高速发展，近年来快速发展的物联网（Internet of Things，IoT）技术也融入了人工智能，迈入了"人工智能物联网"（AIoT，即 AI+IoT）2.0 时代。相较于 1.0 时代仅是把无法联网的"哑设备"接入网络的互联互通，2.0 时代的 AIoT 升级迭代为"通感智值一体化"（即通信、感知、智能、价值）的网式融合新架构。① 在此架构下，智能视听技术和产品可以通过与汽车厂商共建车联网、与家电企业联手打造智能家居等方式，加速推动视听服务在不同使用终端和 AIoT 场景中的整合应用。同时，VR/AR 等具身智能设备的普及，使得 AIoT 可以采集到更加聚焦于独立用户的个人数据，AIoT 结合"混合专家"（Mixture - of - Experts）技术，可以形成全面化、立体化、个性化的私人"小模型"，通过对用户画像、用户使用习惯和环境等展开分析，实现真正意义上的场景化视听内容的精准推送。

从趋势上来看，未来将会有越来越多的视听产品开始探索和运用人工智能等新技术，积极改进内容生产和传播方式。但是，在扩大优质内容产能，更好地提升传播力、影响力，满足人民群众日益增长的精神文化需求的同时，让主流价值、主流舆论和主流文化发展和壮大，也是智能视听必须肩负的使命。② 此外，视听产品已成为中华优秀传统文化国际传播的主力军和主渠道，③ 通过广电新媒体在 YouTube、Facebook 等国际平台上的"借船出海"，以及视听产品在国际视频平台上的"造船出海"，助力中华优秀传统文化依托智能视听更好地"走出去"，推进了中国故事和中国声音的全球化表达、区域化表达和分众化表达。正如《2024 中国视听新媒体发展报告》指出的

---

① 《〈2024 年中国 AIoT 产业全景图谱报告〉重磅发布，一文速览精华》，36 氪网站，2023 年 12 月 15 日，https：//www.36kr.com/p/2561903147720069。

② 人民网研究院课题组：《2023 年媒体融合发展观察报告》，《传媒》2024 年第 8 期。

③ 《"2024 中国视听新媒体发展报告"发布！》，流媒体网，2024 年 6 月 26 日，https：//lmtw.com/mzw/content/detail/id/235028。

那样，视听新媒体在全面转型升级、跨越式发展中成为文化强国建设的先锋力量。①

（二）风险挑战

无法否认的是，技术作为一把"双刃剑"，机遇和挑战是在其发展过程中一体两面式的存在。对于人工智能的发展给智能视听领域带来的挑战，学术界已从"技术对于新闻公共价值的侵蚀"②、"西方话语霸权渗透"③ 以及"本土中小企业发展艰难"④ 等角度展开解构。而对于普通用户而言，个人数据保护和隐私安全问题成为 AIGC 时代下绕不开的隐患之一。从人工智能的底层技术来看，为了提升大型算法模型的精准性和仿真性，其必须累积庞大的用户数据，包括但不限于人们的内容观看习惯、信息搜索偏好和媒介互动模式等方面。因此，若普通用户的数据在未授权的状况下被暴露在特定信息环境中，其知情权和所有权便有可能会受到侵犯。⑤ 一方面，现有视听产品中大多没有标注出 AIGC 功能所使用的数据来源，获取和使用数据的合法性问题仍需要业界的正视和重视；⑥ 另一方面，有关人工智能的通识教育也应尽速推广，由此培养和提升当代用户的"数智公民素养"（Digital Intelligent Citizen Literacy）。⑦

从技术演进和行业发展上看，当前智能视听行业在关键技术研发和应用上，也存在一定的挑战。比如，我国智能视听行业在科技创新上还与国际存在

---

① 《与时代同向，与创新同行——上海电视节发布"2024 中国视听新媒体发展报告"》，中国网络视听节目服务协会网站，2024 年 6 月 28 日，http：//www.cnsa.cn/art/2024/6/28/art_1955_ 45031. html。

② 白小豆：《生成式人工智能语境中的视听新闻创新——基于 ChatGPT 技术应用的思考与展望》，《中国广播电视学刊》2023 年第 10 期。

③ 姚璐、邓集文：《数字社会视域下网络空间文化培育：挑战与进路》，《湖南社会科学》2023 年第 2 期。

④ 林朝霞、林小勇：《智能视听产业生态培育机制研究——以厦门市为例》，《中国广播电视学刊》2022 年第 2 期。

⑤ 邓秀军、别明蔚：《大模型时代视听新闻智能生产的流程再造与路径重构》，《出版广角》2024 年第 8 期。

⑥ 焦和平：《人工智能创作中数据获取与利用的著作权风险及化解路径》，《当代法学》2022 年第 4 期。

⑦ 袁磊、徐济远、叶薇：《AIGC 时代的数智公民素养：内涵剖析、培养框架与提升路径》，《现代教育技术》2023 年第 9 期。

一定的差距，在图形处理器（Graphics Processing Unit）的硬件方面和 AIGC 算法模型的软件方面，部分环节还面临着"卡脖子"的窘境。[①] 而从服务内容上看，传统广播电视存在部分服务不能满足用户需求，新频道、新业务吸引力不足，[②] 以及资金、人才、技术等问题。[③] 相比之下，网络视听产业虽然对内容和服务的约束较少，但容易滋生出发布低俗低质、不良诱导等信息的灰黑产"养号"行为，以及冒充官方发布假培训信息等诈骗行为。[④] 特别是在意识形态方面，AIGC 从内容层面、语料层面、算法层面为意识形态工作带来全新变量，由表及里地重塑了智能视听领域意识形态工作的新场景。[⑤] 因此，我们要以智能技术加强主流意识形态的开发整合与分析推送能力，将智能视听和群众喜闻乐见的场景相结合，增强网络主流意识形态的生动性和感染力。[⑥]

除了上述风险之外，也有不少观点认为智能视听产业存在跟风投机、同质化高、概念炒作、浪费资源等弊端，[⑦] 亟须治理和监管。实际上，在人工智能的发展过程中，有关如何建立合理的 AI 伦理治理框架的讨论从未停止。在当前政策措施基础上，围绕人工智能技术应用的敏捷治理、分类分级管理已进一步加强，治理体系逐步完善。[⑧] 而智能视听方面，2022 年底国家多部门便联合发布《互联网信息服务深度合成管理规定》，正式对使用深度合成技术提供的服务提出了专门性、具体性要求；2023 年至今，国家《广播电视和网络视听

① 《网络视听技术创新应用亮点》，流媒体网，2024 年 1 月 23 日，https：//lmtw. com/mzw/content/detail/id/231235。

② 《"未来电视"的发展观察》，流媒体网，2023 年 4 月 28 日，https：//lmtw. com/mzw/content/detail/id/224293。

③ 《躬身入局，广电机构加速布局 AIGC》，流媒体网，2024 年 5 月 22 日，https：//lmtw. com/mzw/content/detail/id/233991。

④ 《抖音严打灰黑产"养号"，"AIGC 造假"等六种新型违法违规行径将被严惩》，新浪新闻网，2023 年 12 月 20 日，https：//news. sina. cn/sx/2023-12-20/detail-imzyrpkc1856221. d. html。

⑤ 《筑牢 AIGC 影响下的意识形态安全屏障》，中国社会科学网，2024 年 3 月 6 日，https：//www. cssn. cn/skgz/bwyc/202403/t20240306_ 5737022. shtml。

⑥ 《筑牢人工智能视域下网络意识形态安全防线》，福建省工业和信息化厅网站，2024 年 5 月 21 日，https：//gxt. fujian. gov. cn/zwgk/ztjj/qmgjaqjy/202405/t20240521_ 6452445. htm。

⑦ 《广电 AIGC 发展报告》，流媒体网，2024 年 5 月 11 日，https：//lmtw. com/mzw/content/detail/id/233626。

⑧ 周伟：《新技术浪潮下智能视听正迎来深度变革——2023（GIAC）智能视听大会侧记》，《青岛日报》2023 年 10 月 22 日。

深度伪造防范技术要求（2022 版）》《生成式人工智能服务管理暂行办法》《生成式人工智能服务安全基本要求》等政策出台，诸如《台（集团）人工智能使用管理规定（征求意见稿）》（上海广播电视台）和《抖音关于人工智能生成内容的平台规范暨行业倡议》（字节跳动）等地方政府、企事业单位的相关规定也不断完善。相信未来，智能视听监管智能化、自动化和协同化水平的提高，能够为社会稳定和公共安全提供更加全面、高效的保障。

如今，视听行业在人工智能浪潮的席卷下，转向了智能化的深度变革阶段。随着超大规模、超强算力、超高智能的高新技术不断创新与应用，芯片、光学、屏幕、声学、感知交互等领域迎来长足发展，超高清、互动视频、XR 等沉浸视听技术，推动视听产品实现了三维交互，极大提升了用户体验，也将有助于推动内容制作、传输分发、终端呈现等视听产业链上下游产业的迭代升级。[①] 在基础设施日趋完善、技术手段推陈出新、消费市场热情高涨、宏观监管更加有效的未来，人工智能和人类社会必将迎来一次次的蓬勃发展，而智能视听产业的技术体系和产品服务也应当像习近平总书记在《世界互联网大会乌镇峰会致贺信》中提到的那样，"顺应信息化、数字化、网络化、智能化发展趋势，抓住机遇，应对挑战"。[②]

---

① 《网络视听技术创新应用亮点》，流媒体网，2024 年 1 月 23 日，https：//lmtw. com/mzw/content/detail/id/231235。

② 《习近平向 2021 年世界互联网大会乌镇峰会致贺信》，中国政府网，2021 年 9 月 26 日，https：//www. gov. cn/xinwen/2021-09-26/content_ 5639378. htm。

B.4
智能视听平台运营的升维发展
研究报告（2024）

张永年*

摘　要： 中国智能视听平台在经历快速发展后，正面临用户流失、内容低劣同质、商业模式单一等多方面的挑战，本报告将从2023年至2024年第一季度我国智能视听市场的规模和平台的竞争格局等相关行业数据入手，梳理中国智能视听大市场的普遍性问题，采用升维方法，通过提升思考维度，打破现有的认知局限，帮助智能视听平台构建新的竞争优势和发展观，并从响应政策、科技赋能、品牌IP与版权保护、交叉融合发展、优化出海计划五个维度系统构建我国智能视听平台运营升维发展的战略性措施。

关键词： 智能视听平台　平台运营　升维发展

在人工智能、大数据、5G、虚拟现实等新技术与经济社会发展需求的共同推动下，智能视听这一新兴领域迅速发展壮大，其应用场景广泛，涉足各行各业，是科技赋能下网络视听的升级，也是未来视听领域发展的必然方向。

智能视听平台是利用人工智能技术，特别是机器学习、自然语言处理、计算机视觉等技术，对视听内容进行创作、编辑、分析和推荐的平台。该平台能够提供个性化、交互式和沉浸式的视听体验，并能够根据用户的喜好和行为习惯自动推荐内容。

一　智能视听平台的类型

目前国内的大视听市场主要由传统的广播电视平台及其旗下的台网融合新

---

* 张永年，文学博士，厦门理工学院影视与传播学院讲师，主要研究方向为文化与传播。

媒体平台和网络视听平台构成。具体的平台类型又可根据视听内容的形态、技术和载体形态进行划分。

（一）以内容形态划分的智能视听平台类型

（1）长视频平台，通常提供电影、电视剧、综艺、动漫等较为完整的视频内容，这些视频内容的时长一般超过半个小时，适合用户在较长的时间段内观看。此类平台一般主要由传统的广播电视视听平台和网络综合视听平台构成。例如，以爱奇艺、腾讯视频、优酷、芒果 TV、哔哩哔哩（B 站）等为主的网络综合视听平台都是国内知名的长视频平台；交互式网络电视（IPTV）、手机电视、互联网电视（OTT）平台也均提供电影、电视剧、综艺等长视频内容。这类平台综合性能强，在大视听市场中占据重要位置。

（2）短视频平台，侧重于提供快节奏的视频内容，这些内容通常时长较短，便于用户在短时间内浏览和分享。涵盖音乐、舞蹈、搞笑、文化知识等多个领域视频内容的抖音；以草根文化、生活记录方面的内容为主的快手等都是国内流行的短视频平台。除此之外，腾讯推出的与微信、QQ 等社交平台紧密结合的微视和视频号也属于短视频平台的范畴。

（3）直播平台，允许用户实时传输视频内容，观众可以实时观看并与主播互动。以秀场内容为主的 YY 直播，以电商内容为主的淘宝直播，以游戏内容为主的斗鱼直播、虎牙直播，集娱乐、社交、互动、电商于一体的映客、抖音直播等都是提供直播服务的平台。此外，很多综合视频平台和短视频平台也具备直播功能。

（4）音频平台，主要提供音频内容，包括音乐、有声书、广播剧、知识讲座、脱口秀等，用户可以在各种场景下通过手机、智能音箱等设备收听音频节目，其在国内以喜马拉雅、荔枝 FM、蜻蜓 FM 为代表。

（二）以技术和载体形态划分的智能视听平台类型

（1）传统广播电视平台，由中央广播电视总台及地方卫视等构成。其提供各类电视节目以及具有地方特色的视听内容。同时多家电视台推出线上平台，用户可以在平台上观看电视台的直播节目、回放过往的电视内容等。例如央视网、芒果 TV（湖南卫视的网络平台）等。

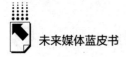

（2）网络综合视听平台，是以传统的流媒体平台为核心，通过互联网提供视频内容的网络平台。爱奇艺、腾讯视频、优酷、哔哩哔哩（B站）等为主要的网络综合视听平台。这些平台通常拥有大量的正版视频，用户可以通过购买会员或观看广告等方式获取视频服务。

（3）新媒体视听平台，是利用移动互联网技术，为用户提供短视频创作、分享和交流的平台，以抖音、快手为主要代表。用户可以在此类平台上创作、分享和观看短视频，并且平台会根据用户的兴趣推送相关内容。此外微博、知乎等新媒体应用虽然以文字和图片为主，但也包含视听功能，用户既可以发布视听内容，又能观看和分享视听内容。

（4）其他的视听平台，更多的是垂直赛道的视听平台和服务型视听平台。例如在线教育平台虽然不完全属于智能视听平台的范畴，但其中包含大量的视听教学资源，网易云课堂、腾讯课堂、学而思网校等平台为用户提供了各类课程和讲座等。此外大部分电商平台也有视听功能和直播功能，从而呈现出视频平台电商化与电商平台泛视频化的现象，这为互联网零售及现代商务服务的发展提供更多的支持。

二　智能视听市场的规模

2024年智能视听市场规模持续扩大，行业总收入显著增长。平台竞争格局方面，长视频平台中爱奇艺、腾讯视频等占据主导地位，但竞争态势多变。短视频领域，抖音、快手和微信视频号"三足鼎立"，用户规模不断扩大、使用时长不断攀升。网络音频平台中喜马拉雅领先，各方新势力纷纷入局。直播平台竞争激烈，综合性平台与垂直性平台各显优势，电商直播规模扩大，游戏直播平台努力适应市场变化。总体而言，市场竞争多元且充满活力。

（一）行业收入

国家广播电视总局发布的《2023年全国广播电视行业统计公报》显示，2023年全国广播电视和网络视听行业总收入为14126.08亿元，同比增长13.74%。按主体分，传统广播电视机构总收入为6330.63亿元，同比增长10.44%，网络视听服务机构总收入为7795.45亿元，同比增长16.57%，这些数据一方面反映出大视听市场的整体发展趋势向好，另一方面反映出网络视听占广播电视和网络视听行业总收入的比重超过一半。[①]

（二）机构数量

就从事智能视听行业的机构数量来看，截至 2023 年底，全国开展广播电视和网络视听业务的机构超过 5 万家，其中，广播电台、电视台、广播电视台等播出机构 2521 家，持证及备案的网络视听机构 2989 家，广播电视节目制作经营机构约 4.1 万家，[②] 由以上数据可知，网络视听机构的数量比传统的广播电视机构多 468 家。而《中国网络视听发展研究报告（2024）》显示，以网络视听业务为主营业务的存续企业共有 66.08 万家。其中，2019~2023 年成立并存续的企业约 31.41 万家，占比约 47.5%。[③] 网络视听已逐渐成为激活媒体新质生产力的关键引擎。

（三）用户数据

《中国网络视听发展研究报告（2024）》显示，截至 2023 年 12 月，我国网络视听用户规模已达 10.74 亿，网民使用率高达 98.3%。[④] 这也从另一方面反映出用户增量空间有限。此外，国家广播电视总局发布的《2023 年全国广播电视行业统计公报》显示，截至 2023 年底，全国有线电视实际用户 2.02 亿户，其中，有线电视双向数字实际用户 1.00 亿户；直播卫星用户 1.52 亿户。交互式网络电视（IPTV）用户约 4 亿户，互联网电视（OTT）平均月度活跃用户数超过 3 亿户。广电 5G 用户超过 2300 万户。互联网视频年度付费用户 7.32 亿户，互联网音频年度付费用户 1.82 亿户，短视频上传用户超过 7.5 亿户。同时，直播也成为网络视听消费主渠道。据统计，2023 年，我国

---

① 《2023 年全国广播电视行业统计公报》，国家广播电视总局网站，2024 年 5 月 8 日，http：// www. nrta. gov. cn/art/2024/5/8/art_ 113_ 67383. html。

② 《2023 年全国广播电视行业统计公报》，国家广播电视总局网站，2024 年 5 月 8 日，http：// www. nrta. gov. cn/art/2024/5/8/art_ 113_ 67383. html。

③ 《〈中国网络视听发展研究报告（2024）〉在蓉发布》，中国网络视听节目服务协会网站，2024 年 3 月 28 日，http：//www. cnsa. cn/art/2024/3/28/art_ 1977_ 43660. html。

④ 《〈中国网络视听发展研究报告（2024）〉在蓉发布》，中国网络视听节目服务协会网站，2024 年 3 月 28 日，http：//www. cnsa. cn/art/2024/3/28/art_ 1977_ 43660. html。

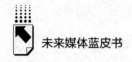

网络直播用户规模达 8.16 亿人，占网民整体的74.7%。① 在这样的生态下，我国智能视听生产和消费市场前景大好。

三 智能视听市场的平台竞争格局

（一）长视频平台的竞争

就市场竞争格局而言，《2023 中国网络视听发展研究报告》显示，爱奇艺、腾讯视频、芒果 TV、优酷、哔哩哔哩五大平台占据 89.5% 的市场份额，② 市场集中程度依然稳定。但长期以来爱奇艺、腾讯视频、优酷三足鼎立的态势，在 2023 年有了更明显的动摇。根据 QuestMobile 发布的 2024 年 3 月在线视频行业月活跃用户规模数据，排名前十的 App 中，爱奇艺和腾讯视频的月活用户均达到了 4 亿级别，分别位列第一和第二；芒果 TV 以 2.35 亿月活跃用户位列第三，而哔哩哔哩则以 2.13 亿月活跃用户紧随其后，排名第四；优酷的月活跃用户仅为 1.73 亿，不足前两者的一半，排在第五；央视频则以 0.14 亿月活跃用户挤进前十。③

从综合数据来看，云合数据显示，截至 2024 年第一季度，爱奇艺剧集市占率连续 9 个季度位居行业第一，电影市占率同样保持行业领先。④ 爱奇艺公布的 2024 年第一季度财报显示，爱奇艺该季度实现总营收约 79.27 亿元，同比下降 5%；净利润约 6.55 亿元，同比上升约 6.02%；其中会员业务收入约 47.99 亿元，同比下降 13%，但月度平均单会员收入（ARM）创新高，实现连

① 《2023 年我国网络直播用户规模达 8.16 亿 占网民整体的 74.7%（图）》，中商情报网，2024 年 3 月 28 日，https：//www.askci.com/news/chanye/20240328/0855032711587303312 33150.shtml。
② 《跨越 2023，预见 2024！中国视听行业的蝶变与未来蓝图，看芒果 TV、百视通、新媒股份、银河互联网、国广东方、华数传媒…》，广电网，2024 年 2 月 22 日，http：//www.dvbcn.com/p/144431.html。
③ 《在线视频 APP TOP10 出炉：爱奇艺、腾讯视频前 2 优酷仅第 5》，腾讯网，2024 年 5 月 7 日，https：//new.qq.com/rain/a/20240507A0AICW00。
④ 《爱奇艺 2024：生成式 AI 当打之年，技术远见奔赴价值未来》，"深眸财经"百家号，2024 年 5 月 24 日，https：//baijiahao.baidu.com/s？id=1799927490694715365&wfr=spider&for=pc。

续 6 个季度环比增长。① 其打造的精品剧集《我的阿勒泰》，豆瓣评分达 8.8 分，创 2024 年国剧评分新高，它也是行业首部在央视综合频道黄金时段播出的 8 集迷你剧。在先进技术方面，其推出的 AI 工具"智绘"，可以帮助广告主自助式、自动化生成广告素材，使他们的素材制作效率提升 88%，极大节省了人力成本，从数据上来看，爱奇艺已连续 8 个季度实现了"正向的运营现金流"，这说明降本增效的策略有助于平台盈利。

腾讯视频依靠独播剧集、热门综艺和自制内容，吸引了大量用户，尤其在年轻用户群体中具有较高的影响力。得益于《繁花》《猎冰》《完美世界第四季》等爆款的带动，2024 年第一季度，腾讯视频的付费会员数同比增长 8%，达 1.16 亿。此外由于 TME（腾讯音乐）加强了与腾讯视频的合作，发布了爆款《与凤行》的原声带。腾讯音乐付费会员数同比增长 20%，达 1.14 亿。② 这种增长中，联动长视频而获得的流量起很大作用，爆剧拉新依旧是颠扑不破的真理，这些爆剧也体现了腾讯视频在古偶、警匪等内容领域的优势。此外，腾讯视频还拥有丰富的 IP 资源和多元化的业务布局，能够满足不同用户的需求。

芒果 TV 2023 年的剧集会员内容有效播放量达 60 亿次，同比增长 56%。在市场份额方面，其核心竞争优势在于其独特的内容定位和品牌形象，以年轻女性为主要目标用户群体，推出了一系列受欢迎的综艺节目和偶像剧。此外，芒果 TV 还积极拓展海外市场，与国际知名制作公司合作，提升其内容的国际化水平。4 月 21 日公布的财报显示，芒果超媒 2024 年第一季度营业收入约为 33.24 亿元，同比增长 7.21%，净利润为 4.72 亿元，同比下降 13.85%。③ 从会员规模来看，芒果 TV 在 2023 年末有效会员规模为 6653 万，全年会员收入

---

① 《"爱优腾"会员到达天花板，长视频精明算账突围?》，新浪财经网，2024 年 6 月 30 日，https://finance.sina.com.cn/wm/2024-06-30/doc-incannfp6225433.shtml。

② 《腾讯视频会员数达 1.16 亿，优酷亏损收窄 2024 年一季度，长视频平台有哪些新变化》，"每日经济新闻"百家号，2024 年 5 月 14 日，https://baijiahao.baidu.com/s? id=1799030 920808808151&wfr=spider&for=pc。

③ 《芒果超媒：2024 年第一季度净利润约 4.72 亿元，同比下降 13.85%》，"每日经济新闻"百家号，2024 年 4 月 21 日，https://baijiahao.baidu.com/s? id=1796930767615579526&wfr=spider&for=pc。

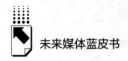

达43.15亿元，同比增长10.23%。①整个2023年，芒果TV推出了超过100档综艺节目，在2024年的前两个月，各月全网综艺正片播放市占率TOP 10里，芒果TV分别占据了6部和5部，凭借《大侦探第九季》《花儿与少年·丝路季》《声生不息·家年华》等稳住综艺赛道领跑身位。

哔哩哔哩（B站）凭借独特的动漫、知识类等内容吸引了大量年轻用户，带动平台健康发展。2024年第一季度，该平台日均视频播放量近50亿次，同比增长22%，日均使用时长达105分钟，创历史新高。②其核心竞争优势在于浓厚的社区氛围、超高的用户黏性和用户创作的丰富多样的内容。但哔哩哔哩在盈利模式的多元化和版权采购方面面临一定的压力。

优酷财报显示，包括优酷、大麦网和阿里影业在内的阿里大文娱2024年第一季度的收入为49.45亿元。其核心竞争优势在于背靠阿里巴巴的强大资源，能够与淘宝、支付宝等平台进行深度合作，实现生态协同效应。此外，优酷还注重用户体验，不断推出个性化的推荐和互动功能。动画内容是优酷的拿手戏，《太古星神诀》《万古狂帝》等大量动画引领该赛道。除了长青剧《乡村爱情》之外，播放量破12亿次的《要久久爱》也成了优酷2024年第一季度的亮眼项目，还有改编自日漫的《鸣龙少年》，同样叫好又叫座。③可见优酷在动漫等项目上比较有经验。

（二）短视频平台的竞争

短视频指时长在5分钟以内，在互联网新媒体平台上传播的视频，是互联网内容传播的一种方式，作为网络视听新业态，凭借娱乐性强、参与性强和碎

① 《芒果超媒：2023年末芒果TV有效会员规模达6653万，全年会员业务收入43.15亿元，同比增长10.23%》，搜狐网，2024年4月22日，https：//www.sohu.com/a/773579871_114984#：~：text＝%E9%87%91%E8%9E%8D%E7%95%8C4%E6%9C%8822%E6%97%A5,%E5%8A%A1%E5%8F%91%E5%B1%95%E5%86%8D%E6%AC%A1%E6%8F%90%E9%80%9F%E3%80%82。

② 《B站发布2024年Q1财报：日活用户超1亿，月活用户、日均使用时长再创新高》，新浪财经网，2024年5月24日，https：//finance.sina.com.cn/jjxw/2024-05-24/doc-inawhvcz0698844.shtml。

③ 《爱优腾芒财报观察丨Q1总营收200亿+，2024长视频新爆点何在?》，搜狐网，2024年5月22日，https：//business.sohu.com/a/780667787_603687。

片化传播的优势迅速发展，在网络视听行业市场规模中占比超四成。短视频的主题包含技能分享、幽默搞怪、时尚潮流等。其内容短，可单独成片或成系列栏目。短视频产品可分为综合类、聚合类、工具类。综合类如抖音、快手，有社交、拍摄、购物等功能；聚合类如梨视频、西瓜视频，专注特定领域；工具类如 FaceU、剪萌，以提供视频剪辑服务为主。

根据《中国网络视听发展研究报告（2024）》，截至 2023 年 12 月，全网短视频账号总数达到 15.5 亿个，短视频人均单日使用时长达到 151 分钟。中商产业研究院发布的《2024—2029 年中国短视频产业深度分析及发展趋势预测研究报告》数据显示，2024 年我国短视频市场规模有望达 4200 亿元。[①]《中国网络视听发展研究报告（2024）》显示，截至 2023 年底，国家广播电视总局在短视频平台主题主线宣传表现亮眼，主要短视频平台传播主题主线相关内容播放量达 580 多亿次，正能量话题阅读/观看量达 776.8 亿次；三大央媒（中央广播电视总台、《人民日报》、新华社）头部短视频号粉丝数量超 10.13 亿，头部 20 个短视频政务号粉丝数量近 4 亿。[②]

同时，随着微信视频号的强势发展，短视频平台的格局逐步从抖音、快手"两强领跑"发展为"三足鼎立"，微信视频号成为短视频发展格局中重要一极。《2023 中国网络视听发展研究报告》显示，作为国内头部短视频平台，第一梯队抖音、快手共同分割 59.5%的市场份额，牢牢占据金字塔上层；由快手极速版、抖音极速版、西瓜视频构成的第二梯队占据 31.1%的市场份额，值得注意的是，第二梯队均属于抖音、快手旗下公司；余下的抖音火山版、好看视频、微视等占据不到 10%的市场份额，[③] 它们也都基于各自定位和特色，在差异化细分垂直赛道持续深耕。

字节跳动孵化的抖音是一款富有音乐创意的短视频社交软件，于 2016 年 9 月 20 日上线，面向全年龄段，用户能在此软件上创作有背景音乐的作品和

---

① 《2024 年中国短视频产业链图谱研究分析》，中商情报网，2024 年 2 月 2 日，https：//www.askci.com/news/chanye/20240202/101303270683998317526212_3.shtml。

② 《〈中国网络视听发展研究报告（2024）〉在蓉发布》，中国网络视听节目服务协会网站，2024 年 3 月 28 日，http：//www.cnsa.cn/art/2024/3/28/art_1977_43660.html。

③ 《2023 年网络视听发展报告》，网易网，2023 年 12 月 23 日，https：//www.163.com/dy/article/IMM6920P0519CS5P.html。

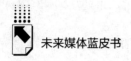
直播。QuestMobile 的数据显示，2023 年 12 月，抖音月活跃用户规模已高达 7.61 亿。[①]

快手是全球领先的内容社区及社交平台，通过构建短视频+直播的内容社区，建立起真实、美好、多元、有益的内容生态。快手逐步由人工智能驱动的内容创作平台发展为集内容消费、知识传播、电商销售、本地生活等功能于一体的数字平台。截至 2023 年 6 月，快手实现平均日活跃用户 3.76 亿，实现平均月活跃用户 6.73 亿，实现营业收入 277.44 亿元。

2020 年 1 月 22 日，腾讯官微开启微信视频号内测。微信视频号和订阅号、服务号不一样，是全新的内容创作及记录平台。2022 年微信视频号总用户使用时长已经超过了朋友圈总用户使用时长的 80%。截至 2022 年 12 月，微信视频号日活跃用户规模高达 3.64 亿，月活用户规模 8.2 亿。[②]

除了抖音、快手等常见的短视频平台外，西瓜视频是国内领先的 PUGC 视频平台，凭借个性化推荐持续供应优质内容给各类人群，鼓励多元创作，方便人们向全球分享视频。目前，该平台累计用户超 3.5 亿，日均播放量超 40 亿次，用户平均使用时长超 80 分钟。

此外，越来越多的平台将短视频当成基础组件布局，比如支付宝 2023 年 4 月在首页上线短视频入口，11 月宣布全面开放生活号 UGC 创作入口，鼓励用户发布短视频内容；拼多多的短视频平台"多多视频"日活跃用户在 2023 年初突破 1.5 亿大关，接近快手的 1/3；美团 App 也在 2023 年下半年上线了短视频一级入口，并加大相关岗位的招聘力度。这些企业发展短视频业务的目的是服务其核心业务，跟抖音、快手、微信视频号不在一个竞争维度。但随着追赶者的步步紧逼，短视频下一阶段的竞争远比想象中激烈。

（三）网络音频平台的竞争

网络音频指通过网络传播与收听的所有音频内容，主要传播形式有音频节

---

① 《2023 我国短视频领域年度报告：市场格局与投资观察》，"传媒"微信公众号，2024 年 5 月 20 日，https://mp.weixin.qq.com/s?__biz=MzA3NTY2NzIzOQ==&mid=2649657067&idx=1&sn=27bdb30417df6bebbf0cbd66ccb98b12&chksm=86dacdf424796001cb83a4f51f1768281783e57d707e60d62051c749f9d50bcbcd8be844aeb0&scene=27。

② 《2024 年中国短视频行业市场前景预测研究报告》，中商产业研究院网站，2024 年 1 月 24 日，https://www.askci.com/news/chanye/20240104/09045027043308964268546_5.shtml。

目（播客）、有声书（广播剧）、音频直播等。网络音频平台是提供网络音频内容及相关服务的平台。专业音频平台如喜马拉雅、蜻蜓FM等专注于有声读物、播客等非音乐内容；传统广播电台如中央人民广播电台、各地广播电台等积极拥抱数字化转型。得益于在线音频平台在内容创新、用户体验、商业模式等方面的不断优化和升级，中国在线音频行业市场规模持续增长，增长率保持在较高水平。同时，版权保护意识的增强和正版内容的推广，也为在线音频行业的健康发展提供了有力保障。

以用户下载量为依据，各大音频平台被分为三个梯队：第一梯队是喜马拉雅，第二梯队包含蜻蜓FM、荔枝、懒人听书FM，第三梯队有酷我听书FM、企鹅FM、听伴、豆瓣FM。据艾瑞咨询发布的数据，国内音频用户规模将在2026年突破3.5亿。据新华社联合喜马拉雅发布的《2023国民收听趋势白皮书》，在音频使用者中，18~30岁的青年群体占比为40%，而30~40岁的中青年群体占比为36%。而音频平台的声音数量，也实现了显著增长，2023年的声音数量是2016年的135倍，是2020年的9倍。[1]

2024年4月12日，成立12年的喜马拉雅再次向港交所递交招股书。喜马拉雅招股书显示，在用户规模上，2023年喜马拉雅全场景平均月活跃用户达3.03亿，移动端平均月活跃用户达1.33亿。在营收方面，喜马拉雅2021年、2022年、2023年的营收分别为58.6亿元、60.6亿元、61.6亿元，毛利率分别为54.0%、51.9%、56.3%。[2] 截至2023年12月，喜马拉雅已连续5个季度实现盈利。目前，在喜马拉雅平台上，用户使用频率最高的内容类型是有声书。喜马拉雅发布的数据显示，其围绕有声阅读累积作品总时长超过4161万小时。2024年第一季度，有声阅读持续升温，喜马拉雅平台上人均有声书听书量达到9.7本，过半用户每天听书30分钟以上，超六成用户年听书量在11~30本。有声阅读如今已成为全年龄段用户的生活日常，尤其是Z世代用户（1995~2009年出生的一代）成为这一新兴市场的主力军。此外，喜马拉雅40

---

[1] 《中国音频市场持续增长，有声书潜力巨大》，央广网，2024年3月18日，https://ad.cnr.cn/hyzx/20240322/t20240322_526635306.shtml。

[2] 《喜马拉雅冲击港股IPO，月活用户超3亿，中国最大的在线音频平台》，新浪财经网，2024年4月18日，https://baijiahao.baidu.com/s?id=1796661583711463240&wfr=spider&for=pc。

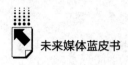

岁以下的用户占比高达76%，30岁以下的用户占比超过1/3，① 显示出其对年轻群体的广泛吸引力和影响力。

除了传统的网络音频平台以外，国家广电系统和互联网大厂也纷纷下场。以中央广播电视总台音频客户端"云听"App为例，云听聚焦差异化优势，打造知识类音频产品"百科全书"、国家文化工程"中华文化经典有声库"、国家有声资讯主流新平台，在平台基础设施建设和商业模式探索上不断创新，以行动彰显社会价值、构建行业标准，用独特的"声音"吸引了亿万用户。而短视频平台、社交平台等依托优质内容也在探索全场景下音频形式与文本的整合创新，其入局音频行业，引发了行业内部市场策略的变化与生态格局的变动。例如微信在"听一听"的基础上加码音频功能，使得微信公众号的文章、微信视频号的视频等都能以音频形式供用户收听。网络音频市场即将成为新红海。

（四）直播平台的竞争格局

中国网络直播行业的竞争格局正日益多元化，随着市场规模的扩大和利润的增加，各大平台纷纷加大投入，力求在竞争中脱颖而出。一方面，垂直领域的竞争日益激烈；另一方面，互联网巨头也纷纷入局直播行业。目前已有腾讯、阿里巴巴、字节跳动等公司在直播领域进行大规模投资，并推出各自的直播产品和服务，此外，个人自媒体也成为竞争格局中的一股重要力量。

中国演出行业协会发布的《中国网络表演（直播与短视频）行业发展报告（2023—2024）》显示，2023年，我国网络表演（直播）行业市场营收规模达2095亿元，较2022年增长5.15%。基于用户基数优势，抖音、快手、微信视频号三个综合性内容平台主播/创作者数量与业务量领跑，处于行业头部位置；哔哩哔哩、YY、陌陌、虎牙等平台，内容与面向的用户各有侧重，业务发展呈向好态势，经营活力凸显。②

① 《喜马拉雅日前发布〈2024春季有声阅读数据报告〉》，腾讯网，2024年4月23日，https://new.qq.com/rain/a/20240423A07GW500。
② 《2023年我国网络表演（直播）行业市场营收达2095亿元》，"信网"百家号，2024年6月19日，https://baijiahao.baidu.com/s?id=1802276912553849950&wfr=spider&for=pc。

从机构和主播、用户数据来看，截至 2024 年 3 月，国内 MCN 机构数量超 2.68 万家，相较 2023 年增加约 2800 家。截至 2024 年 5 月末，我国网络表演（直播）行业主播账号累计开通超 1.8 亿个（多平台非去重数据）。① 截至 2023 年 12 月，网络直播用户规模达 8.16 亿。②

就电商直播而言，据艾瑞咨询的数据，2023 年中国电商直播行业的整体规模达到了 4.9 万亿元，同比增长了 35.2%。其预计 2024～2026 年中国电商直播行业年复合增长率为 18%，增长趋势将表现出平稳化、精细化的特点。③ 从 2016 年直播元年至今，中国电商直播的竞争格局始终以抖音、快手、淘宝直播等为引领。2023 年，抖音电商直播发展较快，GMV（全年电商交易额）同比增长 277%。④ 快手电商直播的 GMV 达到 1.18 万亿元。⑤ 淘宝电商直播虽然没有具体的 GMV 数据，但通过达人生态和店播生态的建设，保持了强劲的增长势头。这三家平台在 2023 年的表现都显示了直播电商市场的巨大潜力和发展空间。

在游戏直播平台领域，斗鱼和虎牙作为游戏直播行业的两大巨头，在 2023 年的表现各有特点。斗鱼在 2023 年通过优化成本结构、改善收入结构、调整获客策略和加强合规建设等措施，成功实现净利润层面扭亏为盈，这显示出平台的盈利效能有效提升。数据显示斗鱼 2023 年全年营收为 55.304 亿元，净利润为 3550 万元，调整后净利润为 1.54 亿元，实现了同比扭亏为盈。⑥ 虎牙继续为广大用户提供丰富的游戏和电竞内容，同时升级互动功能，提升观看体验，在技术、产品和运营策略的优化升级方面取得了良好的进展，为用户提

---

① 《2024 直播行业简析报告》，发现报告网，2024 年 10 月 8 日，https://www.fxbaogao.com/detail/4534758。

② 《2023 年我国网络直播用户规模达 8.16 亿 占网民整体的 74.7%（图）》，中商情报网，2024 年 3 月 28 日，https://www.askci.com/news/chanye/20240328/0855032711587303312 33150.shtml。

③ 《2024，对直播敬而"远"之》，腾讯网，2024 年 5 月 7 日，https://new.qq.com/rain/a/20240507A091IN00。

④ 《抖音电商：2023 年商城 GMV 同比增长 277%，近一年 GMV 增幅超过八成》，腾讯网，2024 年 1 月 17 日，https://new.qq.com/rain/a/20240117A01I6400。

⑤ 《快手电商 GMV 破万亿背后：7 亿老铁消费力爆发》，腾讯网，2024 年 3 月 22 日，https://new.qq.com/rain/a/20240322A0BHN700。

⑥ 《斗鱼 2023 年全年营收 55.304 亿元 净利润 3550 万元同比扭亏》，"金融界"百家号，2024 年 3 月 26 日，https://baijiahao.baidu.com/s?id=1794591032418858366&wfr=spider&for=pc。

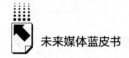
供更多创新性的游戏相关服务。其在 2023 年全年营收为 69.943 亿元，净亏损为 2.045 亿元，但调整后净利润为 1.191 亿元，同样实现了扭亏为盈。① 两家平台都在努力提升用户体验和增加收入来源，以适应不断变化的市场环境。

四　智能视听平台发展的主要问题

好的视听内容能有效地抓住用户的眼球和耳朵，足够多的用户能带来平台品牌价值的提升和收益的增长。然而用户流失、内容低劣同质、商业模式单一是大部分视听平台面临的现实情况。当然，影响平台健康发展的因素远远不只这些，内容版权与 IP 问题、数据隐私与安全问题、技术标准与兼容性问题、人才缺失问题、社会影响与舆论引导问题等也都影响着平台的发展，只有认清目前的发展困境，才能找到破局的方法。

（一）关于用户增量变缓的问题

互联网经济最终会呈现出"强者越强，弱者越弱"的特征。而属于第一梯队的智能视听平台，往往聚集了大量的用户和流量。它们虽然在用户体量上具有一定的流量优势，但是近年来用户增速变缓。这一方面是由于市场的用户流量池有一定的"天花板"，另一方面是由于平台间的竞争越来越激烈，导致用户的注意力在各类提供优质内容和会员权益的平台间游走，用户的忠诚度降低。用户留存的问题、用户价值提升的问题自然显现。这种现象不仅仅出现在头部的视听平台中，第二梯队和第三梯队的平台在缺乏先天用户优势的情况下，表现得更为明显。

用户规模是互联网平台的核心估值之一，尤其长视频平台高度依赖付费用户，会员规模在很大程度上决定了其盈利能力。据 QuestMobile 数据，2024 年第一季度爱奇艺的月活跃用户为 4.01 亿，腾讯视频为 3.97 亿，优酷仅为 1.73 亿，但三者全在下跌。爱奇艺日均订阅会员规模从 2023 年第一季度的 1.29 亿，下降至第四季度的 1.00 亿，其中，会员业务收入约 47.99 亿元，同比

---

① 《虎牙 2023 年营收 69.943 亿元 调整后净利润 1.191 亿元同比扭亏》，新浪财经网，2024 年 3 月 19 日，https：//finance. sina. com. cn/roll/2024-03-19/doc-inanweuk4261335. shtml。

下降 13%。其原因是 2023 年《狂飙》的爆火，拉高了同期基数，但是《狂飙》终有热度消逝的时候，新的爆款内容又后继乏力，导致大量用户纷纷抛弃了爱奇艺。其能维持良好的盈利水平，靠的还是降本增效。而腾讯视频受《繁花》影响，2024 年第一季度的付费会员数同比增长 8%，达 1.16 亿，但会员规模总体保持平缓，长年在 1.1 亿~1.2 亿浮动。[①] 这也反映出哪里出现爆款剧，观众就在哪里的现象。一旦剧集达不到观众的预期，平台用户就迅速流失。

（二）关于视听内容低劣、同质性与原创性的问题

虽然智能视听平台上的内容数量众多，但高质量、有深度和独特性的内容仍然相对稀缺。部分平台过于追求流量和热度，导致内容同质化严重，缺乏真正的创新和价值。此外，人工智能生成内容的原创性也存在争议，一些 AI 工具生成的内容难以达到高度的个性化和风格化，或者存在版权等法律问题。尤其是近几年微短剧飞速发展，但是内容参差不齐，大量低质量的无脑"爽"剧充斥着市场。龙王归来、最强赘婿、霸道总裁、豪门弃妇、重生复仇等剧集成了迎合观众需求与追求利益的产物，微短剧市场"爽"剧扎堆的现状是相关企业向目标人群妥协的结果。在微短剧行业，制作人将同一个题材内容的人物、场景一换，故事情节拼接一下，再套用几个公式类结局，一个新剧本就基本完成了，严重同质化和套路化的量产甚至让抄袭侵权都无从说起。劣币驱良币，会促使优秀的内容和创作者缺失，最终导致整个行业的衰退。为此，2023年 11 月，抖音发布公告，公布近期累计下架小程序内违规微短剧 119 部，处置违规推广微短剧的抖音账号 1188 个；快手发布针对违规微短剧类小程序的专项治理公告，下架了 10 余部违规微短剧，同时对发布违规内容的 13 个账号根据违规程度分别予以相应处罚；微信视频号的公告显示，根据国家相关法律法规要求以及相关规定，平台近期下架了部分违规微短剧。2023 年 3 月至今，国家广播电视总局督导抖音、快手、腾讯、哔哩哔哩、小红书、好看视频等平台累计对外发布公告 40 余期，清理低俗有害网络微短剧 35 万余集（条）2055

---

① 《"爱优腾"会员到达天花板，长视频精明算账突围?》，新浪财经网，2024 年 6 月 30 日，https://finance.sina.com.cn/wm/2024-06-30/doc-incannfp6225433.shtml。

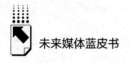
万余分钟，分级处置传播低俗有害网络微短剧的小程序 429 个、账号 2988 个，并建立了网络微短剧"黑名单"机制。①

（三）商业模式单一和盈利可持续性的问题

智能视听平台的盈利主要依赖的是会员收益、广告收益、产品版权收益、衍生产品收益等。然而用户付费意愿有限，同时平台还受到用户价格敏感度以及内容吸引力等方面的挑战，平台需在向用户收费与用户具有的权益之间找到平衡，才能实现正向循环。此外，广告市场竞争激烈，且受到经济形势、用户行为等多种因素的影响，平台需要不断探索多元化的商业模式，以实现可持续盈利和发展。例如 2020～2023 年，爱奇艺通过提高会员费、限制投屏、超前点播等方案，带动了 ARM 连连增长。爱奇艺 2024 年第一季度的财报显示，ARM 创新高，实现连续 6 个季度环比增长。但与此同时，订阅会员数大幅下滑，导致会员服务收入下跌。很多平台受经营压力影响，实行"套娃式"收费，比如将会员等级分为多个档次，每个档次设置相应的权益范围。此举虽有利于平台增收，却始终质疑声不断。

（四）其他影响平台发展的问题

内容版权与 IP 问题。在智能视听领域，版权保护一直是一个挑战。随着内容的快速传播和分享，侵权行为可能更容易发生，例如未经授权的内容复制、盗版传播等。这不仅损害了内容创作者的权益，也影响了整个产业的健康发展。加强版权保护需要从技术手段、法律制度以及用户意识等多方面入手。

数据隐私与安全问题。智能视听平台通常会收集大量用户数据，包括观看历史等。如何确保这些数据的安全和保护用户的隐私是至关重要的。数据泄露或滥用可能会导致用户对平台的信任度下降，同时也可能引发法律和道德问题。平台需要投入足够的资源来加强数据管理和安全防护，遵循相关法规，并向用户展示数据使用政策。

技术标准与兼容性问题。不同的智能视听平台和设备可能采用不同的技术

---

① 《抖音、快手、微信集体宣布，打击违规低质微短剧》，"忻州网"百家号，2023 年 11 月 18 日，https：//baijiahao. baidu. com/s？id＝1782838924767042683&wfr＝spider&for＝pc。

标准，这可能导致兼容性问题。例如，某些视频格式在某些设备上无法播放，或者不同平台之间的交互和共享存在障碍。建立统一的技术标准和规范有助于提升用户体验，促进产业的协同发展。

人才短缺的问题。智能视听技术不断发展，使得视听行业对具备跨领域知识和技能人才的需求日益增加，如既懂视听内容创作又了解人工智能、数据分析等技术的复合型人才。然而，目前这类人才相对短缺，可能制约企业在技术创新、内容制作和运营管理等方面能力的提升。

社会影响与舆论引导的问题。部分智能视听内容可能对社会价值观和舆论产生影响，例如虚假信息传播、不良内容的泛滥等。平台需要承担起更多的社会责任，加强内容审核和管理机制，营造良好的网络环境。

五　智能视听平台运营升维发展战略分析

智能视听平台的运营升维战略，不仅是解决市场竞争的战术方法，更是结合时代环境，瞄准市场最大竞争者，寻找差距，缩小差距，实现超越，做大做强的宏观战略思维，也是一种寻找机会，实现突破的创新性思考方式，是平台可持续发展的上层建筑和指导思想。

（一）响应政策，传播主流价值，担负新时代文化传播使命

智能视听平台作为新时代宣传思想文化的重要阵地，承担着推动文化繁荣、推动建设文化强国的重大使命，是传播主流价值观的重要渠道。因此，智能视听行业应深入学习习近平文化思想，坚定文化自信，在世界舞台上讲述中国故事。行业需把握正确方向，高屋建瓴，具备一定的大局观，精准设计议题，运用党的创新理论引领社会思潮和指导视听内容创作，同时，应积极拥抱数字化浪潮，发挥视听传播优势，将"互联网+"思维和信息技术融入国际传播，打造具有全球影响力的精品力作，塑造正面的中国形象。

过去五年，在新技术的驱动下，智能视听产业经历了格局重塑、模式创新等诸多变革，然而平台的竞争愈演愈烈，面对互联网媒介技术的快速迭代和传播领域的持续革新，视听平台的兴起给人们的生活带来了便利，但也给当代文化带了冲击。而互联网文化危机的主要原因是资本驱动下对文化建设的忽视和

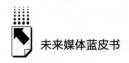

技术主导下的文化弱化。为此，智能视听平台作为内容的生产者和传播者，在供给侧应该肩负起更多的新时代文化传播使命，承担更多的社会责任，提升受众的文化品位。平台应通过实现信息服务的普及性、便捷性和资源适配性，在渠道、技术、内容和资源四个方面传播社会主义核心价值观，构建传统媒体与新兴媒体协同努力的融合新生态，全方位提升高质量信息服务的可及性，使主流价值深入人心。只有有责任与担当的平台和企业，才能长足发展。

（二）科技赋能，让创意破局升维，提升用户体验

智能视听平台应积极拥抱新科技、新技术，驱动内容生产和产业转型，为受众提供高质量的视听服务。

一方面，新技术丰富了内容生态。在内容开发阶段，新技术能够高效地提炼文本内容，显著提高工作效率。在内容制作环节，特效技术和创作工具的应用降低了创作的门槛，使得更多人能够参与到内容创作中来。在内容宣发阶段，诸如虚拟拍摄、实时渲染和数字建模等创新技术的运用，不仅革新了内容的呈现形式，还为用户带来了更加沉浸式的观看体验。

另一方面，新技术助推了产业升级。在制作层面，智能工具的引入提高了团队间的协作效率。在播放层面，超高清视频逐渐普及。在应用场景层面，结合物联网、车联网技术以及各类屏幕终端，智能家居和车载娱乐生态系统的构建为产业发展开辟了新的想象空间，带来了新的发展机遇。

（三）品牌IP与版权保护，加强合规管理与数据风险防控

随着智能视听行业的迅速发展，品牌IP与版权保护、合规管理以及数据风险防控等问题日益凸显，解决这些问题成为平台稳固根基、持续发展和保持竞争力的关键。

首先，品牌IP是智能视听平台的核心资产。一个独特、有吸引力的品牌IP能够吸引用户的关注，增强用户的认同感和忠诚度。例如，热门的自制剧集、综艺节目等，若能形成具有影响力的品牌IP，将为平台带来巨大的流量和收益。同时，平台也需要加强对品牌IP的保护，防止其被侵权和模仿，以维护其独特性和价值。

其次，版权保护是智能视听平台运营的生命线。未经授权使用他人的影视、

音乐、微短剧作品等，不仅会引发法律纠纷，还会损害平台的声誉。在这个内容为王的时代，优质的内容是吸引用户的核心。然而，版权侵犯行为随时可能"吞噬"掉创作者的心血和平台的努力。因此，平台必须采取强有力的措施，打击一切形式的版权侵犯行为，保障原创者的合法权益。这不仅是对创作者的尊重，也是对用户负责的表现，更是提升平台竞争力的必经之路。

再次，合规管理是智能视听平台发展的立身之本。网络视听平台需要遵循一系列的法律法规，包括内容审核、用户隐私保护、广告投放规范等。加强合规管理，能够确保平台在法律框架内运营，避免因违法行为而受到处罚，为用户创造一个安全、可信的使用环境，树立良好的社会形象，从而使其在激烈的市场竞争中立于不败之地。

最后，数据风险防控是智能视听平台的安全屏障。随着平台用户数量的增长和数据的积累，数据泄露、滥用等风险日益增加。平台必须采取有效的技术手段和管理措施，保护用户的数据，防止数据风险影响用户对平台的信任。

（四）交叉融合发展，助力"视听+"产业新业态

在数字化浪潮的推动下，智能视听平台正迎来一场前所未有的变革。这场变革的核心在于"交叉融合发展"，它不仅仅是技术的进步和内容的丰富，更是产业生态的重构和商业模式的创新。智能视听平台作为内容供给的重要阵地，要积极布局"视听+"的新业态，与农业、教育、电商、文化、医疗、旅游、政府、商务等行业深度融合，从而构建多元化、立体化的产业新业态，为用户提供更加丰富多样、贴近生活的视听内容，从而挖掘更多潜在用户，同时增加平台的收益。例如通过"视听平台+农业"，平台可以进行农产品的直播销售，让用户在享受视听盛宴的同时，感受到田园生活的魅力，除此之外还能推动乡村振兴。近两年来，农村智能视听用户规模为3.2亿人，增速远高于城镇，智能视听在乡村振兴战略中扮演重要角色，而智能视听用户增量也主要来自农村。视听平台在推进乡村振兴战略走好"最后一公里"中扮演重要角色。

此外，科技力量的加持更是为这种"视听+产业"的融合发展模式注入了强大动力。例如，生成式人工智能给视听产业带来了"质量与效率"的变革。借助5G网络和4K/8K超高清技术，以及VR/AR/MR等虚拟现实新技术，平台能够营造出更加沉浸的视听氛围。线上商务发布会、数字人直播间等创新模

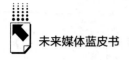

式，不仅丰富了视听内容的表现形式，也为平台开拓了更多元的商业模式和盈利渠道。

（五）优化出海策略，提升用户增量，推动文化输出

为了实现健康持续发展，做大做强的目标，智能视听平台必须深入挖掘国际市场的潜力，优化出海策略，提升用户增量，并通过高质量的内容输出，推动中华文化的国际传播。

首先，视听平台需要充分利用自身的网络传播优势，打造具有国际影响力的视听产品。传统的广电新媒体可以通过在 YouTube、Facebook 等国际平台上建立账号，有效地接触海外主流用户。而爱奇艺、腾讯视频、优酷、芒果 TV 等长视频平台，以及抖音、快手等短视频平台，则可以通过推出国际版 App，在海外拓展市场和发掘用户，不断提升中国视听的国际影响力。

其次，智能视听平台应当注重内容的本土化改造和年轻态表达，以更好地适应海外市场的需求。例如 WeTV 作为中国长视频出海的典范，通过提供本地化服务，深耕非华人市场，取得了显著的成绩。其在东南亚市场的用户观看时长占比位居第二，订阅服务收入大幅增长，成为该地区最具影响力的流媒体平台之一。WeTV 的成功，不仅在于其高质量的内容输出，还在于其对海外市场需求的精准把握和本土化策略的有效执行。平台通过本土化内容的生产，可以有效扩大影响力，吸引更多海外用户。

最后，网络视听平台应当利用社交媒体等多元化渠道，扩大内容的宣推影响力。WeTV 通过在 YouTube、Facebook、Instagram、X 等平台上建立庞大的粉丝群体，有效地将优质的中国故事传播给了海外用户。这种多渠道的传播策略，不仅增强了内容的可见度，也提升了平台的国际知名度。总之，智能视听平台要想在国际市场上取得成功，就必须制定合理的出海策略，提升内容的质量和本土化水平，利用多元化的传播渠道，通过文化融合和本土再创造等方式，增强中国故事的国际吸引力。只有这样，智能视听平台才能在国际舞台上站稳脚跟，实现市场的拓展和平台的健康持续发展，最终实现做大做强的目标。

B.5

智能视听人才队伍建设发展报告（2024）

江 南　王馨悦*

摘　要：　随着生成式人工智能的爆发式发展，"人工智能"等与技术相关的新兴产业人才需求激增，传统的教育培训已不能满足产业发展需要。在此背景下，本报告运用数据分析法，针对当前智能视听人才队伍的建设现状及高校就业情况进行调查，研究发现目前智能视听人才培养存在开设智能视听相关专业的院校数量较少、对艺术与技术相结合的复合型人才需求量大、应用型教师数量不足等问题。面对智能视听教育改革迫在眉睫的现状，本报告以具有代表性的企业和高校为例，指出智能视听人才的培养应加强政策引导、推动教育改革，从而为智能视听产业的蓬勃发展提供人才保障。

关键词：　智能视听　教育培训　人才培养

《全国广播电视和网络视听"十四五"人才发展规划》（以下简称"规划"）指出，随着新一代科技革命和产业变革深度演化，5G、4K/8K、大数据、区块链、云计算、人工智能、元宇宙等技术不断发展，超高清、沉浸式、互动式、VR/AR/MR等视听内容形态不断创新，多种新媒体应用模式、应用场景不断涌现，大视听格局渐显，视听行业发展前景广阔。[①]《中国传媒产业发展报告（2023）》的数据显示（见图1），同2021年相比，2022年中国传媒产业细分市场收入呈总体下降、部分上涨趋势，其中以广播电视广告、图书销售、电影、报刊等

---

* 江南，文学硕士，厦门理工学院影视与传播学院副院长、副教授，硕士研究生导师，主要研究方向为戏剧与影视学理论、剧本创作；王馨悦，厦门理工学院硕士研究生，主要研究方向为广播电视专业艺术编导。

① 《广电总局关于印发〈全国广播电视和网络视听"十四五"人才发展规划〉的通知》，中国政府网，2022年12月30日，https://www.gov.cn/gongbao/content/2023/content_5741266.htm。

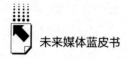

行业为主的传统媒体市场呈现负增长，以网络视听短视频及电商、网络视听服务为代表的新兴媒体市场上涨趋势明显，传统媒体产业格局已发生根本性变化，媒体数字化转型发展已成必然趋势。① 视听行业未来对应用型人才、复合型人才的需求将会进一步增加，"规划"进一步指出当前广播电视和网络视听行业人才短缺，应加快视听新媒体人才培养，尤其是智能视听人才培养。本报告将从全国智能视听人才队伍建设的现状出发，通过智能视听人才就业，人才招聘、人才培养的年度基本数据，分析当前智能视听教育出现的矛盾，并对其进行思考，提出合理的建议。

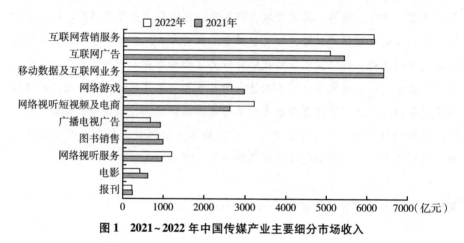

图1　2021~2022年中国传媒产业主要细分市场收入

资料来源：《中国传媒产业发展报告（2023）》。

一　智能视听人才队伍建设现状

（一）人才队伍建设现状分析

1. 从业人数

从业人数的变化是人才队伍建设最直观的体现，2020年底全国广播电视从业人数突破百万。根据国家广播电视总局2021~2023年全国广播电视行业统计公报数据（见表1），截至2023年底，全国广播电视和网络视听行业从业

---

① 《崔保国等：2023年中国传媒产业发展报告》，腾讯网，2023年8月29日，https：//view. inews. qq. com/k/20230829A010MJ00？ no-redirect＝1&web_ channel＝wap&openApp＝false。

人数为 105.91 万人，与 2022 年相比同比增长 1.11%，但 2022 年与 2021 年相比同比下降 0.25%，在此之前全国广播电视和网络视听从业人数连续 5 年保持增长趋势。可见，广播电视和网络视听行业人才队伍建设具有一定的不稳定性，但总体上人才队伍日益壮大。

表 1　2021～2023 年全国广播电视行业从业人员数量

单位：万人

年份	2021	2022	2023
从业人员数量	105.01	104.75	105.91

资料来源：根据《2023 年全国广播电视行业统计公报》《2022 年全国广播电视行业统计公报》《2021 年全国广播电视行业统计公报》制作。

2. 岗位结构

从人才队伍岗位结构上看，在 2021～2023 年全国广播电视行业统计公报的岗位统计数据中，专业技术人员数由 2021 年的 53.70 万人增加至 2022 年的 54.25 万人，2023 年有所下降，为 47.97 万人。在国家广播电视总局划分的四项岗位类别人员中专业技术人员的占比在 2021～2023 年分别为 51.14%、51.79% 以及 45.29%，人才队伍呈现专业化特点。同时，从 2021 年、2022 年的数据统计中可以看出只有播音员、主持人以及编辑、记者岗位的从业人数有小幅增加（见表 2）。

表 2　2021～2023 年全国广播电视行业专业技术人员数量

单位：万人

专业技术人员类别	2021 年	2022 年	2023 年
播音员、主持人	3.01	3.09	—
编辑、记者	18.02	18.08	—
艺术人员	3.22	3.21	—
工程技术人员	14.98	14.88	—
其他	14.47	14.99	—
合计	53.70	54.25	47.97

资料来源：根据《2023 年全国广播电视行业统计公报》《2022 年全国广播电视行业统计公报》《2021 年全国广播电视行业统计公报》制作。

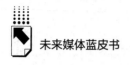

3. 学历层次

从人才队伍学历水平上看（见表3），2021～2023年，高中及以下的广播电视行业从业人员数量逐年减少，本科及大专、研究生的从业人员数量呈现稳定上涨的趋势，其中本科及大专学历的从业人员数量由2021年的82.70万人增加至2023年的85.13万人，未来国家对于高校系统培养视听人才的重视程度还会不断增加，人才队伍建设呈现高学历化、专业化特点。

表3 2021～2023年全国广播电视行业各学历从业人员数量

单位：万人

年份	高中及以下	本科及大专	研究生
2021	15.38	82.70	6.93
2022	14.29	83.39	7.07
2023	13.20	85.13	7.59

资料来源：根据《2023年全国广播电视行业统计公报》《2022年全国广播电视行业统计公报》《2021年全国广播电视行业统计公报》制作。

通过以上几组数据可以看出，近几年全国广播电视行业人才队伍建设的规模不断扩大，从业人员学历层次不断提升，人才队伍数量、质量的高效提升。

（二）智能视听人才培养模式和渠道

智能视听产业的深入发展，使得传媒类专业人才需求趋向专业化、高学历化。作为培养人才的集中力量和主要阵地，高校不断向业内（广播电视台、影视制作机构等）输送大量专业人才，因此，智能视听快速发展的数字时代下，高校教育显得尤为重要，当前高校智能视听人才培养主要依托校企合作以及产业基地两种模式。

1. 校企合作

校企合作与企业实习是培养传媒类专业学生实践能力的重要环节，也是进一步加强产教融合的重要途径。2021年教育部就如何让高校毕业生从"就得了业"到"更高质量就业"，提出深化校企合作，提高供需匹配度。①

---

① 《如何让高校毕业生从"就得了业"到"更高质量就业"》，教育部网站，2021年5月21日，http://www.moe.gov.cn/jyb_ xwfb/s5147/202105/t20210521_ 532756.html。

　　四川电影电视学院与成都市广播电视台共同以"校企合作"的方式建立了实训基地，实行学界与业界"1+1"共同培育的培养方式；华东师范大学传播学院播音与主持专业学生前往喜马拉雅上海总部参观实习，推进校企合作；天津美术学院影视与传媒艺术学院同中国国家地理影视中心等企业开展共建实践基地的合作；厦门理工学院影视与传播学院和新浪（厦门）牵手成立海洋文化传播基地；福建省广播影视集团融媒体资讯中心及厦门记者站一行到访厦门理工学院，并表达了愿与厦门理工学院师生开展协同办学及就业实习活动等，校企之间资源共享、优势互补，实现了科研成果的快速转化；2024 年 5 月 23 日，澳门科技大学人文艺术学院（福建）影游 IP 融合创新实践基地——闽澳首个校企合作创新实践基地在福州揭牌。

　　2. 产业基地

　　近年来，国家广播电视总局出台了一系列相关政策推动国家视听产业基地（园区）的建设和发展，依据广电发〔2019〕61 号文，网络视听产业基地要能够"充分应用云计算、人工智能、大数据、5G、超高清等新技术，打造融媒化制作、智慧化传播、精准化服务的智慧广电融媒体和智慧广电生态体系"。① 截至 2022 年，国家广播电视总局已批复 8 家网络视听产业基地（见表 4），各基地在以人工智能、VR/AR 等技术作为基地核心发展优势的基础上，具有各自的基地归类和基地发展特色。以中国设立的首个智能视听生态圈类的中国（厦门）智能视听产业基地为例，该基地以"融媒体、智能化、全链条"为定位，拥有智能视听内容生产、技术服务、平台运营、教育培训和终端产品制造等多个环节构成的完整视听产业链，具有产业业态齐全、跨界融合度高、企业集聚度高、视听活动丰富等特点，同时还具有政策扶持优势与高校科研优势，拥有厦门大学、厦门理工学院、集美大学等众多高等院校资源。

---

　　① 《总局印发〈关于推动广播电视和网络视听产业高质量发展的意见〉的通知》，国家广播电视总局网站，2019 年 8 月 19 日，http://www.nrta.gov.cn/art/2019/8/19/art_113_47132.html。

表4 中国部分网络视听产业基地归类及发展特色

基地名称	基地归类	基地发展特色
中国（北京）星光视听产业基地	数字视听内容、5G技术类	视听内容制作、视听园区运营平台与视听装备研发的文化产业集群
中国（成都）网络视听产业基地	综合视听基地	游戏电竞、数字传媒、影视制作、金融科技等产业细分领域，构建网络视听产业生态圈
中国（成都）超高清创新应用产业基地	超高清5G+4K/8K场景应用类	超高清5G+4K/8K视听内容研制和应用创新研发，建成国内领先产学研用一体化的国家级超高清科技创新基地
中国（广州）超高清视频创新产业示范区	超高清5G+4K/8K产业应用类	超高清5G+4K/8K应用、服务、贸易平台
中国（之江）视听创新创业基地	创新创业人才建设类	打造视听类中小微企业培育和创新创业人才建设的全国样板基地，引领推动长三角地区视听创业孵化工作
中国（厦门）智能视听产业基地	智能视听生态圈类	包括影视、动漫、游戏、短视频、直播等各类业态的智能视听生态圈，形成以内容生产、技术服务、平台运营等为主的完整智能视听产业链
中国（湖北）网络视听产业园	新文创产业综合体类	全国首创"新文创产业综合体"新理念
中国（北京）高新视听产业园	全产业链视听发展类	推动新视听赋能数字经济、超高清视频发展

资料来源：林小勇等《中国国家网络视听产业基地发展现状及趋势》，《视听界》2022年第2期。

（三）相关政策扶持

为了更好地培养视听人才，近年来国家和地方政府相继颁布政策条例支持人才教育培训。2021年以来，国家广播电视总局出台《广播电视和网络视听"十四五"发展规划》《广播电视和网络视听"十四五"科技发展规划》《"十四五"中国电视剧发展规划》，进一步突出人才建设在全局工作中的重要地位，全面加强党的建设和人才队伍建设，牢固树立"人才是第一资源"理念，部署高层次人才培养、专才优才教育培训。①

2022年国家广播电视总局印发《全国广播电视和网络视听"十四五"人才发展规划》，就当前技术不断发展，视听内容不断创新，大视听格局逐渐形成的背景下，智能视听产业对新型人才、高层次人才和复合人才的需求现状，从从业人员与高校教育两个方面提出着力完善优秀青年人才全链条培养制度、加强视听新媒体人才培养、培养全媒型媒体人才的必要性以及紧迫性。

1. 从业人员

提出支持网络视听和传统广播电视领域开展深度交流合作，建立完善网络视听从业人员教育培训机制，设立网络视听领域专业奖项等扶持计划引进人才，支持视听产业园区设立人才培养培育基地开展媒体理念和技能培训。尤其强调了对播音与主持专业人才的教育引导和规范管理，引导网络视听朝精品化、主流化、精细化方向发展。

2. 高校教育

鼓励高校搭建跨学科培养平台以加强产学研深度融合，集中力量办好广电总局实验室、媒体融合创新中心，建设高水平产教融合培养基地，推动视听单位与高水平大学联合培养人才。②

二 现有智能视听人才评估分析

（一）高校人才就业情况汇总

根据猎聘《2024高校毕业生就业数据报告》，2024届全国普通高校毕业生规模预计达1179万人，2015～2024年高校毕业生人数呈持续上涨趋势（见图2）。

《2023年中国影视文化行业人才发展报告》显示，影视文化行业人才主要

---

① 《【观察】广播电视和网络视听行业人才队伍建设新进展》，"国家广电智库"微信公众号，2022年5月28日，https：//mp.weixin.qq.com/s/vfJWDu89SBBnpKZFHufNPg。

② 《广电总局关于印发〈全国广播电视和网络视听"十四五"人才发展规划〉的通知》，中国政府网，2022年12月30日，https：//www.gov.cn/gongbao/content/2023/content_ 5741266. htm。

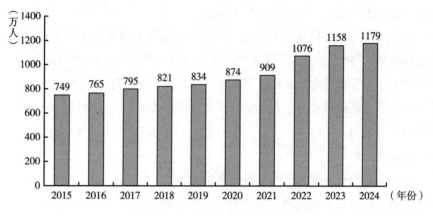

图2 2015~2024年高校毕业生人数

资料来源：《2024高校毕业生就业数据报告》。

集中于华东、华北、华南地区，2023年上半年占比达79.37%（见图3），其中，华东地区依托上海、浙江等地的影视与传媒类资源在2021~2023年上半年涨幅明显。通过对杭州市影视文化人才的进一步调查发现，大部分人认为所在城市优势，即杭州影视企业集聚规模效应以及所具备的影视数字技术，是他们留下的首要原因。

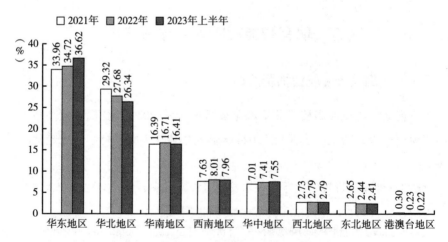

图3 2021年至2023年上半年影视文化行业人才区域分布

资料来源：《2023年中国影视文化行业人才发展报告》。

影视文化行业人才学历分布方面，2023年上半年本科与硕士研究生的占比分别为64.66%、16.23%，2021年至2023年上半年本科及硕士研究生的占比持续增长（见图4），影视文化行业从业人员呈现高学历化的趋势，这有助于未来专业应用型人才的多学科交叉培养。

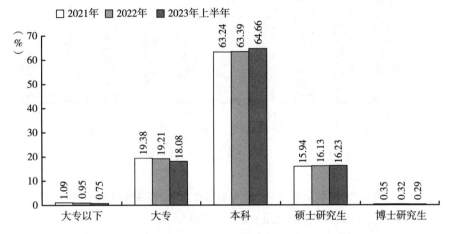

图4　2021年至2023年上半年影视文化行业人才学历分布

资料来源：《2023年中国影视文化行业人才发展报告》。

2023年上半年，影视文化行业的职位中，主播的占比最高，为4.07%，主播岗位的人才需求量呈快速增长趋势，影视制作的智能化发展一定程度上造成后期/剪辑等制作类岗位的需求量小幅降低（见图5、图6）。

职友集提供的32万份样本数据显示，各专业的就业相关度总体较高，广播电视学专业人员主要集中在影视媒体/艺术文化传播以及互联网/电子商务领域；网络与新媒体专业人员主要集中在互联网/电子商务领域；编辑出版学专业人员主要集中在文字媒体/出版以及教育/培训/院校领域；数字出版专业人员主要集中在文字媒体/出版以及互联网/电子商务领域；传播学与新闻学专业人员主要集中在互联网/电子商务领域，新闻传播类专业人员的整体就业岗位主要集中在互联网/电子商务、影视媒体/艺术文化传播领域。[1]

---

[1]　《新闻传播类专业就业率相关调查与分析》，"LoveYKeen"微信公众号，2024年4月15日，https://mp.weixin.qq.com/s/_zQxhbJk4fmroWQ7B2WU_g。

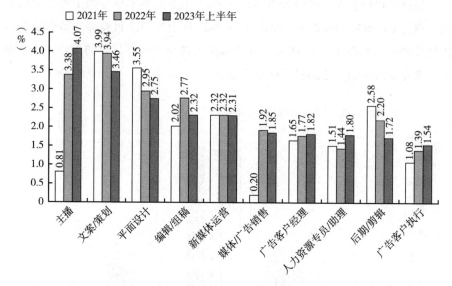

图 5 2021 年至 2023 年上半年影视文化行业职位分布 TOP 10

资料来源:《2023 年中国影视文化行业人才发展报告》。

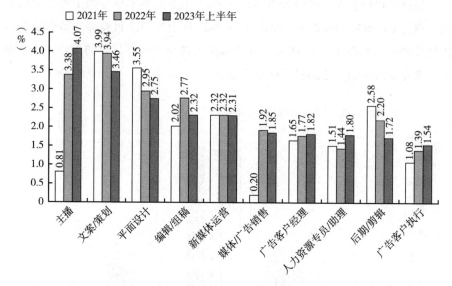

图 6 2021 年至 2023 年上半年影视文化行业职业可视化分布

资料来源:《2023 年中国影视文化行业人才发展报告》。

（二）智能视听人才培养存在的问题

1. 开设智能视听相关专业的院校数量依然较少

2019 年《全国高校数据、艺术文化专业高校数据及就业数据报告》显示，全国普通本科院校共 1243 所[①]，开设有广播电视学、数字媒体艺术与数字媒体技术专业的高校分别占 17.7%、20.6% 以及 18.7%（见表 5）。2023 年教育部发布的《普通高等学校本科专业目录》显示，353 所学校开设网络与新媒体专业，338 所学校开设数字媒体艺术专业，240 所学校开设播音与主持艺术专业，228 所学校开设广播电视编导专业。[②] 其中，与 2019 年相比，与网络、新媒体等相关的专业数量大幅增加，但整体涨幅不大，可见数字时代新文科背景下开设智能视听类专业的普通本科院校数量依然较少，这在一定程度上限制了传媒类人才的培养。此外，全国普通本科院校地区分布不均，高校资源主要集中在华东地区（上海市、山东省、江苏省、安徽省、江西省、浙江省、福建省、台湾省）和华中地区（河南省、湖北省、湖南省），设置智能视听相关专业的院校数量少、地区分布不平衡是目前阻碍智能视听人才培养的首要问题。

表 5　全国开设智能视听相关专业的普通本科院校数量

单位：所，%

	广播电视学专业	数字媒体艺术专业	数字媒体技术专业
总体	220	256	232
占全国本科院校总量的比例	17.7	20.6	18.7
华东地区	55	84	61
华中地区	53	45	38
西南地区	39	22	37
华北地区	22	43	32

---

① 《全国高校数据、艺术文化专业高校数据及就业数据报告》，"云艺术人"微信公众号，2019 年 1 月 21 日，https：//mp. weixin. qq. com/s/gtCGemGsL8D-1Ujq8wwhlQ。

② 《2023 年中国大学本科专业开设院校数量分布统计》，"ABC 排名"微信公众号，2023 年 8 月 15 日，https：//mp. weixin. qq. com/s/k3fA_ -EvIg31AJqxrTTLHQ。

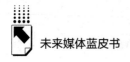

续表

	广播电视学专业	数字媒体艺术专业	数字媒体技术专业
西北地区	22	16	13
华南地区	17	25	28
东北地区	12	21	23

资料来源:《全国高校数据、艺术文化专业高校数据及就业数据报告》。

2. 对技术与艺术相结合的复合型人才需求量大

通过对"爱奇艺""腾讯"两大头部视频平台,媒体社交平台"小红书"2024年的人才招聘信息进行统计分析,发现三家企业岗位类别架构相似,大致设有对人才需求专业性高、需求数量广的技术类、产品类、运营类、设计类岗位;同时包含包容度高的销售类、职能类两大岗位类别。招聘数据显示,爱奇艺、腾讯、小红书三家企业中与智能视听关联度最强的技术类岗位人才需求最大,但具体岗位集中在算法、软件开发(后台、前台、数据工程、多媒体处理等方向)方面,此类岗位要求应聘者为计算机等相关专业,要求应聘者熟练掌握专业软件,个别岗位需要研究生学历;接下来是运营类的人才招聘,运营类的人才需求主要集中在"小红书"上,这类岗位对专业的限制程度不高,有相关工作经验即可,这使运营专业的人才面临竞争加剧的情况。根据中国传媒大学提供的企业招聘情况,文化、体育和娱乐业的招聘单位共有284家,占比为23.16%,位列第二,但岗位需求量的占比仅为3.81%,传媒类专业应用型人才的就业机会较少。因此高校要加强对技术与艺术相结合的复合型人才的培养力度。

3. 应用型教师数量不足

教育部2021年发布的《高等教育专任教师学历、专业技术职务情况(普通高校)》显示,在1832982位教师中,学历为博士研究生的有513062人,硕士研究生的有681535人[①]。各地区教师学历统计中,北京、天津、上海、浙江等地的教师队伍中学历为博士研究生的人数大幅超过学历为硕士研究生的人数,高校教师招聘逐渐呈现高学历化趋势。就我国的培养体系而言,对于博士研究生大

---

① 《高等教育专任教师学历、专业技术职务情况(普通高校)》,教育部网站,2021年8月26日,http://www.moe.gov.cn/jyb_zl/moe_560/2020/gedi/202109/t20210903_558619.html。

多倾向于培养学术型人才，对于培养需求为应用型人才的传媒类专业尤其是随着人工智能、AR/VR 等技术不断发展的智能视听类专业而言，高校应拓宽对校外以及行业教师人才引进的渠道。2022 年，高校共聘请 291032 名校外教师，其中硕士为 116200 人，博士为 87057 人；共聘请 208420 名行业导师，其中硕士为 74378 人，博士为 43861 人。① 校外教师与行业导师的学历虽然以硕士研究生为主，但其能以行业需求为教育目标培养专业化、技术化人才。

就高校对教师的考核方式而言，普通高校的教师工作主要是进行学术性研究，这影响着大部分教师的授课方式。《AIGC 时代下的高校传媒及艺术类专业实验实践教学发展报告 2024》提出部分传媒及艺术类专业教师采用固化的教学模式，缺乏灵活性和创新性；学校的教师往往缺乏实际行业经验以及对新技术和工具缺乏了解，导致传媒实践教学的内容可能与业界的实际需求脱轨，难以适应现实社会的发展和变化；传媒院校的教学内容、课程体系滞后于行业发展等问题。因此，高校应引导教师主动关注新技术并将其引入教学内容中，教师不仅要传授理论知识，还要引导学生适当运用科技前沿技术辅助影视创作。

三 智能视听人才年度基本数据

高校是培养人才的重要渠道，用人单位是检验高校教学成果的关键，基于这一前提，本部分选取了不同类型用人单位及国内高校，分析当下的人才需求及人才培养情况。

（一）用人单位代表

1. 爱奇艺

（1）人才招聘情况

截至 2024 年 6 月 15 日，爱奇艺人才招聘官网中社会类招聘信息共分为 15 个大类，在招聘条件中普遍要求具有 3~5 年相关工作经验。爱奇艺主要开展社会招聘以及实习生招聘，对 2024 届毕业生校招的岗位数量较少，对人才的

---

① 《高等教育专任教师分学历（位）、分专业技术职务情况（普通高校）》，教育部网站，2022 年，http://www.moe.gov.cn/jyb_ sjzl/moe_ 560/2022/quanguo/202401/t20240110_ 1099472. html。

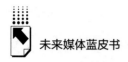

专业性有明显要求。此外，15个大类中有关智能视听的大多数集中在运营类、内容制作类、开发类和算法类，其中开发类和算法类大部分要求人才为计算机相关专业，传媒类专业人才的招聘岗位主要集中于运营类、内容制作类以及对专业包容度较高的销售、行政等类别，大量的岗位需求下传媒类专业人才的优势正在逐渐被技术型人才取代。因此，要在人才培养中加强学科间的交叉融合，加强技术与艺术相结合的复合型人才的培养力度，这是当下教育转型的重点。

（2）企业战略发展变化

作为国内影视行业的头部企业，爱奇艺也是行业内较早布局AI的公司，目前爱奇艺正在全方位探索AI在影视内容上的应用。2023年生成式AI取得的突破，让这些长期的技术积累得以突破瓶颈开始落地，也让爱奇艺成为率先创造出生成式AI应用成果的影视公司之一。①

2023年，爱奇艺引入了AIGC辅助剧本评估，并将AI应用于内容提案、创意设计以及宣发等领域。在内容制作的过程中，目前爱奇艺已经推动AIGC在内容的策划、开发、制作和宣传四大环节为创作者赋能。例如用AI辅助剧本创作，用AI高效生成宣传海报等。爱奇艺透露，其通过AI生成的海报图的点击率已高于人工绘制的海报图。人工智能对视频内容有分钟级的理解能力，可提炼出详细的剧情介绍，已覆盖3000多部剧集。②

同时，2023年爱奇艺上映的《田耕纪》推出"剧情搜索"功能，《长风渡》《乐队的夏天第三季》等多个热门IP应用AI技术辅助推广，《云之羽》融合诸多AI手段进行虚拟制作。③

随着技术的发展，生成式人工智能（AIGC）正逐渐渗透各个领域，AIGC如何赋能长视频行业，已经成为爱奇艺等企业的重点探索方向。④

① 《盘完年底各家创新大会，爱奇艺给影视行业AIGC落地划了重点》，"MT训练营"微信公众号，2024年1月8日，https：//mp.weixin.qq.com/s/nyf_ CZY5gC7Aum3hcOFYtw。
② 《爱奇艺押注"科技+内容"，让行业又一次站上了新的风口》，"MT训练营"微信公众号，2024年2月29日，https：//mp.weixin.qq.com/s/PCVDnGKbZSD0hTuudyPY5w。
③ 《盘完年底各家创新大会，爱奇艺给影视行业AIGC落地划了重点》，"MT训练营"微信公众号，2024年1月8日，https：//mp.weixin.qq.com/s/nyf_ CZY5gC7Aum3hcOFYtw。
④ 《爱奇艺押注"科技+内容"，让行业又一次站上了新的风口》，"MT训练营"微信公众号，2024年2月29日，https：//mp.weixin.qq.com/s/PCVDnGKbZSD0hTuudyPY5w。

除此之外，芒果 TV 利用 AI 生成首个虚拟导演"爱芒"；优酷利用人工智能生成了《大唐狄公案》中的古代长安城背景；成都市广播电视台看度新闻使用 AIGC 技术策划推出《两会看四川·万千气象新丨60 秒飞跃未来成都》；四川日报联动全国主流媒体推出"这样的中国你 AI 了吗?"融媒体产品，人工智能等视听技术已逐渐融入各大媒体平台的创作中并带来了显著的成果，它们在提高制作效率的同时降低了制作成本，由此，对智能视听人才的需求也将向更加专业化、技术化的趋势发展，这对高校人才培养具有重要的参考价值。

2. 厦门广播电视集团

作为重点发展智能视听产业的国内城市，厦门对智能视听人才的需求快速增长。厦门广播电视集团作为厦门市属事业单位，目前已构建起包括广播、电视、出版和新媒体在内的综合性现代多媒体传播体系和包括传媒、影视、体育、文创等在内的多元业态产业格局。[①] 其近些年人才招聘岗位的变化情况，既可以折射出传统广电媒体在新媒体时代的转型与发展情况，同时对高校人才培养具有一定的启示意义。

岗位类别方面：2022~2024 年厦门广播电视集团的人才招聘岗位显示（见表 6），2023 年、2024 年人才需求大幅度增加，编辑记者岗位这三年有所空缺，同时 2024 年加设了播音与主持岗位。工程技术岗位尤其是新媒体技术开发岗位的主要工作职责是技术开发、技术保障等，在 2023 年、2024 年也有所空缺。

岗位要求方面：2022 年新增设的电视编导岗位要求人才具有电视文艺编导、戏剧电影导演、艺术表演等专业的学历背景，有较好的音乐、舞美、灯光等视听艺术综合素养和影视创作手法，熟悉新媒体平台，优先招聘有相关从业经验者。

摄像岗位要求人才具有新闻、广告、美术、摄影摄像、设计等相关专业背景，能熟练使用各种摄像器材。该岗位对人才具有身高要求，优先招聘有相关从业经验者。其中，运动摄像岗位（摇臂岗）要求应聘者具备 10 年以上相关从业经验。

---

① 《速来！厦门广电招人啦！快加入我们→》，"厦门广电"微信公众号，2024 年 6 月 14 日，https://mp.weixin.qq.com/s/XBuTwD0Jxdd1EzhcTZKcTA。

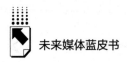

新媒体技术开发岗位需要本科以上计算机相关专业的人才，要求人才熟练掌握 HTML5、DIV+CSS、JavaScript 等前端基础开发软件，精通 Angular、VUE、Uniapp 等主流开发框架，具备 PHP 或 JAVA 开发能力，具有一定的 App、小程序、H5 等跨端开发经验；熟练掌握 MySQL 数据库和 LNMP 环境部署，具备性能瓶颈分析与解决、产品测试和报告编写能力。该岗位优先招聘能独立完成移动互联网产品设计开发经验的人才或双一流院校毕业生。

广播电视技术保障岗位要求人才具备电子线路、广播电视技术、通信技术、计算机网络基础知识；具备一定的软件编程、使用绘图软件的能力；掌握视音频相关技术或熟悉摄影布光原理并具备调试灯光环境效果的能力；熟悉广电相关电气设备并具备保障电气安全的能力；有较好的执行力，能适应轮班制。该岗位的人才主要从事广播电视视音频系统、制作播出系统、灯光系统等的技术保障工作。

整体来看，有相关专业背景和从业经验已成为岗位招聘的基本需求，技术型岗位要求熟练掌握相关软件，智能视听人才需求不断增加，传统广播电视逐渐向专业化、技术化、智能化转变，加强对智能视听人才的培养力度成为未来大势所趋。

表6　2022～2024年厦门广播电视集团人才招聘岗位

年份	招聘岗位
2022	编辑记者
2023	编辑记者 电视编导 美编包装 摄像 工程技术（视音频技术开发、发射技术维护、值机员）
2024	编辑记者 播音与主持 美编包装 工程技术（新媒体技术开发、广播电视技术保障、无线发射技术保障）

资料来源：《速来！厦门广电招人啦！快加入我们→》《速来围观！厦门广电招人啦!》《厦门广播电视集团招聘！（厦门）》。

（二）国内高校人才培养

1. 中国传媒大学

中国传媒大学是一所以信息传播类专业为特色的综合性大学，学校拥有媒体融合与传播国家重点实验室、北京联通 5G 联合创新实验室、4K 演播馆等实践实验教学平台，设有新闻学院、电视学院、播音与主持学院、数据科学与智能媒体学院等众多学院。

自 2023 年起，该校艺术类本科招生简章对人才培养方式作出了相应调整，该校以服务国家战略需求为己任，高效能建设媒体融合与传播国家重点实验室，全面布局智能媒体教育，提升智库资政服务能力，以实现从传统高等教育向未来高等教育、从传统媒体教育向智能传媒教育的跨越。

2024 年中国传媒大学启动"人工智能行动计划"，全面开启人工智能时代传媒教育发展新纪元。其优化升级一批一流本科专业，数字媒体技术（智能交互与游戏技术方向）、传播学（智能与计算传播方向）、行政管理（媒介与数字公共治理方向）专业调整招生方向名称，优化升级培养方案，增加人工智能相关课程。其继续增加人工智能相关专业招生计划，数字媒体技术（中外合作办学）首次招生，新增招生计划 120 人；数字媒体技术（智能交互与游戏技术方向）招生计划增加 20 人；人工智能、计算机科学与技术专业招生计划分别调增 30 人。

在研究生培养上，广播电视学强调顺应互联网视听传播发展趋势，培养高层次研究人才。其中，对于重点研究互联网视听领域的新业态、新模式、新产业等议题以及智能融媒体研究方向的学生，引导其以网络社会发展、智能媒介发展以及 5G 媒介技术发展为研究背景，着重研究全媒体传播环境下融媒体产品策划与研发、智能融媒体咨询与知识服务、智能融媒体音视频技术研发等内容，探索将大数据、人工智能、计算传播等知识与方法运用到新闻传播的具体研究中，以将学生培养成具备新闻传播知识、智能融媒体知识以及其他跨学科知识的复合型人才。

产业结构智能升级的背景下，除了传媒类专业，中国传媒大学同样重视技术与媒体之间的交叉融合，还开设有计算机技术（融媒体技术方向）、大数据技术与工程、计算机科学与技术（智能系统与软件工程方向，媒体计算与智

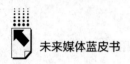

能传播方向，数据科学与视觉计算方向）等技术性专业，这些专业研究传媒领域的工程技术问题；数学专业（应用数学与信息传播方向），该专业开展数据科学、统计计算与融合媒体等新型交叉领域的理论方法和应用研究；信息与通信工程专业（先进计算方向），该专业研究视觉计算与智能影像、复杂网络计算与媒体智能等与媒体、影像相关的内容。

2. 浙江传媒学院

浙江传媒学院是一所由浙江省人民政府和国家广播电视总局共建，涵盖了文学、工学、管理学、经济学、教育学等多个学科门类的公办高水平传媒类特色高校。拥有国内高校首个 5G+4K 电竞综合实验室，它是浙江省重点实验室序列中的唯一一家以影视媒体技术命名的重点实验室——全省影视媒体技术研究重点实验室。

2024 年 4 月 13 日，浙江传媒学院新闻与传播学院宣布将在新学期与媒体工程学院联合开设人工智能新闻微专业，以"智能媒体人机协同综合实训"课程作为一大亮点，通过师生与人工智能的协同作业实现轻量化的人的智力参与、以人工智能为主的内容创作模式，打造紧追人工智能新技术，理解 AIGC 新闻生产底层逻辑，具有一定的人工智能应用创新能力、人机协作内容创新实践能力的复合型人才。据介绍，人工智能新闻微专业拟采用混合教学模式，涵盖人工智能新闻写作、人工智能短视频与直播、人工智能图像生成技术等 5 门主干课程，在师资方面将邀请信息技术类专业与新闻学相关专业的教师教授。[①]

该学院现有四大实验平台、8 个专业实验室，已建立了 4K 演播室、短视频、航拍、AR/VR 全景拍摄及数据可视化、虚拟仿真实验以及融媒体直播等最新技术平台。广播电视学专业开设航拍技术、增强现实技术、数据可视化技术等技术化课程。

二级学院华策电影学院下设影视摄影与制作专业（电影摄影与制作方向与电影制作专业），建有浙江传媒学院卓越电影人才培养示范基地（省级）、浙江省电影制片管理人才培研基地、电影摄影与制作实验教学中心等科研教学

---

① 《浙江高校开设专业主讲人工智能+新闻教育，是双向奔赴还是单方面"拆台"？》，浙江在线新闻网，2024 年 4 月 13 日，https：//zjnews. zjol. com. cn/zjnews/202404/t20240413_ 26773075. shtml。

平台。以"电影制作专业"为例，该专业顺应科技化、数字化的发展趋势，以计算机科学与技术、戏剧与影视学两大学科为基础，开设计算机类课程（高等数学、线性代数、Python 程序设计、计算机图形学、数字图像处理技术）、戏剧与影视学类课程，以实现技术与艺术相结合的复合型人才的培养。

二级学院媒体工程学院建设有浙江省影视媒体技术研究重点实验室、国家广播电视总局媒体智能传播技术研究实验室等省部级科研平台，与科大讯飞合作共建智能媒体工程研究中心，与浙江广电集团合作共建浙江广播电视技术研究所。该学院的数字媒体技术专业，秉承"技术+艺术"学科交叉办学理念，培养能从事智能媒体等新兴产业的数字媒体设计开发人才。该学院与网易、电魂网络等数字娱乐龙头企业建立"产学研"合作关系。该学院的广播电视工程专业重点培养应用型工程技术人才；电子科学与技术（演艺工程与舞台技术）专业，系教育部"新工科"改革和探索依托专业，其特色课程包括三维建模、音响技术、舞台灯光设计、信息显示技术、物联网应用与综合实践等。同时该学院还设有软件工程（传媒大数据）专业以及人工智能专业，突出人工智能技术与传媒行业的交叉与融合，学生通过学习 Python 程序设计、图像处理与机器视觉、虚拟主播技术与应用、数据新闻智能创作等课程，可以系统掌握人工智能的基本原理与方法，具备工程技术基础，从而成为能在视音频智能处理、媒体智能传播、"互联网+"及信息技术服务等行业，从事人工智能的技术应用、产品设计与开发、系统运维等工作的应用型人才。

3. 厦门理工学院

厦门理工学院在 2024 级文科类本科专业培养方案中新增公共基础课《人工智能应用与实践》，以增强学生对人工智能的了解。

课程设置包含了核心课程、特色课程（校企共建课程、专业课程与创新创业教育融合课程）以及实践教学等方面，既重视学生的理论知识学习，又加强了校企共建的实务训练，发挥企业教师的作用。

其中，影视摄影与制作专业培养学生利用现代数字影视技术进行艺术创作的能力，除了剧本写作、导演基础、摄影基础等传统核心课程外，还开设有当代电视实务、影视实务训练等校企共建课程；影视节展专题、沉浸式互动剧展专题等专业课程与创新创业教育融合课程；人工智能导论、网络爬虫与信息提取、3D 数字虚拟场景搭建与开发等技术模块课程。

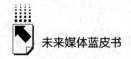

网络与新媒体专业紧密结合新媒体产业发展需要，培养具有现代互联网思维方式、系统掌握新媒体传播理论和技巧、熟练掌握新媒体内容制作技术和市场运作方法，具备良好的新媒体管理能力的创新型、复合式、应用型全媒体人才。其核心课程包括新媒体数据分析与应用、Python 语言程序设计、人工智能导论、Python 数据挖掘与分析、网络舆情监测与研判等专业性课程。该专业从专业拓展能力、专业核心能力、专业基础能力三个方面出发重视技能性、操作性与适应性，着力培养学生有效解决问题的实践能力。同时，该专业利用校内外实践基地开展新媒体运营实践；利用学校运营的众创空间，开展创业孵化、项目运作实践；组织学生观摩及参与专业学科竞赛、创新创业大赛等活动；成立新媒体创意实务工作坊。

在研究生培养上，与 2023 年相比，2024 年厦门理工学院将电影和广播电视专业合并为戏剧与影视专业，将艺术编导和微影像方向更改为数字影像艺术、网络视听、戏剧影视编导三个方向，更加重点强调以数字影像和网络视听为导向的智能视听人才培养。

厦门理工学院在智能视听人才培养方面主动建设智能视听实验室，紧跟时代发展的需要，以行业需求为人才培养目标，培养服务于戏剧、电影、广播电视和网络视听等领域的应用型、复合型、创新型人才。

除了上述几所高校外，上海视觉艺术学院 2023 年 2 月便已开始全面培养 AIGC 师资团队，目前已开设 20 余门 AI 课程，构建了点面结合、层次多元的新型"AI+"课程体系，同时探索"AI+"艺术教育新模式，打造从艺术基础教育到 AI 创作的艺术教育全链条，助力艺术与技术的深度融合，上海视觉艺术学院新媒体艺术学院将"人工智能与艺术设计概论""AIGC 工具与应用"课程作为全院 AIGC 素养通识课，同时在原有的课程中加入 AI 相关内容，实现技术与艺术的交叉融合。2023 年 10 月，上海视觉艺术学院正式推出 AI 数字艺术设计微专业，面向全校招生。① 2024 年 6 月 19 日，文华学院举办智能媒体与新闻传播教育研讨会，以"人工智能赋能新闻传播：新实践、新挑战、新趋势"为研讨核心，指出要将 AI 技术与新闻传播教学深度融合，共同探讨

---

① 《探索 AI+教育新模式，上海视觉艺术学院推进艺术教育改革》，澎湃新闻网，2024 年 6 月 24 日，https://www.thepaper.cn/newsDetail_forward_27840943。

AIGC 对新闻传播教育的深远影响。①

综上，无论是综合类院校还是艺术类院校都在逐渐将人工智能、AI、AR 等技术融入人才培养过程中，加大智能视听时代下艺术与技术相结合的复合型人才的培养力度。

四　智能视听人才队伍建设的思考与建议

（一）加强政策引导

国家广播电视总局已印发《全国广播电视和网络视听"十四五"人才发展规划》，明确了智能视听领域人才建设的目标和路径，提出要大力支持复合型、应用型智能视听人才培养，但在如何具体达成方面还不够细化。国家还应出台相关配套措施，特别是应对教育培训进行政策引导，将新技术的应用真正落实到智能视听人才培养中。

（二）推动教育改革

1. 学科交叉融合

多学科交叉融合符合新文科建设要求，有助于打破学科之间的壁垒。在数字时代智能视听人才培养的过程中，各专业之间应主动合作，媒体类专业应通过与计算机、人工智能等专业开展合作，开设人工智能、VR/AR 等课程，培养学生适应数字时代下市场对技术与艺术相结合的复合型人才的需求，平衡发展。

2. 教师队伍建设

引进专业型教师培养学生应用能力，提升企业导师日常存在感，可以适当将企业导师融入学生的课堂学习；以就业需求为培养目标，提升学生的实践操作能力，使学生提前适应就业环境。完善多领域、多学科教师的引进制度，促进多学科复合型人才的培养。

---

① 《文华学院举办智能媒体与新闻传播教育研讨会》，人民网，2024 年 6 月 20 日，http：// hb. people. com. cn/n2/2024/0620/c192237-40885482. html。

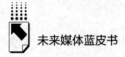

　　教师应主动学习新技术，以适应时代背景下行业变化与发展，及时改变教学方法，由"学术"型教学转变为"学术+应用"型教学。教师不仅需要掌握AI等生成内容的基本原理与应用技巧，更需具备指导学生批判性评估AI创作的能力，确保技术服务于创意。同时，教师应强化跨学科整合能力，鼓励将传媒知识与艺术理论、社会、心理等多领域的知识融合，培养学生的复合型视角。此外，教师应具备创新思维和终身学习态度，应持续追踪行业动态，灵活调整教学内容，保持课程的前瞻性和实用性。

　　3. 产教深度融合

　　高校应主动利用各地的智能视听产业基地与高校视听实验室的资源优势，推动与智能视听产业基地的校企合作与实践基地建设，从而提高学生的实践能力。

　　总体而言，随着技术的不断进步和智能视听产业的持续升级，构建高素质、专业化的智能视听人才队伍迫在眉睫，国家应通过政策引导、教育改革等多维举措，推动人才培养与产业需求深度融合，从而为智能视听产业的蓬勃发展提供坚实的人才保障。

B.6
智能视听终端制造产业发展现状
与趋势（2024）

梁缘良*

摘　要： 智能视听终端制造产业正处于快速发展阶段，得益于人工智能、大数据、5G 等技术的广泛应用，市场呈现规模化与多样化特征。中国政府通过投资补贴、税收优惠等政策支持产业发展，从而推动了智能电视、智能音箱等产品的技术创新和市场普及。然而，随着智能视听市场的深入发展，企业竞争日益激烈，终端制造供应链管理、产品同质化、隐私保护成为产业发展面临的核心问题。在全球智能视听终端市场上，中国占据较大市场份额，智能视听终端在智能家居、智慧出行等领域市场前景广阔，主要厂商如海信等，通过技术创新和市场拓展保持竞争力。未来，智能视听终端制造产业正朝着更加智能化、集成化和服务化的方向发展，市场潜力巨大。企业需要紧跟技术发展步伐，灵活调整市场策略，以适应快速变化的市场需求。

关键词： 智能视听终端　技术应用　产业发展趋势

　　智能视听终端是智能终端中的一个特定的领域，是指集成了语音识别、图像处理、网络通信等功能的终端。智能视听终端设备能够实现音频和视频的采集、处理、传输等功能。

　　近年来，人工智能领域持续取得突破性进展，从 ChatGPT 到 Midjourney、Stable Diffusion，再到 Sora，这一系列创新成果清晰地展示了人工智能从大语言模型到文生图模型，再到文生视频模型的飞速发展轨迹。在应用层面，人工

---

* 梁缘良，香港理工大学文学硕士，厦门理工学院影视与传播学院讲师，主要研究方向为市场营销、3D 时尚产品展示。

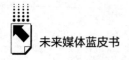
智能的触角已延伸至智能视听产业,这不仅为其带来了前所未有的机遇,同时也对智能视听终端设备提出了新的挑战和问题。

人工智能的崛起,使得智能电视、智能音箱等产品在智能家居、智慧出行、智慧办公等领域的应用更为广泛和深入。此外,人工智能技术的发展也正推动传统家电制造业进行更为智能化的技术转型,为产业升级注入了新的活力。

一　产业发展现状分析

据统计,截至 2023 年,中国智能视频行业市场规模约为 974.3 亿元,2015~2023 年市场规模年均增长率约为 17.15%。[①] 得益于人工智能技术在智能视听领域的应用取得了显著突破,智能视听终端的普及与应用正在加速,产品形态和应用服务正在不断拓展。这也意味着智能视听终端制造产业在市场需求的推动下,在市场规模、技术创新、产业链发展方面都将迎来更广阔的发展空间。

(一)政策支持推动产业发展

智能视听终端制造产业不但是国民经济的重要组成部分,也是影响国家发展的重要软实力。在中国,政府一直在支持智能视听终端制造产业的发展,以提高产业的国际竞争力,推动国内制造业升级和技术创新。[②] 2023~2024 年政府在支持智能视听终端制造产业发展方面采取了多项政策和措施,对产业的发展起到了规范和推动作用。

2023 年 10 月 20 日,工业和信息化部新闻发言人陶青在国务院新闻办公室举行的新闻发布会上提到,将"研究制定新一轮支持视听产业发展的接续政策",旨在加快发展智能视听产业,提振传统电子消费市场。

---

① 《收藏!一文看懂 2023 年中国智能视频行业发展现状及未来市场前景》,"智研咨询"百家号,2024 年 6 月 11 日,https://baijiahao.baidu.com/s?id=1801532033708226451&wfr=spider&for=pc。
② 陈琦:《智能终端新时代,力克助力汽车产业链"智"变》,《汽车与配件》2024 年第 11 期。

2023 年 12 月 15 日，工业和信息化部、教育部、商务部、文化和旅游部、国家广播电视总局、国家知识产权局、中央广播电视总台等七部门联合印发了《关于加快推进视听电子产业高质量发展的指导意见》。该指导意见为推动视听电子产业高质量发展，培育数字经济发展新空间提供了良好发展环境，意见还提出了到 2027 年和 2030 年的发展目标，强调了加快核心技术创新和产业结构优化，有助于提升智能视听产业的技术水平和市场竞争力。该指导意见的重点在于加快推进视听电子产业的发展，特别强调了智能视听终端在音视频生产等领域产品和服务的创新。

2023 年 9 月，工业和信息化部、财政部联合发布了《电子信息制造业2023—2024 年稳增长行动方案》，提出了促进传统领域消费升级、培育壮大新增长点等措施，并强调了研究制定新一轮支持视听产业发展的接续政策。该行动方案提出了一系列措施来扩大内需和促进消费，例如实施 4K/8K 超高清入户行动和视听电子促消费行动，这将刺激市场需求，推动产业发展。

2024 年 2 月 1 日，《产业结构调整指导目录（2024 年本）》施行，其中包含了广播电视和网络视听制作、互动视频、VR 视频、沉浸式视频、云游戏等内容，这些内容被纳入鼓励类目录，为壮大广播电视和网络视听领域产业投资和促进产业结构优化升级提供了政策指引。

2023 ~ 2024 年，工业和信息化部发布了多项关于智能终端和未来产业发展的政策。其聚焦于"5G+工业互联网"融合应用先导区试点工作规则和建设层面，包括智能制造、生物制造、纳米制造、下一代移动通信、卫星互联网、量子信息等技术。这些政策表明，工业和信息化部正致力于推动智能终端和未来产业发展，特别是其在 5G、工业互联网、智能制造等领域的应用。

（二）前沿技术重塑产业面貌

智能视听终端制造产业与人工智能、大数据、5G、VR/AR，以及云计算等前沿技术的深度融合，开辟了新的应用场景，科技发展在推动产业技术革新的同时也在不断重塑产业面貌。

在高清显示技术方面，5G 技术推动超高清视频的传输和播放，为视频的4K、8K 等超高清晰度播放带来流畅逼真的视觉体验，VR/AR 技术在体验和

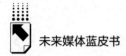

交互方面推动产业创新，例如：Mini/Micro LED 显示技术相比传统 LCD 和 OLED 显示技术在亮度、对比度和色域方面，能耗更低、寿命更长，能够满足增强现实技术对高分辨率设备的需求，云计算技术可以提升计算速度，在减轻设备负担同时处理多设备同步运行的问题，提升用户使用体验。这些技术的应用意味着智能电视、投影仪等终端设备可为用户带来更加沉浸的互动体验。

在智能语音识别与控制技术方面，AI 通过算法升级了新音频芯片，这给环境降噪、人声品质方面带来很大的提升。生成式 AI 与语音技术的融合，使智能视听终端设备不仅可以"像人一样"理解用户信息，帮助用户输入文字，同时还能够持续不间断地"像聊天一样"回应人类，改变了以往一句话一回应的方式。智能视听终端设备在办公、教育、驾驶等场景的使用能够提高工作效率。在翻译、人声转文字、音频制作方面，智能视听终端设备通过语音识别技术，实现了用户与设备的自然交互，用户可以通过语音指令进行播放控制、搜索娱乐内容。

智能视听终端制造产业利用人工智能算法如图像识别、声音增强等提升产品智能化程度和用户满意度；同时，通过蓝牙和 Wi-Fi 技术实现设备互联，促进信息共享与协作。VR 和 AR 等技术的应用则增强了产品的沉浸感和吸引力。①

综上所述，智能视听终端制造产业的技术进步与应用，使其在高清晰度显示、智能语音识别与控制、人工智能算法、连接技术以及虚拟现实、增强现实等方面取得了重要进展，为促进产业发展和提升用户体验带来了新的机遇和挑战。

（三）市场规模稳步增长

中国智能终端市场在经济复苏中逐渐探索和调整，2024 年，中国智能终端市场出货量预计将增长 4%。分布式 AI 部署将促使 AI 在终端无处不在，中国市场上的 AI 终端占比预计将达到 55%，搭载 AI 功能的终端设备

---

① 李周羲：《以智能终端产业发展赋能新质生产力——专访电子科技大学信息与通信工程学院党委书记冷甦鹏》，《产城》2024 年第 3 期。

将超过70%。此外，运动健康和教育学习的市场规模预计将分别增长11%和10%。云终端市场出货量预计将增长18%，这显示出公有云服务布局的加快。①

中国智能终端市场占据较大的市场份额，为全球最主要的消费市场之一，且增速高于全球。全球市场上主要智能终端参与者包括Ingenico、Verifone、PAX、Newland Payment和LIANDI等。②

在市场现状方面，2023年全球智能终端市场规模预计将达到6.5万亿美元，同比增长8.2%。中国作为全球最大的智能终端市场，2023年出货量预计将达到4.8亿部，同比增长9.5%。③消费者需求呈现出个性化、多元化趋势，他们追求更高性能、更低功耗、更轻薄的设备和更便捷的操作系统。

数据和预测显示，全球智能视听终端市场规模将持续扩大，AI技术和云服务的普及为带动发展的核心因素。

（四）智能视听产品市场表现强劲

主流的智能视听产品可以按功能和形态进行分类，一般包括以下几类。

1. 智能电视

智能电视具有智能化功能，可以播放在线视频、下载应用、进行语音控制等。它通常配备高清晰度的屏幕和多媒体接口，包括HDMI、USB等。2024年，全球智能电视市场表现出一些关键趋势和挑战。

全球市场上，根据群智咨询的数据，2023年全球电视市场的出货量为2.14亿台，同比下降3.0%，而2024年预计将微增0.6%。这表明全球电视市场发货量正逐渐从下滑中恢复，但增长幅度较小。在品牌竞争方面，全球电视市场的竞争格局呈现"一超多强，多极化"的趋势，其中三星、海信、TCL、

---

① 《IDC：2024年中国智能终端市场的十大洞察》，腾讯网，2023年11月30日，https://new.qq.com/rain/a/20231130A094F100。

② 《智能终端市场规模及趋势研究报告-全球与中国版本（2023-2030）》，贝哲斯咨询网，2023年8月20日，https://www.globalmarketmonitor.com.cn/reports/2829483-smart-terminals-market-report.html。

③ 《智能终端行业研究分析：2023年全球及中国智能终端市场现状及前景分析》，GLOBAL iNFO RESEARCH，2023年6月15日，http://www.globalinforesearch.com.cn/news/885/terminals。

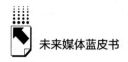

LG 电子等品牌在市场上占据显著地位。①

在中国市场上，智能电视在 2023 年的销量创近 10 年新低，且 2024 年上半年继续下滑。② 尽管市场表现低迷，智能电视行业仍展现出变革的韧性。例如，大尺寸化、创新化和场景化被视为该行业未来发展的主要方向。新型显示技术如 OLED、QD-OLED、Mini LED 等的发展正推动着智能电视行业的进步。此外，智能电视的大尺寸化趋势也在加速，例如 75 英寸电视成为全渠道销量增长最快的电视类型。

从 2018~2023 年中国智能电视出货数据可以看出，在此期智能电视出货量经历了波动（见图 1），市场结构也发生了变化，国产品牌在市场中所占份额逐渐加大，带来了品牌竞争加剧。2024 年 1 月，中国电视市场品牌整机出货量达到 419 万台，其中小米电视出货量位列第一，约为 97 万台。③ 这表明尽管电视市场整体表现不佳，但某些品牌仍显示出强劲的市场竞争力。

总的来说，尽管全球智能电视市场面临一些挑战，但在技术创新和大尺寸化趋势的推动下，智能电视市场的出货量仍有望实现一定程度的增长。品牌之间的竞争也将继续加剧，特别是中国市场的竞争将更为激烈。

2. 智能音箱

智能音箱集成了语音助手等人工智能技术，用户可以通过语音控制音乐播放、查询信息、控制智能家居设备等，智能音箱具有家庭娱乐和智能助手功能。

Canalys 的数据显示，2024 年第一季度全球智能个人音响出货量同比增长 6%，达到 9000 多万台。这种增长主要是由真无线立体声（TWS）和无线耳机推动的，TWS 和无线耳机的出货量分别增长了 8% 和 12%。④ 智能音箱市场正在通过各种创新和产品差异化来寻求新的发展机遇。

---

① 《2024 年全球 TV 市场展望：分化与升级》，雪球网，2024 年 1 月 31 日，https：//xueqiu.com/1779405333/277206779。
② 《智能电视市场表现持续低迷，这些方面将成为 2024 年破局方向》，2024 年 6 月 27 日，新浪网，https：//finance.sina.com.cn/tech/roll/2024-06-27/doc-incaemym6060224.shtml。
③ 《电视 1 月出货量创一年来新高》，中新网，2024 年 2 月 21 日，https：//www.chinanews.com.cn/cj/2024/02-21/10166870.shtml。
④ 《Canalys：今年 Q1 全球个人智能音频设备出货量同比增长 6%，小米、华为 TWS 市场份额暴增》，2024 年 6 月 4 日，雪球网，https：//xueqiu.com/3331247475/292580710。

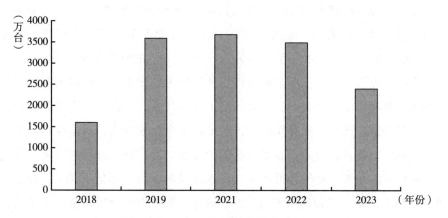

图1 2018～2023年中国智能电视出货量

资料来源：Modor Intelligence。

智能音箱作为传统音箱升级的产物，是家庭消费者用语音进行上网的工具，如点播歌曲、购物或是了解天气预报。消费者还可以利用智能音箱对智能家居设备进行控制，如开闭窗帘、设置冰箱温度等。智能音箱的最大特点是可以进行语音交互。此外，带有屏幕的智能音箱还增加了影片播放、电视节目播放、视频通话等功能。

综上所述，全球智能音箱市场展现出一定的发展势头。技术上的创新和市场细分是推动智能音箱市场发展的关键因素。

3. 智能耳机和耳塞

智能耳机和耳塞集成了许多智能功能，如降噪、语音控制、运动检测等，可以提供更加个性化的音频体验。2024年，耳机和耳塞市场在全球范围内表现出稳健的发展趋势。根据 Mordor Intelligence 的数据，耳机和耳塞市场规模预计到2024年将达到619亿美元，预计到2029年将达到1067亿美元，在预测期内（2024～2029年）复合年增长率为11.5%。[①] 这一增长主要是由入耳式耳机和头戴式耳机领域技术的发展推动的，例如主动降噪技术的引入改善了客户的聆听体验。特别地，真无线立体声（TWS）耳机市场在2024年第一季度

---

① 《入耳式耳机和头戴式耳机市场规模与份额分析——增长趋势与预测（2024—2029年）》，Modor Intelligence，https：//www.mordorintelligence.com/zh-CN/industry-reports/earphones-and-headphones-market。

的全球出货量达到 6500 万副,同比增长 6%,显示出稳健的增长态势。苹果的市场份额虽然逐步减小,但仍以 1600 万副的出货量稳居第一,市场份额达24%。小米和三星分别位列第二和第三,显示出强劲的市场竞争力。①

在技术方面,技术创新是推动市场发展的主要因素。无线技术的发展使得物理连接变得不再必要,制造商开发了无线技术,提供具有出色音质的无线耳机和耳塞。此外,健身狂热者正在推动这个行业发展,制造商提高了产品的耐用性,许多公司的产品都具有防尘防水功能。技术进步主要是由消费者对高保真度和多风格的耳机和耳塞需求推动的,近场通信(NFC)和主动降噪(ANC)是耳机和耳塞的新功能,旨在改善用户的聆听体验并实现与音乐播放器的无缝连接。

如图 2 所示,中国智能耳机和耳塞市场在 2019~2023 年经历了快速增长、市场饱和、环境制约、市场下滑以及经济恢复后的复苏等不同阶段。技术进步、市场需求、产品创新和宏观经济环境是影响智能耳机和耳塞市场出货量的主要因素。综上所述,智能耳机和耳塞市场的规模在全球范围内呈扩大趋势,技术创新是推动市场发展的关键因素。同时,TWS 耳机市场表现出色,成为推动智能耳机和耳塞市场规模扩大的重要因素。

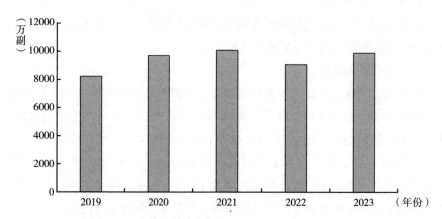

图 2 2019~2023 年中国智能耳机和耳塞出货量

资料来源:Modor Intelligence。

---

① 《TWS 耳机行业市场调查:一季度全球真无线耳机市场出货量达 6500 万》,中研网,2024年 5 月 22 日,https://www.chinairn.com/scfx/20240522/173431632.shtml。

4. 智能投影仪

智能投影仪不仅能够投射高清晰度的影像，还可以通过连接网络实现在线播放、下载应用等功能，适用于家庭影院、教学课堂、商务演示等场景。

2024年，投影仪市场在全球范围内呈现出显著的发展趋势，尤其是在中国市场。根据市场调研公司洛图科技的数据，2024年，全球投影仪市场的出货量增速预计为9.7%，整体出货量将突破2000万台，达到2057万台。到2027年，全球投影仪市场的出货量有望达到3000万台。①

洛图科技的数据显示，2023年中国投影仪市场的出货量为711.4万台，同比下降6.9%，在全球市场中的占比从2022年的42.8%降至37.9%。但2024年中国投影仪市场（包括智能和非智能产品）的出货量有望回升至747万台。技术方面，投影仪行业正在经历一系列创新和变革。混光技术成为新热点，4K画质成为行业共识。此外，LED光源技术成熟化推动了投影仪的普及，而激光显示技术特别是三色激光技术有望推动投影仪完成新一轮的技术和体验革命。

制造投影仪涉及的各种技术的优势和劣势包括：LCOS（液晶微透镜）技术具有体积小、成本低、解析度高、色域广、光利用率高的优势，但其响应速度慢、功耗高、对比度低；LCD（液晶显示屏）技术成熟、成本低、色域广、寿命长，但功耗高、对比度低、光利用率低；DLP（数字光处理）技术亮度高、光效率高、响应速度快，但设计复杂、体积大、成本高；等等。

综上所述，2024年全球投影仪市场表现出强劲的发展势头，技术创新和市场需求的增长是产生这一趋势的关键因素。

5. VR眼镜

虚拟现实（VR）眼镜能提供沉浸式的视听体验，可以用于游戏、影视观赏和虚拟旅游等场景。

2023年全球VR终端出货量为765万台，预计2024年将突破810万台。这一增长趋势表明，VR市场正在经历一个快速成长期。2023年VR市场面临

---

① 《2024年预期增速9.7%，出货量将突破2000万台，投影仪为何成为大屏"新风口"？》，腾讯网，2024年4月13日，https://new.qq.com/rain/a/20240413A0394R00。

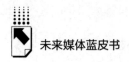

挑战，全球出货量同比下降8.3%，但预计2024年将迎来巨大复苏，出货量将增长46.4%，复合年增长率将达37.2%。①

技术方面，VR眼镜的主控芯片主要由高通垄断，而苹果、联发科等厂商也在积极布局这一领域。VR眼镜操作系统以安卓系统为主，头部企业正在尝试建立自己的生态系统，以提升产品差异化水平和打破生态壁垒。内容服务方面，各企业正在扩充创作者队伍，并利用AI技术提升创作效率。场景应用方面，VR设备正从基础场景如游戏、影视、文旅，向更全面的进阶场景如社交、工业、医疗等领域延伸。

6. AR眼镜

增强现实（AR）眼镜通过叠加虚拟信息到真实世界中，为用户提供丰富的视听体验，具有信息交互功能。

2024年，AR眼镜市场在全球范围内呈现出显著的增长趋势。中国AR市场出货量预计增长101.0%，其中分体式AR出货量预计占整体市场的87.6%。一体式AR眼镜出货量预计为6万台，增长68.5%。②

AR眼镜市场的竞争者包括国际科技巨头、国内手机厂商以及新兴AR企业。国际科技巨头如微软、Meta、苹果、三星、谷歌等在AR领域进行研发投入，推动技术发展。这些企业通过技术创新和差异化竞争策略在市场中占据一席之地。

如图3所示，全球AR/VR终端出货量在2020~2021年经历了显著增长，但在2022年和2023年由于多种宏观经济和市场因素的影响而出现下滑。2024年市场将有所恢复，但增长速度可能放缓。未来，随着技术进步和更多创新产品的推出，AR/VR终端出货量有望实现新的增长。

这些智能视听终端产品在市场上都有着广泛的应用和消费需求，制造这些产品的企业也不断受到技术创新的推动，从而为用户带来更加便捷、个性化的视听体验。

---

① 《2024年中国虚拟现实（VR）行业研究报告》，艾瑞网，2024年3月21日，https://www.idigital.com.cn/report/detail?id=4326。
② 《2024年中国AR/VR市场十大洞察》，深圳市电子商会网站，2023年12月25日，https://www.seccw.com/Document/detail/id/26906.html。

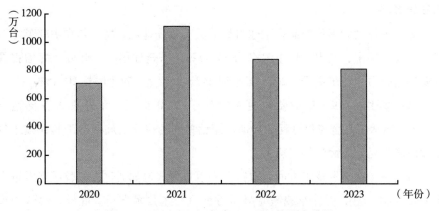

图 3　2020~2023 年全球 AR/VR 终端出货量

资料来源：Modor Intelligence。

（五）终端制造拓展智能视听产品功能

2024 年，三星在智能视听终端领域的一个重要发展是对 AI 技术的深入整合，主要体现在其旗舰手机产品 Galaxy S24 系列中。这一系列产品包括 Galaxy S24、Galaxy S24+和 Galaxy S24 Ultra，重点聚焦 AI 功能。

三星在其 Galaxy S24 系列产品中引入了多项 AI 功能，包括但不限于视频 AI 处理、本地 AI 聊天机器人、影像画面处理和通话实时翻译等。这些功能的实现得益于三星自研的生成式人工智能模型"高斯"，以及其他公司的人工智能模型。这使得三星的 Galaxy S24 系列产品成为全球首款拥有多模型的 AI 手机。

此外，市场研究机构 Counterpoint Research 预测，到 2027 年底，内置生成式人工智能模型的智能手机出货量将超过 10 亿部。在这一趋势中，三星和高通将成为引领者。这意味着三星在智能视听终端领域的地位将进一步巩固。三星的这一战略举措不仅提升了其产品在市场上的竞争力，也为整个智能视听终端制造产业的发展提供了新的方向和机遇。

海信视像作为全球知名的智能视听终端制造商，在 2023 年取得了显著的业绩。根据 2023 年的财务报告，海信视像的营收达到了 536.15 亿元，同比增长 17.22%；净利润为 20.96 亿元，同比增长 24.82%。智慧显示终端的销量为 2654 万台，同比增长 5.21%，在全球电视品牌中位居第二，并且是国内市场

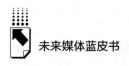

的领导者。①

海信视像的大屏化产品在全球市场上具有领先地位，特别是在100英寸及以上电视市场中，其出货量市占率为44.75%，居全球第一。此外，海信视像的海外营收占比稳步提升，2023年达到247.47亿元，同比增长20.45%。

海信集团在2023年的营收更是突破了2000亿元，海外收入占比达到42.6%，显示出其全球化进程的加速。海信集团的快速发展得益于其在技术创新和市场多元化方面的持续努力。

海信视像在显示技术方面也取得了显著进展，例如通过控股乾照光电进入了LED芯片产业，并在车载激光显示方面进行了技术布局。此外，海信视像还在激光显示领域推出了新形态产品，如全球首款8K激光电视和可折叠激光电视。总的来说，海信视像通过其在智慧显示终端领域的持续创新和市场扩张，实现了业绩的显著增长，并在全球智能视听终端市场中占据了重要地位。

飞利浦作为全球领先的健康科技公司，专注于提升人类健康福祉，业务涵盖医疗诊断、治疗、监护等多个领域。2023年，公司销售额达182亿欧元，展现出强劲增长势头。

2022年上半年，飞利浦在中国市场营收达10.17亿欧元，中国成为飞利浦在全球的第二大市场。其尽管面临供应链挑战，但营收依然保持稳定。飞利浦在智能视听终端领域的竞争力与市场影响力显著，通过不断创新，为全球用户提供优质产品与服务。

松下电器作为全球知名的电子制造商，在智能视听终端领域成就显著。2024年，该公司在国际展会上展示了其前沿智能视听终端产品与技术。在CES 2024（2024年国际消费电子展）上，松下集团以"创造今日，赋能明日"为宗旨，呈现了未来生活愿景。其展台涵盖可持续能源、循环经济等主题，展出了EV设备、热泵系统、绿氢技术、钙钛矿电池等创新成果。

在2024年中国家电及消费电子博览会（AWE 2024）上，松下电器以"共鸣"为主题，展出了个护、洗护、厨电、影音、按摩、母婴、萌宠、养老等全品类产品。松下电器强调重新审视消费者需求，通过六大区域（美好之心、

---

① 《海信视像2023年业绩创历史新高　海外营收占比持续提升》，《经济参考报》2024年4月1日。

愉悦之心、幸福之心、宁静之心、关怀之心、自然之心）的展示，向用户展示满足其价值需求的产品。在宁静之心展区，松下电器展出了 Technics 系列黑胶唱盘机 SL-1500C 和真无线蓝牙耳机，以及 Lumix 系列相机等产品，为用户带来了沉浸式视听影音体验。此外，松下电器还展示了包括纳诺怡™ 技术在内的多项创新技术。

华为作为全球技术领域的佼佼者，提供丰富的智能视听终端产品，包括智能手机、智能手表、平板电脑等。在 2024 年的世界移动通信大会（MWC）上，华为展示了其 5.5G 智能核心网解决方案，并发布了通信行业首个大模型。华为在 2024 年第一季度的营收达到了 1784.5 亿元。这一数据反映出华为智能视听终端制造业务的强劲发展势头。根据市场研究机构 Canalys 的报告，华为在 2024 年第一季度重夺中国手机市场份额第一的位置，出货量达到 1170 万部，市场份额为 17%。此外，华为在 2024 年的一项关键策略是：从硬件和软件系统底层着手打造智能视听终端 AI 能力，将 ICT 及行业级 AI 成功实践扩展到消费电子领域。

（六）产业结构升级仍存在供应链挑战

智能视听终端制造产业链涵盖多个环节，主要包括研发、设计、原材料供应、组件制造、组装、质量控制与测试、品牌与营销、销售与分销、售后服务及回收与再利用（见表1）。

表 1　智能视听终端制造产业链关键环节

环节	功能
研发	创新技术、材料和设计,保持市场竞争力
设计	工业设计、UI/UX 设计,影响产品市场接受度
原材料供应	提供电子元件、塑料、金属等
组件制造	生产 PCB、显示屏、电池等核心组件
组装	利用自动化生产线完成产品组装
质量控制与测试	确保产品性能和可靠性
品牌与营销	推广产品,树立品牌形象
销售与分销	通过多种渠道销售产品
售后服务	提供维修、技术支持和客户服务
回收与再利用	处理电子废物和实现部件再利用

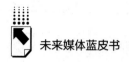

智能视听终端制造产业链上中下游联系紧密，需要协同发展，上游主要为制造商提供产品原料及零部件，影响着中游制造商的产品质量。中游为加工制造环节，生产制造智能视听终端设备，决定了设备的整体性能和质量。下游为终端消费者提供服务，与此同时向上游、中游反馈信息，引导市场，指导生产，推动产业发展。

目前国内智能视听终端制造行业比较知名的企业包括：奥尼电子、晶晨股份、维海德、萤石网络、安克创新、思特威等。其中，奥尼电子、安克创新、萤石网络的主要业务集中于智能硬件与产品研发，生产、销售等产业环节，晶晨股份的主要业务集中于智能芯片产业，维海德主要致力于提供音视频产品的解决方案，服务市场，思特威则主要服务于智能设备制造商。以上企业分布在智能视听终端制造产业链的不同环节。

我国智能视听终端制造产业链完整，但在智能视听终端制造供应链结构方面依然面临着问题与挑战。随着智能技术的不断发展，智能视听终端设备的核心技术问题也不断涌现。我国在2022年经历了"造芯"热后，手机芯片的产业布局受到了重视，但目前，电视芯片长期依赖垄断企业，同质化严重。电视芯片技术直接影响了电视色彩、像素等方面，成为产品差异化的关键。

2024年智能视听相关企业的产业链发展受到市场影响，上游芯片行业缺货，原材料等的附加成本上升，终端设备需求不容乐观，这导致相关企业收入结构变动，对不少企业的经营造成压力，由此可见，技术壁垒和供应链风险依然是我国智能视听发展中有待解决的关键问题。

二　技术应用进展

（一）新型显示技术能解决更多场景的显示方案需求

随着5G、物联网、人工智能等新一代信息技术的快速发展，新型显示行业将迎来更多的发展机遇。高清化、大屏化、智能化将成为未来智能显示产品的主要发展趋势。尽管近年来中国智能电视的销售数量有所下降，但这并不代表智能显示市场失去了其生命力。相反，随着产业结构不断优化和新技术的广泛应用，智能显示终端制造产业正焕发新的活力。

新型显示技术包括 OLED 显示、量子点显示、Mini/Micro LED 显示、激光显示等技术。这些技术在色域、分辨率、对比度、功耗、寿命和响应时间等方面具有优势，能够使终端设备具有更高的色彩还原度、更低的能耗和更长的使用寿命，与此同时，显示产品性能的提高拓展了更多应用场景，如 Micro LED 显示技术用于移动或智能穿戴设备的显示屏，OLED 显示技术用于手机和平板电脑的显示屏，激光和高亮度 LED 显示技术用于户外显示屏等。

尽管中国在新型显示技术方面取得了一些进展，但自主创新能力仍有待提高。在高端显示材料和装备技术方面，中国企业面临来自各方的竞争和挑战，一方面，韩国、日本等国的显示企业在技术、品牌等方面仍具有优势；另一方面，国内企业在高端技术、核心材料等方面还存在依赖进口的情况，自主创新能力有待进一步提升。

中国企业在新型显示技术方面需要进一步加强自主创新，提升核心竞争力。同时，随着新能源汽车、智能家居等领域的快速发展，车载显示、智能穿戴等新型应用领域将为新型显示行业带来新的增长点。

（二）人工智能技术提升并丰富用户体验

人工智能经过数十年的发展，正朝着更加自主、通用和智能的方向发展。目前智能视听终端产品在提供丰富的多媒体体验方面还存在产品功能联动性差和用户体验有待优化的问题。人工智能与视听终端的融合，可以显著提升视听产品的智能化水平，同时丰富用户体验。

智能视听终端设备的集成与应用。人工智能技术被广泛集成于智能视听终端设备中，如智能手机、个人电脑、智能穿戴设备等。例如：四川长虹推出的长虹云帆 AI 平台将生成式人工智能应用于电视终端，实现了多维感知、多重理解、多任务管理、多模交互和内容激发等核心能力，为用户带来更高质量的产品体验。[①] 智能视听终端设备内置的 AI 算法使其更加"懂"用户，从而提供更加贴心的服务。

内容创作与生产。AI 技术在视听内容的创作和生产中发挥着重要作用。

---

① 《四川省首个人工智能大模型成功备案》，人民网，2024 年 4 月 19 日，http://sc.people.com.cn/n2/2024/0419/c379470-40815666.html。

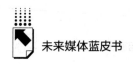

例如，在影视制作中，AI技术被用于内容策划、开发、制作和宣发等各个环节。此外，AI技术还被用于短视频制作方面，它可以自动提取关键词、生成字幕、配音等。AI技术的应用极大地简化了内容生产流程，显著提升了内容创作的效率和质量。

智能推荐与个性化体验。AI技术在视听内容的推荐系统中发挥着关键作用，能够根据用户的观看历史和偏好提供个性化的内容推荐，提升用户体验。

沉浸式体验。随着虚拟现实（VR）和增强现实（AR）技术的发展，AI技术在创造沉浸式视听体验中扮演着重要角色。AI技术被用于VR头盔和AR眼镜中，例如：Meta公司推出的AR眼镜，能通过语音识别与动态图像结合技术，将物理产品与数字内容结合起来，增强现实感受，提供更加丰富和逼真的视觉和听觉体验。

数字人应用。AI技术还被应用于数字人（如虚拟主播）的创造方面，这些数字人能够在直播和娱乐节目中有专业和稳定的表现，可以降低人力成本和运营费用。

人工智能技术在视听终端中的应用不断深化，不仅提升了内容生产的效率和质量，也为用户带来了更加丰富和个性化的视听体验。随着AI技术的进一步发展，我们可以预见其在视听领域的应用将会更加广泛和深入。

（三）5G通信技术推动信息传输效率提升和智能视听应用普及

截至2023年底，5G技术已经覆盖71个国民经济大类，5G应用案例超过9.4万个，全国共发展5G虚拟专网数量3.16万个。这表明5G技术在垂直行业的应用正逐步从头部企业向产业链上下游的中小企业辐射扩散。5G技术正在进入5G-A（5G Advanced）阶段，这一阶段将带来更高速率、更低时延的连接体验。5G-A技术的发展将进一步推动5G在各个领域的应用，包括工业、能源、物流、车联网、公共安全和智慧城市等。5G RedCap技术，即5G轻量化技术，将在工业、能源、物流等领域得到更广泛的应用。到2025年，预计5G RedCap产业综合能力将显著提升，5G RedCap技术的应用范围将持续扩大。5G技术在视听终端领域的应用场景主要有以下几方面。

超高清视频传输与直播。5G技术的高带宽和低时延特性使得超高清视频传输成为可能。例如，中兴通讯的 5G-A 超高清浅压缩无线移动直播技术已经被应用于大型活动如春晚中，提供高质量的视频直播服务。

VR/AR 设备。5G 技术为 VR/AR 设备提供了更稳定的网络支持，使得用户的体验更加流畅和真实。例如，5G-A 的大带宽和低时延特性可以满足 VR/AR 设备对大带宽、低时延的要求，从而提供更加沉浸式的体验。

自动驾驶与智慧交通。5G 技术在自动驾驶和智慧交通领域也发挥着重要作用。例如，通过 5G 网络，自动驾驶车辆可以实现更快速的数据传输和处理，提高行驶的安全性和效率。

智慧城市建设。5G 技术在城市管理、公共安全等方面也发挥着重要作用。例如，通过 5G 网络，相关部门可以实现对城市基础设施的实时监控和管理，提高城市的智能化水平。

远程医疗和教育。5G 技术为远程医疗和教育领域提供了更加稳定和高效的网络支持。例如，通过 5G 网络，医生可以进行远程手术和诊断，学生可以远程获得高质量的教育资源。

（四）物联网技术实现数据管理智慧化和商业模式创新

物联网技术（Internet of Things，IoT）是可以将物理对象通过网络连接起来的技术，这些物理对象可以是任何能够通过传感器、软件和其他技术收集和交换数据的设备、机器、物体或系统。物联网技术使得这些设备能够通过互联网相互通信和交换数据，从而实现对物理世界的智能化感知、识别和管理，推动智能视听商业模式创新。

1. 数据管理智慧化

物联网技术在网络安全、个人信息保护、算法推荐等方面提升了治理的精准性和有效性，为构建更安全高效的视听环境奠定了基础。物联网技术使视听作品的版权管理和交易变得更加便捷，用户通过互联网即可实现权利确认和产品交易等功能，这使得视听内容的版权和市场流通有了极大的保障。

同时，技术的进步也推动了视听行业全链条的智能化升级，推动了视听行业从创意生产到传播消费，再到终端设备的全面革新。这一系列变革不仅提升了视听内容的制作质量和传播效率，也促进了视听产业的整体发展和创新。

2. 商业模式创新

物联网与车联网技术结合。众多企业通过屏幕终端打造智能家居和车载娱乐生态体系，例如：小米汽车预计将实现汽车与智能家居互联，从而拓展智能家居生态，这会对汽车市场的竞争格局产生巨大影响，小米汽车为用户提供了更多的想象空间，展现了物联网技术的极大潜力。

物联网与旅游业结合。科视在 InfoComm China 2024 展会上，利用高分辨率投影、3D 成像和环绕声音效，对旅游业进行数字化、智能化和信息化探索，创造了逼真的沉浸式游玩体验，同时其物联网系统可以对游客的停留时间、兴趣、动态进行数据分析，优化商业运营策略。

三　市场发展趋势

（一）个性化需求

智能化时代的到来改变了人们的生活方式，定制化的设备可以优化人们的生活习惯与消费方式，随着智能视听终端市场发展的不断深入，个性化的需求和偏好成为推动市场不断细分发展的动力，同时也成为提高企业产品竞争力的关键。TCL 通信在 IFA 展上展示了多款个性化智能视听终端，包括支持户外生活的三防智能手机 GO PLAY 和具有个性化与时尚化设计的智能手表 GO WATCH，以及移动大屏 Xess，这些产品旨在构建新形态的家庭生活模式和场景化的内容直达平台。[①]

AI 智能审核系统可以对视听内容进行审核，便于视听内容的管理，从而保证视听内容的规范性，同时可以根据用户偏好和习惯推送个性化的电视内容，这将有效地提高视听产品的订购率和复购率。

AI 技术赋能视听领域，使设备能深度理解用户的需求，在视觉效果、娱乐体验和交互方面提供更加个性化的服务，满足多样化的市场需求。

---

① 《TCL 智能终端登陆 IFA 2023，智慧科技及创新赛道创领未来》，中国日报中文网，2023 年 9 月 4 日，http：//ex. chinadaily. com. cn/exchange/partners/82/rss/channel/cn/columns/sz8srm/stories/WS64f56373a310936092f201a4. html。

（二）场景化发展

智能视听终端市场的发展将由"场景+解决方案+服务"带动，更多体现以用户为中心。随着技术的发展，用户对智能视听终端的需求日益多样化。场景化发展能够更好地满足不同用户在不同场景下的特定需求，如教育学习、休闲娱乐、运动健康等。此外，智能视听终端的发展不仅依赖于单一技术，还依赖于多种技术的融合。场景化发展能够促进这些技术的创新应用，为用户提供更加丰富和个性化的体验。通过场景化发展，智能视听终端市场可以进一步细分，不同场景下的终端分工更加细致和专业。这有助于市场更加专业化，满足特定领域的需求；有助于构建完整的产业生态，包括硬件、软件、服务等多个方面，促进产业链上下游的协同发展。场景化发展为大势所趋，为此，相关利好政策也相继出台，鼓励智能视听终端视听产品朝场景化方向不断发展。

（三）创新性跨界

智能视听终端制造产业的跨界融合案例在近年来日益增多，特别是在手机和汽车行业的融合方面。例如，华为和赛力斯联合推出的智能新能源车展示了智能车机系统和智能手机之间的流畅互动。华为通过鸿蒙系统，将手机应用流转到汽车上，实现了车机系统的流畅运行。此外，蔚来也计划推出自己的智能手机产品。这进一步模糊了手机和汽车行业的界限。

极星汽车与星纪魅族集团的合作则是另一个跨界融合的例子。极星汽车计划推出一款高端智能手机，搭载基于星纪魅族技术平台 Flyme Auto 开发的操作系统，以实现汽车和消费电子产品的无缝连接。这种跨界融合不是仅限于产品层面，还涉及智能视听终端生态的深度融合，例如苹果、华为、小米等手机制造商布局汽车业务，而特斯拉、吉利、蔚来等汽车企业则研发智能手机。

宁德时代展示了制造业如何通过数字化转型实现"智造"。宁德时代通过引入物联网、大数据和人工智能等技术，优化了生产工艺，提高了生产效率和产品质量。它建立了以 MES 为核心的集成制造系统，以及以客户为中心的集成交付系统，实现了生产数据可视化、生产过程的透明化和生产现场的无人化。

中国智能视听终端制造产业正通过跨界融合加快创新步伐，覆盖手机、汽

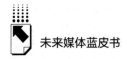
车、智能家居、智慧社区和智慧城市等多个领域。小米、华为等公司推出了众多智能家居产品，助力新能源汽车、通用航空和 5G 技术等行业发展。创新是推动发展的关键力量，视听终端制造产业需勇于探索，超越界限，激发消费者兴趣。

（四）全球化融合

全球智能视听终端市场的竞争格局在 2024 年呈现出多元化和深度融合的特点。智能视听行业的发展受到了人工智能、大数据、5G 和虚拟现实等新技术的推动，这些技术使得智能视听服务更加深入地融入社会政治、经济、文化和生活的各个领域。智能视听服务支撑能力的提升，推动了行业的快速发展，使行业呈现出多元丰富的业态。政府政策的支持，将进一步加速这一行业的发展。

2023 年全球智能视听终端市场的规模约为数百亿元，预计到 2030 年市场规模将接近数千亿元，中国智能视听终端市场在全球智能视听终端市场中占据较大份额，且增速高于全球平均水平。

全球智能视听终端市场的竞争格局正在经历快速变化，其中中国市场在全球市场中占据重要地位，智能电视和智能视听服务的发展正成为推动行业增长的关键因素。同时，随着新技术的不断融入和市场需求的增加，这一领域预计将继续保持稳健的增长态势。

四　总结与展望

尽管智能视听终端制造产业具有较大的发展潜力，但是不可避免，其也存在些许明显的问题，制约发展。智能视听终端市场包含多种细分产品，如智能手机、可穿戴设备、智能家电等，各大品牌如华为、小米、苹果等都占据较大的市场份额，竞争非常激烈。[①] 新进入者面临较高的进入壁垒，包括技术研发、品牌建立和市场渠道拓展等方面。随着智能视听终端的普及，安全和数据隐私成为重要议题。从云端防火墙到本地芯片级安全部署，市场需要提出更加智能化、专业化的解决方案来应对这些挑战。伴随智能技术的普及，人工替代

---

①　邓燕萍：《高效推动成渝地区智能终端产业提档升级》，《产城》2023 年第 12 期。

问题逐渐显现出来，人工替代造成的就业机会减少等社会问题亟待解决。

智能视听终端制造产业市场规模大，正经历着快速的技术革新。5G、人工智能、大数据和虚拟现实等技术的发展，推动了智能视听服务的发展。[①] IDC 总结了 2024 年中国智能终端市场的十大洞察，其中包括终端市场将由"场景+解决方案+服务"带动，分布式 AI 部署将使 AI 在终端无处不在，终端功能从融合回归细分，运动健康和教育学习场景将持续发展，云终端将加速公有云服务布局等。[②] 未来，智能视听终端市场发展潜力巨大。强大利益的背后也充斥着激烈的竞争，智能视听终端市场的竞争日益激烈，各企业必须积极发展新技术、整合多种资源，并更加关注新兴市场。

（一）技术创新

科技进步和消费者需求的变化提升了智能视听终端的市场标准。技术创新助力企业满足消费者的需求，改善用户体验，并在激烈的市场竞争中保持领先。技术创新是智能视听终端产业发展的核心动力，能够为企业带来高附加值和经济效益，同时推动产业升级和经济转型发展。

（二）整合资源

各企业应优化供应链管理，保障原料及部件供应的稳定性，同时实现成本控制和响应速度提升；运用物联网、大数据等先进技术提升供应链透明度和效率；整合上游资源，通过并购、联盟等手段巩固与关键供应商的关系，确保供应链稳定；构建全球服务网络，提供迅捷高效的售后服务，提升用户满意度和品牌忠诚度；同时，注重环保与可持续发展，推行绿色生产和循环经济，减轻环境负担。[③]

（三）拓展市场

各企业应根据各国资源与优势，优化产业链布局，如将研发设计产业置于

---

① 陈敏、臧磊、于青民等：《工业 5G 终端设备的技术、应用及产业发展》，《通信世界》2024 年第 7 期。

② 苏布道、乌兰：《视听新时代智能翻译技术对影视译制的影响》，《内蒙古科技与经济》 2023 年第 23 期。

③ 陈玲：《抢抓机遇推动智能终端产业集群发展》，《当代贵州》2024 年第 11 期。

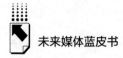
技术强国，将生产产业置于劳动力成本较低的国家，以实现资源高效配置；在关键市场建立生产基地，降低运输成本，规避贸易障碍，提升市场反应速度；同时，通过海外并购或投资，快速拓展市场，吸收先进技术与管理经验；① 选择具有良好市场前景和技术实力的目标企业，实现资源共享和风险共担。正如两大全球性通信组织 GTI 与 GSMA 签署的 5G-A×AI 合作协议一般，各企业应在开放实验室构建、产业共性问题解决、应用案例创新和联合奖项设立等方面开展深入合作，推动 5G-A 与 AI 融合向深向实发展。通过这样的国际合作，企业能够共同开发新技术、新应用，并共同面对行业挑战，从而推动整个行业的进步和繁荣。

---

① 《新技术浪潮下智能视听正迎来深度变革——2023（GIAC）智能视听大会侧记》，"观海新闻"百家号，2023 年 10 月 22 日，https：//baijiahao.baidu.com/s？id＝1780407825541790803。

行业探索

B.7

广电行业构建智能视听内容生产新格局

魏曦英[*]

摘　要：　近年来 AI、5G、大数据、云计算、物联网等前沿技术的发展，共同促进了我国广电行业视听内容生产的智能化转型和发展：人机协同的新媒体生产机制，提高视听内容生产效率；技术与影像的再现融合，提升视听体验；智能技术精准把握用户需求，助力媒体精细化运营。领跑广电媒体智能化建设的中央广播电视总台，推出 AIGC 应用集成工具的上海广播电视台，AIGC 赋能广电行业技术创新与商业模式变革的大象融媒，AI 技术赋能"媒体+"应用的深圳广电集团，都是较为典型的智能视听内容生产范例。

关键词：　广电行业　智能视听　内容生产　视听媒体

广电行业智能视听内容生产是近年来随着 AI、5G、大数据、云计算、物联网等前沿技术的融合应用而迅速发展的领域。2021 年 10 月，国家广播

---

[*]　魏曦英，福建理工大学人文学院副教授，硕士研究生导师，主要研究方向为媒体融合、视听传播。

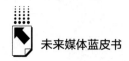

电视总局发布《广播电视和网络视听"十四五"发展规划》，将"加快智慧广播电视和网络视听节目技术规格升级，推进节目内容形态创新，大力开展超高清视频、三维声、VR、AR、MR、360°全景视频、全息成像等新视听技术研究，建立新视听节目的拍摄、制作、存储、播出、分发、呈现全链条技术体系"。①

人工智能、XR/VR/AR、5G 与云计算、大数据与数据分析、视频压缩与传输技术以及自动化与智能化工具等多元技术的融合与创新，不仅提升了生产效率，还显著增强了内容的多样性，共同推动了我国广电行业视听内容生产的智能化转型和发展。

一 总体概况：技术创新引领视听内容生产变革

（一）人机协同的新媒体生产机制，提高视听内容生产效率

以 MGC 即机器生产内容为代表的媒体生产新机制，改变了过去传统视听媒体以人力为主的内容产出模式，以精准、高效的智能创作辅助，提高了内容生产效率。

AI 是智能视听内容生产的核心驱动力。人工智能技术能帮助广电机构及时发现新闻线索，为内容制作提供精准依据。基于历史数据和算法模型，人工智能可以预测内容趋势，优化内容编排，提高收视率和用户满意度。

在视听内容制作领域，人工智能技术可以自动处理大量数据，不仅能在剧本创作、文案撰写上发挥作用，还能深入视频剪辑、特效制作、声音合成等各个环节，提供精准、高效的智能创作辅助，显著缩短内容制作周期。例如，利用深度学习技术实现视频内容的自动分类、标签生成和摘要提取，提高内容处理的自动化程度。

AI 技术在广电行业最突出的应用之一是 AI 视频制作。通过 AIGC（生成式人工智能）技术，广电机构能够快速完成策划选题、筛选热点、剪辑素材

---

① 《广播电视和网络视听"十四五"发展规划》，国家广播电视总局网站，2021 年 10 月 8 日，https：//www.nrta.gov.cn/art/2021/10/8/art_ 113_ 58120.html。

等工作，并高效创作文字、图像、音视频等优质内容，AI 大模型在我国广电行业的内容创作与生产方面发挥了重要作用。截至 2023 年 12 月，中国发布的 10 亿级参数规模以上的大模型多达 234 个，大模型的参数量和参数规模均呈现指数级增长。[①] 通过大模型的强大算力和海量数据训练，广电机构能够更高效地进行选题策划、内容采集、编写及宣发。

2023 年 7 月 20 日，中央广播电视总台（以下简称总台）联合上海人工智能实验室推出了"央视听媒体大模型"（简称"央视听大模型"或 CMG Media GPT）。这是首个专注于视听媒体内容生产的 AI 大模型，旨在提升视听媒体内容生产的质量和效率。该模型集合了总台的海量视听数据与上海人工智能实验室的原创先进算法，具有大模型训练基础设施优势，具备强大的视频理解能力和视听媒体问答能力，可根据视频创作文字，例如主持词、新闻稿件、诗歌。同时，该模型具有视频编辑与创作能力，以及快速生成"数字人主播"的能力，显著提高了内容创作的效率和质量，拓展了创意空间。

总台推出的《千秋诗颂》系列动画片，便是利用"央视听媒体大模型"将古诗词转化为唯美国风动画，这一过程涉及可控图像生成、人物动态生成、文生视频等最新技术，该模型极大地丰富了内容创作的形式。[②] 此外，总台还推出了首部 AI 全流程微短剧《中国神话》和 AI 译制英文版系列微纪录片《来龙去脉》，这些作品在美术、分镜、视频、配音、配乐等方面均实现了 AI 的深度参与，展示了 AI 技术在影视制作中的广泛应用潜力。

总台及上海、北京、成都、宁波等多地的广电机构纷纷成立人工智能工作室，标志着广电行业在 AI 技术应用上的积极布局。这些工作室致力于推动 AI 技术在内容生产、节目制作、传播推广等方面的应用，加速科技成果向现实生产力的转化。广电机构在成立人工智能实验室时，积极与高校、科研机构、科技企业等开展合作，共同推动 AI 技术的研发和应用。例如，北京广播电视台人工智能融媒创新实验室由北京广播电视台发起，并联合北京智源人工智能研

[①] 杨明品：《以新质生产力加快推进广电媒体深度融合转型》，《中国记者》2024 年第 5 期。

[②] 《中国诗词与人工智能的双向奔赴 我国首部文生视频 AI 动画片〈千秋诗颂〉开播》，"新民晚报"百家号，2024 年 2 月 26 日，https：//baijiahao.baidu.com/s？id = 179196176 9235009475&wfr = spider&for = pc。

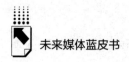

究院、国家广播电视总局广播电视科学研究院、中国传媒大学等多家机构共同建设而成。各地广电机构的人工智能实验室在技术研发方面取得了显著成果，如上海广播电视台推出的 Scube（智媒魔方）应用集成了多种 AI 能力，为新闻报道提供了全套新闻制播服务体系；总台利用 AI 技术译制了英文版中国龙主题系列微纪录片《来龙去脉》等。

在英文版《来龙去脉》的译制中，AI 技术覆盖了声音识别、文本翻译、声线克隆、分轨替换等全译制流程。英文版《来龙去脉》不仅高度还原了中文原片的文案风格和旁白的"性格龙设"，还通过人机协同模式降低了成本、提升了译制精准度。其作为总台人工智能工作室揭牌成立后的最新 AI 应用成果之一，为影视译制行业的 AI 全流程高效应用提供了业界领先的新样板。

（二）技术与影像的再现融合，提升视听体验

XR（扩展现实）技术，包括 VR 和 AR 等技术，这些技术能够提供沉浸式的视听体验，使用户仿佛置身于虚拟世界中。5G 的高速传输能力和云计算的强大计算能力使得大规模数据的实时处理和传输成为可能，这为远程制作、云编辑和实时互动等应用场景提供了保障。

XR 技术在广播电视和网络视听内容生产中的运用日益广泛，在智能视听内容生产中，不仅限于直播和纪录片制作，还逐渐渗透到新闻报道、综艺节目、教育等多个领域。通过 XR 技术，用户可以沉浸在虚拟的新闻场景、历史事件或电影情节中，获得前所未有的观看体验，其还支持互动叙事，观众可以根据自己的选择影响节目的走向和结局，从而增强节目的互动性和吸引力。

VR（虚拟现实）技术在中央广播电视总台节目制作中的具体应用广泛且深入，为观众带来了前所未有的沉浸式体验。在 2023 年央视春晚的歌舞节目《当"神兽"遇见神兽》中，VR 技术被用于绘制麒麟、凤凰、白泽、貔貅、甪端等古代神兽形象，使它们"走出"古籍，与小朋友同台演出。这是 VR 三维影像绘制技术在春晚舞台的首次亮相。画师在绘制神兽图像时，需手持电子画笔、佩戴 VR 眼镜，通过 VR 眼镜实时查看绘制的三维影像效果。绘制的三维影像经过渲染合成后，被实时呈现在电视上。该节目

中不仅展示了神兽的立体形象，还特意展现了画师使用 VR 设备绘制传统神兽的过程，为观众带来了前所未有的视觉体验。[1] 在春晚的原创舞蹈《锦鲤》中，11 位舞蹈演员化身"锦鲤"，在结合 VR 技术的舞台背景中呈现了一幅灵动婀娜的水下画卷，整个画面飘逸唯美，科技感十足。利用 VR 技术以及动态分镜预演、虚实光影联动等手段，将虚拟元素与真实演员的表演完美结合，创造出令人惊叹的视觉效果。《国家宝藏》多次采用 3D 全息投影的技术，获得 3D 幻影的立体效果，具有强烈的纵深感，实现了虚拟与现实的融合。

湖南广播电视台在多个领域探索了 VR 技术的应用，包括《舞蹈风暴》等节目的 VR 制作、数字人在超高清视频领域的应用等。特别是数字主持人"小漾"在《你好，星期六》节目中的亮相，为广电媒体的内容创新注入了新的活力。重庆广电新闻 XR 演播区正式投入使用，标志着重庆广电在以数智技术赋能内容生产方面迈出了坚实一步。该演播区通过 XR 技术实现了虚拟场景与现实场景的完美融合，为观众带来了前所未有的视觉盛宴。[2] 河南广播电视台利用 XR 技术建成了沉浸式演播室，不仅将其用于录制大型晚会和传统文化节日系列节目，还将其应用到党建类、教育类、戏曲类等类别节目录制中。XR 技术为节目的录制提供了丰富的创意场景。

随着 5G、8K、AI、XR 等技术的不断发展，广电行业正经历着生产力和生产关系的重塑。数智技术与主流媒体创意内容生产的深度融合已是大势所趋。通过搭建数字场景，运用实时渲染、AR、VR、XR 等技术，广电机构不断提升用户体验，打造沉浸式、交互式的视听产品。例如，总台推出的《云逛展·三星堆来找国宝》项目，运用了 Unreal Engine 技术，对三星堆发掘现场进行了高逼真度的还原。

利用虚拟动画技术，广电机构可以创建虚拟主持人或动漫人物，增加节目形式的多样性，增强用户的参与感和互动性，提升观众体验。总台、杭州广播电视台、山东广播电视台等地方广电机构纷纷推出数字主播，结合 MG 动画、

---

[1] 《兔年春晚有哪些黑科技？VR 技术频亮相 英伟达显卡"被首发"》，"新京报"百家号，2023 年 1 月 23 日，https：//baijiahao. baidu. com/s？id=1755801884038638009&wfr=spider&for=pc。

[2] 《第 1 眼新闻 XR 演播区正式启用》，微博网站，2024 年 6 月 18 日，https：//weibo. com/ 2816167560/OjADjnVZn。

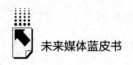
3D 呈现、XR 数字演播等技术，为观众带来新鲜感十足的新闻播报和节目录制体验。

（三）智能技术支持精准把握用户需求，助力媒体精细化运营

针对不同人群的分众市场，成为视听领域新的增长点。大数据和大数据分析为智能视听内容生产提供了精准的用户洞察和市场预测能力。其通过分析用户行为数据和市场趋势数据，以及用户行为和偏好，帮助内容创作者更准确地把握受众需求，从而创作出更符合市场需求的节目内容。在生产过程中，大数据技术可以实时监控生产进度、进行资源分配和质量控制，能够为用户提供个性化的节目推荐，从而提高生产效率和质量，提高用户满意度，增加内容的曝光度和扩大内容的传播范围。

央视网利用大数据技术推出了一系列时政数据产品，如热点解读和热刊等。其实现了节目官网、影音客户端等平台的个性化推荐功能，提升了用户转化率和内容覆盖度。个性化推荐系统不仅提升了用户的观看体验，还增加和扩大了央视网内容的曝光度和传播范围，进一步巩固了央视网在媒体行业的领先地位。大数据技术也使得总台能够采用更加丰富的表现形式，如数据可视化、互动式报道等，提升新闻内容的吸引力增强新闻内容的传播效果。例如，总台在《晚间新闻》节目中增加"'据'说过年"和"'据'两会"片段，通过大屏幕中精确的数据内容向观众清晰地描述相关信息，增强了节目的形象性、生动性与直观性。

2022 年 3 月起，湖南卫视和芒果 TV 打通数据体系，在湖南卫视总编室和芒果 TV 平台运营中心的支撑下，芒果 TV 用户数据对湖南卫视的全部制片人全面开放，他们在节目录制前召开站内用户历史内容数据分享会，在节目录制中期召开用户留存研究会，在节目播出后召开复盘会，全面进行用户调研和大数据结构性分析。一系列举措助力传统媒体内容转型，湖南卫视和芒果 TV 实现综艺内容流量和口碑的双丰收。例如综艺节目《歌手》，在嘉宾选择方面，针对第一季站内用户对大龄歌手讨论度整体偏低情况，节目组采取第二季节目嘉宾全面减龄策略，有效提升了节目热度；在歌曲选取方面，节目组通过拉取站内大数据，发现第一季节目中的怀旧金曲演唱时段收视率较低，其难以引发年轻用户的共情共鸣，节目组遂结合大数据，将第二季节目聚焦于千禧年后的

金曲，内容完播率获大幅提升。[1]

河南卫视以大数据增强算力，积极挖掘年轻人喜好，将传统文化以年轻人喜爱的方式予以呈现，《唐宫夜宴》等节目成功出圈。南京广播电视集团借助大数据等前沿技术推动技术与广电产业深度变革，构建全媒体传播体系，优化传统媒体资源，开发新型垂类市场。通过大数据分析用户行为和市场需求，该集团成功推出了多种创新产品和服务，如文旅纪录频道等赋能全市文旅事业高质量发展。[2]

长沙市广播电视台依托"长沙城市超级大脑"海量数据资源优势，着力以数字技术搭建标签体系、算法体系及精准推送体系。截至 2023 年 7 月，平台用户标签类别超过 7464 个，标签总数超 1.89 亿条，这些标签支撑平台实现分类分发、精准推送。数据显示，通过智能推荐，"我的长沙"新闻和服务资讯阅读量提升达 500%。[3]

二 广电行业智能视听内容生产典型案例

（一）中央广播电视总台：广电媒体智能化建设的领跑者

总台在智能化内容生产方面通过引入并创新应用先进技术，实现了生产效率和质量的大幅提升，为媒体行业的数字化转型提供了有益借鉴。

一是 AI 技术在内容生产中的深度应用。除了前文提及的"央视听媒体大模型"，总台的"AI 横转竖"技术也颇具特色。该技术通过轻量化的 AI 识别算法，实现了基于横屏画面自动生成 9∶16 竖屏画面的功能。该技术摆脱了专用制作设备的限制，利用云端部署的服务模块进行直播流处理。用户只需将客户端安装在笔记本电脑上，即可进行实时预览和干预裁切，实现竖屏素材实时生成。这不仅解决了架设原生机位场地不足和人力成本过高的问题，还为竖屏

① 《用好大数据，助力视听媒体融合传播创新升级》，搜狐网，2023 年 4 月 17 日，https：//www.sohu.com/a/667510672_ 120548502。

② 《新质赋能 顺势而为——南京广电集团打造视听新质生产力的探索与思考》，甘肃省广播电视局网站，2024 年 6 月 28 日，https：//gdj.gansu.gov.cn/gdj/c109224/202406/173941580.shtml。

③ 林沛：《2023 年广电媒体融合调研报告》，《中国广播影视》2023 年第 23 期。

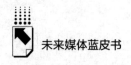

直播制作提供了新方式。通过 AI 技术的实时处理，总台在直播生产中实现了更加灵活和高效的画面转换，满足了移动端用户的观看习惯。

二是高质量报道与转播。在 2022 年北京冬奥会报道中，总台依托"5G+4K/8K+AI"技术战略格局，打造了科技冬奥。总台首次实现奥运会赛事全程 4K 直播，并打造了全球首个高铁 5G 超高清直播演播室。总台自主研发的系列超高速 4K 轨道摄像机系统、A6 转播车以及摇臂、航拍直升机等特种设备，全方位记录了冬奥赛事的精彩瞬间，画面细腻、清晰度高、表现力丰富。这些高科技手段的应用，不仅提升了报道的传播效果，也向世界展示了中国媒体的技术实力和创新能力。

三是智能分发与个性化推送。总台开发了"总台算法"，通过大数据和人工智能技术，对用户画像和内容进行智能化匹配，实现个性化推送。该算法在央视频影视、综艺、文史等多个业务板块取得了显著成效，有效助力新用户引流和老用户驻留，实现了用户数量和活跃度的双增长。智能分发和个性化推送不仅提升了用户体验，也增强了内容的传播力和影响力。

（二）上海广播电视台：推出 AIGC 应用集成工具

近年来，上海广播电视台持续推进专业媒体 AI 能力建设，已在业内具备一定的领先优势。

一是基于 AI 技术进行自主研发。上海广播电视台自行研发了媒体内容智能生产平台、内容生产和分发平台、阿基米德智能电台、第一财经万流智慧金融信息运营平台、AI 高清视频修复系统、大型综合体育赛事智慧内容云平台、AI 虚拟数字人和播音员、大数据情感交互可视化受众测评系统等，它们已经在广播电视节目的生产、修复、转播、播出、评价以及媒资管理、智能终端、智慧监管等诸多领域得到广泛应用。

二是成立创新工作室。2024 年 2 月 25 日，上海广播电视台正式挂牌成立"生成式人工智能媒体融合创新工作室"（以下简称工作室）。工作室将重点布局文化传媒领域人工智能重大应用场景建设，加快推进人工智能大视听垂类模型的研发应用，推动基于 AIGC 的沉浸式、交互式视音频内容生成平台和系统的示范应用，开展面向传媒文化类的 AIGC 内容生成范式探索。

工作室确立了财经媒体专属 AI 大模型、新闻资讯类大模型应用、智能语音和大语言模型应用、智能手语数字人、生成式智能与多媒体通信、人工智能应用下的传媒伦理研究等六大重点攻坚方向，着力推动传媒领域语料数据库的共建共享，推动数据处理工具的开发与维护，编制大模型传媒语料数据地方标准，发布传媒领域高质量语料数据集，加强人工智能媒体融合领域的理论研究和人才培养，助力上海打造人工智能世界级产业集群。

三是推出应用集成工具。在 2024 年的全国两会报道中，工作室推出首个 AIGC 应用集成工具——Scube（智媒魔方）。Scube（智媒魔方）既是工作室 AI 能力的一次产品化输出，也是上海广播电视台正式打响"AIGC 攻坚战"的开端。

这款新应用集成了多种 AI 能力：多模态素材识别、横屏转竖屏、自动生成稿件、全语种智能翻译、视频自动剪辑等。它是可以给报道团队提供现场实况内容整理，新媒体端内容制作播出，包括正文、标题、摘要和关键词在内的新闻稿件生成，现场实况内容翻译，指定视频片段提取，视频字幕生成等服务的全套新闻制播服务体系。①

（三）大象融媒：AIGC 赋能广电技术创新与商业模式变革

大象融媒作为全国首家以"融媒体"命名的传媒集团，在 2023 年初就积极推动 AIGC 技术在各个方面的应用。

一是将 AIGC 业务纳入核心创新业务，通过技术应用实现内容生产的智能化和高效化。大象融媒基于 AIGC 技术，实现自动生成新闻稿、视频短片和虚拟主播，显著提高了内容生产效率，保障了内容质量。根据技术接受模型（TAM），用户对新技术的接受度取决于感知有用性和感知易用性。大象融媒利用 AIGC 技术生成虚拟主持人，实现全天候新闻播报，显著提升了内容的即时性和互动性，提升了观众的互动体验和满意度。数据显示，大象融媒自引入虚拟主持人以来，观众互动率显著提高了 25%。②

---

① 《2024 年地方广电加速 AIGC 布局，媒体与 AI 技术融合迈向新高度》，搜狐网，2024 年 3 月 13 日，https：//www.sohu.com/a/763809500_ 121124379。

② 《「案例」大象融媒：AIGC 赋能广电行业技术创新与商业模式变革》，"国家广电智库"百家号，2024 年 7 月 21 日，https：//baijiahao.baidu.com/s？id＝1805184547587598781&wfr＝spider&for＝pc。

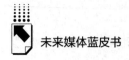
二是在短视频制作中，通过引入 AIGC 及数字人技术，实现了短视频制作效率的显著提升。这一实践验证了 AIGC 技术在内容创作效率提升方面的优势。在 AIGC 及数字人技术加持下，大象融媒实现了"一个人就是一条生产线"的目标，短视频的制作生产周期由原本的一天缩短至数小时，人员需求从 4 人（文案、摄像、主播、后期编辑）减少至 1 人，每日可生产短视频数量增加至 8 条。其实现了短视频的每日更新，降低了制作成本，提升了节目质量。面对内容质量和技术成本的挑战，大象融媒建立了质量监控机制和成本效益分析体系，确保技术引入的长期收益和内容质量。

三是着力于 AI 人才的培养和项目孵化。为应对 AIGC 技术带来的全球技术革命浪潮，大象融媒设立了"AI 科研及应用人才培育"项目，从"工具使用者"的角度入手，启动了覆盖全国的人才培育计划。2023 年 7 月，大象融媒初步完成 AIGC 产业生态结构建设，确立"AI 应用人才培训+应用项目孵化+前期产业投资"三合一模式。针对人才短缺和技术更新速度快的问题，大象融媒设计了多层次的培训体系和持续学习机制，确保人才培养与技术发展的同步。大象融媒邀请国内顶尖人才组成师资团队，自主研发短期、中期、长期互为补充的培训课程体系，课程涵盖了基于全球 AIGC 最新技术的评估、可落地赛道产业选择、工具培训、发行培训、商业化思维培训、项目实战、大学生创业项目孵化以及产业投资等多个方面。截至 2024 年 6 月，大象融媒已经培训了近 500 人，预计到 2024 年底将培训 2000 人。

通过高效的模型训练与数据处理，大象融媒在内容生成与优化方面取得了显著成果，这为进一步拓展 AIGC 业务范围和探索多元化业务模式奠定了坚实基础。

（四）深圳广电集团：AI 技术赋能"媒体+"应用

深圳广电集团成立了"AI 联合实验室"，旨在以 AI 技术赋能"媒体+"应用，突出"新技术+艺术"，推动大模型、数字人等领域的联合研究和创新。

一是 AI 数字人主播上线，打造全新节目。深圳广电集团已成功推出 AI 数字人主播，包括知名主持人王浏芳的数字人形象及集团智慧创意官卡通版数字人深艾。2024 年全国两会期间，深圳卫视《正午看天下》推出《两会愿景 AI 绘》，应用数字人深艾赋能两会内容解说，打造创新型传播形式。AI 数字人目前已应用于深圳卫视重要新闻栏目播报、壹深圳新媒体资讯播报、直播带货等多个场景中。此外，深圳卫视计划打造全新科创类日播节目《科创最前沿》，全流程融合 AI 技术，通过搜罗全球科创前沿资讯、引入虚拟主持人及虚拟制片等方式，为观众呈现一场科技与创意的盛宴。①

二是成立 AIGC 创意制作团队，精品创作频出。深圳广电集团各中心积极整合并深度应用文本生成、图像生成、音乐生成、视频生成等最新 AI 技术，运用 AIGC 全流程制作工艺打造出了《诗话古今 深 AI 中国》《音乐工程·鹏城歌飞扬宣传片》《美好生活、深圳创作——"圳造"品牌计划 AI 短视频》《清明谣》《你的存在是自由自在》等一批精品短视频，促进了内容传播力的提升，这些作品在业内外产生了广泛的影响。

三是 AI 视频服务城市文化宣传。在数字浪潮席卷而来之际，深圳广电集团以前瞻的视野，勇立潮头，运用尖端 AI 技术全流程打造了一部部高品质的 AI 视频，它们充分体现了传统媒体与高科技之城的融合。在视频的制作过程中，深圳广电集团充分运用了本地部署的开源 AIGC 生成工具，如 Stable Diffusion 等，以及在线工具 Midjourney、Runway 等，进行了大量精细化的制作。这些先进的 AI 技术，不仅提升了视频制作的效率，更赋予了视频全新的艺术表现力和科技魅力。

此外，深圳广电集团 AI 联合实验室还启动了方言识别项目，它填补了潮汕、客家等地方方言识别研究领域的空白。此举将有助于提高地方方言语音识别的准确度，推动媒体服务的普及化和精准化。

三　广电智能视听内容生产面临的挑战与发展趋势

人工智能技术的应用大大提升了广电行业的生产制作效率，提高了视听内容的质量，但这种应用不应仅仅停留在工具层面，如何利用人工智能技术激活

---

① 《在 AI 时代，这家媒体做了哪些工作?》，"深圳卫视深视新闻"百家号，2024 年 4 月 20 日，https：//baijiahao. baidu. com/s? id=1796791009740352656&wfr=spider&for=pc。

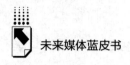

已有的媒体资源，释放巨大的媒体新质生产力，是未来广电媒体发展要解决的关键问题。

（一）"科技赋能+人本逻辑"协同互通，提高内容生产质量

5G、AI、VR、AR 等技术的快速发展，倒逼广电行业不断适应和融合新技术：超高清视频内容的制作和分发要求更高的带宽、更复杂的编解码技术、更精细的内容制作流程。精准的用户画像和内容推送需要平台具备强大的数据处理和分析能力，以及先进的智能算法，从而实现根据用户的喜好和需求提供个性化的内容推荐服务以及与用户的智能交互。

因此，广电行业需要投入大量资源来升级技术设备、优化生产流程，以满足智能视听内容生产的需求。文生图片、文生视频改变了作品的生产方式和流程，提高了生产效率，但要实现人工智能赋能高质量内容生产，从业人员就要深刻理解人工智能技术、发挥主观能动性，在训练人工智能环节、文生作品环节恰到好处地使用相关技术。当前广电行业存在内容同质化、精品内容匮乏的问题，许多节目和剧集在题材、风格等方面缺乏创新，导致观众审美疲劳，影响内容的传播效果和影响力。应当意识到，智能技术并不是解决这些问题一用就灵的"灵丹妙药"，不管使用什么样的技术，从业人员锤炼讲好故事的能力，才是广电行业实现高质量发展的重中之重。各级广电媒体成立的人工智能实验室应当在实践中探索利用人工智能技术的方法和技巧，让使用人工智能成为新技能，应利用先进的制作技术和专业的人才队伍，打造出高质量、高水平的视频内容，创作人民群众喜闻乐见的优秀作品。

（二）"人工智能+广电媒体"共同发力，推进广电媒体深度融合转型

现阶段，在广电媒体与各研究机构和科技公司合作成立的人工智能实验室中，广电媒体扮演的角色集中在提供应用场景和训练数据方面。因诸多广电媒体缺乏数据规划意识，诸多广电数据的合规性存在问题，广电数据质量也很难保证。数据规范程度很低，而且数据质量差，导致很难有效开发人工智能分析应用。长期以来，由于体量小、人才缺、投资少，部分省级和大多数市县级广电媒体委托第三方企业开发和维护数字媒体技术系统，存在数据使用主导权丧

失的危险。上海广播电视台通过启动"SMG 企业数据规划项目",提升数据质量和数据规范程度,只有解决了这些问题,才能成功打造 Scube(智媒魔方)。因此,应尽快打破广电媒体条块分割的格局,探索建立视音频数据确权与交易系统,推动区域性乃至全国性广电主流媒体数据的集成,创设新的广电媒体数据运营市场主体,夯实推动 AIGC 迭代升级的数据基础。

经过多年的数字化及双向化改造,广电媒体正在走向全业务运营阶段,广电行业的转型与升级初见成效。但传统的有线网络技术架构体系造成前端各业务平台的割裂,导致"信息孤岛"问题;通过手机、平板等移动端收看视频节目的用户比例大幅攀升;媒体社会化、受众海量化、传播移动化、经营差异化、发展融合化等现象对一向封闭的广电媒体发展模式冲击巨大。当下,广电媒体在加快推进超高清升级的同时,应通过建设新型广电网络,赋能视听行业改革发展,推进广电技术体系融合,还可以通过建设高品质广电5G,加快推进算力云建设,以云化架构支撑业务系统的高效稳定运行,通过平台化、服务化的方式为全媒体业务提供新的增值平台,构建从传统制播到云化制播的创新底座。

B.8
游戏动漫业生成式 AI 应用
发展报告（2024）

林馨雨　任一鸣*

摘　要： 自 2018 年以来，生成式人工智能（Generative Artificial Intelligence, GAI）技术已在众多行业引发了变革的浪潮。游戏与动漫行业自生成式 AI 技术诞生以来，便与其紧密相连，互相推动发展。本报告全面剖析了生成式 AI 在游戏和动漫行业中的应用，阐释了其基础概念并梳理了游戏与动漫行业的现状。进而，深入探讨了生成式 AI 在游戏领域的多方位应用，包含游戏画面、文本、声音及关卡生成，以及在动漫产业图像与视频生成模型中的应用。本报告指出，生成式 AI 技术在游戏和动漫行业解锁了从辅助创作到提升生产效率的诸多机遇，但也面临着内容安全、数据安全问题，以及监管环境复杂等一系列挑战。通过这些综合性的分析，本报告旨在为行业决策者、开发者和政策制定者提供实用洞见和关键信息，助力其优化战略决策，应对技术和监管挑战，推动游戏与动漫行业生成式 AI 应用的持续发展和创新。

关键词： 生成式人工智能　游戏产业　动漫产业

一　生成式 AI 技术概述

时日至今，人工智能尚无公认的概念界定。美国斯坦福大学人工智能研究中心教授尼尔森（N. J. Nillsson）曾言："人工智能是关于知识的学科——怎样

---

*　林馨雨，管理学博士，厦门理工学院影视与传播学院讲师，硕士研究生导师，主要研究方向为文化产业、网络视听及文化场景；任一鸣，厦门理工学院硕士研究生，主要研究方向为微影像创作、网络视听。

表示知识以及怎样获得知识并使用知识的科学。"这句话反映出人工智能学科的基本思想与内容，即人工智能是用于扩展人类智慧的技术。

人工智能在 60 多年的发展历史中，一共经历了三次发展浪潮。在第三次浪潮中，出现了生成式 AI（Generative Artificial Intelligence，GAI）与决策式 AI（Decision-Making Artificial Intelligence，DAI）两个主要技术方向：DAI 擅长对问题进行"总结—归纳"，而生成式 AI 擅长对问题进行"归纳—总结—演绎"，通过学习数据的联合概率分布，能够理解数据的生成模式，并根据数据生成模式生成全新的内容。

生成式 AI 技术的实现依赖基础的生成算法模型，算法模型的运行机制直接影响了生成式 AI 生成的内容及其质量，优秀的算法具有良好的扩展性，能够处理各种类型的数据，适应不同的任务和场景。常见的生成式 AI 模型如表 1 所示，机器学习领域中广泛使用的模型类型包含变分自编码器（Variational Autoencoders，VAE）、深度信念网络（Deep Belief Networks，DBN）和生成对抗网络（Generative Adversarial Networks，GAN）等，DBN 注重特征的层次学习，VAE 侧重通过概率分布对数据进行建模和生成，而生成对抗网络则通过生成器和判别器之间的竞争来生成高质量的数据。[①] GAN、Transformer 模型、Diffusion Model 是目前最具代表性的三个生成模型。

表 1　主流生成式 AI 模型一览

模型	提出年份	模型描述
深度信念网络（DBN）	2006	多层受限玻尔兹曼机堆叠而成的生成式模型,旨在通过无监督学习训练多层神经网络
变分自编码器（VAE）	2014	基于变分下界约束得到的 Encoder-Decoder 模型对
生成对抗网络（GAN）	2014	基于对抗的 Generator-Discriminator 模型对
基于流的生成模型（Flow-Based Models）	2015	学习一个非线性双射转换（Bijective Transformation）,其将训练数据映射到另一个空间,在该空间上分布是可以因子化的,整个模型架构依靠直接最大化 Log-Likelihood 来完成

① 《〈探寻 AI 创新之路——游戏科技与人工智能创新发展报告〉发布》，中国科学院虚拟经济与数据科学研究中心网站，2023 年 5 月 7 日，http://www.feds.ac.cn/index.php/zh-cn/2020-04-13-04-45-08/2944-ai。

模型	提出年份	模型描述
扩散模型（Diffusion Model）	2015	扩散模型有两个过程,分别为扩散过程和逆扩散过程。在前向扩散阶段对图像逐步施加噪声,直至图像被破坏变成完全的高斯噪声,然后在逆向阶段学习从高斯噪声还原为原始图像的过程。经过训练,该模型可以应用这些去噪方法,从随机输入中合成新的"干净"数据
Transformer 模型	2017	一种基于自注意力机制的神经网络模型,最初用来完成不同语言之间的文本翻译任务,主体包含 Encoder 和 Decoder 部分,分别负责对源语言文本进行编码和将编码信息转换为目标语言文本
神经辐射场（Neural Radiance Field，NeRF）	2020	提出了一种从一组输入图像中优化连续 5D 神经辐射场的表示(任何连续位置的体积密度和视角相关颜色)的方法,要解决的问题就是给定一些拍摄的图,如何生成新的视角下的图
CLIP（Contrastive Language-Image Pretraining）模型	2021	①进行自然语言理解和计算机视觉分析 ②使用已经标记好的"文字—图像"训练数据。一方面对文字进行模型训练,另一方面对图像进行另一个模型的训练,不断调整两个模型的内部参数,使得模型分别输出的文字特征值和图像特征值确认匹配
DiT（Diffusion Transformers）模型	2023	用 Transformer 替换了传统的 U-Net 主干,在潜在空间中对图像进行建模,并通过 Transformer 的注意力机制学习图像的全局依赖关系,具有良好的可扩展性,可以训练到更高的分辨率和更大的模型容量

资料来源:腾讯研究院《AIGC 发展趋势报告 2023:迎接人工智能的下一个时代》。

随着算法模型持续迭代,生成式 AI 的成熟度与影响力不断提高,人工智能在各个领域的应用范围不断扩大,各行业与人工智能产业结合所形成的创新应用持续涌现,如 2023 年美国普林斯顿高等研究院通过 PRIMO 算法重构了 M87 黑洞的图像,将"甜甜圈"变身"金戒指";2024 年英伟达（NVIDIA）宣布台积电、新思科技已与其搭载生成式 AI 算法的 cuLitho 平台展开合作,为半导体微缩开辟了新的方向;2023 年英矽智能公开了全球首款人工智能药物的研发历程,它涵盖从生成式 AI 筛选靶点到 2 期临床试验的全流程,该公司在为药物研发降本增效的同时,为加速推进对癌症、中枢神经系统疾病、衰老相关疾病等药物的研发提供了全新思路与有效路径。

二 生成式 AI 在游戏开发中的应用

（一）"AI+游戏"发展历程

在过去 60 多年的发展历程中，人工智能（AI）经历了三次高峰和两次低谷。在此过程中，AI 与游戏之间始终保持着紧密的联系。游戏不仅在 AI 早期发展阶段发挥了重要的推动作用，还在 AI 经历的两次"寒冬"期间提供了关键的支持和动力。

20 世纪 50～70 年代是 AI 的初步探索阶段，游戏是该阶段最早应用 AI 的领域之一。阿兰·图灵提出的图灵测试是人工智能领域的一个里程碑，图灵测试通过类游戏的自然语言对话模拟人类的智能行为，从而判断机器是否具备智能，为 AI 的发展指明了方向。随后各类游戏程序相继问世，1951 年克里斯托弗·斯特雷奇开发的西洋双陆棋程序，1952 年阿兰·图灵开发的简易国际象棋程序，它们是 AI 在游戏领域的初步探索。亚瑟·塞缪尔的跳棋程序则是早期机器学习研究的典范，通过与程序不断对弈并进行优化，塞缪尔实现了机器的自我学习和策略优化，为后续的 AI 技术发展奠定了基础。20 世纪 70 年代，游戏科技逐步发展，AI 被应用于电子游戏中的敌人行为设计，提升了游戏的复杂性和互动性。

20 世纪 80～90 年代，AI 与游戏相伴相生、共同步入了快速发展阶段。伴随着个人计算机和家用游戏机的普及与游戏科技的商业化应用，全球游戏产业进入了一个全新的发展阶段，AI 技术被广泛应用于策略游戏和冒险游戏中，诸如《太空入侵者》《吃豆人》等游戏通过 AI 提高了挑战性和趣味性。此外，研究人员通过对棋类游戏的研究，提出了基于搜索和学习的 AI 算法，神经网络和遗传算法也开始在游戏开发中得到应用，这些算法能够在复杂环境中进行高效决策和规划，如《沙丘 II》《星际争霸》等游戏中的 AI 对手展示出了更复杂的决策能力和学习能力。1997 年 IBM 公司深蓝计算机战胜国际象棋世界冠军加里·卡斯帕罗夫事件，不仅是决策 AI 崛起的标志，也是人工智能历史上的一个重要里程碑，展示了机器在解决复杂问题方面的巨大潜力。

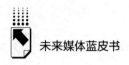
进入 2000 年后，虽然 AI 经历了短暂的低谷，但游戏科技依然为 AI 的发展提供了重要支持。AI 技术与 3D 图形、物理引擎等技术的融合，使得游戏中的虚拟环境更加真实，AI 角色的行为更加逼真，如《光环》《魔兽世界》中的 AI 敌人和 NPC 角色表现出更高的智能性和互动性。

自 2010 年以来，深度学习和强化学习技术的突破性进展，极大地推动了 AI 在游戏领域的发展。AlphaGo 击败围棋冠军李世石，以及 OpenAI Five 战胜 Dota 2 职业选手，不仅展示了 AI 在复杂游戏环境中超越人类的能力，也标志着人工智能技术在模拟和理解人类思维策略方面迈出了重要一步。当下，AI 不仅被用于游戏机制设计，还被广泛应用于游戏开发中的自动化测试、内容生成和玩家行为分析等方面。例如，OpenAI 通过让 AI 观看 7 万小时的游戏视频，并引入大语言模型（Large Language Model，LLM）作为 AI 的核心训练方法，训练出了水平极高的《我的世界》机器人。虚拟现实（VR）和增强现实（AR）技术的发展，进一步拓展了 AI 在游戏中的应用场景，提升了游戏体验的沉浸感和互动性。

纵观 AI+游戏的发展历程，AI 与游戏之间的紧密联系不仅推动了游戏产业的发展，也在不断提升 AI 技术的应用水平，双方协同发展的前景广阔。游戏产业作为娱乐领域的重要组成部分，具有巨大经济规模和增长潜力，2023 年全球游戏市场的总收入达到了约 1839 亿美元，同比增长 0.5%；移动端游戏以 899 亿美元的收入占据了 49% 的市场份额，主机端游戏、PC 端游戏分别以 524 亿美元、396 亿美元的收入紧随其后。2023 年全球游戏玩家数量为 33.1 亿人，同比增长 4.5%，全球付费玩家数量增长至 14.3 亿人，同比增长 4.5%。[1]随着技术的不断进步，未来游戏中的 AI 将更加智能和自主，与玩家实时互动、动态生成游戏内容等将成为可能，玩家将获得更加丰富和个性化的游戏体验，全球游戏行业将进一步释放发展潜力。

（二）游戏产业中生成式 AI 的应用场景

传统游戏产业在游戏开发过程中必须面对"低成本、高效率和高质量"

---

① Newzoo，"Global Games Market Report，"2024 - 05，https：//resources. newzoo. com/hubfs/ Reports/Games/2023_ Newzoo_ Free_ Global_ Games_ Market_ Report. pdf.

的"不可能三角"，即在任何开发项目中只能同时实现其中的两个目标。例如以较低的成本高效地开发出高品质的游戏通常难以实现。然而，游戏产业是一个更新换代极快的领域，几乎没有游戏能够保持 2 年以上的高用户活跃度，大多数热门游戏的活跃周期仅为半年到一年。游戏企业需要在尽量降低成本的前提下，快速开发出高品质的游戏内容和创新玩法，以满足市场的变化和消费者的需求。在 2010 年由 Quantic Dream 公司发布的互动式电影游戏《暴雨》仅花费 2100 万美元就创造出了轰动业界的游戏，而 2020 年由米哈游公司创作的开放世界角色扮演游戏——《原神》的制作成本达到了 3 亿~5 亿美元，然而，游戏制作成本的快速上涨大大阻碍了小型游戏开发商以及个人游戏开发者的创作，且预计未来游戏开发费用的年增长率在 20% 以上。

随着生成式 AI 的日趋成熟，许多人工智能开发商已经针对游戏产业开发出不少商业大模型，从建模、设计、编程等方面为游戏创作提供低成本、高质量的生成服务，生成式 AI 与游戏产业的融合极具商业价值，它很有可能打破"不可能三角"的禁锢。

目前，生成式 AI 可以辅助开发者设计交互主体（Player）和交互客体（NPC）以及进行程序化内容生成（Procedural Content Generation，PCG）。[①] 程序化内容生成（PCG）技术是指通过向生成式 AI 输入特征参数和基本信息，利用定制化算法来构建或丰富游戏内容，包括但不限于文本生成、剧本创作、场景搭建、UI 设计、虚拟音效、人物配音、动画生成和特效生成。PCG 技术是当前游戏产业发展中最为重要的人工智能技术之一，极大地提高了游戏开发的效率和质量，同时显著降低了成本。

1. 游戏画面

借助文本生成图像技术，游戏画面生成成为近年来生成式 AI 在游戏创作领域最受瞩目和欢迎的发展方向之一。在传统游戏开发团队中，策划人员、美术设计师和程序员是核心人员，他们的专业职责涵盖了四大领域：游戏平衡性设计、游戏素材创作、游戏剧情构建以及程序开发。游戏美术制作是游戏开发过程中时间消耗最多、成本投入最高的环节。例如在三维游戏角

[①] 《生成式 AI 如何颠覆游戏体验》，腾讯调研云网站，2023 年 7 月，https：//research.tencent. com/report? id=ZWNa。

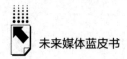

色的制作流程中，游戏美术制作需经历概念设定、模型构建、贴图烘焙、骨骼绑定、动画制作及引擎测试等多个阶段。这一过程涉及原画师创作角色原画，模型师根据原画构建角色模型，最终由动画师实现角色动画的制作。在前 AI 时代，通常一个三维游戏角色从设计到完成需要耗费 1~2 个月的时间，游戏画面的创作过程不仅烦琐，且成本高昂，这与快速迭代的游戏开发需求形成了显著的矛盾。

然而，随着生成式 AI 技术的兴起，游戏开发者在游戏画面制作方面获得了显著的效率提升，同时也大幅降低了开发成本。这一技术使得游戏制作流程更为简洁，游戏开发者的工作量和资金消耗量均得到了有效的缩减，从而推动了游戏制作的多、快、好、省。目前，无论是二维的文本至图像生成、图像至图像转换技术，还是三维实时面部捕捉技术，都已实现了重大进展。生成式 AI 技术有能力替代许多传统的游戏画面制作和美术工作的基础环节。现如今，即便是独立的游戏开发者，也能通过运用生成式 AI 技术，轻松地实现以往需要大型团队才能完成的游戏视觉效果设计工作。2023 年 5 月，在美国旧金山举办的"人工智能游戏与电影文化节"（The Culture AI Games and Film Festival）旨在号召人们使用人工智能技术制作电影与游戏，有不少独立游戏开发者在该活动中展示了自己借助生成式 AI 绘画软件如 Stable Diffusion 制作的游戏画面。例如由英国艺术家团队开发的《Syn 之传说》（Tales of Syn）就是一个通过生成式 AI 构建的赛博朋克风格的游戏，其游戏画面使用了大量由 Stable Diffusion 和 Chat GPT 等生成式 AI 创作的内容。① 该游戏在多工具协同之下，完成 2D 至伪 3D 关卡文件的全流程开发。

2. 游戏文本

游戏被誉为第九艺术，其融合了视觉、音乐、文学、戏剧以及电影等多种艺术形式，绝大多数游戏通过文本元素推动情节的展开和增强情感的表达。游戏文本的范围广泛，不仅包括资源、物品和任务的描述，还涉及用户与游戏中非玩家角色（Non-Player Character，NPC）的对话及剧情文本等。随着大语言模型（LLM）的革新性发展，以及 OpenAI 与英伟达等游戏技术开发公司的合

---

① 《游戏人工智能发展报告 2023：历史演变、技术革新与应用前景》，搜狐网，2023 年 7 月 9 日，https：//www.sohu.com/a/706192586_ 152615。

作，利用生成式 AI 对游戏文本进行迅速创作，实现准确且地道的跨文化表达和跨国界翻译已逐步成为现实。例如《人工智能地牢》（*AI Dungeon*）是一款支持单人及多人玩耍的文字冒险游戏，它背后的生成式 AI 技术能够根据每一个玩家输入的文字内容生成相互关联的故事文本，提供一种即时的桌上角色扮演游戏体验。

在 2024 年美国拉斯维加斯消费电子展（CES 2024）上，英伟达公布了在游戏领域利用 Avatar Cloud Engine（ACE）技术实现的新成果。该公司的高级产品经理 Seth Scheneider（游戏中名字为 Kai）展示了他在游戏《赛博朋克 2077》中和智能 NPC 的对话过程，演示中智能 NPC 能够自由流畅地回应 Kai 提出的各种问题，且能根据对话的内容作出相应的动作，例如，当 Kai 提议庆祝时，智能 NPC 会取出酒杯。这一作品展示了生成式 AI 技术如何使游戏文本创作摆脱传统剧本的限制，为未来游戏设计提供了更为广阔的创作空间。

3. 游戏声音

音乐是游戏中不可或缺的一个元素，游戏音乐通常需要根据不同关卡和场景进行专门设计，以增强玩家的情感体验，如在恐怖游戏中使用水琴声以增加恐怖感，或在战斗场景中采用激昂的音乐营造战斗氛围。创作出与游戏内容精确匹配的音乐通常需要对游戏本身进行深入理解。因此，在人工智能技术广泛应用之前，游戏音乐主要依靠人类音乐家创作。然而，随着生成式 AI 模型的发展，人工智能现已能够充分理解并生成游戏画面与文本，其为自生成的游戏画面配乐成为可能。目前，多个生成式 AI 开发商已开发出能够根据情感变化自动生成音乐的 AI 系统，这些系统通过学习不同音乐家的风格及归纳各种音乐流派的特点，能够大量创作出高品质、多样化的音乐作品，如点唱机（Jukebox）已经发布了 7000 多首 AI 原创的曲目。这一技术的进步有望显著降低电子游戏配乐的制作成本与难度，有望更准确地传达开发者希望在游戏中呈现的情感。例如，在"音乐探索游戏"（Musical Exploration Game）*FRACT OSC* 中，背景音乐会根据玩家的行为进行自动调整。其开发者透露，游戏音乐的制作消耗了开发团队大量精力。可以预见，利用生成式 AI 技术自动生成游戏音乐将大幅减少开发者在资金和时间上的投入。

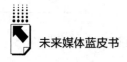

4.游戏关卡

关卡是游戏中引导玩家及推进叙事序列的关键元素,它的设计涉及平衡性、创新性以及艺术美感等多个方面。关卡设计并非独立于游戏内容,而是需要与游戏的故事线和世界观紧密结合,每个关卡的创建都需兼顾视觉、声音和叙事的整合。在传统游戏中,如何设计出既具有挑战性又不让玩家感到过度挫败的关卡是游戏开发者面临的关键问题,优秀的关卡设计不仅增加了玩家的体验感,更体现了开发者的智慧。

随着游戏开发成本的上升和开发周期的缩短,生成式 AI 技术在游戏开发中崭露头角。能否利用此技术创造出既符合主题又具有高可玩性的关卡,成为各大游戏公司关注的焦点。然而,这一目标的实现充满挑战,因为关卡设计既要求"自由想象"又遭到"严格约束"。为此,游戏开发商与生成式 AI 供应商正联合开展研究,并通过举办诸如"马里奥人工智能关卡生成比赛"(Mario AI Level Generation Competition)和"愤怒的小鸟人工智能关卡生成比赛"(AI Birds Level Generation Competition)等多样化的竞赛,[①] 积极探寻创新的算法解决方案。

三　生成式 AI 在动漫制作中的应用

(一)全球动漫产业概述

动漫,这一词语通常涵盖动画与漫画,覆盖了在线动画与漫画平台、漫画杂志、动画电影、轻小说、电子游戏、模型手办玩具以及舞台剧等多个领域,通过多样化的渠道和形式满足不同群体的需求和偏好。2023 年,全球动漫市场迎来了显著的增长,其中,北美地区增速最快,欧洲和沙特阿拉伯地区因流媒体的推动而展现出强劲的增长势头,亚太地区动漫产业的发展得益于经济的快速发展和基础设施的普及,其增速预计将持续上升[②]。据 Mordor Intelligence

---

① 《游戏人工智能发展报告 2023:历史演变、技术革新与应用前景》,搜狐网,2023 年 7 月 9 日,https://www.sohu.com/a/706192586_ 152615。

② "Size of the animation market worldwide from 2020 to 2030," Statista,2024-03-16,https://www.statista.com/statistics/817601/worldwide-animation-market-size/.

的报告预测，全球动漫市场规模预计将从 2024 年的 305.5 亿美元增长到 2029 年的 458 亿美元，复合年增长率将达 8.44%。①

纵览全球动漫产业，美国和日本长期占据主导地位。美国动漫产业自 1907 年发展伊始，便以集团式的创作模式、强大的产业链协作能力以及高度集中的市场份额而闻名。Mordor Intelligence 统计机构的调查数据显示 2023 年美国动画产业市场规模达到 2.64 亿美元，预计 2024 年将达到 5.19 亿美元；美国动漫产业有超过 22 万名动漫从业者，当前行业员工的平均年收入为 78790 美元，预计就业岗位数量将保持每年 5% 的速度持续增长。日本动漫产业起源于 20 世纪 50 年代，运作模式以创意平台为核心，产业链分工明确，作者负责内容创作，平台进行筛选，而"制作委员会"则统领 IP。尽管国内市场有所萎缩，但海外市场的支持使得日本动漫的海外发展依然强劲。日本动画协会 2023 年的报告显示，2022 年日本动漫产业市场规模达到了 18.03 亿美元，其中海外收入约 71.25 亿美元，比 2021 年增加了 11.53 亿美元，相较于 2013 年增长了 198%，创下了新的历史纪录。②

近年来，韩国与中国动漫产业迅速崛起，对动漫内容的需求日益旺盛。韩国动漫产业起步较晚，直到 20 世纪 80 年代才开始积极发展，其从动漫代工厂起步，逐渐掌握了核心技术，并在 20 世纪 90 年代开始以原创 IP 吸引全球关注。2021 年，韩国动画产业的总销售额约为 5.47 亿美元，出口额超过 1.568 亿美元，近 40% 的出口产品流向了北美大陆。③ 长期以来，韩国动画工作室在国际动画制作领域享有盛誉，参与了许多有名的电影的制作过程，例如《科拉传奇》（*The Legend of Korra*）等。为了进一步推动动画及相关产业的发展，2024 年 1 月，韩国文化体育观光部发布了《漫画、网络漫画产业发展方向》报告，宣布将加大对产业发展的扶持力度，计划到 2027 年将漫画、网络漫画产业的规模提升至 28.96 亿美元，并将出口规模扩大至 2.5 亿美元。中国的动

① "Anime Market Size & Share Analysis – Growth Trends & Forecasts（2024 – 2029）," Mordor Intelligence，https：//www. mordorintelligence. com/industry-reports/anime-market.

② "Anime Industry Report 2023 Summary," AJA，2024 – 03 – 21，https：//aja. gr. jp/english/japan-anime-data.

③ "2023 애니메이션산업백서," WelCon，2023 – 10 – 06，https：//welcon. kocca. kr/ko/info/trend/1953254.

漫产业虽然起步于 1926 年，但由于内忧外患，经历了一段"倒退期"，甚至一度沦为国外动漫产品的代工厂。然而，得益于政策、资本和技术的推动，国漫并未消沉，而是迎来了崛起，优质作品不断涌现。作为国家"软实力"的重要体现，动漫产业一直受到国家的高度重视。近年来，国家加大了对国内动漫版权的保护力度，为国漫创造了播放时段和时长的有利条件，并通过税收优惠和资本政策的支持，鼓励行业的进一步发展。根据前瞻产业研究院的报告，中国动漫产业近年来取得了显著进步，市场规模从 2014 年的 1000 亿元左右增长到 2023 年的 3000 余亿元。① 2023 年中国泛二次元用户规模达到 4.9 亿人，其中核心二次元用户达到 1.2 亿人（见图 1）。并且随着二次元消费主力 Z 世代群体经济逐渐独立，用户消费能力将持续提高并带动我国动漫行业进一步发展。

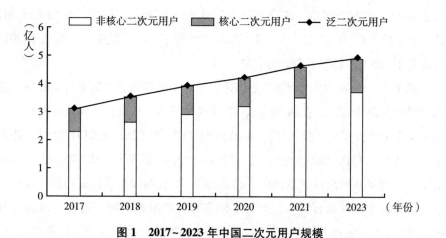

图 1　2017～2023 年中国二次元用户规模

资料来源：前瞻产业研究院《中国二次元内容行业白皮书》。

（二）动漫产业中生成式 AI 的应用场景

AI 与动漫产业的结合正在推动全新商业模式的发展，以生成式 AI 和虚拟现实为代表的新兴技术开始逐步参与到创作、推广中，助力全球动漫产业的创

---

① 《预见 2024：〈2024 年中国动漫产业全景图谱〉》，腾讯网，2024 年 4 月 29 日，https://new.qq.com/rain/a/20240429A07N7O00。

新升级。在这个领域内，生成式 AI 技术例如图像和视频生成模型，已经成为动漫行业商业化不可或缺的一部分。这些技术在动漫人物面部表情合成、3D 运动角色生成等方面发挥着关键作用。随着 LLM 的持续成熟，越来越多的图像和视频生成 AI 开始将 LLM 整合入其系统中，这不仅降低了创作者的使用门槛，还使得整个创作过程变得更加直观。AI 技术的应用不仅助力动漫产业创作出更多高质量的内容，而且通过将这些内容反馈到 AI 的算法训练中，形成了良性的创作闭环。

1. 图像生成模型

生成式图像技术（Generative Image Technology）在动漫产业中已成为重要的工具。生成式 AI 在 GANs（生成对抗网络）和 VQ-VAE（向量量化变分自编码器）等技术的加持下可以学习大量的动漫图像数据，并生成高质量、风格统一且富有创意的图像，这极大地推动了动漫图像的创作和优化。例如生成式 AI 能将静态图像融入传统创作流程，如 2D 平面剪贴、图像拼贴、数字编辑和动漫风格转换等，并能将静态图像转换为视频，为创作者提供丰富的素材来源。这极大地拓宽了动漫产业与游戏、影视作品等领域的融合可能性。此外，经过预训练的生成式 AI 模型能够理解不同场景下生成物的情感和动作表现方式，辅助动画师快速高效完成丰富的角色动作姿势、表情等的绘制工作。

在生成式图像模型和应用程序中，Midjourney 和 Stable Diffusion 作为动漫领域生成式 AI 的佼佼者受到了创作者的欢迎（见表 2），它们运用深度学习技术来生成高质量的图像。

表 2　常见的图像生成式 AI 模型和应用程序

免费	付费
Stable Diffusion	Midjourney
Stable Diffusion 中的 InvokeAI	Runway
Stable Diffusion 中的 Enfugue	DALL·E 3
SkyBox AI	Adobe-Firefly
Blender 中的 ComfyUI 节点插件	
Krita 中的 Stable Diffusion	
Krita 中的 ComfyUI 插件	

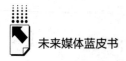

Midjourney 模型是一个独立的研究实验室开发的人工智能程序，结合了 LLM 后它可以根据文本提示生成图像，创作者可以通过输入指定的角色特征（如性别、发型、服装风格等），使系统自动生成多样化的角色图像。此外，创作者也可以根据剧本需求，通过该模型快速生成各种风格和时代的背景图像，从而极大地提高了制作的效率和质量。进而，创作者通过该模型生成初步的动画草图和故事板，其可以帮助导演和编剧更好地构思和修改剧本和镜头运动，从而大幅减少了画师与编剧之间的沟通成本。

相较于 Midjourney，Stable Diffusion 本地模型作为基于扩散模型构建的一种人工智能图像生成技术，能够通过结合多种技术组件和模型实现文本到图像的转换，进而拓展至动画生成领域。这一过程涉及 ClipText 文本编码器、Diffusion 扩散模型以及 VAE 模型等关键技术，它们共同工作以生成连续的动画帧，模仿拍摄动画的逐帧创作方式。尽管 Stable Diffusion 在生成每一帧图像时并不内建时间或运动概念，但其生成的动画效果依赖于额外的机制和应用扩展的支持，以实现所谓的"时间连贯性"，确保了动画在时间上的流畅和一致性，为动漫创作者进行更加准确地生成如魔法效果、爆炸场景等复杂的特效提供了新的可能性。

2. 视频生成模型

在动漫产业中，生成式 AI 的发展不仅限于静态图像的生成，其应用已经扩展到动态视频生成领域（见表 3）。视频生成模型主要分为视频生成视频（Video-to-Video Synthesis）和图像生成视频（Image-to-Video Synthesis）两类，旨在实现自动化生产的同时，提升动漫作品的视觉效果和叙事技巧。

表 3　常见的视频生成式 AI 模型和应用程序

免费	付费
Stable Video(SVD)−Stability AI	Runway's Gen2
Stable Video ComfyUI 实现版本	Kaiber's 动画模型
Stable Video 时间控制的 ControlNet	Pika labs(Beta)
MotionCtrl	
Emu 视频	
A1111webui 的 Text2Video 扩展	
VideoCrafter	

视频生成视频模型通常基于深度学习技术，通过学习时间序列数据的内在规律，从已有的视频素材中生成新的视频内容，从而生成视觉上连贯且主题一致的视频序列。此类模型可用于延长场景持续时间、生成新的动作场景或变换现有场景的环境设置。例如，由一段简短的战斗场景生成一个完整的战斗序列，或者将日间的场景转换为夜晚的场景。

而图像生成视频模型指的是由静态图像或文字描述生成动态视频的技术。这通常涉及对静态图像以及文本进行理解后在时间上进行拓展，并通过模拟物理动作、情感表达或环境变化来产生连续的视频帧，例如从一幅场景画面生成整个场景的动态过程，或通过文字描述如人物行走、风吹动树叶等生成连续且真实的画面。相较于逐帧生成的技术，视频生成模型在降低使用者门槛的同时能生成更为流畅和连贯的动漫效果，纵使该技术在现阶段存在算力要求高、在真实场景中的效果不及预期等缺陷，但随着技术的持续进步，未来视频生成模型将进一步发展，不断增强动漫作品的视觉效果。

目前，许多动漫公司已经开始探索将生成式 AI 应用于角色设计、场景构建、剧情编排、声音制作、特效处理等多个创作环节。这种技术的引入预示着一个全新产业链的形成，它涵盖从人工智能技术的研发到动漫剧本的创作与审核，再到动画的制作、后期处理，以及最终的发布和推广环节。随着这一动漫开发生态的逐步成熟，生成式 AI 技术与动漫产业将进一步融合形成一个全新的领域：数字动漫产业。在人工智能的加持下，数字动漫产业将迎来繁荣发展，其创作的作品也将构成数字动漫产业的数字资产并用于之后的游戏、虚拟现实领域的开发，为其提供更加逼真和多样化的动漫元素。

四　游戏动漫业生成式 AI 应用的优势与挑战

（一）游戏动漫业生成式 AI 应用的优势

1. 以个性化体验重塑游戏行业

随着深度学习技术、生成式 AI 算法模型的不断进步和创新，全球游戏产业正迎来前所未有的发展机遇，主要集中在个性化内容生成、游戏剧情动态发展、交互体验提升，以及自动化测试四个方面。

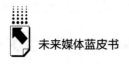

（1）个性化内容生成

生成式 AI 可以自动化生成游戏元素，如游戏环境、角色和情节。其不仅可以加速开发流程，还可以根据玩家的行为和偏好定制内容从而实现高度个性化的游戏体验。开发者能够在缩短开发周期、降低成本的同时创建庞大且复杂的游戏世界，例如通过 AI 算法生成无尽变化的地图和环境，为玩家提供独一无二的探索体验，实现游戏版本的快速迭代。

（2）游戏剧情动态发展

生成式 AI 能够根据玩家的选择和游戏进展动态调整剧情走向，实现所谓的"活剧情"（Living Storylines），让游戏不再是静态的故事，而是一个动态发展的世界，从而增加了游戏的重玩价值和深度。例如，角色的决策可以实时影响游戏世界的状态和后续事件，使玩家感觉他们的选择具有实际影响。

（3）交互体验提升

游戏内可互动角色的智力水平对用户体验有着直接的影响，通过分析玩家在游戏中的行为数据，生成式 AI 可以优化游戏设计，配置可互动 NPC，调整难度和奖励机制，以匹配玩家的技能和偏好，进而提升玩家的满意度和留存率。例如，在射击游戏《使命召唤》系列中，开发者精心设计了与玩家并肩作战的队友，这些具有高智商的队友不仅降低了玩家在战场上的孤独感，还因其创新设计赢得了玩家的广泛好评。

（4）自动化测试

生成式 AI 可以用于游戏的自动化测试，通过模拟真实玩家的行为来测试游戏从性能到用户体验的各个方面。这不仅大幅度提升了测试的效率和覆盖面，还降低了游戏开发的成本。AI 可以快速识别并报告错误和问题，使开发团队能够迅速反应，从而提升确保游戏产品的稳定性。

生成式 AI 为游戏行业带来了前所未有的机遇，从内容生成到玩家体验的个性化，从动态剧情发展到行为分析，AI 的应用正在重塑游戏开发和运营的未来。通过充分利用这些技术，游戏公司不仅能够提升游戏开发效率和质量，还能为玩家提供更丰富、更沉浸的游戏体验。

2. 以智能化生产革新动漫行业

在动漫行业，生成式人工智能的应用正逐步解锁一系列新的机遇，从创作支持到生产效率的提升，AI 技术的引入正带来行业的变革。

首先，生成式 AI 可以自动设计和渲染动漫角色及环境，允许创作者通过简单的文字描述或少量文本输入创建复杂的视觉元素。这种技术通过学习大量的动漫艺术作品，可以生成风格一致的角色和背景。这一应用显著提升了创作的速度，使动漫工作室能够快速原型化新概念并进行视觉实验。例如，工作室可以使用 AI 来测试不同的角色设计，以确定哪些设计更受目标观众的欢迎，从而优化最终产品。

其次，AI 技术可以通过图像生成和视频生成等模型自动化动画制作过程，如动画帧的插值、颜色校正和动作捕捉转化。通过这些工具，动漫创作减少了传统动画制作中最耗时的环节，保障了动漫工作室可以将更多资源投入创意和故事发展上。例如，通过 AI 自动化生成背景和次要角色的动画，主创团队可以专注于主角和关键场景的精细制作。

再次，生成式 AI 能够根据观众的偏好和反馈生成个性化的内容，通过实时调整剧情走向，匹配特定群体的喜好。这为动漫创作带来了前所未有的观众参与互动度，增加了作品的吸引力和市场适应性。例如，生成式 AI 在动漫制作中可以根据观众在社交媒体上的反馈自动调整未来剧集的发展，使情节更加引人入胜。

最后，动漫工作室可以结合生成式 AI、虚拟现实等技术，创造实时互动的动漫体验，观众可以直接影响剧情发展。这些技术的引入为动漫行业开辟了新的产品类别，如交互式动漫，观众的选择可以实时改变故事的走向。这不仅增强了观众的沉浸感，还可能开创动漫消费的新模式。

（二）游戏动漫业生成式 AI 应用的挑战

在游戏动漫业，生成式人工智能技术正逐渐成为推动创新和效率的关键驱动力。然而，随着这些技术的广泛应用，内容安全、数据保护以及监管合规等一系列挑战也随之浮现，这些挑战不仅考验着技术开发者的创新能力，也影响着整个行业的道德和法律框架。

1. 自动生成内容造成不当信息传播

在游戏动漫业，生成式 AI 利用大规模数据集进行训练，以自动生成图像、视频和文本。这些 AI 模型在不被适当限制的情况下，可能无意中创造出不适宜的内容，如暴力、色情、歧视性语言或文化敏感的元素。这些内容可能包含

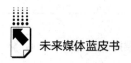

或反映了现实世界中的偏见和不当内容，还可能在游戏和动漫产品中无意被复制或放大，引发虚假信息和文化偏见等方面的问题。

一是虚假信息的传播。生成式 AI 的高效能使得虚假信息的制造和传播变得更加廉价和快速。例如，曾有 AI 生成的不实图像显示五角大楼附近发生爆炸事件，图像在社交网络中迅速传播，这冲击了公众信息环境，带来了股市的震荡。在游戏动漫业，这种技术被用于制造虚构故事时，若管理不当，同样可能导致误导信息或不恰当内容的广泛传播。

二是特定价值观的强化。游戏和动漫作为强有力的文化传播工具，其内容的偏见性可能影响观众的价值观和社会态度。例如，开发者在训练 AI 时可能无意中将某种特定的世界观或偏见纳入模型，使得这些 AI 在处理包含政治、伦理或道德问题时给出偏颇的答案，OpenAI 于 3 月发表文章称，GPT-4 模型有可能加强和再现特定的偏见和世界观，[①] 模型行为也可能加剧刻板印象或贬低性的伤害，如模型在回答关于是否允许妇女投票的问题时，往往会表现出回避或偏颇的态度。

2. 数据滥用与泄露暴露安全漏洞

数据安全与隐私问题涉及在使用生成式 AI 技术时对个人和商业敏感数据的保护。一方面，数据可能存在滥用风险。游戏动漫业收集和处理大量用户数据，包括玩家行为数据、个人识别信息和消费习惯，这些数据常用于训练 AI 模型，以提供个性化服务，提升用户体验。尤其是玩家与 LLM 交互时，输入的提示词可能会被用于模型的迭代训练，并且可能通过交互被其他使用者获取，传统技术方案往往难以阻止此类隐私泄露。若这些数据被非法访问或滥用，如用于未经授权的营销活动，可能会侵犯用户的隐私权，甚至可能导致更加严重的安全问题。另一方面，数据面临泄露风险。在动漫游戏业，开发者需要收集大量细节数据来训练 AI 模型，这些数据如果没有得到妥善保护，就可能面临泄露风险，进而损害用户隐私和公司声誉。2023 年由于开源库程序错误，ChatGPT 导致了一些公司的"会议内容"、"订阅者信息"和"设备信息"等泄露，这些泄露事件中不乏涉及游戏和动漫公司的机密内容。生成式 AI 的

---

① OpenAI, "GPT-4 System Card," 2023-03-23, https://cdn.openai.com/papers/gpt-4-system-card.pdf.

潜在数据泄露风险可能更高，截至目前已有苹果、摩根大通、三星等多家企业禁止其员工与 ChatGPT 等生成式 AI 分享机密信息（见表 4）。如果未发布的游戏剧情、动漫人物设定等机密内容被泄露到互联网上，可能会给商业公司带来严重的经济损失。因此，如何防止数据泄露已成为生成式 AI 开发商亟待解决的问题。在享受生成式 AI 带来的便利的同时，避免机密信息泄露，已成为当前人工智能发展中的一大重要挑战。

表 4　曾发生过数据泄露事件或禁止使用 ChatGPT 的部分组织

组织	事件类型	具体内容
三星电子	数据泄露、禁用	三星内部发生三起涉及 ChatGPT 误用与滥用的案例，包括两起"设备信息泄露"和一起"会议内容泄露"。报道称，半导体设备测量资料、产品良率等内容或已被存入 ChatGPT 学习资料库中
OpenAI	数据泄露	Redis 开源库 bug 造成 ChatGPT 数据泄露，导致部分用户可以看见其他用户的个人信息和聊天查询内容。泄露的信息包括订阅者的姓名、电子邮件地址、支付地址、信用卡号后 4 位数字和到期日期
中国支付清算协会	禁用	支付行业从业人员在使用 ChatGPT 等工具时，要严格遵守国家及行业相关法律法规要求，不上传国家及金融行业涉密文件及数据、本公司非公开的材料及数据、客户资料、支付清算基础设施或系统的核心代码等
Apple	禁用	据知情人士透露，苹果内部禁止员工使用 ChatGPT 和其他外部 AI 工具，据称是担心员工可能会泄露机密数据
软银集团	禁用	出台使用交互式人工智能等云服务的指导方针，警告员工使用 ChatGPT 和其他商业应用时，"不要输入公司身份信息或机密数据"
台积电	禁用	发布内部公告，谨慎使用网络工具如 ChatGPT 或 Bing AI Chat 等，提醒员工应秉持"不揭露公司信息""不分享个人隐私""不完全相信生成结果"的原则

资料来源：OpenAI 官网、财联社网站、亿欧网、澎湃新闻网站、Business Insider 网站。

3. 监管滞后引发合规与责任难题

安全标准、法律规范和自我监管是对生成式 AI 进行约束的基石。确保技术使用的安全性、合法性和道德性，管理 AI 内容的生成、数据使用、版权归

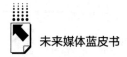

属,处理 AI 创造的结果等都需要政府与游戏、动漫企业积极应对,并出台相应解决方案,实现 AIGC 全流程合规生产。当前对游戏动漫业生成式 AI 的监管所面临的核心挑战主要体现在以下 3 个方面。

一是法律存在滞后现象。现有的法律法规往往难以跟上技术的发展速度,特别是在 AI 技术日新月异的今天,许多现行法规未能明确涵盖 AI 生成内容的版权归属、责任归属等问题。

二是国际法规差异。当前各国对生成式 AI 的监管治理均处于探索时期,不同国家和地区对 AI 的监管态度和法规各不相同(见表 5)。如欧盟采取的是强监管政策,大多数欧洲国家开始对以 OpenAI 公司为首的人工智能企业展开调查,并计划通过立法保障 AI 良性发展。美国采取的是弱监管姿态,鼓励行业自律发展。中国政府密切关注 AIGC 的安全问题,于 2022 年 11 月发布《互联网信息服务深度合成管理规定》,提出国家坚持发展和安全并重、创新和依法治理相结合的原则,采取有效措施鼓励生成式 AI 创新发展,对生成式人工智能服务实行分类分级监管。差异化的监管态度对全球运营的游戏动漫公司形成了特别的挑战:公司需要在不同的法律框架下创作和运营,确保各地的业务能遵守当地法律。

表 5　部分国家或地区的监管与立法措施

国家或地区	政策	类型	内容
日本	《实施人工智能原则的治理指南》(*Governance Guidelines for Implementation AI Principles*)	AI 准则	该文件是 2019 年发布的《以人为中心的人工智能社会原则》(*Social Principles of Human Centric AI*)的延伸。相关原则包括以人为中心、教育应用、隐私保护、安全保障、公平竞争、公正、问责和透明以及创新
中国香港特别行政区	《开发及使用人工智能道德标准指引》	AI 准则	内容包括人工智能的数据管理价值和伦理原则,并提供人工智能战略治理实践指导,以帮助组织制定适当的人工智能战略和管理模式,进行风险评估,并制定相关的监督安排等
中国	《生成式人工智能服务管理暂行办法》	立法	旨在促进生成式人工智能的健康发展和保护社会公共利益,同时保护公民、法人及其他组织的合法权益

国家或地区	政策	类型	内容
英国	《人工智能白皮书》(*AI Regulation: A Pro-Innovation Approach*)	AI 准则	发布于 2023 年，旨在对人工智能的安全性、稳定性、决策透明性以及监管责任作出相关规定
欧盟	《人工智能法案》(*EU AI Act*)	立法	发布于 2024 年 6 月，是全球首部全面的人工智能监管法律，旨在确保人工智能技术在欧盟内的开发和部署遵循安全、合法和可信的原则
美国	《人工智能权利法案蓝图》(*Blueprint for an AI Bll of Rights*)	AI 准则	发布于 2022 年 10 月，是一部非约束性文件，旨在指导自动化系统的设计、使用和部署，以保护人工智能时代的美国公众
韩国	《促进人工智能产业和建立可信人工智能框架法案》	立法	内容包括禁止任何人在未经政府批准的情况下开发 AI 以及对被认为足以影响人类生活的"高风险"AI 进行分类

三是作品版权和创意归属不明。Epic Games 和 Valve 作为两大游戏平台，对使用生成式 AI 工具开发游戏持谨慎态度。Valve 已经明确表态，禁止开发者使用未经授权的 AI 工具进行游戏开发，并要求创作者加强版权审查，确保不使用侵权的 AI 生成内容，否则游戏可能会被 Steam 平台下架。同时，两大平台都鼓励开发者与玩家保持沟通，明确介绍 AI 工具的使用情况及其优势，以减少玩家的疑虑。相较于两大平台的保守态度，Cygames 最近宣布将引入生成式 AI 工具用于二次元内容创作，该公司计划通过专业培训和考核，确保员工理解与二次元内容创作相关的法律责任和道德标准，能够遵循正确的指导原则，确保创作内容的合法性和道德性。

（三）总结

中国高度重视人工智能的发展，并将其作为国家战略性新兴产业的优先发展领域。2023 年 2 月，科技部副部长陈家昌在讲话中指出，人工智能已被视为中国的战略性新兴技术，是推动经济发展的关键因素。他强调，国家各部门将继续在政策和资金上加大对人工智能发展的支持。在 2023 年的两会中，人

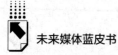

工智能多次被提及，并提出了深入人工智能产业领域的建议和提案，特别强调了数据安全和产业质量的提升。本报告提供了关于生成式 AI 在游戏和动漫产业中应用的全面分析，探讨了这一技术的基本概念、行业应用、发展历程，以及面临的主要优势与挑战，旨在为游戏和动漫行业的决策者、开发者及政策制定者提供生成式 AI 技术的深入见解和实用信息，帮助他们把握技术发展的脉络，优化战略决策，并应对可能的技术和监管挑战。

B.9
数字出版业的智能变革与重塑

曹 丹*

摘　要： 数字出版业高质量发展主要表征为科技创新的引领作用显著增强，产业数字化转型扎实推进，高水平对外开放不断深化。我国出版业贯彻新发展理念，加快构建数字出版业新发展格局，以智能变革，释放高质量发展的活力，促进效率变革、动力变革、治理变革，开辟数字出版新赛道，催生数字出版新动能，统筹数字出版发展与安全。数字出版业智能变革，驱动出版全产业链的重塑，出版数据要素体系的重塑，出版监管制度标准的重塑，协同推进出版业供给侧改革发展。

关键词： 高质量发展　数字出版　人工智能　数据要素

数字出版业主要涵盖各类录音制品、电子出版物，以及利用数字技术进行内容编辑加工，并通过网络传播数字内容产品的出版服务。[1] 2023 年 12 月，国家出台的《产业结构调整指导目录（2024 年本）》,[2] 将数字出版业纳入鼓励类项目中，主要涉及网络视听、数字音乐、网络出版、动漫、数字文化创意等数字内容服务，衍生产品开发以及内容监管技术、版权保护技术等领域。

---

* 曹丹，博士，福建理工大学人文学院副教授，硕士研究生导师，主要研究方向为数字出版、科学传播、新闻传播史。

[1] 魏玉山：《我国数字出版产业 20 年回顾》,《数字出版研究》2022 年第 1 期。

[2] 《产业结构调整指导目录（2024 年本）》，中国政府网，2023 年 12 月 27 日，https：//www.gov.cn/zhengce/202401/content_ 6924187. htm。

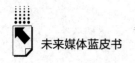

一　数字出版业高质量发展主要表征

数字中国建设是推动高质量发展的重要举措，打造自信繁荣的数字文化是推动高质量发展的重要途径。数字出版业作为文化和科技深度融合的实践，借助数字化、网络化、智能化技术，将文化资源转化为具有吸引力和感染力的知识产品和服务，在满足人民美好生活需要方面发挥着至关重要的作用。数字出版业高质量发展的主要表征有如下几个方面。

（一）科技创新引领作用显著增强

随着生成式人工智能（AIGC）应用的火热发展，文字、图片、视频、代码、3D 模型等各种自动生成内容解决方案引发了数字出版业的智能变革。AIGC 在出版业覆盖选题策划、图书写作、图书翻译、文字润色、文案创作、市场分析、营销推广、智能客服、经营决策、盗版监测等全流程应用场景。出版业越发注重技术和创新，不断研发新产品，持续推动流程创新和降本增效，各企业纷纷开发新的应用程序、拓展新的发行平台，以提供更有价值的用户服务。数传集团推出首个针对出版领域的大模型 BOOKSGPT，并在此基础上发布 AIGC 产品——AI 编辑工作室以及 RAYS 出版融合云平台 7.0 版本。[①] 该产品深度融入出版的全流程，助力出版业提质、降本、增效，其中 AI 编辑工作室包含了 AI 选题策划编辑、AI 作者、AI 画师、AI 审校团队等在内的 15 个 AI 编辑，完整覆盖选题策划、内容生产、编审校、图书营销等业务场景。[②]

科技创新成为引领数字出版实现高质量可持续发展的重要引擎，我国出版单位强化科技创新应用主体的地位，深化科技创新应用的协同合作，搭建包含出版技术创新中心、出版共性技术服务平台等在内的科技创新体系，聚焦前沿技术在出版领域的场景化、产业化应用，[③] 推进技术与内容、产品、需求的融合匹

---

① 张馨宇：《出版业首个大模型 BOOKSGPT 重磅发布》，中国出版传媒商报网，2024 年 6 月 19 日，http://www.cbbr.com.cn/contents/500/92818.html。

② 李婧璇、张君成：《2024 人工智能出版融合发展研讨会在京举办》，《中国新闻出版广电报》 2024 年 6 月 21 日。

③ 王飚：《新时代数字出版高质量发展前景探析》，《数字出版研究》2023 年第 1 期。

配，提升内容供给、生产、分发的全面智能化水平，促进用户与产品、用户与内容生产者、用户之间的联系更为紧密。2023年7月，首个网文大模型"阅文妙笔"发布，其应用端"作家助手妙笔版"同步上线，并于2023年底向阅文所有签约作家开放内测，AIGC可以辅助网文作者提升创作效率已成行业共识。[①] 数传集团面向全国出版单位推出AI阅读服务数字人——小睿数字人，国内20余家出版单位已在纸质图书上应用该数字人服务。[②] 智能科学文献数据库平台Uni-Finder的发布，进一步提升了科学文献的阅读和分析效率。[③]

（二）产业数字化转型扎实推进

构建新发展格局是推动高质量发展的战略基点。我国出版业加快建设数字出版现代化产业体系，扎实推进数字产品生产能力建设，打造电子书、有声读物、知识付费、在线视听课程、出版物数据库等多元化数字出版产品线，聚合数字平台矩阵，持续推进数字出版业务的系统集成、产品营销及区域服务，促进数字出版和传统出版的深度融合。2023年，我国数字阅读用户规模达5.70亿人，同比增长7.53%，数字阅读用户规模占网民规模的比例首次超过50%。[④] 听书和视频讲书等新兴的数字化阅读方式受到越来越多成年国民的喜爱，有36.3%的成年国民通过听书的方式进行阅读。[⑤]

我国出版业加大新技术数智赋能，强化人工智能、虚拟现实、区块链等新技术在"编、印、发"各板块的应用，提高文化供给质量，丰富文化供给形态；打造"元宇宙IP项目"对优质的图书IP进行深度开发，通过元宇宙技术将纸质书中的主题、核心内容放大，有效提升图书价值，提升读者体验，激发

---

① 《阅文发布行业首个网文大模型"阅文妙笔"》，中国作家网，2023年7月19日，https：//www.chinawriter.com.cn/n1/2023/0719/c404023-40039252.html。

② 《魏玉山：数字出版前沿技术应用与展望》，中国文化产业网，2023年7月19日，https：//www.cnci.net.cn/content/2023-07/19/content_30346760.htm。

③ 《深势科技发布多模态科学大模型Uni-Finder提升科学文献阅读分析效率》，新华网，2023年11月15日，http：//www.xinhuanet.com/tech/20231115/d5800f26aa724c479f1e1868c4450133/c.html。

④ 《〈2023年度中国数字阅读报告〉发布，中国移动咪咕以数智驱动打造全民阅读新体验》，中国日报中文网，2024年4月25日，https：//caijing.chinadaily.com.cn/a/202404/25/WS6629e52aa3109f7860ddaee4.html。

⑤ 张勇、李苑、徐鑫雨：《第二十一次全国国民阅读调查显示：国民阅读方式呈现多元化特色》，《光明日报》2024年4月24日。

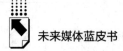
读者的购买欲望；深化出版与影视、艺术、旅游、公共服务等领域融合，推进"出版+"项目研发，延伸"出版+"产业链，拓展传统出版业与互联网企业合作共赢的新模式，推动数字出版产业融合集群发展；构建优质高效的知识服务新体系，促进资源整合能力、业务盈利能力的全面提升；通过与头部视频平台、制作公司以及影视公司开展深度战略合作，推进优质小说 IP 的影视化、动漫化开发，展现强大的内容创新和市场拓展能力。

（三）高水平对外开放不断深化

在全球传播背景下，我国出版业抓住数字化发展新机遇，主动适应跨境网络营销、在线版权贸易、国际云书展等新形态，推出互动性、体验感更强，可视化程度、沉浸度更高的优质数字出版产品。[①] 2023 年，中国网文出海市场规模超过 40 亿元，截至 2023 年底，起点国际海外访问用户突破 2.3 亿人，覆盖全球 200 多个国家及地区。[②] 阅文集团以新加坡作为 IP 国际化门户，凭借其丰富的网络文学、动漫、影视等内容储备和 IP 全产业链的影响力，支持新加坡旅游局在中国以充满活力和创意的方式推广产品，协调新加坡丰富的旅游、场馆和服务资源，以多元化方式呈现热门华语 IP，推动中国 IP 出海，展现"IP+文旅"趋势下的文化产业发展新空间[③]。

出版业立足内容、技术和商业的融合，重构数字产品生产流程、生产方式、商业模式和国际营销网络，瞄准海外细分市场，优化海外发展战略，加快布局自有品牌海外覆盖；聚焦前沿技术对产品形态的开发，提升国际化运作能力和经营水平，提升出版产品全球发行的速度与效率，打造互利共赢、多元平衡、安全高效的出版国际化运营模式，深耕"一带一路"出版市场，增进文明互鉴，推动中国话语的国际表达。

---

① 王大可、李本乾：《"十四五"时期中国出版"走出去"的战略机遇与发展路径》，《中国编辑》2022 年第 3 期。

② 《2023 年中国网络文学发展报告》，中国文学网，2024 年 2 月 27 日，http://literature.cass.cn/xjdt/202402/t20240227_5735047.shtml。

③ 《2023 阅文全球华语 IP 盛典闪耀新加坡，中国好故事走向世界》，腾讯网，2024 年 2 月 5 日，https://new.qq.com/rain/a/20240205A08RXR00；《新加坡旅游局与阅文集团签署战略合作协议，阅文 CEO 侯晓楠：加速中国 IP 拓展国际化市场》，腾讯网，2024 年 6 月 13 日，https://new.qq.com/rain/a/20240613A07S6200。

二　智能变革：释放高质量发展的活力

新时代新阶段，我国出版业贯彻新发展理念，加快构建数字出版业新发展格局，以智能变革释放高质量发展的活力，促进效率变革、动力变革、治理变革，开辟数字出版新赛道，催生数字出版新动能，统筹数字出版发展与安全。

（一）效率变革：开辟新赛道

出版单位利用云计算、大数据、人工智能等新一代信息技术，加快融合发展步伐，推进编辑、发行和管理全流程的数字化转型与智能化升级，提高内容生产传播的数字化水平。国内首个专为智能校对垂直领域打造的大语言模型"蜜度文修"，[①] 能够辅助专业用户提高校对质量、提升校对速度、降低差错率，为新时代语言文字工作高质量发展赋能。百度"文心一言"App上线数字分身功能，[②] 用户只需导入一张照片、录制三句语音，该App即可创建专属数字分身，它支持个性化定义名称、声音、MBTI性格等，极大缩短了创建数字分身的时间，为数字分身在虚拟客服、在线教育等领域的应用开辟了可能性。

出版单位与新兴数字内容平台应加强互动合作，提升全要素生产率，增强出版科技创新与成果转化的能力，基于互联网平台，以读者为中心，以内容为基础，面向手机等终端提供服务，在内容生产、内容呈现、产品形态建设等方面充分应用数字技术，推动数字阅读、有声伴读、短视频等新媒体平台成为教育出版、科学出版、文学出版、古籍出版等的重要阵地，不断提升数字出版物的传播力、影响力、感染力，营造良好的网络舆论氛围，巩固壮大数字出版高质量发展的新赛道。

---

① 《国内首个校对垂直领域大模型"蜜度文修"发布》，中国新闻网，2023年7月7日，https://www.sh.chinanews.com.cn/kjjy/2023-07-07/113836.shtml。

② 《百度文心一言App将支持一键生成"数字分身"：一张图、三句话即可创建》，IT之家网站，2024年2月2日，https://www.ithome.com/0/748/513.htm。

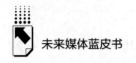
（二）动力变革：催生新动能

大数据、云计算、人工智能、物联网、区块链、AR、VR、MR、5G 等新一代信息技术的迭代应用，催生数字出版新动能，数字出版业生产流程、出版形态、服务模式日益多元，产业链条持续拓展，版权价值日益提升，数字出版业网络化智能化程度不断提升，创新力、需求捕捉力、品牌影响力、核心竞争力不断增强。腾讯混元、清华大学、香港科技大学联合推出图生视频模型"Follow-Your-Click"。① 该模型基于输入模型的图片，用户只需点击对应区域，输入少量提示词，就可以让图片中原本静态的区域动起来，该模型实现了图片一键转换成视频功能。图生视频技术在电影内容制作、增强现实、游戏制作以及广告等多个行业有着广泛应用前景，是 2024 年最热门的 AI 技术之一。腾讯混元是由腾讯研发的大语言模型，具备强大的中文创作能力、复杂语境下的逻辑推理能力，以及可靠的任务执行能力，相关 AI 产品具备高质量 AI 图像生成和编辑能力、高质量视频生成与处理能力，曾作为技术支持，助力《人民日报》创作原创视频《江山如此多娇》，生成祖国大美河山精美视频片段，展示出较强的内容理解、逻辑推理和画面生成能力。

出版单位应立足自身专业特点，强化创新主体地位，依据新时代互联网用户的新特点、新需求，促进各类创新要素整合聚合，对内容资源进行分类、标引、重组、加工，开发培育数字精品，打造互联网时代知识服务与大众数字化阅读的优质内容提供商。有条件有实力的出版单位应加大投入力度，推动出版业新技术、新应用、新业态的发展，打造一批可看、可听、可体验、可互动的新产品新服务，加强主题阅读内容引领，创新阅读组织方式。出版单位要依托优质的内容资源，加强党史、社科、科技、学术、古籍等重要领域的专业数据库建设，为出版业开放共享高质量发展提供精品数字内容，构建以出版单位为主体、以市场为导向、产学研相衔接的技术创新体系，大幅度提升出版业融合发展资源聚合力、产品创新力、品牌运营力。

---

① 《一键点、万物动！腾讯混元联合清华、港科大推出图生视频大模型"Follow Your Click"》，中国日报中文网，2024 年 3 月 15 日，https：//tech. chinadaily. com. cn/a/202403/15/WS65 f40bf4a3109f7860dd5a08. html。

（三）治理变革：统筹发展与安全

步入高质量发展新阶段，生成式人工智能技术广泛应用，自动生成文本、图片、音频、视频等多媒体内容，为数字出版、知识服务带来了巨大的便利和发展空间，但也存在侵犯个人隐私、数据信息伪造、算法歧视等问题，如何统筹生成式人工智能发展和安全引起各方关注。① 2023 年 7 月，国家网信办等七部门联合发布《生成式人工智能服务管理暂行办法》，提出国家坚持发展和安全并重，促进创新和依法治理相结合的原则，明确提供和使用生成式人工智能服务的总体要求，加快推进数据安全标准化体系建设。②

任何行业的发展和技术进步，都不能以牺牲隐私安全为代价。2023 年，随着出版业与科技融合的不断深入，市场持续稳步发展，相关标准与规范陆续发布，为数字出版业高质量发展提供了有力支撑。《互联网信息服务深度合成管理规定》③ 正式施行，对数字出版业的智媒化发展起到了强有力的支撑作用；为数字出版业探索人工智能应用确立了基本的规则和路径；对深度合成技术应用中存在的一些传播伦理问题进行了明确界定④。人民网发布"天目"智能识别系统，探索"用 AI 治理 AI"的内容风控新模式，"天目"能够对人工智能生成内容进行识别，对深度伪造内容进行检测，对合成手段进行追根溯源，快速区分机器生成的内容与人工创作的内容。⑤

出版企业在积极应对挑战，因势利导探索新模式、推出新产品、加强对外合作，让新技术为知识服务高质量发展赋能的同时，应通过区块链技术建立更安全、透明的版权管理体系，促进版权交易便捷化和合法化发展，防范化解重大风险，提升产业链供应链的韧性和安全水平，推动我国数字出版业安全发

① 《七部门联合公布〈生成式人工智能服务管理暂行办法〉》，新华网，2023 年 8 月 14 日，http：//www.news.cn/tech/20230814/1b6e0c1c6dfd45aab90e5a8378c7cbb0/c.html。

② 本刊采编中心：《2023 年我国网信工作概览》，《中国信息安全》2023 年第 12 期。

③ 《互联网信息服务深度合成管理规定》，中国政府网，2022 年 11 月 25 日，https：//www.gov.cn/zhengce/zhengceku/2022-12/12/content_ 5731431.htm。

④ 常湘萍、杜一娜：《深度影响传媒机构和传媒行业发展》，《中国新闻出版广电报》2023 年 1 月 17 日。

⑤ 《人民网"天目"智能识别系统发布》，人民网，2023 年 12 月 10 日，http：//finance.people.com.cn/n1/2023/1210/c1004-40135668.html。

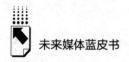

展。《出版业生成式人工智能技术应用指南》①《儿童有声读物优质内容创作通用要求》②《学术出版中 AIGC 使用边界指南》③ 等团体标准的发布，对推进数字出版标准化工作，共建优质数字化资源，促进出版业高质量发展具有重要的意义。

三　重塑出版生态：推进供给侧改革发展

促进出版业高质量发展是助推出版强国的战略部署。数字出版业的智能变革，驱动出版全产业链的重塑，出版数据要素体系的重塑，出版监管制度标准的重塑，它们协同推进出版业供给侧改革发展。

（一）出版全产业链的重塑

当下出版业迎来智能化重大变革，新技术对出版业的重塑已经渗透到了整个出版产业链的各个环节。重塑内容生产、消费方式的主要业务领域包括：①智能生成内容。ChatGPT 掀起人工智能生成电子书的热潮，出版单位在 AIGC 领域尝试参与语料建设、模型规则设计。VR/AR/MR、数字人、元宇宙等被应用到数字出版中，多维度、立体化、真实场景式的"全真阅读"为用户带来身临其境的沉浸式体验。④ ②高效内容处理。基于机器学习、自然语言处理等相关技术辅助翻译、转录、汇集、润饰、评估等编校工作，大幅提升内容编校工作效率。③科研信息服务。诸如 SciGraph（科研图谱）通过语义网络技术连接开放数据平台，汇集科研资讯，提供多维度信息服务；Nature Research Intelligence（自然科研智讯）提供 AI 引导服务，为科研工作提供实

---

① 《中国音像与数字出版协会发布〈出版业生成式人工智能技术应用指南〉团体标准，2024 年 1 月 20 日起开始实施》，IT 之家网站，2023 年 12 月 20 日，https：//www.ithome.com/0/740/525.htm。

② 《国内首个儿童有声读物团体标准〈儿童有声读物优质内容创作通用要求〉发布》，中国日报中文网，2023 年 3 月 17 日，https：//tech.chinadaily.com.cn/a/202303/17/WS6414086ea3102ada8b2340a0.html。

③ 《〈学术出版中 AIGC 使用边界指南〉正式发布》，万方数据网，2023 年 10 月 13 日，cx.wanfangdata.com.cn/cnris/zmt/20231013/897510198023815168.html。

④ 霍芳：《新时代背景下童书出版的高质量发展》，《新阅读》2023 年第 6 期。

时信息和数据以辅助决策制定。④运营数据服务。出版单位关注用户多元化的服务需求，依托大数据和算法模型，分析用户数据，预测热门题材和作品类型，推进选题的精准化，尝试推出个性化内容加工、电子书拆解与精简化再组织等多种产品形态，增强数字营销能力。

人工智能、大数据、云计算、知识图谱等新技术把出版业上下游、编印发各个环节串联起来。在选题策划、内容生产、审校管理、分发传播和营销等各环节，编辑人员借助新技术挖掘用户兴趣，进行机器写作、智能编校、检索以及知识体系的构建，实现风险控制、个性化分发和精准营销。出版产业与其他产业深度融合，各种新技术的应用提高出版生产力，丰富数据库、电子书等内容的产品形态，扩大出版服务范围。出版单位要由产品生产商向知识服务提供商转型，延伸知识服务产业链，将所积累的大量专业化、高附加值的大数据资源，通过标引、关联等方式，更精准地向用户提供服务，重塑知识服务价值链，增强市场竞争力；同时，要通过数据、信息、知识、技术等新生产要素的整合、挖掘和分析，加强对知识的深度利用，使知识内容增值，结合个性化场景，为服务对象提供差异化内容，实现知识价值和效益的最大化。

（二）出版数据要素体系的重塑

高质量发展以全要素生产率大幅提升为核心标志。在出版业，数据是内容命脉、是核心要素，抓好数据确权，加快数据要素市场制度建设，是实现数据流通交易，加快出版业融合发展、转型升级的基础和保障。[①] 数字化产品获得"数据产品登记凭证"，为数据赋予"一数一码"的独特标识，实现数据的可登记、可统计、可普查，极大提升了数据的价值和应用潜力，为数据要素的流通和交易提供了更为便捷、规范的途径。

基于自身业务流程和管理需求的数据要素体系建设将成为出版业高质量发展的重点，出版单位亟须以数据融合促进出版内容要素融合、业务融合、渠道融合与机构融合，促进内部不同业务、环节、层级之间的数据畅通，有效消解生产、运营与管理中存在的壁垒，赋能出版全流程全产业链的协同转型。[②] 出版单位应更加

---

① 王双双、陈麟：《政协委员建言献策：如何深化全民阅读？》，《中国出版传媒商报》2024 年 3 月 8 日。

② 王飚：《新时代数字出版高质量发展前景探析》，《数字出版研究》2023 年第 1 期。

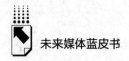

注重数据之间的关联及数据质量，将数据集、技术基础设施、专业知识相结合，释放数据价值，协同配置生产全要素，提高生产及业务运营效率，实现精细化管理，重塑集生产链、业务链、价值链于一体的出版数据要素体系，以科学数据支撑技术创新，以数智融合加速产业升级，推进出版业高质量、可持续的发展。

要让数据真正成为生产要素，其核心是让数据参与到市场流通体系中。当前，建立数据要素市场体系面临数据看不清、理不顺、用不好、流不动的挑战。解决这些问题，需要从数据资产层面进行破题，加速数据产品开发进程，实现数据资产的可视、可管、可用，助推出版单位融入数据要素流通生态；要统筹规划，打造一体化检索平台，完善古籍等文化遗产的数字化建设版权保护细则；将全局规划与重点支持相结合，打造精品内容，丰富古籍活化产品层次，推动古籍数字化建设与活化利用;[1] 要发挥国资央企科技资源和出版单位的独特优势，构建高水平科研创新核心知识库，整合各类数据资源，实现其高效利用，打破国际学术出版单位在数字资源平台方面的垄断。

（三）出版监管制度标准的重塑

随着互联网产品技术和服务模式的迅速演进，新型盗版侵权模式层出不穷。新型网络文学盗版侵权模式逐渐构建起产业链条，致使网络文学盗版市场呈现产业化和规模化的趋势。新型盗版模式比之前的盗版模式更有技术含量、更加猖獗。这种盗版侵权行为，严重扰乱了我国网络文学市场的秩序，对数字出版业的健康发展造成了不良影响，这使得相关监管制度建设提上日程，剧本杀、数字藏品等新型出版形态也相继纳入管理视野。

互联网环境下数字内容版权保护是长期困扰产业发展的痛点。区块链技术创新版权保护模式，在版权确权、追溯、运用和交易方面发挥关键作用。通过区块链技术，数字出版业可以建立更安全、更透明的版权管理体系，促进版权交易便捷化和合法化发展。数字版权是区块链技术落地应用的最重要场景之一，出版单位可以运用区块链数据透明、不易篡改、可追溯等特性，基于数据流通对数字内容进行全流程、全生命周期的记录,[2] 落地实施可信数字共享、

---

① 石丹丹：《陈天竺代表：让氤氲书香润泽心灵》，《甘肃日报》2024 年 3 月 8 日。

② 王飚、毛文思：《2021 年中国数字出版发展态势盘点及 2022 年发展展望》，《科技与出版》2022 年第 3 期。

分布式身份、智能合约、信息溯源核验、数字资产管理、去中心化协作等区块链专业技术应用,逐步健全数字版权治理体系,构建良好数字版权生态秩序。

人工智能在提高出版业生产效率的同时,对现行的版权制度、出版管理制度产生颠覆性的影响。AI 技术应用于出版流程,对内容审校提出更大挑战。基于图像识别、声音识别、自然语言处理的人工智能审核成为数字出版业进行内容质量管理的重要方式。大数据算法在提供精准推荐服务的同时,也在一定程度上限制了知情权、选择权。针对新技术应用引发的新情况、新问题,出版监管部门亟须完善数字版权保护的法律框架并加大执行力度,推动数字版权保护的技术创新与应用,提升公众的数字版权保护意识与参与度,形成全社会共同维护数字版权的良好氛围。算法备案是我国对互联网信息服务算法实施的重要监管措施,旨在规范算法推荐、深度合成、生成式人工智能等新技术的应用,保障信息服务的合规性和安全性。《互联网信息服务深度合成管理规定》要求,具有舆论属性或社会动员能力的深度合成服务提供者需履行备案手续,[①] 确保算法应用的合法性和透明度。监管部门对未备案的产品可以采取不予上架、警示、暂停服务或者下架等处置措施。因此,AIGC 产品上线前必须完成算法备案。

数字出版业高质量发展离不开技术标准的支撑,缺乏统一的技术标准,出版单位与技术企业的合作便无标可依,从而难以实现前沿技术的有效应用。[②] 为适应技术变革,出版单位应与技术企业通力合作,加快数字出版标准体系建设,开展内容、产品、系统、平台、服务等应用标准研制工作。近年来,数字教材、数字期刊、知识服务方面的相关行业标准不断完善,出版单位把握新领域、新业态特点,拓展标准建设范畴,在区块链版权应用、智媒体电子书存储、印刷智能制造、数字农家书屋建设等方面坚持标准先行,充分发挥标准对行业发展的基础性、引领性作用,推动新技术在出版领域规范应用,更好地为产业赋能。[③]

---

① 《互联网信息服务深度合成管理规定》,中国政府网,2022 年 11 月 25 日,https://www.gov.cn/zhengce/zhengceku/2022-12/12/content_ 5731431. htm。

② 《看大咖齐聚深圳 共论科技赋能数字出版新未来 》,中国出版传媒商报网站,2023 年 6 月 10 日,https://www.cbbr.com.cn/contents/533/85756.html。

③ 王飚:《新时代数字出版高质量发展前景探析》,《数字出版研究》2023 年第 1 期。

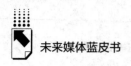
四　结语

　　未来，出版与技术的融合将越来越深入，数字出版业应坚持以内容建设为根本、以先进技术为支撑的原则，拥抱新技术、用好新技术，坚持以推动高质量发展为主题，以创新、协调、绿色、开放、共享的内在统一来把握发展、衡量发展、推动发展，加快建设智能化数字出版产业体系，着力提高全要素生产率，推动产业深度转型升级，为出版强国建设提供强大的动力和效能。与此同时，盗版图书的制作和销售推广手段随着信息技术的发展也在不断更新，这加大了对盗版取证的难度；在人工智能技术实现突破性进展的当下，反盗版任务更加艰巨。全球对 AI 在数据安全等方面的担忧日益加剧，AI 的发展也给数字出版业高质量发展带来了新的挑战。

B.10

智能创意：AI引领下的广告
产业发展报告（2024）

赖祯黎　何璐雯*

摘　要： 随着人工智能技术的飞速发展，近几年广告产业正经历前所未有的变革。AI技术使广告从目标用户的分析、广告内容创作、广告投放策略到广告效果的检测这一整个广告生态体系发生变化。AI技术使广告产业实现了高效、高质量、高投资回报率的变革，同时也使消费者在广告营销中的体验感得到了升级。未来，AI还将会继续推动整个产业向更高效、更智能的方向发展。

关键词： 人工智能　AIGC技术　广告产业　互联网广告

一　互联网广告产业的概况

根据中关村互动营销实验室发布的《2023中国互联网广告数据报告》，2023年中国互联网产业复苏，整个互联网市场收入规模预计将会突破3.33万亿元，[①] 该行业显现出强劲增长动力。如图1所示，2023年中国互联网广告市场总体收入规模预计约达5732亿元，较2022年上升12.66%。受疫情影响，2022年互联网广告收入出现了负增长的态势。2023年中国互联网营销市场规模约为6750亿元，较上年增长9.76%，广告与营销市场规模合计约为12482

---

* 赖祯黎，传播学博士，厦门理工学院影视与传播学院副教授、传播系主任，硕士研究生导师，主要研究方向为数字广告、公益广告等；何璐雯，厦门理工学院硕士研究生，主要研究方向为广播电视艺术编导。
① 《〈2023中国互联网广告数据报告〉（完整版）》，"中关村互动营销实验室"微信公众号，2024年1月8日，https://mp.weixin.qq.com/s/LYXfQWm6IP7ZaZKSg7xoiw。

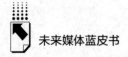
亿元，较上年增长 11.07%。① 这一数据不仅体现了中国互联网市场的繁荣发展，也展示了广告与营销行业在中国互联网经济中的重要地位和作用。

2023 年各种类型的互联网广告收入也出现了不同程度的增长，电商类平台广告是互联网广告中最主要的一种形式，其收入占比达到了 36.11%。此外，由于视频直播带货的持续火热，视频类平台的广告收入在互联网广告收入中的占比也较大，高达 25%。搜索类平台的广告收入自 2018 年以来逐年下滑，直至 2023 才有所回弹。②

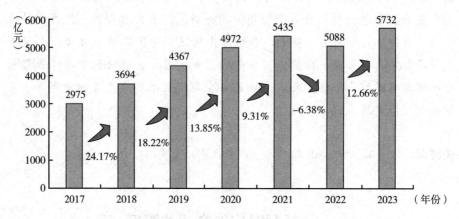

图 1　2017～2023 年中国互联网广告市场总体收入规模

资料来源：中关村互动营销实验室《2023 中国互联网广告数据报告》。

总体而言，2023 年互联网广告产业呈现出以下概况。

（一）互联网普及，为广告产业提供庞大的用户基础

根据中国互联网络信息中心（CNNIC）发布的第 53 次《中国互联网络发展状况统计报告》，截至 2023 年 12 月，我国网民规模为 10.92 亿人，互联网普及率高达 77.5%。从覆盖范围来看，网民数量逐渐增加。从网民使用的上网工具来看，2023 年手机网民占比达到 99.99%。可以看出，手机已经成

---

① 《〈2023 中国互联网广告数据报告〉（完整版）》，"中关村互动营销实验室"微信公众号，2024 年 1 月 8 日，https：//mp.weixin.qq.com/s/LYXfQWm6IP7ZaZKSg7xoiw。
② 《〈2023 中国互联网广告数据报告〉（完整版）》，"中关村互动营销实验室"微信公众号，2024 年 1 月 8 日，https：//mp.weixin.qq.com/s/LYXfQWm6IP7ZaZKSg7xoiw。

为网民上网的主要工具。从互联网的总体发展状况来看，在各类互联网应用的用户规模和网民使用率方面，网络视频（含短视频）、即时通信是网民使用最多的应用，网民使用率分别为 97.7%、97.0%。其中用户规模增长率最高的两类互联网应用是网约车和在线旅游预订，分别增长了 20.7% 和 20.4%（见表 1）。因此，互联网的普及和用户的数量增加为互联网广告提供了更多的潜在受众，提供了庞大的用户基础。互联网扩大了用户群体的数量和增加了用户的黏性，人们依赖互联网，而互联网广告能因此得到更多的曝光，得到更多的发展空间。预计到 2024 年，中国新媒体行业市场规模将从 2020 年的 10548.0 亿元增长到 18317 亿元，其中互联网广告市场规模预计达 8522.3 亿元，占新媒体行业市场规模的 46.53%①。

表 1　2022~2023 年各类互联网应用的用户规模和网民使用率

单位：万人，%

应用	2023 年用户规模	2023 年网民使用率	2022 年用户规模	2022 年网民使用率	2023 年用户规模增长率
网络视频(含短视频)	106671	97.7	103057	96.5	3.5
即时通信	105963	97.0	103807	97.2	2.1
短视频	105330	96.4	101185	94.8	4.1
网络支付	95386	87.3	91144	85.4	4.7
网络购物	91496	83.8	84529	79.2	8.2
搜索引擎	82670	75.7	80166	75.1	3.1
网络直播	81566	74.7	75065	70.3	8.7
网络音乐	71464	65.4	68420	64.1	4.4
网上外卖	54454	49.9	52116	48.8	4.5
网约车	52765	48.3	43708	40.9	20.7
网络文学	52017	47.6	49233	46.1	5.7
在线旅行预订	50901	46.6	42272	39.6	20.4
互联网医疗	41393	37.9	36254	34.0	14.2
网络音频	33189	30.4	31836	29.8	4.3

资料来源：第 53 次《中国互联网络发展状况统计报告》。

---

① 《一文深度了解 2024 年中国新媒体行业未来前景趋势——智研咨询发布》，"智研咨询"百家号，2024 年 4 月 24 日，https://baijiahao.baidu.com/s?id=1797178057305286122。

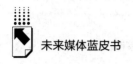

（二）互联网广告市场结构发生改变，广告形式多样化

由前可知，2023 年，中国互联网广告行业快速发展，市场收入规模较上年增长 12.66%。而该行业排名前十的公司占了 96.2%的市场份额。① 行业 TOP 4 仍是阿里巴巴、字节跳动、腾讯、百度（见图 2）。字节跳动与阿里巴巴的互联网广告收入占比均为 25%，而字节跳动更是依靠 23.76%的互联网广告收入增长率，实现了对阿里巴巴的反超。阿里巴巴的互联网广告收入占比较去年相比有所降低，且已经连续 6 年呈现下滑的趋势，这是由于其受到了经济结构调整和用户消费习惯改变的影响。但由于其业务基数大，客户覆盖面广，阿里巴巴的互联网广告收入在 2023 年抑制住了下降的趋势。百度的互联网广告收入在历经几年的乏力增长后，在 2023 年也恢复了增长。同样，腾讯也成功扭转了之前的下降趋势，实现了互联网广告收入的增长，这些变化都为我们揭示了互联网广告市场的新动态和发展趋势。②

具体看当前市场的行业与品类动态，如图 3 所示，食品饮料与个护及母婴这两大长期占据互联网广告市场主导地位的品类，占比在 2023 年出现轻微的下滑趋势，从上年的 64.61%下降到 2023 年的 59.81%，这标志着市场集中度的降低。当进一步观察两者互联网收入增幅时，食品饮料品类虽然实现了 10.30%的增幅，但这一增幅却未能达到行业的平均水平。而个护及母婴品类在互联网收入上则出现了 1.15%的小幅下滑。③

尽管如此，食品饮料与个护及母婴品类在互联网广告市场的吸引力依旧不减，它们依旧是互联网广告主最为青睐的两大品类，并且是唯二的互联网广告收入超过千亿的品类。值得注意的是，食品饮料品类在经历了个护及母婴品类在 2021 年互联网广告收入的短暂超越后，2023 年再度成为国内互联网广告收入的最大贡献者。

① 《〈2023 中国互联网广告数据报告〉（完整版）》，"中关村互动营销实验室"微信公众号，2024 年 1 月 8 日，https：//mp. weixin. qq. com/s/LYXfQWm6IP7ZaZKSg7xoiw。
② 《〈2023 中国互联网广告数据报告〉（完整版）》，"中关村互动营销实验室"微信公众号，2024 年 1 月 8 日，https：//mp. weixin. qq. com/s/LYXfQWm6IP7ZaZKSg7xoiw。
③ 《〈2023 中国互联网广告数据报告〉（完整版）》，"中关村互动营销实验室"微信公众号，2024 年 1 月 8 日，https：//mp. weixin. qq. com/s/LYXfQWm6IP7ZaZKSg7xoiw。

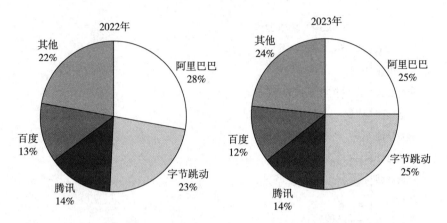

图 2　2022~2023 年互联网广告收入 TOP 4 公司占比变化

资料来源：中关村互动营销实验室《2023 中国互联网广告数据报告》。

　　而在收入增长规模方面，2023 年的互联网广告市场呈现出了与往年不同的格局。交通品类延续了 2022 年的强劲增长势头，并在 2023 年一跃成为收入规模增长最显著的品类。具体而言，2023 年，其收入增长了高达 201.14 亿元，较上年增长了 37.82%，其增长额不仅超越了食品饮料品类 160.33 亿元的增长额，也显示了交通品类在市场上的强劲活力。这种增长与汽车市场的调整和新能源汽车市场的政策调控有着密切关系。面对市场的不断遇冷和燃油车市场的萎缩，各大车企与主机厂纷纷加大了在营销与广告市场的投入力度，这也直接推动了交通品类互联网广告收入规模的大幅增长。[①]

　　2023 年，中国的互联网广告行业正以前所未有的速度进入一个崭新的发展阶段。在这一时期，AI 技术的应用已经成为行业内的焦点，使行业更加多元化、创新化和智能化，在根本上改变了互联网广告行业的运作模式。广告策划、创意生成、投放执行、效果监测、数据分析、效果评估以及广告管理等关键流程都深度应用了 AI 技术。在未来，随着 AI 技术的不断发展和完善，互联网广告行业将会迎来更加广阔的发展空间和更加美好的发展前景。

---

① 《〈2023 中国互联网广告数据报告〉（完整版）》，"中关村互动营销实验室"微信公众号，2024 年 1 月 8 日，https：//mp.weixin.qq.com/s/LYXfQWm6IP7ZaZKSg7xoiw。

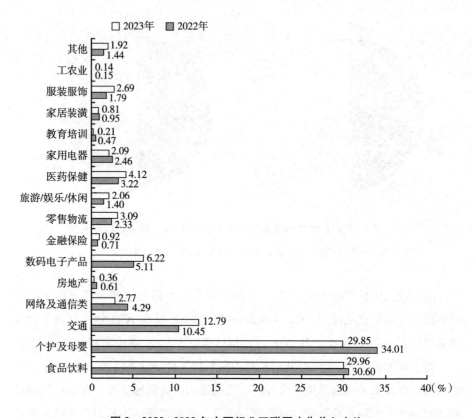

图3　2022~2023年主要行业互联网广告收入占比

资料来源：中关村互动营销实验室《2023中国互联网广告数据报告》。

二　AI驱动下的广告产业变革

AI驱动广告产业变革的原因是传统的广告模式具有明显的局限性。传统广告行业固有的痛点使得广告的回报率不高。同时，一些新兴品牌定位模糊，难以清晰地识别目标用户群体，这限制了广告效果的最大化，也制约了这些品牌的发展。在传统广告中，病毒式广告内容单调，使得用户审美疲劳，降低了用户的体验度和兴趣度，难以适应用户多样化的需求。AI技术的出现，给广告行业带来了颠覆性变革，这种变革体现在广告制作与投放的智能化、精准化

上，更体现在广告与消费者互动方式的创新与优化上。具体来说广告产业在
AI 驱动下有以下的变革。

（一）产业链深度重构与变革

在广告领域，AI 技术的引入带来了产业链结构的深刻变革。这一变革不
仅重塑了广告行业的生态，也对广告主、广告媒介和消费者之间的关系产生了
深远影响。

1. AI 助力产业链结构的重构

AI 技术使广告产业链结构发生变革，传统的产业链结构正在往智能化
和高效化的方向转变。广告主利用智能化技术使广告的制作更加高效。在
AI 技术的帮助下，广告媒介还可以对广告内容进行智能化分发和精准化投
放，这使得广告媒介可以预测用户的兴趣和行为，为广告主提供更有针对性
的投放方案。例如，麦当劳推出的《麦麦圣物》这一主题作品，把薯条做
成翡翠，把麦乐鸡块做成白玛瑙黄金，把汉堡做成青铜器。麦当劳食物转化
成"圣物"，这一创意点是基于麦当劳粉丝的"麦门信仰"，将传统东方元
素和品牌相结合而产生的。这个主题的 AI 视觉广告，改变了传统的广告产
业链，让麦当劳这个品牌更具个性化，能吸引目标消费者和潜在消费者的兴
趣，并且能够与他们产生互动，增强消费者的体验感。从这个案例中可以发
现，消费者在广告产业链中也受到了影响，享受到了更加个性化和智能化的
广告服务。消费者可以根据自己的兴趣和需求主动地获取有关的广告信息，
并且能够和广告主进行互动，增加了参与度。在智能化的推送服务下，消费
者的选择也更多，他们可以根据自己的需要选择商品和服务，实现更加便捷
的消费体验。

2. 上游环节的转型升级

随着广告市场竞争的加剧，广告主亟须降低广告的制作成本并增加其效
果，这成为行业发展的内驱力。AI 技术提供了自动化生成高质量和个性化广
告内容的可能，广告主也能通过 AI 技术迅速地捕捉市场的趋势和消费者的偏
好，进而生成与之匹配的广告内容。因此，AI 时代下的广告主，需要快速转
型升级，以应对消费者的多样化需求。同时，部分品牌开始积极探索去中介化
的道路，它们自行制作和传播广告，而 AI 技术为这一转型提供了强有力的支

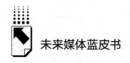
持。借助 AI 技术，品牌能够更深入地分析消费者的兴趣和了解消费者的真实需求，从而创作出更符合消费者喜好的内容，并且能够精准分发广告信息，确保其能够触达目标受众，增强广告效果。

飞猪旅游利用 AIGC 技术，短时间内大量生成平面广告，并将其投放在上海和广州的地铁站，这是 AI 技术在线下营销中的一个突破，也是品牌作为广告产业链上游在 AI 内容营销中的一次尝试。该系列平面广告涉及了旅游、酒店、交通等多个领域，广告画面融合了世界各地著名的景色和特色事物，充满了科技感和艺术气息，具有强烈的视觉冲击力，既吸引了路人的注意力，也引发了路人的共鸣。飞猪旅游自主运用 AI 技术的这一尝试，也提升了其知名度。

3. 中游环节的创新调整

产业链上游的广告主和广告媒介积极地应用 AI 技术提升广告内容的生产效率和质量，中游的投放平台也与时俱进，借助 AI 来进行创新以适应这一变革。中游投放平台可以凭借其丰富的数据资源和强大的技术加持与产业链上游的广告主和广告媒介进行紧密的合作，共同构建一个更加开放、高效和有活力的广告生态系统。投放平台借助 AI 技术实现了广告的智能优化和精准投放，通过 AI 技术，投放平台能够更加深入地洞察消费者的心理和行为模式，捕捉用户的兴趣点和需求，从而确保广告能够精准地触达消费者，实现广告效果的最大化。例如，抖音会根据用户在每个短视频停留的时长来分析用户对视频内容，包括视频中的产品的兴趣度，以此来持续地推送用户感兴趣的视频和产品，实现推送广告的目的。投放平台利用 AI 技术为广告主提供更加多样化的广告形式和创意支持，上游的内容生产创新推动着中游平台的变革，而中游平台又进一步促进了广告产业的整体优化，这种推动和优化促进了广告产业的不断发展，也为消费者带来了更加有趣的广告体验。

4. 消费者体验的革新

AI 在驱动广告业产生变革的同时，消费者对广告的体验也有了全新的变化。消费者接收广告的视角发生转变，从单一的接收转变为双向的互动，消费者与企业有了更深入的交流，甚至能主动参与到广告内容的创作和传播中来。例如，秒鸭相机制作出了国内首款 AIGC 产品，其凭借着 9.9 元一键拍摄高清的 AI 写真成功出圈。用户通过秒鸭相机的 AI 功能拍摄属于自己的写真，其

AI 功能与用户深度接触和互动，极大地提高了消费者的参与度和满意度。而用户对首款 AIGC 产品提出的反馈也为以后的 AIGC 产品提供了建议，广告不再是一种单向的信息传递，而是一种双向的沟通和交流。

传统的广告营销更多是广告主与消费者的单向沟通，消费者无法与广告进行互动。智能化时代的广告营销增加了更多与消费者互动的环节，广告主也更加重视与消费者之间的沟通，以此来满足消费者的需求和兴趣，促使消费者参与广告营销。这种变化不仅增强了广告的效果，也提升了消费者的体验感，增强了品牌与消费者之间的情感联系。

（二）AI 驱动广告行业工作流程的转变

传统广告行业在进行市场和受众分析时，主要依赖于小样本的广告调查，如问卷、电话访问等，耗费大量的人力和时间，并且效果评测存在滞后性，无法准确地分析出用户的兴趣和偏好。其在广告内容创作方面也主要依赖于广告者的经验和直觉，缺少可视化数据的参考，并且这个创作过程可能会比较缓慢，无法快速地应对市场需求的变化；在广告投放方面也缺少数据参考、缺乏实时性和精准性，主要依赖于人工判断，很难实现效益最大化。整体来看，传统广告行业缺乏高效整合和自动化处理数据的能力，运作效率较为低下，运作成本也高。现在，传统广告行业的工作模式依托 AI 不断地改进，依托智能分析，准确识别用户的兴趣、偏好和行为模式，实现了广告的个性化推送，与此同时还提高了广告的转化率。广告主和广告创作者在内容创作中，可以利用 AIGC 技术，快速生成符合用户喜好且有个性化的广告创意，AIGC 加速了广告创作的过程，这有利于满足瞬息万变的市场需求。AI 还不断监控着广告投放的效益，通过实时数据，结合用户的行为，确定最佳投放的时机和方式，这将会使广告行业实现效益最大化。总体来说，AI 驱动着广告行业工作流程的转变，整合着广告内容创作、投放和监控等环节，使其形成一个高效、自动化的工作流程，提高了广告制作的质量和效率。

（三）AI 引领广告内容创作

在 AI 技术的引领下，广告内容的创作也朝智能化方向变革。巨大的市场

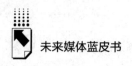

前景吸引着企业利用 AI 技术进行创作，以此来提高广告创作的效率。广告创作主要包含文案、图像和视频创作。

1.广告文案智能创作

对自然语言的理解和生成是广告文案智能创作中很重要的一环。AI 需要理解文本所要表达的意思，而文本包含着三个层级，分别是词、句子和文本中的情感。AI 在理解了文本的意思后，便能够生成文本，这一技术旨在让机器根据确定的结构化数据，通过一定的模板生成文本。[①] 百度的"轻舸"可以在 2 分钟内自动生成 100 条广告文案，5 分钟就能制作出 1 个数字人视频。WordSmith 是美联社开发的一款智能写稿工具。它通过收集和分析大量的数据，实时地监控金融等行业的信息，以此来生成金融和体育方面的新闻报道，极大地满足了这些行业对于时效性的要求。

2.广告图像智能创作

AIGC 生成图像的流程为：首先对图像进行分类，然后提取图像或视频中的相应数据，对目标进行识别、检测和跟踪，最后生成图像。卷积神经网络（CNN）是一种深度学习模型，被应用在众多图像处理软件中，它在特征提取、目标物识别和图像风格转变方面具有非常重要的作用。这些算法和 AI 技术的应用，对广告图像智能创作来说至关重要，无论是在图像的识别还是在图像的生成方面，都能提高创作者的效率，给予创作者一定的启发。例如创作者在软件中输入一张广告图像，AI 可以分辨图像的内容和风格，并遵循这一图像批量地生产出类似的图像。但目前 AI 在图像的内容理解上仍然存在偏差，因此其生成的图像也与创作者的本意不太一致。

3.广告视频智能创作

视频是由文本、画面、声音和特效等元素组成的，广告视频可以向消费者传达较多的信息，但是其制作过程也较复杂，制作广告视频所需的成本大、时间长，而 AIGC 的视频的创作功能，可以帮助广告行业解决这一痛点。2024 年美国人工智能研究公司 OpenAI 发布的人工智能文生视频大模型 Sora，引发了新一轮的行业变革，标志着 AI 技术在内容创作领域进入一个新纪元。用户仅

---

① 姜智彬、戚君秋：《技术创新与产业运用：从传统到智能的广告创作变革》，《中国广告》2021 年第 1 期。

需要输入文字指令 Sora 就能生成视频，且其生成的视频场景连贯、效果逼真。Sora 还能将图片转成视频，这改变了广告行业内容创作的模式，提升了创作效率。

（四）AI 检测广告投放效果

在广告投放后，消费者的情绪变化、场景、渠道、互动行为等各个因素会对广告投放效果产生影响。[①] AI 技术可以实现对广告投放效果的智能反馈，基于数据和模型对广告效果进行评估，这种方式能够大幅度地提高广告投放的效率，避免了广告资源的浪费。同时，广告主也能从这些智能反馈中，得到广告效果的数据评价，以此来优化广告。在智能化时代，互联网广告进行了观念重构、模式重构和方法重构，互联网广告主通过实时监测广告效果数据，获取即时精确的反馈，依据不同的反馈数据做出有针对性的实时应对，并采取相应措施来优化广告内容和传播方式。[②] 抖音、快手、微信视频号等平台都有对用户发出的视频进行数据检测的功能，将视频效果以评论量、点赞量、完播率等数据的方式展现给用户。对互联网广告来说，广告主可以从这些数据中，了解到消费者对广告的认知等，以此来对广告投放策略进行调整和优化，这为广告主带来了实际的经济效益，有效地节约了投放成本，避免了浪费。

三　AI 驱动下广告产业发展趋势

AI 技术正在改变广告产业的未来走向，引领着广告产业迈向一个全新的阶段。AI 通过分析海量的数据，洞察消费者的行为模式、兴趣偏好和潜在需求来帮助广告主实现对目标人群的精准定位和对目标受众的个性化推送，从而明显地提高广告的转化率。AI 能够自动生成符合品牌调性和市场趋势的广告内容，让广告创意更加多样化和富有创新性；同时，在广告投放的前期还能精

---

① 段淳林、宋成：《用户需求、算法推荐与场景匹配：智能广告的理论逻辑与实践思考》，《现代传播》（中国传媒大学学报）2020 年第 8 期。

② 秦媛：《智能时代网络广告效果评价体系的嬗变与重构》，《产业创新研究》2022 年第 20 期。

准地捕捉目标受众，在广告投放的后期，可以对前期捕捉到的目标受众进行有针对性地推送。

（一）VR沉浸式体验，改变传统营销模式

VR（Virtual Reality）技术即虚拟现实技术，是将虚拟和现实相互结合的技术，它可以创建一个仿真的系统，生成虚拟场景。① 智能化的时代，广告产业中也常常使用VR技术来改变传统的广告营销模式，提升受众体验感。传统的广告营销主要是采用图文和视频的手段，但实际的产品可能与消费者在网上看到的产品存在误差。图片和视频已经无法满足消费者对产品真实性的需求了，因此VR全景广告这一营销模式应运而生。VR全景广告是一种新兴的视觉体现技术，成为线下较流行的一种视觉营销手段，具有很强的沉浸感和交互性。日本汽车制造商Nissan针对Rogue SUV车型推出了一支VR广告，这支广告结合了星战的影视、游戏内容，车主只要戴上头盔，就能以第一视角看到宽大的座舱和车内的一些细节设计，然后驾驶着这辆汽车，身临其境地体验星战游戏，消费者可以全景观看壮观、气派的场景，这支VR广告可以给消费者带来强烈的视觉冲击。这支广告最终让Rogue SUV的销量暴涨了50%。VR全景广告与传统的广告相比具有更强的沉浸感和体验感，能给消费者带来极强的交互感，使消费者的注意力更长时间地停留在广告上。VR全景广告将线上和线下很好地融合起来，让商家能更好地开展活动，推广品牌和产品，也通过线上的多渠道裂变式传播，实现了品牌的快速曝光，全面地提高了用户对品牌的认知度，更易引起消费者或潜在消费者的注意，并使他们有更强的购买意愿。

（二）AR打破现实边界，使广告交互升级

AR（Augmented Reality），即增强现实。简单地说，VR看到的场景都是虚拟的，而AR看到的场景是虚实参半的，AR只是把虚拟的信息带入我们的现实生活中，增强了我们的现实体验。如今，在广告产业有更多的广告主去探究AR与广告的结合，其目的是更加引起消费者的注意，增加广告的转化率和得到更高的投资回报率。2019年，汉堡王推出"Burn that ad"AR广告。这支

---

① 邓赫男：《虚拟现实技术在基础教学中的应用案例分析》，《集成电路应用》2022年第1期。

广告为消费者在使用汉堡王的 App 观看竞争对手的广告时，其手机屏幕就会出现 AR 的燃烧特效，并且消费者还会得到一张免费的汉堡券。这个活动使得消费者在 App 内购买的销量增加了 54.1%。这支广告具有很强的交互性，用户和品牌之间的互动能够产生更高的品牌忠诚度和客户满意度。

AR 技术的出现使广告出现了多种形式，如 AR 视频、虚拟试穿、增强平面、3D 产品展示等，AR 的加持让一些广告效果的呈现变得可能。AR 广告通过沉浸式体验提高用户参与度，让品牌和用户之间建立更深层的情感联系，也通过虚拟的产品试用改善了用户的体验感。AR 技术的出现使得广告的形式更加多元化，也更加年轻化，引来了更多年龄层的受众，尤其是一些年轻的目标受众。因此，AR 与广告的结合使品牌投放的广告具有更高的转化率，从而提高了企业的销售额和整体的收入。

（三）元宇宙广告新纪元，重塑营销体验

智能时代下，人们构建了元宇宙这样一个虚拟现实空间，元宇宙为广告产业带来了新的营销方式和策略。对于消费者来说，元宇宙广告能够带来更沉浸、更极致的互动，对于广告主来说，元宇宙会改变广告生产流程，促进广告产业的技术发展，提供更多的商业价值。元宇宙利用各种交互技术，可以将现实的场景虚拟化，打造一个逼真的生活空间，突破时间和空间限制，这为广告产业创造了机会。利用元宇宙技术，品牌可以将产品和服务在元宇宙中展示出来，让用户能够及时的体验；通过一些游戏和用户互动，使营销变得更生动有趣，提升用户对品牌的忠诚度；在元宇宙中投放广告，使广告具有更强的互动性和沉浸感，提高品牌的知名度和曝光度；在元宇宙开设商城和虚拟交易平台，探索品牌的新商业机会，提高销售效率。

许多品牌在 NFT、服装、晚会、会议等方面已经做了元宇宙的尝试。网易推出了元宇宙沉浸式活动平台——网易瑶台，用户在这个平台上可以举办元宇宙会议和展会等。元宇宙博物馆将数字藏品进行展览，供用户参观，体验元宇宙研学。企业的元宇宙空间，连接企业品牌和业务，实现品牌宣传和商业转化；企业可以利用元宇宙空间开展线上的活动营销，提升交互体验，实现 3D 化的数字办公和智能化的定制服务等，元宇宙对于广告产业来说就像开启了一个新纪元，重塑着传统的营销方式，提升着用户体验。

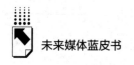

（四）数字人 IP 为广告营销赋能

艾媒咨询发布的报告指出，2021 年，中国虚拟偶像产业带动的整体市场规模达到了 1074.9 亿元，带动的核心市场规模达到了 62.2 亿元。其报告还预测了，到 2025 年数字人的市场规模将实现显著的跃升，预计将带动整体市场规模增长至 6402.7 亿元，带动核心市场规模增长到 480.6 亿元。[1] 这些数据表明了数字人行业在中国市场蓬勃发展，具有巨大的发展潜力和投资价值。在元宇宙崛起的背景下，AI 技术不仅推动着元宇宙广告的发展，还极大地促进了数字人 IP 的营销。

数字人是计算机技术和人工智能算法构建的数字化人物，是具有独特的人格、语言和行为，甚至可以拥有和人类相似的外貌、语言、行为和情感的虚拟人物。越来越多企业瞄准市场的前沿，纷纷加入打造数字人 IP 的行列中。企业可以根据品牌和产品的需求个性化定制数字人，打造独特的品牌形象和故事，数字人可以与用户进行实时的互动，提高用户的参与度和沉浸度，从而增强品牌和用户之间的情感联系。在一定程度上，数字人可以打破时间和空间的限制进行 IP 营销，实现全球范围内的品牌推广和营销。例如，纯甄的虚拟数字人"解小馋"，其形象是一个只吃纯净、自然食物的可爱孩童，可以在直播间和真人博主进行直播，同观众进行互动和交流。同时纯甄还在线下的活动中开发了相应的 IP 衍生产品，如虚拟 IP 的定制包装、手办和联名礼盒等。数字人 IP 的营销为纯甄赢得了大量的关注，提升了品牌的知名度，并且提升了纯甄酸奶的销量。同时，京东的数字人 Vivi 子涵，已经能够在传统直播间和 VR 直播间进行直播了；创壹科技的虚拟美妆达人柳夜熙参与了康师傅广告的制作，使品牌实现了新商业的变现；虚拟歌手洛天依，掌握着流量密码，成为数字人 IP 的一个风向标。[2]

数字人 IP 为品牌带来的是更具差异化的表现方式，数字人独特的人性化

---

① 《艾媒咨询 | 2022 年中国虚拟人行业发展研究报告》，艾媒网，2022 年 3 月 4 日，https://www.iimedia.cn/c400/83791.html；《艾媒咨询 | 2023 年中国虚拟人产业发展与商业趋势研究报告》，艾媒网，2023 年 3 月 31 日，https://www.iimedia.cn/c400/92538.html。

② 芦琦：《虚拟数字人 IP 化法律问题及其知识产权保护应对》，《科技与法律》（中英文）2023 年第 3 期。

特征帮助品牌从众多的IP广告中脱颖而出，抢占用户的注意力，与用户建立情感联系，给数字人IP设定的"人设"也从侧面反映出品牌的内涵。数字人IP也会使品牌更容易布局自己的内容营销模式，打造创意营销模式，打破传统的广告商业模式。

（五）AIGC智能创意，引领广告新风尚

AIGC（Artificial Intelligence Generative Content），即生成式人工智能，这一技术融合了机器学习、自然语言处理、计算机视觉技术。随着AIGC技术的成熟，广告行业产生新的风尚，广告营销大模型将成为行业的新常态，这些模型能够理解复杂的广告营销场景，然后生成符合品牌需求的创意内容。

1. 个性化与定制化的广告体验

AIGC技术使广告能够更加精准地针对用户的需求和兴趣，在广告制作前，通过分析用户数据和行为模式能够生成高度个性化的广告内容，从而提升用户的参与度和广告的转化率。AIGC技术依赖于大量的用户数据，包括用户的浏览历史、购买行为、社交媒体互动等，这些数据为AIGC提供了观察用户偏好的基础。AIGC技术基于对用户数据的分析，创造出与用户兴趣高度相关的内容，来提高用户的参与度。这种技术运用深度学习算法对用户画像进行细致刻画，了解他们的偏好、需求以及可能的兴趣点。这样的个性化广告不仅能增强广告的吸引力，还能减少对用户的干扰，增强用户的满意度和对品牌的忠诚度。《蛋仔派对》这款游戏利用AIGC技术，让用户上传自己的照片然后自动生成带有蛋仔元素的个性化角色形象，这个活动吸引了超过4000万名用户参加。天猫在"6·18"期间也同样开展使用了AIGC技术的"AI卡通脸"的活动，为用户打造专属的二次元形象，吸引了90万名用户参与。这些企业利用AIGC技术为用户提供专属的个性化定制服务，吸引用户参与，给予用户良好的广告体验感，以此来达到宣传品牌和活动的目的。

2. 多模态的内容创作

传统的广告时代，依靠的是广告人的创意思维，但个人的思维具有局限性，所产生的创意数量和质量也都不稳定。在应用了AI技术的智能广告中，AIGC通过大数据和机器学习，创作了大量且风格不同的内容供广告人选择。

AIGC 运用在广告内容的文案生成、海报设计、视频制作等方面，其通过多模态的转换，提高了创作效率，这极大地丰富了广告表现形式和内容。AIGC 不仅能生成文本，还能创作图像、视频和音频等多种模态的广告内容，这种跨媒介的内容创作能力将为广告营销带来新的可能性，使广告能在不同的平台和媒介上以最合适的形式呈现。

字节巨量创意平台的妙笔工具具有广告文案生成功能；腾讯的智影平台具有文生图和图生图的功能；百度擎舵除了有文案自动生成的功能，还能利用 AIGC 实现 3 分钟口播视频创作。在多模态自动生成内容技术成熟后，AIGC 创作的广告片出现。淘宝造物节创作了全行业首支 AI 广告片，这支广告片从创意的策划到图片和视觉动画的生成都是由 AI 完成的。这支广告片使用了 AIGC 的自然语言处理、图像生成和视频合成功能。AI 生成的独特创意和视觉效果，为这支广告片带来了新颖和独特的风格，吸引了众多用户的关注。

3. 数据驱动的广告内容和投放策略优化

AIGC 技术的发展将对广告行业的生态产生深远影响，将广告内容和投放策略优化提升到一个新的水平。AIGC 技术可以实时分析用户的行为数据，包括点击率、浏览时间、转化率等；同时，还可以根据用户的历史行为和偏好，推荐个性化的广告内容。AIGC 技术通过机器学习和数据分析，实时对广告策略进行调整，优化广告投放的时间、地点和频次，从而增强广告效果。另外，AIGC 还能通过分析用户的互动数据，不断地迭代和优化广告内容，实现广告效果的最大化。例如，薇诺娜在"6·18"期间，通过巨量云图团队深入研究了品牌消费者，通过数据洞察来设定投放策略，有效提升了广告转化率。字节跳动的 A/B 测试，被用来评估不同广告素材和投放策略的转化效果，其可以优化推荐算法，整理不同推荐算法下的用户点击率、转化率等指标，从而选择最优的算法模型。A/B 测试可以科学地衡量不同的广告素材、投放策略等的转化效果，从而为决策提供有力的支持。

四　广告产业内容营销变革

当前，广告内容营销已经从"流量为王"转变为"内容为王"，广告主更加注重内容的质量，将传统广告与互联网结合起来，改变了广告产业与媒体之间传统的沟通方式，让广告主、广告创作者、消费者可以通过广告顺利地沟通。目前广告产业在内容营销中的变革具体有以下几个方面。

（一）AI 技术引领内容营销新变革

传统的广告都是基于广告创作者的经验和思维而创作出的，存在不确定的因素。随着 AI 技术的出现，广告主能够通过 AI 对用户进行分析和认识，对广告的主题进行剖析，从而形成广告创意。形成广告创意的这个过程中，广告主会通过大数据寻找当前的热点问题，将其与用户的需求结合并转化成广告主题，进行内容创作和个性化的营销，增强了传播效果。[①] AI 算法优化了以往自主搜索带来的弊端，为广告精准投放和品牌的深度运营提供了条件。

1. AI 驱动广告营销内容的规模化、高效化生产

在内容生产方面，AI 技术以独特的优势，为广告营销内容的规模化、高效化生产提供了强有力的支持。当前的广告产业在内容营销方面，依靠着 AI 技术自动化地完成内容创作、编辑和发布等流程，大大地提高了内容生产的效率和质量，实现了广告营销内容生产的规模化。这种规模化内容生产，一方面可以提高生产效率和降低成本，AI 能够完成大多数重复性的工作，如一些文章的整理工作。这在节约了时间的同时也降低了成本。另一方面可以实现精准投放，AI 技术能够深入分析消费者的行为和偏好，帮助企业制定投放策略，精准地定位目标受众，从而确保内容能够准确地触达潜在消费者。同时 AI 可以生成大量具有创意性和吸引性的内容，这些内容也将吸引消费者。

2. AI 助力广告内容精准投放

传统的广告内容在投放中受到时间和空间的限制，无法准确地投放，广告效果不佳且成本高。但是互联网广告突破了时间和空间的限制，解决了广告主的痛点也提高了用户的参与度。AI 技术助力互联网广告的投放，在进行广告内容营销时，可以智能寻找目标客户，以及他们所感兴趣的渠道、方式、内容等，对他们关注的内容进行科学的检测。小红书通过 AI 技术，多角度地分析用户的喜好，给他们推荐相似的话题和内容。比如用户多次在小红书上搜索什

---

① 冼卓桑：《智能化时代的广告内容营销研究》，《营销界》2023 年第 2 期。

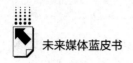

么化妆品适合油皮，那么平台通过大数据分析，就会多次向此用户推荐适合油皮的化妆品，从而成功推销产品。在这个过程中，用户是主动搜索的，大数据起到辅助作用，平台通过大数据识别到了用户的需求，并将广告精准地投放在用户的点击范围内。这不仅满足了用户的个性化需求，也使得广告投放更加精准化、高效化，实现更高的广告转化率。

3. AI 提升用户互动体验

广告内容营销的生产中，最关键的是内容创作，但是用户的体验也不能忽视。广告主除了需要通过内容上创新来吸引消费者的注意外，还需要在形式上有所创新。AR、VR、XR 等技术创造了全新的内容营销方式，使广告从形式上吸引消费者，使消费者产生更强的了解欲望，从而激发其购买欲望。数字人广告、虚拟试穿等对于消费者来说都是很新颖的营销形式。AI 技术能给消费者提供个性化的服务，这不仅增强了用户与产品和服务之间的联系，还为用户带来了更加便捷、愉快和高效的互动体验。

（二）内容与文化创新变革

在数字化市场的影响下，市场竞争也愈发激烈，企业加快了产品和服务的研发生产进度，随着互联网和社交媒体的兴起，企业能够直接与消费者进行互动。其中内容与文化创新已经成为品牌和消费者沟通的核心，品牌巧妙地通过与网络文化的融合增加品牌的亲和力和时代感，深度地和其他品牌进行合作，打造联名款，创造沉浸式的体验，更在文化层面上与消费者建立深度联系。这不仅增强了品牌的市场竞争力，还在消费者心中树立了独特的品牌形象。

在网络文化融合方面，品牌适度玩梗，利用网络文化和消费者建立共鸣，不仅让品牌显得更接地气，还让品牌能够有效地与年轻群体进行沟通，提升了品牌的亲和力。例如，麦当劳的"麦门"梗，起初是网友用来调侃自己对麦当劳的热爱的，麦当劳也借热梗延伸出了多种内容来营销。和平精英游戏也借助了电视剧《猎冰》中姚安娜举枪搜查这一名场面动作，将其融入游戏中来造势玩梗。在联名合作方面，品牌和品牌之间不再局限于表层的联名合作，而是有更深度的内容共创。品牌之间通过共同探索和创造新的消费体验，实现文化和价值观的交流。2023 年最出圈的联名要数瑞幸咖啡和茅台的联名了，两个品牌合作生产的酱香拿铁咖啡单日销售量突破 542 万杯，这一话题也在各大平台引发热烈的讨论，登上微博热搜第一。两者的联名合作增强了瑞幸在中高端用户中的影响力，进一步巩固了茅台在年轻用户中的品牌形象。在与中华优秀传统文化元素的融合中，内容营销也在不断的创新。

（三）个性化与本土化营销

在数字化营销时代，品牌的个性化和本土化营销策略成为营销的关键。品牌通过深入挖掘本土文化特色和消费者个性化的需求，开展与消费者具有情感共鸣的营销活动，这不仅增强了品牌的影响力，也提升了消费者对品牌的忠诚度。个性化营销的核心在于品牌对消费者需求的精准把握，品牌通过数据分析，为消费者提供定制化的产品和服务，如针对消费者不同的年龄、生活方式和兴趣爱好，设计符合消费者个性化需求的产品，并且通过个性化的营销信息和推广策略和消费者建立沟通和联系。而本土化营销则强调品牌对地方文化和消费者习惯的尊重和融合，品牌可以通过与本土文化元素的结合，创造出具有地方特色的营销内容。例如利用地方的历史、传统艺术、方言等文化元素，为消费者提供具有地方特色的产品和体验。此外，品牌还可以展现对地方文化的理解和支持，增加消费者对品牌的好感度。

快手发起"500 个家乡"计划活动，邀请了 500 位用户，根据这些用户自己的经历和视角，创作出丰富的家乡故事，展现了家乡的多样性和个性化魅力。这一活动从情感挖掘、地域特色和用户画像上展现了个性化的营销策略，同时，通过深度挖掘本土元素，记录和展现家乡的本土文化，实现了本土化营销。这些策略不仅深入挖掘了用户与家乡之间的情感联系，还通过多元化的内容和互动方式，实现了精准营销和品牌价值的传递。

（四）媒介创新与体验营销

当下，品牌不再局限于传统的广告媒介，而是将创意发散到多个方向，探索将日常物品和环境转化为传递信息的新渠道，达到"万物皆可媒"的状态。2023 年"6·18"大促期间，天猫将广告牌搬到海边，利用自然界的潮汐规律，将低价与潮水水位线降至最低点的意向相结合。这一媒介上的创新成功地吸引了消费者的眼球和关注，通过自然、有趣的方式传达了其大促信息。还有品牌利用地铁立柱、床单被子、行李转盘等生活中常见的物品对广告进行媒介

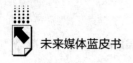

上的创新，以小见大发挥出强大的传播效果。

除了媒介上的创新升级外，品牌还越来越关注体验营销，即通过为消费者带来独特的品牌体验来营销。品牌将产品特性和品牌理念融入具体的使用场景中，让消费者在特定的情景中体验品牌价值，使用情景化表达的营销方式，加深消费者对品牌的认知，激发消费者的情感共鸣。品牌将部分门店设计成能展现品牌文化和价值主张的艺术空间，这些门店重视提供沉浸式的体验，让消费者感受到品牌文化和价值主张。例如 FREITAG 的上海旗舰店，消费者可以在门店里通过工业遥控手柄，体验包装虚拟剪裁和个性化设计的过程，可以将卡车篷布裁剪成独一无二的包装，该门店还提供包装的维修服务。同时，该门店也保留了原建筑的特色，在选址方面融入社区，与消费者深入接触，让消费者了解到品牌背后的故事和价值观。FREITAG 成功打造了具有差异化和吸引力的体验营销空间，使消费者获得丰富且深刻的品牌体验。

（五）趋势洞察与社会价值

品牌通过趋势洞察和社会价值的承担，展现出对市场动态的敏锐感知和对社会责任的深刻理解。品牌利用数据分析和用户洞察，捕捉了市场的趋势，并且通过创造性的营销策略，将这些趋势转化为具体的品牌行动。小红书通过分析用户发布的内容，发现并放大了 Urbancore 等潮流趋势，并通过运动等形式，将这些趋势转化为实际的营销活动。与此同时，小红书从 Citywalk 趋势中孵化出 Cityeat 的城市体验方式，为年轻人提供了新的城市探索方式，同时也为品牌商家创造了新的营销机会、新的商业机会。

品牌的趋势洞察不仅指对营销活动和商业机会的洞察，还指积极地洞察品牌打造的社会价值，提高自身社会责任感。例如，支付宝支持中国女足的发展、沃尔沃为男性提供带薪育儿假等，这些行动体现着品牌对性别平等的支持，推动了社会观念的进步。还有的品牌利用对社会趋势的洞察，识别社会问题和需求，积极参加公益活动，通过支持教育、环保或公共卫生事业与消费者建立情感联系，传递品牌价值观。珀莱雅的"谢谢参与"活动，旨在感谢品牌用户以及每一个用爱参与过自己生活的人，这一主题不仅是对用户的一种回馈，更是品牌社会责任的践行和传递。消费者越来越倾向于支持那些不仅提供产品和服务，同时也关心社会福祉的品牌。

五　总结

广告行业日新月异，技术发展将高效化、精准化提升广告效益以及用户的体验。人工智能的发展深刻改变着广告产业的生态格局，AI 技术正成为推动广告产业发展的核心力量，在广告产业链的每一个环节都发挥着不可估量的作用。

AI 颠覆了传统广告产业。智能化时代下，广告链条上的每一个环节都应该充分使用 AI，以发挥广告的最大效果。广告主需要与时俱进，巧妙利用 AI 来使广告效益最大化；广告投放者需要借助 AI 软件，提升投放效率，为广告主创造效益和节约成本；消费者也要积极地参加互动和体验，给予广告主反馈。只有这样，广告产业才能在 AI 技术的引领下不断前进。

在未来，AI 技术将给广告产业带来更多的变化，将会成为主流的创作依据，也将为观众带来更多新颖和科技化的广告内容。广告也将有望在 AI 的驱动下，实现从单一的信息传播向全方位互动体验的转变，从而建立起一个更加开放、智能、共享、高效的广告生态体系。

B.11
影视行业智能视听发展报告（2024）*

佘麒麟　刘泽浩　施　薇**

摘　要：　本报告以影视行业为主要研究对象，重点聚焦智能视听技术，旨在探讨智能视听如何赋能影视行业的综合发展。本报告采用文献研究法从产业性和政策法规性两个大方面对影视行业智能视听发展状况进行了分析。研究结果显示：首先，智能视听加速了影视产业的架构升级、拓宽了影视产业的前进道路、深化了影视产业的制作特色；其次，智能视听技术在丰富影视行业的内容创作，促进多行业融合的同时，引发了围绕知识产权、作品质量以及市场竞争等层面的风险与挑战。整体来看，影视行业只有借力科学技术、坚持不断创新，在深入探索产业合作模式的基础上，遵循政策法规，才能良性发展。

关键词：　智能视听　影视行业　电影产业　电视产业

《中华人民共和国国民经济和社会发展第十四个五年规划和2035年远景目标纲要》强调，要加快数字化发展，建设数字中国。智能视听是广播、网络视听与战略性新兴产业深度结合的必然结果，也是促进数字化发展的重要环节。随着人工智能、大数据、虚拟现实、5G等新技术的不断涌现，以及经济和社会发展的需要，智能视听得到了快速发展，并且扩展到了各行各业的新兴领域。智能视听的应用范围非常广阔，是网络视听在科技支撑和赋能下的升级版和发展的必然趋势。

---

*　本报告系厦门理工学院高层次人才项目"影像作品中文化原型研究及影像数据库建设"（编号：YKJ22046R）的阶段性研究成果。

**　佘麒麟，影像内容博士，厦门理工学院影视与传播学院讲师，硕士研究生导师，主要研究方向为影视文化、地域文化及日本动画电影；刘泽浩，新闻传播学博士，浙江理工大学法政学院、史量才新闻与传播学院讲师，主要研究方向为环境传播、文化传播和政策传播；施薇，厦门理工学院硕士研究生，主要研究方向为艺术编导。

一 概念释义

（一）智能视听

1. 智能视听定义与特征

人民日报社副总编辑崔士鑫在 2021 年智能视听大会上指出，智能视听产业的发展方向主要是典型未来媒体产业与战略性新兴产业强烈融合。[①] 智能视听的性能和特点主要集中于生态类别、生态圈和行业交互三部分。第一，生态类别层面。智能视听产业链是一个由内容制作、技术服务、平台运作、教育培训以及终端产品构成的完整产业链。这五个生态板块涵盖了整个智能视听行业从创意到产出的整个流程，在内容制作中融入了科技，提高了制作的效率。智能视听产业要构建专业化的业务平台与平台运作机制，引导平台竞合、服务内容生产；要在打造高质量、高内涵内容的同时，注重培养和训练，提升内容创作者的业务水平。第二，生态圈层面。随着智能视听用户的数量的激增和产业规模的扩大，它已经深入各个行业，并在一定程度上促进了产业的变革和产业的重组。智慧视听的文化生态已经逐步建立并发展起来，目前已经覆盖了包括电影、动画、游戏、短视频、直播、电竞、教育培训、终端生产等在内的各种智能视听产业。第三，行业交互层面。智能视听与其他行业的结合越来越紧密，其与公共服务、电商、文旅、教育、医疗、体育等各个领域进行了深入的结合，促进了各行业的交流与合作。动漫短视频产业、游戏电竞产业、电商直播产业，都呈现出蓬勃发展的势头。

2. 智能视听发展现状与趋势

世界各地智能视听产业的蓬勃发展，带来了新的商业模式与业态，也为产业与社会带来了契机。由此而产生的治理问题，也是一个不容忽视的课题。在快速发展过程中，智能视听的安全性问题也引起了人们的重视。再加上高科技的不断发展，以及新业态和新应用的不确定性，使得维护社会的健康、和谐和

[①] 《2021 智能视听大会在青岛举行》，"澎湃新闻"百家号，2021 年 10 月 13 日，https：//m. thepaper. cn/baijiahao_ 14888030。

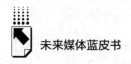

产业的良性发展，成为政府相关部门的首要任务。

机会与挑战并存，当前对于智能视听未来发展趋势的探讨，大致可归纳为以下几个方面。

第一，科技层次及走向。随着智能视听与多个领域的融合，以及其对各个领域影响力的不断增强，其已经逐步成为许多新兴科技发展的基本动力和核心场景。伴随技术发展，视听行业在科技创新、媒体融合、传播运营、内容安全等方面发生深刻变革，平台竞合加剧，产业格局不断演变。智能视听已是深层次整合发展中必不可少的一部分，并将在今后相当长的一段时期里继续发挥作用。

第二，产业层面的发展趋势。党的二十大报告强调的战略方向为这一领域指明了前进的道路：加快发展数字经济，促进数字经济和实体经济深度融合，打造具有国际竞争力的数字产业集群。① 近些年来，我国的视听行业已经取得显著成就，这一切离不开政策的大力支持。随着科技的不断进步，智能应用正以前所未有的速度渗透到各个行业之中，打破了传统产业的边界，尤其是在与视听产业联系紧密的文旅和内容创作行业，智能化应用已经开始将触角延伸至更广泛的实体经济产业体系。这种趋势不仅促进了视听内容与旅游、文化等领域的有机结合，而且还催生了一系列新业态，这些新业态之间的相互渗透与融合共同塑造了一个充满活力的视听新生态。因此，可以预见，随着技术的持续革新和市场需求的日益增长，智能视听产业将继续保持高速发展的态势。从硬件到软件，从内容生产到消费终端，整个产业链都将迎来升级换代。

第三，价值层面的发展方向。国家相继颁布了一系列的政策，明确了智能视听的发展方向，同时明确了其发展的重大战略意义。智能视听正在作为宣传思想文化工作的新"阵地"，在宣传主流意识形态、促进网络强国建设、促进经济和社会发展等领域起到了重要的推动作用。

（二）影视行业

1. 行业概况

影视行业是数字文娱产业的重要组成部分。我国的影视行业大致可划分为

---

① 《习近平：高举中国特色社会主义伟大旗帜 为全面建设社会主义现代化国家而团结奋斗——在中国共产党第二十次全国代表大会上的报告》，中国政府网，2022 年 10 月 25 日，https：//www.gov.cn/xinwen/2022-10/25/content_ 5721685. htm。

电影行业和电视剧行业两大类。电影行业围绕策划、制作、宣传、放映等环节展开，涵盖了各行各业的产业主体；电视剧行业由剧集制作和播出机构组成，涵盖制片商、电视台、视频网站等。随着科学技术的发展，影视行业也迎来了创新与发展的重要时机。

从整体观察，影视行业在经历过一段时间的快速发展和繁荣之后，产业链各环节以及要素开始了频繁并购与整合。这一过程中，行业内的竞争日益激烈，政策环境也日趋复杂多变，再加上新冠疫情对经济社会造成的巨大冲击，都使得影视行业发展的速度不得不放缓。在此背景下，一些中小型影视制作公司和那些早期采取激进扩张策略的企业逐渐被淘汰出局。整个行业呈现出两个明显的趋势：一方面，传统的线下制作模式和消费场景受到严重影响；另一方面，线上影视活动的需求呈现爆炸式增长。这种两极分化的现象，反映了行业结构调整的迫切性。随着全球经济逐步复苏，以及高新技术如虚拟现实、增强现实等技术的发展，影视行业迎来了新的发展机遇，同时也面临新的挑战。

2. 行业环境

（1）行业外部环境

影视产业在全球化的浪潮中经历了飞速的发展和翻天覆地的变革，从创作源出发，该产业的核心始终围绕作品的生产、传播和消费等三个环节展开。在这一过程中，随着新技术的不断进步和消费者需求的变化，各式各样的商业模式涌现，内容的创新也层出不穷。这种变化与宏观经济、政治环境以及终端基础设施之间形成了复杂而紧密的联系。首先，文化娱乐需求是推动影视行业发展的重要因素之一。随着生活水平的提高，人们对于精神文化产品的需求日益增长，这就要求影视作品不仅要有艺术价值，还要有娱乐功能，能满足观众多样化的审美和娱乐需求。其次，宏观经济和政治环境的变化也会对影视行业产生深远影响。例如，新冠疫情期间，全球范围内的社会秩序和经济活动都受到了前所未有的冲击，传统影视行业面临着重大挑战。依赖于有线电视和院线的电影和电视剧生产和发行模式遭受了巨大压力，票房收入锐减，放映场所关闭导致许多剧组停工，给整个行业带来了沉重打击。然而，与此同时，网络视频平台的崛起为影视行业开辟了新的天地。越来越多的网络大电影和电视剧以其便捷、灵活、成本相对较低等特点受到欢迎，成为传统影视作品的有力竞争对手。这些

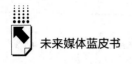

新型平台依托强大的数字技术，能够更快速地响应市场变化。

终端基础设施的变革也同样深刻影响着影视行业。随着互联网和移动设备的普及，观众获取信息和观看影视内容的渠道发生了根本性的变化。智能电视、在线视频平台、社交媒体等新型媒介正在改变观众的观影习惯，迫使传统影视产业不得不适应新的传播方式，进行自我革新。宏观经济的增长速度和政策导向对于影视产业的发展同样起到了决定性作用。尤其是在投融资领域，投资和融资行为会直接影响影视作品的制作规模、题材选择和发行策略，进而影响整个产业的产出。

总的来说，影响影视行业发展和产出的因素是多方面的，其中最根本的是经济基础和技术支撑，其次是政策扶持和市场需求，最后则涉及文化消费趋势和行业内部的自我调整能力。

从经济层面看，中国居民人均可支配收入的持续增长，成为影视产业发展和产出的重要支撑。2023 年，全国居民人均可支配收入已经达到 39218 元，比上年实际增长 6.1%。居民可支配收入的增长对数字文娱消费需求的增加有促进作用，影视产业作为其重要板块，同样得到发展。

网络建设提速。经过多年发展，移动网络已经从 2G 向 5G 跨越，成为人们工作、生活、娱乐中不可或缺的一部分。随着科技的进步和资金投入的增加，电影产业的运营方式和竞争方式也在不断变化。自 2016 年起，随着手机上网速度的加快与上网资费的降低，电影产业迎来了爆发式的发展。

线下线上共同发展。2020 年初，由于新冠疫情的发生，人们的线下生活受到了极大的影响。电影产业的消费与生产受到了严重打击。2020 年的春节档，所有的影片都下架了，各大院线、各大影视基地、各大剧组纷纷停工。从电影上游环节到电影下游环节，都受到了很大的影响。从短期的情况来看，2020 年初至 5 月，中国有超过 8000 家电影院关门，原创电影的数量在下降，电影产业进入了一个大的整顿和清理阶段。从长远来看，这场疫情引发了互联网影视市场的巨大需求，互联网影视的观看时长、观看量都在不断增加，大部分的互联网企业都在积极发展视频平台，以满足互联网影视的播出需求。

随着新冠疫情的结束，国家出台了一系列扶持政策促进经济复苏，影视行业也迎来了发展的新机遇。数字技术的迅猛发展更为这一行业注入了强大动力，影视作品的制作和传播方式发生巨大变革。这些变革不仅拓宽了观众视野，且提高了影视内容的质量，为影视行业的繁荣奠定了基础。

（2）行业内部环境

随着生活水平的提高，大众逐渐养成了在电影院里观看电影的习惯，电影的票房和观看电影的观众数量每年都在增加，但其增速却在减缓，观影人数逐渐达到了一个临界点。在新冠疫情期间，电影票房受到巨大影响，虽然新冠疫情之后逐步复苏，但仍不稳定。造成这一现象的主要原因为：一是三线、四线城市的下沉影院，观影人数的增长已遭遇瓶颈；二是网络娱乐和网络视频等对大众的消费方式造成了一定的影响；三是在作品的内容与创意方面，在新冠疫情后的短时间里，国内外精品影片的产量偏低，票房与电影的品质不相适应，造成了电影观众观影欲望的降低和观影数量的减少。不过，最近两年，随着高质量的影片不断涌现以及经济的恢复，影院的票房也在不断上涨（见图1）。

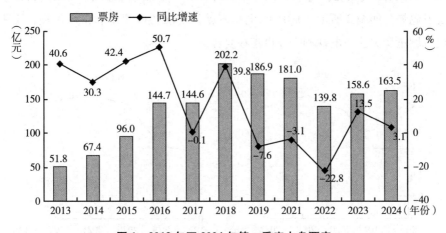

图1 2013年至2024年第一季度大盘票房

资料来源：《拓普数据：2024年第一季度中国电影市场研究报告》，搜狐网，2024年5月22日，https://www.sohu.com/a/780787322_121740911。

《2023中国电视剧报告》显示，国内电视剧和网剧数量从2018年的500多部，下降到了2022年的200多部。其中，电视剧数量下降趋势明显（见图2）。

虽然作品数量减少了，但作品质量在提高，创作出既有力度又有亲和力的

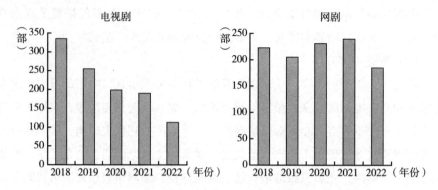

图2　2018~2022年国产电视剧及网剧发行数量

资料来源：《2023中国电视剧报告》。

高品质影视，成为创作者的目标。近年来，也出现了一批精品电视剧和网剧，如《追风者》《繁花》等。在优秀作品的带动下，电视剧收视率与市场份额呈上升趋势。如图3所示，TOP 10电视剧整体上涨的收视率和市场份额，说明电视剧正受关注，电视剧产业也正在复苏。

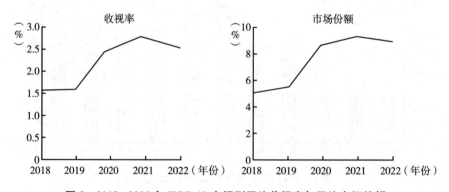

图3　2018~2022年TOP 10电视剧平均收视率与平均市场份额

资料来源：《2023中国电视剧报告》。

3. 行业周期性与所处阶段

影视行业的发展与国家经济增长率之间存在某种相关性。影视内容的生产和使用离不开终端设备，如有线电视、网络、平台。电影产业的发展既受到国家宏观经济发展程度的制约，也受到国家相关政策的影响。同时，电影产业又与人民群众不断提高的精神和文化需要密切联系在一起。如今，电影产业正处于一个转型、调整和升级的时期，总体增速放缓，监管政策收紧，科技进步加快。

二 智能视听赋能影视行业发展的路径

党的十九大报告明确提出中国特色社会主义进入了新时代。我国影视行业也随之站在新的历史方位。具体而言，影视行业应与文化强国战略紧密融合，不仅要提升经济效益，更要确保发展质量和水平同步提升。这种发展是多维度的，影视行业需要不断优化发展路径，不断开拓新的模式和业态，以更加符合时代脉搏的方式来满足广大人民群众日益增长的文化需求。

值得一提的是，影视行业在创新和新技术应用方面呈现出的特质，在数字技术的强力推动下，正释放出巨大潜能。新冠疫情后人们对高新科技和深度体验的渴望，达到了新高度，这种需求推动影视行业转型，以适应消费者的新需求。

结合影视行业现状、发展特点以及发展趋势，可以清晰地看到，智能视听正在成为推动影视行业向前迈进的重要力量。通过技术加持，影视行业能够提供丰富多样的视听体验，实现多维互动，为观众带来别样感受。影视内容生产、传播和消费过程都在发生深刻变化。在充满机遇和挑战的时代，智能视听对影视行业来说，不仅是技术层面的升级，更是增强文化自信和承担行业责任的彰显。

（一）智能视听加速产业升级

科学技术深入各行各业，数字技术不仅提升了电影制作效率，也丰富了电影表现手法，提升了观众体验，推动媒体平台发展。其突破性的发展与创新运用，使电影行业处于高效发展与迅速转型中。

在技术层面，智能视听对影视产业有以下几点影响。第一，提升制作效率。数字化技术的应用，使影视制作各阶段工作变得更加高效。无论是前期拍

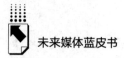

摄、中期剪辑，还是后期特效，智能视听都能帮助制作者快速完成内容创作，降低制作成本。第二，丰富表现手法。伴随数字化技术发展，智能视听为影视作品提供了更多的表现手法。区别于传统的电影和电视剧以故事剧情和节奏为体现差异性的方式，智能视听赋能的电影和电视剧作品，会更加注重技术的应用，通过新技术和新元素的参与，丰富表现手法。以虚拟现实技术和增强现实技术的应用为例，影视作品中虚拟现实技术的参与，可以让观众身临其境地体验影视作品中的场景。例如电影作品《头号玩家》就是一次 VR 技术由外向内的探索。增强现实技术则能够让影视作品与现实世界产生互动。例如《钢铁侠》系列电影中，"钢铁侠"的增强现实头显就是一个很好的例子。此外，一些影视作品融合计算机图形和游戏引擎，制作时可以预览和实时渲染，真正将 VR、AR 和 XR 等新技术融于制作。第三，提升观众体验。智能视听为观众带来全新体验，多屏播放、互动影音和滚动弹幕等观看方式，让观众实现沉浸式体验。第四，推动媒体平台发展。数字化技术推动流媒体平台发展，观众观看影视作品不再受时间和空间限制。影视公司、视频平台在创新制作方式的同时，积极发展智能视听。各平台间良性竞争，一批带头企业脱颖而出，形成了影视行业技术开发和产业升级的原动力。

（二）智能视听拓宽产业道路

影视行业有广阔发展前景，要实现高质量的发展，就要关注技术、业务和模式等基础板块，全方位推动行业的进步。第一，在技术层面，智能视听带来的新技术应用到影视行业中。首先，智能视听带来的新技术，推动影视行业发展。其次，影视行业与智能视听企业加强合作提升内容质量。再次，数字化手段推动影视行业的业务升级和流量变现。最后，新技术的加入，为影视行业注入活力和创造力。第二，在业务层面，智能视听的融入将为影视行业带来新的机遇。一方面，智能视听技术可以帮助常规视听业务和传统平台实现升级和调整，增强传播效果。另一方面，影视行业可以借助智能视听技术，整合多种业务形态和平台类型，实现资源优化配置，拓宽业务领域。第三，在模式层面，智能视听技术的发展为影视行业提供了新的发展路径。一是推动影视行业科技创新，实现高质量发展。二是为行业应用的拓展和革新提供可能，助力影视行业探索更多模式。三是提高了影视行业的市场竞争力，为影视行业的繁荣发展贡献力量。影视行业要实现高质量发展，就必须紧跟技术发展趋势，以智能视听为突破口全面提升行业核心竞争力。

（三）智能视听深化产业特色

智能视听在影视制作中的体现集中于三个层面。第一，前期拍摄层面。数字化摄像机使拍摄更高效和便捷。制作团队可以现场实时预览画面，实时进行内容调整，提升拍摄质量。第二，中期制作层面，智能视听应用带来的非线性编辑系统，为剪辑师提供随时修改和调整视频内容的可能，提高其工作效率。第三，后期制作层面，特效制作水平在智能视听的加持下不断提升，特效化妆等特效工作可以通过计算机图形技术实现。

三　智能视听赋能影视行业政策法规发展的路径

与其他行业相比，影视行业因其兼具经济价值和精神文化传播功能的特性，逐渐成为我国的重点支柱行业。近年来，随着我国数字化、网络化、信息化进程的加快，以 VR、AR、人工智能为代表的一系列智能视听技术为影视行业的创新注入了新鲜的活力。在这一过程中，大量的政策及法律法规相继出台，为保障和促进我国建设成为世界一流的影视强国奠定了强有力的基础。基于此，本报告将根据影视行业的基本分类，综合性地回顾电影、电视剧产业相关的政策法规，并重点关注和探讨智能视听如何赋能其发展。

（一）电影行业相关政策法规

在中国共产党第二十次全国代表大会上的报告中，习近平总书记指出，要"繁荣发展文化事业和文化产业""铸就社会主义文化新辉煌"。电影产业作为文化产业的核心组成部分，对社会、经济和文化的发展具有持续且深远的影响。综观过去三十年，一系列重要政策及法律法规环环相扣、逐步推进，为我国影视行业的平稳发展保驾护航（见图4）。

1996年，《国务院关于进一步完善文化经济政策的若干规定》指出，"经

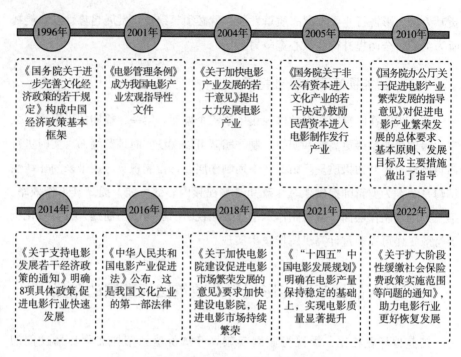

图 4 中国影视行业政策发展历程

资料来源：《中国电影产业重要扶持政策大汇总》，影募网，https：//www.163.com/dy/article/HK7IGIVL0553K480.html？spss=dy_author。

国务院批准成立的电影制片厂销售的电影拷贝收入，继续免征增值税"，并强调要"建立健全专项资金制度"，重点完善"国家电影事业发展专项资金"。①自此，对电影产业发展的资金支持正式被纳入我国经济政策的基本框架之中。而后，为了进一步加强对电影行业的管理，发展和繁荣电影事业，满足人民群众文化和生活需要，促进社会主义物质文明和精神文明建设，我国于2001年颁布了《电影管理条例》②。其中，第四十九条规定："电影事业发展专项资金扶持、资助下列项目：（一）国家倡导并确认的重点电影片的摄制和优秀电影剧本的征集；（二）重点制片基地的技术改造；（三）电影院的改造和放映设施

---

① 《国务院关于进一步完善文化经济政策的若干规定》，国务院行政法规库网站，1996年9月5日，http：//xzfg.moj.gov.cn/front/law/detail？LawID=470。

② 《电影管理条例》，中国政府网，2005年8月21日，https：//www.gov.cn/banshi/2005-08/21/content_25117.htm。

的技术改造；（四）少数民族地区、边远贫困地区和农村地区的电影事业的发展；（五）需要资助的其他项目。"由此可见，国家政策在强调保护电影产业影片类型多样性的同时，将焦点聚集在了技术和市场层面，明确了电影事业发展专项资金的扶持对象。这为后续影视行业中智能视听的积极参与，作出了有效的铺垫。

2004 年印发的《关于加快电影产业发展的若干意见》指出："电影产业是以高新技术为支撑的高智能、高投入、高产出的文化产业，是文化产业中颇具活力与生命力的重要组成部分，在文化产业中占有重要地位。"在此基础上，该意见将电影产业亟待解决的问题进行了归纳总结，其中第三点指出应当建立电影产品的多元盈利模式，运用数字化、网络化、信息化技术对产业进行结构调整和市场开发。这为后续智能视听赋能电影产业的发展提供了舞台。另外，第七点重点强调："努力促进电影生产与先进科学技术的结合，支持科研成果的转换，吸纳引进国际先进技术，提高我国电影科研开发和自主创新能力，全面提升电影制作的高科技含量，加快应用软件的开发力度和创作应用的推广力度，促进电影制作质量的显著提高。加强重点电影数字制作基地建设，使之形成规模化的生产能力。经批准从事电影数字化项目研发、制作和基地建设，可享受国家关于高新技术企业税收优惠政策。"① 国家政策正式明确电影产业数字化、智能化的重要性，从技术创新层面对电影产业进行扶持，提升电影制作技术水平。

2005 年，为了更加有效地盘活电影市场，促进电影产业全面发展，充分调动全社会参与文化建设的积极性，《国务院关于非公有资本进入文化产业的若干决定》出台。该决定提出，鼓励和支持非公有资本进入电影制作发行、广播影视技术开发运用、电影院和电影院线、农村电影放映等领域。并指出，"非公有资本可以投资参股电影制作发行放映领域的国有文化企业"。② 自此，以公有制为主体、多种所有制经济共同发展的电影产业格局逐步形成。2010年，《国务院办公厅关于促进电影产业繁荣发展的指导意见》印发，该意见共

---

① 《关于加快电影产业发展的若干意见》，石城县人民政府网，2011 年 6 月 10 日，http：//www. shicheng. gov. cn/scxxxgk/sc89738/201106/f48153fa559648f2b68fa63455462920. shtml。

② 《国务院关于非公有资本进入文化产业的若干决定》，中国政府网，2005 年 4 月 13 日，https：//www. gov. cn/gongbao/content/2005/content_ 64188. htm。

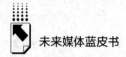

提出十条措施以促进电影产业的繁荣发展。其中，第六条措施针对如何积极推动电影产业科技创新作出了宏观指导，并指出，"实施电影数字化发展规划，大力推广数字技术在电影制作、发行、放映、存储、监管等环节的应用。提高国家中影数字电影制作基地的经营管理水平，形成集约化生产能力。引进消化吸收国际先进技术，加强自主创新，加快完善符合我国电影产业发展要求的数字电影标准体系，提高电影数字设备国产化水平。研究开发数字电影技术服务体系，加快建设全国和省级电影数字化服务监管平台，完善 0.8K 数字电影流动放映，1.3K、2K 数字电影放映的市场服务和技术监管系统。加快研发网络实时监控系统技术，完善数字化分发和接收系统。抓紧实施资料影片数字化修护工程，加快数字影片节目库的建设和利用"。①

2014 年，《关于支持电影发展若干经济政策的通知》提到，将专门安排资金用于推动高新技术在电影制作中的应用，支持重要电影工业项目及高科技核心基地建设，安排补贴资金用于重点支持中部、西部地区和东部困难地区县级城市数字影院建设，促进县城数字影院建设的均衡发展。这表明，国家在关注电影产业高新技术应用的同时，力图保障整体电影产业均衡、平稳发展。另外，该通知还针对电影产业适应技术革新、产业升级的发展趋势提出了对策，强调应"加强和完善电影发行放映的公共服务和监管体系建设，推动电影发行放映的运营、服务和管理向现代化、智能化转变"。② 2016 年，电影产业领域的首部立法《电影产业促进法》于第十二届全国人民代表大会常务委员会第二十四次会议上正式通过，标志着我国电影产业进入法治化发展阶段。《电影产业促进法》第六条明确规定："国家鼓励电影科技的研发、应用，制定并完善电影技术标准，构建以企业为主体、市场为导向、产学研相结合的电影技术创新体系。"③

2018 年，国家电影局印发《关于加快电影院建设促进电影市场繁荣发展的

① 《国务院办公厅关于促进电影产业繁荣发展的指导意见》，中国政府网，2010 年 1 月 25 日，https：//www.gov.cn/zhuanti/2015-06/13/content_ 2879032.htm。

② 《关于支持电影发展若干经济政策的通知》，中国政府网，2014 年 6 月 19 日，https：//www.gov.cn/xinwen/2014-06/19/content_ 2704238.htm。

③ 《中华人民共和国电影产业促进法》，国家法律法规数据库网站，2016 年 11 月 7 日，https：//flk.npc.gov.cn/detail2.html？MmM5MDlmZGQ2NzhiZjE3OTAxNjc4YmY4MjkxNDA5NDc%3D。

意见》的通知，提出将"大中城市电影院建设提质升级，先进放映技术和设施广泛应用，舒适度等观影体验进一步提升"的目标。从技术、设施和服务入手，积极匹配电影产业的发展需求。同时，该意见提出了"鼓励电影院积极采用先进技术，对放映环境和设备设施进行升级改造，提高放映质量"的主要措施。该措施不仅针对公共放映室，还力图通过附着先进技术的智能视听提升观影体验。[①] 例如，天趣推出的智能视听眼镜，通过技术手段将大银幕投射到眼镜中，让观影者的双眼既能体验到大屏观影的舒适性，又保证了私密性。

2021 年，《"十四五"中国电影发展规划》提出了"电影创作生产更加繁荣""市场和产业体系更加健全""电影科技能力显著增强"等六大发展目标。[②]首先，电影创作生产更加繁荣，意味着鼓励内容创新和扶持高新技术类电影的生产。例如，以《流浪地球》系列为代表的科幻类型的电影作品就备受关注。郭帆导演执导的电影《流浪地球 2》可谓近年来国产科幻电影的典范，受到了观众和业界的一致好评。影片中大量采用了虚拟预演技术、表情捕捉技术等特效技术，给观众呈现了以"太空电梯"为代表的一幕幕经典画面。其次，市场和产业体系更加健全，意味着多元、多层次市场的开发，要在扎实做好传统院线发行工作的同时，规范线上影院和点播院线。最后，电影科技能力显著增强，意味着特效制作水平进一步提高，电影工业化基础更加牢固，电影标准化体系更加健全，也使得智能视听的嵌入更加合理。要结合智能视听技术，探索发展移动终端电影的可能性，并深度打开市场、扩大消费规模、创造市场收益。通过把握智能视听引领的新技术，推动电影摄制水平提升，加快电影特效技术发展，提升数字化技术更新，建立完善的电影技术标准体系。

2022 年，受疫情影响较大行业的恢复和发展成为国家关注的问题，相关部门发布《关于扩大阶段性缓缴社会保险费政策实施范围等问题的通知》。该通知明确指出，将为电影行业提供一系列扶持措施，旨在帮助电影行业渡过难关，更好地恢复和促进其发展。电影行业作为文化产业和影视行业的重要组成

---

① 《国家电影局印发〈关于加快电影院建设促进电影市场繁荣发展的意见〉的通知》，国家电影局网站，2018 年 12 月 13 日，https：//www.chinafilm.gov.cn/xxgk/gztz/201812/t20181213_1399.html。

② 《国家电影局关于印发〈"十四五"中国电影发展规划〉的通知》，国家电影局网站，2021年 11 月 9 日，https：//www.chinafilm.gov.cn/xxgk/gztz/202111/t20211109_ 1453.html。

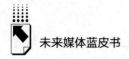

部分,可以丰富人们的精神文化生活、推动经济社会发展。因此,扩大阶段性缓缴社会保险费政策的实施范围,可以有效减轻电影企业的经营压力,保障企业员工的社会保险权益,为电影行业的复苏提供有力支持。该政策的提出不仅有利于稳定电影行业的就业,还能激发电影创作和生产活力,推动我国电影行业高质量发展。该通知还提出了一系列配套措施,力图恢复市场信心,激发创造潜能。

(二)电视剧行业相关政策法规

相比于受到持续关注的电影产业,电视剧产业相关政策法规的出台主要集中在最近几年。2019 年,国家广播电视总局印发的《关于推动广播电视和网络视听产业高质量发展的意见》指出,要"加速广电网络提质升级""加快服务能力与科技深度融合发展"。要在加快建设新型国家信息化基础网络的同时,建立全国有线电视网络的统一系统,加快 VR、5G、人工智能等新型信息技术在电视节目中的应用和部署。要创新内容形式,提升视听体验,从应用场景、分辨率、信息采集和消费体验等多个受众重点关注的层面出发,进行产业升级。① 在这样的形势下,一批优秀的电视剧应运而生。

《广播电视管理条例》(2020 年修订)明确规定,"国家发展广播电视事业""县级以上人民政府应当将广播电视事业纳入国民经济和社会发展规划,并根据需要和财力逐步增加投入,提高广播电视覆盖率""国家支持农村广播电视事业的发展""国家扶持民族自治地方和边远贫困地区发展广播电视事业"。② 由此可见,对于电视剧行业而言,全面普及广播电视才是其发展的先决条件。相比于电影行业,电视剧行业的发展更加注重广播电视的基础性普及。同时,这也是智能视听能够有效参与、赋能电视剧行业的基本条件。

在 2021 年发布的《广播电视和网络视听"十四五"科技发展规划》中,

---

① 《总局印发〈关于推动广播电视和网络视听产业高质量发展的意见〉的通知》,中国政府网,2019 年 8 月 11 日,https://www.gov.cn/zhengce/zhengceku/2019-12/02/content_ 5457670. htm。
② 《广播电视管理条例》,国家法律法规数据库网站,2020 年 11 月 29 日,https://flk.npc. gov.cn/detail2.html? ZmY4MDgwODE3NzdkMDdjNTAxNzdiOGUyYmMzZjM5MWI%3D。

政策越来越向科技倾斜。① 一方面，新一代信息技术应用受到大力推行；另一方面，在科技支撑下，广播电视和网络视听行业服务用户的水平不断提升。前者主要集中于人工智能技术、区块链技术、新型收视调查体系以及新型技术标准等方面的应用和完善；后者则主要表现为科技对智慧广电的加持，广播电视和网络视听行业出现众多新的业态和模式。此外，相关的应用渠道也在不断拓宽，形成了集政用、民用和商用为一体的新模式。

2022 年，《国家广播电视总局关于进一步加快推进高清超高清电视的发展意见》印发，该意见主要围绕高清超高清化问题进行探讨，力图保障达成"加快推进高清超高清电视制播能力建设""有序关停标清电视频道""大力推动有线电视网络高清超高清化发展""加快推进直播卫星高清超高清进程""持续推进 IPTV 高清超高清化进程""稳步推进地面无线电视高清化"等六项重点任务。值得注意的是，该意见还提出了"加强组织领导""加强安全保障""加强用户服务""加强监督管理"等四项重点保障措施，多措并举，有序推进高清超高清电视的发展。②

最后，同年发布的《"十四五"中国电视剧发展规划》指出，要认真落实"找准选题、讲好故事、拍出精品"的要求，力求推动新时代电视剧精品创作，将推动电视剧制作提质升级作为关键步骤，加快推进电视剧制作标准化工作，同步部署标准研制、技术创新与行业推广，推动电视剧全产业链标准化，促进产业链上下游标准有机衔接，将科技支撑作为前提条件，"十四五"时期基本实现电视剧制作流程全面 4K 超高清化。③

四　总结

数字技术兴起，为影视行业带来变革，智能视听赋能电影和电视剧发展。

---

① 《广播电视和网络视听"十四五"科技发展规划》，国家广播电视总局网站，2021 年 10 月 20 日，https://www.nrta.gov.cn/art/2021/10/20/art_ 113_ 58228. html。

② 《国家广播电视总局关于进一步加快推进高清超高清电视发展的意见》，国家广播电视总局网站，2022 年 6 月 21 日，http://www.nrta.gov.cn/art/2022/6/21/art_ 113_ 60739. html。

③ 《国家广播电视总局关于印发〈"十四五"中国电视剧发展规划〉的通知》，国家广播电视总局网站，2022 年 2 月 10 日，http://www.nrta.gov.cn/art/2022/2/10/art_ 113_ 59524. html。

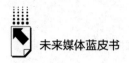
智能视听从技术、行业、市场和政策法规等层面影响着影视行业，并为影视行业提供了发展机遇。

第一，智能视听丰富内容创作手段。多种新技术广泛应用，使创作者的创作空间扩大，创作手段更丰富，内容质量得以提升。第二，智能视听推动影视产业变革。伴随着数字技术的普及，影视制作趋于日常化和大众化。第三，智能视听促进产业融合。影视产业与游戏、网络、广告等相关产业之间的联系越来越紧密。第四，提升观众体验。网络平台发展使影视作品发行和播放渠道多元化，高新技术的加持让观众体验大幅提升。第五，政策法规趋于健全。典型案例吸引政府关注。大量政策和法规推动电影和电视剧行业高速发展。

伴随着机遇，智能视听赋能影视行业也面临着挑战。

第一，内容知识产权保护难度加大。传播途径的多样化，导致知识产权保护难度加大。智能视听赋能下如何在发展影视行业的同时保护知识产权，成为亟待关注的问题。第二，内容质量要求变高。影视作品出现内容质量参差不齐的现象，不但影响观众体验，还会危害社会。有价值的题材的挖掘和短期内制作水平的提高，变得越来越困难。第三，市场竞争加剧。如何调整产业结构和经营策略，如何提高内容质量，如何迎合观众审美变化，成为影视产业必须面对的挑战。在数字媒体时代，影视作品的传播途径多样化，盈利模式也亟待创新。

影视行业应认识到只有增强创新力和竞争力，才能立于不败之地。影视行业应充分认识这一点，积极调整策略，增强竞争力和抗风险能力，实现平稳发展。首先，借力科技东风，大力发展技术。应顺应科技、互联网和大众需求，在市场变革中找准定位，并主动适应市场变革，关注用户需求，实现合作共赢。其次，技术赋能，提高作品质量。应关注观众需求，不断创新，提高作品质量；紧跟行业发展趋势，及时掌握新技术。再次，积极探索，创新模式。应积极寻求产业融合，精准定位，遵循内容为王的原则，创造多元盈利模式。最后，遵循政策法规，探索行业前路。应积极遵循相关法律法规，搭乘政策东风。

智能视听为影视行业带来挑战，也带来前所未有的发展机遇。影视行业应关注技术创新、市场变化和政策导向，不断调整发展策略。影视行业要想实现长远发展，就必须创新模式，提高作品质量，在变革中找到新机遇。

交互新变革：视听大模型的发展与运用

李建勋*

摘　要： 视听大模型融合了深度学习、模式识别和自然语言处理等多个领域的技术，正在重塑人与机器之间的沟通方式。优化了媒体与娱乐行业的个性化内容制作，同时在教育、家居和金融等行业中展现出巨大潜力。视听大模型通过深度学习增强了数据处理能力，特征提取和多模态融合技术进一步提升了智能转化的效率。尽管技术创新带来了数据隐私和伦理道德的挑战，但跨学科合作提供了解决方案，确保了技术的普惠性。未来，视听大模型将推动交互方式朝更自然、直观的方向发展，同时强调社会包容性，满足全球用户的多样化需求，构建一个智能、公正和可持续发展的社会。

关键词： 智能视听　大模型　交互新变革

在这个信息爆炸的数字时代，人工智能正以前所未有的速度和影响力，重塑着我们的世界。人工智能技术的突破正引发一场视听交互的新变革。

一　视听革新的曙光

视听大模型，作为视听交互新变革的先锋，不仅引领着技术创新的潮流，更在重新定义着人与机器的沟通方式。

（一）技术的集大成者

视听大模型的诞生，是深度学习、模式识别、自然语言处理等多个领域的技

---

* 李建勋，博士，厦门理工学院设计艺术学院讲师，硕士研究生导师，主要研究方向为数字媒体、算法优化以及交互应用。

术融合的结果。它们能够处理和分析海量的视听数据，识别图像中的物体和场景，理解语音中的情感和指令，甚至生成逼真的虚拟角色和环境。这些模型的发展，得益于电脑计算能力的飞跃、数据量的激增以及算法的不断优化。它们利用强大的学习能力正逐渐成为我们理解世界、获取信息、进行决策的重要工具。它们使得视听大模型在智能安防、自动驾驶、智能助手等多个领域展现出巨大的潜力。

（二）交互方式的演进

视听大模型的发展，预示着交互方式的一次根本性改变。传统的图形用户界面（GUI）正在逐渐让位于更加自然和直观的交互方式。语音识别和自然语言处理技术的进步，使得我们能够通过说话与机器进行交流，这种交流就像与另一个人交谈一样自然。手势识别和情感分析技术的发展，使得机器能够理解我们的肢体语言和情绪状态，从而提供更加个性化的服务。

这种交互方式的变革，不仅仅是技术上的突破，更是机器对人类行为和需求的深刻理解。它要求我们重新思考人与机器的关系，以及如何在保护用户隐私和自主性的同时，提供更加智能和便捷的服务。

（三）正在开启的新篇章

视听大模型是技术进步和人类智慧的体现，它的崛起预示着一个充满潜力的未来。在教育中，它可以实现个性化学习；在医疗中，它可以辅助疾病分析和药物研发；在娱乐中，它可以创造沉浸式体验。这些技术正在改变我们的生活和工作，带来效率提升和对传统观念的挑战。随着技术的演进，视听大模型预计将出现更多的创新应用，进一步推动社会进步。

然而，技术革新也伴随着数据隐私、算法透明度和伦理道德等问题。解决这些问题需要全社会共同努力。视听大模型的发展是挑战与机遇并存的过程，要求我们不断学习、适应和创新。我们应积极参与变革，享受技术便利，同时警惕潜在风险，共同创造智能、公正、可持续的未来。

二 探索智慧视听的奥秘

当曙光照亮了视听大模型的舞台，我们不禁好奇，这些技术背后隐藏着怎样的智慧与力量。它们不仅仅是代码和算法的集合，更是人类对智能理解的深入探索，代表着我们对知识边界的不懈追求和对未知世界的勇敢探索。人们通过模仿人脑的构造、模仿人类获取经验的方法以及模仿生物学神经传导的模式，逐渐地实现人造智慧的各种神奇功能。因此，视听大模型的兴起，是人工智能领域多年研究和创新的成果，它们通过模拟人脑和扩展人脑的处理能力，为我们打开了感知世界的全新窗口。

（一）深度学习：视听大模型的心脏

深度学习技术是视听大模型发展的驱动力，它通过模仿人脑的信息处理方式，构建了能够自动学习和提取复杂数据特征的层次化神经网络。这种技术不仅提高了机器对视觉和听觉信息的理解能力，而且通过持续地训练和优化模型，显著提升了在识别和分类任务中的准确性。

借助深度学习技术，视听大模型现在能够高效处理包含亿万图像和声音样本的庞大数据集。卷积神经网络（CNN）在图像识别中尤为突出，它通过层次化的特征提取，使模型从基础的边缘和纹理识别，逐步过渡到更复杂的形状和对象识别，增强了模型对新数据的泛化能力。在音频领域，深度学习技术也被用于提高语音识别和情感分析的精确度，从而提升智能助手和自动翻译系统的性能。

深度学习技术的应用已经扩展到智能监控、个性化推荐、自动驾驶和虚拟现实等多个场景，为视听大模型开辟了广泛的应用前景。尽管如此，深度学习技术仍面临模型可解释性不足和训练数据偏差等挑战。为应对这些问题，研究者正在开发新的模型架构和训练策略，旨在提高模型的透明度和减少算法偏见，同时电脑计算能力的提升和更大规模数据集的应用，也为深度学习技术的进步提供了新动力。

（二）特征提取：数据的智能转化

在视听大模型的宏伟架构中，特征提取技术扮演着一个至关重要的角色，它是连接原始数据与智能理解的纽带。特征提取的过程，就像是从数据的海洋中提取出珍贵宝石的过程，是将那些能够代表数据核心价值的信息点——筛选出来的过程。

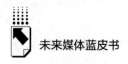
1. 数据的深度洞察

特征提取并不仅仅是对数据的简单识别，它更是一种深度洞察。通过对数据进行细致的分析，我们可以发现那些不易察觉的细节。例如，在医学影像分析中，特征提取技术能够帮助医生识别出微小的异常，从而在疾病早期就进行诊断。[①] 在视频监控领域，通过提取被监控人的运动和行为特征，可以有效地识别出可疑行为，增强安全防护。[②]

2. 智能算法的创新应用

特征提取技术的智能之处，在于它不断进化的算法。随着机器学习技术的发展，特征提取算法也在不断创新。例如，自编码器和稀疏编码技术能够学习数据的有效表示，减少冗余并增强特征的表达力。[③] 此外，生成对抗网络（GANs）在图像处理中的应用，展示了特征提取技术在创造逼真图像方面的潜力。[④]

3. 多维度信息的整合

特征提取技术在多维度信息整合方面也显示出巨大潜力。在复杂的数据分析任务中，如用户行为分析或市场趋势预测，特征提取技术能够整合不同来源和类型的数据，构建出一个全面的视图。这种整合不仅提高了模型的预测准确性，也为决策者提供了更深入的洞察。[⑤]

4. 面临的挑战与机遇

尽管特征提取技术带来了巨大的机遇，但它也面临着一些挑战。如何确保在提取过程中不丢失重要信息，如何平衡特征的维度和模型的复杂度，以及如

---

① H. Greenspan, B. van Ginneken, R. M. Summers, "Guest editorial deep learning in medical imaging: Overview and future promise of an exciting new technique," *IEEE Transactions on Medical Imaging* 35（2016）：1153–1159.

② R. Sharma, A. Sungheetha, "An efficient dimension reduction based fusion of CNN and SVM model for detection of abnormal incident in video surveillance," *Journal of Soft Computing Paradigm*（2021）：55–69.

③ G. E. Hinton, R. R. Salakhutdinov, "Reducing the dimensionality of data with neural networks," *Science* 313（2006）：504–507.

④ I. Goodfellow, J. Pouget-Abadie, M. Mirza, et al., "Generative adversarial networks," *Communications of the ACM* 63（2020）：139–144.

⑤ R. Thorstad, P. Wolff, "A big data analysis of the relationship between future thinking and decision-making," *Proceedings of the National Academy of Sciences*（2018）：E1740–E1748.

何处理大规模数据集的计算效率问题，都是当前研究的热点。[①] 同时，随着大数据技术的发展和电脑计算能力的提高，特征提取技术的潜力也在不断被挖掘。

（三）多模态融合：感官的交响

在人类的认知过程中，视觉、听觉乃至触觉等多种感官是相互协作的。多模态融合技术正是受到这一自然现象的启发，它将不同模式的数据进行整合处理，以模拟人类的综合感知能力。这种融合不仅增强了信息的表达力，也为机器理解复杂场景提供了更为全面的视角。

1. 整合多样性

多模态融合技术的核心在于整合多样性。在实际应用中，这意味着将图像、文本、音频和视频等多种类型的数据融合在一起，从而使视听大模型有更丰富的功能。例如，在自动驾驶领域，车辆需要同时处理视觉信息（如交通信号和行人）、声音信息（如周围车辆的鸣笛）以及可能的触觉反馈（如路面的颠簸），以实现安全导航。[②]

2. 提升交互体验

多模态融合技术在提升人机交互体验方面具有巨大潜力。通过结合视觉和听觉信息，智能助手能够更好地理解用户的指令和情感状态，从而提供更为自然和贴心的服务。在教育领域，多模态教学工具能够同时利用图像、声音和文字，提高学生的学习效率和增强学生的学习兴趣。[③]

3. 创新的挑战与机遇

多模态融合技术在发展中面临同步、规则制定和数据解释等挑战，同时需要大量计算和存储资源。但不断进步的技术和不断增强的计算能力正在解决这些问题，为多模态融合技术的创新应用铺平道路。在创新过程中，自动化工具

[①] L. N. Zhou, S. M. Pan, J. W. Wang, et al. , "Machine learning on big data: Opportunities and challenges," *Neuro Computing* 237（2017）: 350-361.

[②] H. Caesar, V. Bankiti, A. H. Lang, et al. , "nuScenes: A multimodal dataset for autonomous driving," *Proceedings of the IEEE/CVF Conference on Computer Vision and Pattern Recognition*（2020）: 11621-11631.

[③] A. Emerson, E. B. Cloude, R. Azevedo, et al. , "Multimodal learning analytics for game-based learning," *British Journal of Educational Technology* 51（2020）: 1505-1526.

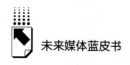

简化了数据标注工作的流程，云计算减轻了视听大模型对本地资源的依赖，可解释 AI 技术如 IBM 的 AI Fairness 360 提高了模型透明度，迁移学习和元学习技术增强了视听大模型的泛化能力，而 Transformer 架构优化了数据的整合过程。

4. 未来的发展方向

未来的多模态融合技术将更加注重实时性和智能性。随着 5G/6G 通信技术的发展和边缘计算的普及，多模态数据的处理将更加迅速和高效。此外，深度学习和其他机器学习技术将继续推动多模态融合技术的进步，使机器能够更加精准地理解和生成多模态内容。[1]

三　行业的全方位变革

（一）媒体与娱乐：个性化的浪潮

在深入探讨智能视听技术如何引领媒体与娱乐行业进入个性化内容制作的新时代之前，让我们先设定一个场景：想象一下，你是一位热情的观众，每次打开视频平台，都能看到为你量身定制的内容——这正是智能视听技术带来的变革。

1. 智能视听内容的个性化制作

随着人工智能技术的不断进步，中国的视听平台正在利用 AI 进行内容创作和推荐的深度个性化变革。[2] 从剧本创作到角色设计，AI 的辅助让内容制作更加贴合观众的喜好和市场趋势。

（1）智能化提升工作效率

各类平台正在探索使用人工智能进行剧本创作和角色设计。视听大模型通过分析历史成功作品的数据，提取流行元素和观众喜好，辅助创作者开发出符合市场趋势的内容。[3] 例如，在 2023 年 T-EDGE 全球创新大会上，爱奇艺副

---

[1] J. Schmidhuber, "Deep learning in neural networks: An overview," *Neural Networks* 61 (2015): 85-117.

[2] 李鹏：《智媒体：新物种在生长》，东方出版社，2019，第 291 页。

[3] 《2023 年短视频行业研究报告》，"见鹿报告"百家号，2023 年 10 月 6 日，https://baijiahao.baidu.com/s? id=1778989487973959008。

总裁孙斌分享了爱奇艺在 AIGC 领域的显著进展，展示了 AI 技术在剧本分析、内容策划、制作和宣发等环节的应用。通过使用 AIGC 工具，爱奇艺极大地提高了工作效率，缩短了项目评估和剧本阅读时间，并实现了超过 90% 的场景和人物拆解准确率。[①] 此外，AIGC 创意工具在广告素材制作方面也取得了成功，提升了广告主的投资回报率。如数字人技术的应用为互联网营销增添了许多优势（见图 1）。

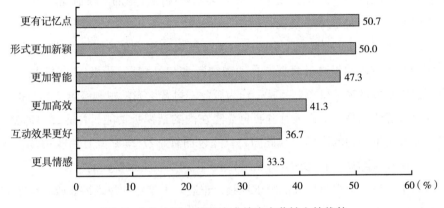

图 1　广告主看中的数字人技术在营销上的优势

资料来源：《2024 数字媒体营销趋势：广告主降本增效三大策略》，澎湃网，2024 年 1 月 18 日，https：//www.thepaper.cn/newsDetail_ forward_ 25883966。

（2）用户数据分析与个性化推荐系统

中国视听平台拥有庞大的用户基础，平台可以通过分析用户的观看历史、搜索行为和社交互动行为，构建精细化的用户画像。这些数据可以帮助平台实现个性化推荐，即平台为用户推荐他们感兴趣的节目和电影。例如，抖音等短视频平台的内容质量提升通过 AI 分析工具得以实现，这些工具利用深度学习和自然语言处理技术进行智能内容筛选和个性化推荐。AI 分析工具通过分析视频的曝光量、转发量和评论量等关键指标，为创作者提供反馈，帮助他们提高作品质量。同时，AI 分析工具的应用还涉及监测视频热度，为创作者提供市场洞察。尽管存在数据隐私和算法偏见等方面的挑战，

---

① 《爱奇艺孙斌：AI 拆解剧本的准确率超过了 90%》，网易网，2023 年 12 月 3 日，https：//www.163.com/dy/article/IL1HFS8L05118O92.html。

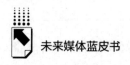
但有效的政策和措施可以对其进行规范化管理，从而提高内容筛选效率，提升短视频内容质量。

2. 技术驱动的智能视听体验

在技术进步的浪潮中，视听体验已经从单一的观看进化为一种全新的互动式和沉浸式体验。技术的发展不仅优化了内容的制作流程，还为观众和消费者提供了前所未有的高质量视听享受。这一切的实现，都归功于人工智能技术的突破和产品的创新，以及能够支持 AI 功能的软硬件设施的不断涌现。

（1）人工智能技术赋能视听创作

AI 技术赋能的创作工具和平台，可以极大地提升创作效率和作品质量。在该方面字节跳动正通过两款产品"剪映"和"豆包"，积极应对 AI 技术给内容创作领域带来的变革。剪映，作为服务于抖音生态的视频编辑工具，正在集成包括智能字幕、文字成片和音色克隆在内的新视听功能，并通过"即梦"工具探索文生视频的潜力。与此同时，豆包拥有超过 2600 万月活跃用户，展示了其在 AI 技能应用方面的能力，可以承担起发展文生视频的使命。

而作为另一个视听巨头的腾讯视频，正通过人工智能技术彻底改革综艺节目的后期制作过程，利用 AI 的多模态识别能力和云计算技术，提高素材处理和检索效率，并通过 PR 插件实现快速素材检索。AI 技术通过多人声源分离和 ASR 技术，① 显著提升了音频听写的速度和准确率。这些创新已成功应用于《舞台 2023》《毛雪汪》等节目，极大地提升了生产力。此类技术的应用预示着未来综艺节目制作也将更加智能化、高效化，同时为观众带来更流畅的观看体验。

（2）视听大模型的功能整合

大模型技术的应用给视听领域带来了革命性的变化。未来视听领域的发展将大幅倾向于技术与艺术的结合，应让技术服务于剧情和角色需求，从而推动影视行业向前发展。以影视制作为例，优酷在第十一届中国网络视听大会上展示了其技术创新的成果，发布了首款影视制作车，这是一款集数据中心、导演区、制作区和生活区于一体的移动工作站，旨在提供实时调色渲染、剪辑操

---

① ASR 技术：自动语音识别（Automatic Speech Recognition, ASR）技术，旨在将人的语音信息转化为计算机能够理解的格式，如按键指令、二进制码或字符序列。

作、音频扩声和视效补充等一站式服务。此外，优酷在虚拟拍摄、AI 数字人技术、4K120 帧超高清重制等方面取得显著进展，通过大模型技术的升级推动影视制作效率和质量的提升，为观众带来了更加真实和沉浸的观看体验。作为新质生产力的视听大模型，正在为观众和消费者开启一个全新的视听时代。

（二）生活教育新篇章：知识与技术的融合

1. 视听大模型在教育领域的应用

视听大模型在助力文娱领域发展的同时，也日益成为提升教育质量和学习体验的核心驱动力。

（1）个性化与特殊教育中的应用

视听大模型通过集成数据和大模型算法，为个性化学习提供了强大支持，满足了个性化学习需求。智能教育平台就是其中的一种应用手段，它能够识别学生的学习习惯和进度等，提供定制化的教学内容和学习路径，确保每个学生都能按照自己的节奏和风格进行有效的学习。

在美国，Khan Academy 利用视听大模型为全球学习者提供个性化学习体验，通过跟踪学习者的学习进度和表现，智能推荐学习材料，帮助学生在数学、科学等学科上取得进步。国内平台如猿辅导和作业帮等机构的教育产品，通过视听大模型为 K-12 学生提供个性化学习方案，分析其学习行为和成绩，智能调整教学难度和速度，并提供实时反馈和辅导。

此外，视听大模型在特殊教育领域的应用也能够为有视觉或听力障碍的学生提供辅助。例如，华为发布的 HarmonyOS NEXT 中内置的声音修复功能，利用视听大模型为听障人士提供了全新的视听交互手段，让听障用户打破多重语言障碍，使他们听到的声音更清晰、准确，从而提高沟通的顺畅度。

（2）远程教育与在线课程的创新

在教育平台提升互动体验方面，远程教育和在线课程中视听大模型也成为不可或缺的工具。通过高清视频直播和实时互动讨论，教育资源得以跨越地理限制，服务于更广泛的学生群体。MOOCs 平台如 Coursera、学堂在线、智慧树网和 edX 等，提供了从基础教育到高等教育，从专业技能到文化内容等的各类课程，满足了不同人士的学习需求，使学生能够根据自己的时间表和学习节奏进行学习，推动了教育资源的普及和知识的传播。

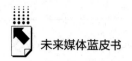

　　此外，虚拟现实（VR）和增强现实（AR）技术的应用也随着设备的不断小型化逐渐为更多的学生提供沉浸式的学习体验。这些技术通过模拟历史场景或复杂科学实验，提升学习体验。如在医学领域，四川大学华西临床医学院利用 VR 技术让学生在虚拟环境中模拟手术和解剖过程；在设计建筑领域，同济大学等一些高校利用 AR 技术帮助学生更好地理解空间结构和设计原理。类似的应用与尝试不胜枚举，这些案例都体现了中国在教育领域对 VR 和 AR 技术的积极探索和应用，提升了教育的互动性、趣味性和有效性。

　　在新冠疫情期间，视频会议工具如 Zoom 和腾讯会议支持实时远程教学，成为在线教学的重要工具。由此可见，视听大模型不仅提高了教育资源的可达性，还为学生提供了更加丰富的学习体验，推动了教育模式的创新和发展。

　　2. 视听大模型在家居领域的应用

　　视听大模型赋能的智能家居正逐步成为现代生活的标配，在提升居住舒适度和安全性方面发挥着重要作用。智能家居通过各种传感装置收集用户行为数据，然后利用大模型学习居住者的行为习惯，从而实现自动调节灯光、温度等功能，创造出个性化的居住环境。同时，先进的视听识别技术在家庭安全方面也起到了不可或缺的作用，能够及时识别异常行为并发出警报，有效预防危险发生。

　　调查显示，高端化和智能化已成为家居制造企业的战略重点，预计 2024 年中国智能家居市场将进入 8000 亿元的规模，与 2023 年的 7157 亿元相比有明显的提高。[①] 而且有 76.4% 的消费者在购买智能家电时最看重功能的实用性和创新性。这表明人们不再盲目地追求不明觉厉的科技感，而是已经开始渴望深层次居住体验的改善，标志着新生代消费者成为市场主力，智能化消费已成为主流。

（三）视听大模型在关键行业的应用

　　视听大模型作为人工智能领域的重要分支，正以其独特的数据处理和模式

---

① 《预见 2024：〈2024 年中国智能家居行业全景图谱〉（附市场规模、竞争格局和发展前景等）》，网易网，2024 年 3 月 18 日，https://www.163.com/dy/article/ITIV8KD9051480KF.html。

识别能力，迅速渗透至交通、医疗、金融等关键行业。[①] 它通过分析海量的视觉和听觉数据，为行业带来精准的洞察和决策支持。

1. 交通领域

智能交通系统的设计宗旨在于优化交通流和提高道路安全性。在这一系统中，视听大模型扮演着核心角色。

在自动驾驶领域，例如百度的 Apollo 平台，利用先进的视听数据分析技术，使车辆能够精确识别周围环境并安全导航。Apollo 平台的深度学习算法能够处理由传感器收集的大量数据，优化车辆的决策过程。在交通监控领域，视听大模型通过分析监控视频，实时识别交通拥堵和事故，如海康威视的城市交通监控解决方案，通过智能分析技术帮助交通管理部门及时响应并调整交通信号，计算绿波时速，有效提升了城市交通流的效率。

智能交通系统显著提高了交通管理的智能化水平，中国智能交通协会的数据显示，智能交通系统能够将交通流的效率提高10%以上。随着技术的不断发展和应用案例的增多，视听大模型在智能交通领域的潜力将得到进一步的挖掘和实现。

2. 健康医疗领域

视听大模型在健康医疗领域同样起到了革新的作用。视听大模型不仅提高了医疗服务的专业性和响应速度，还通过远程医疗和个性化护理，极大地改善了患者的就医体验，推动了医疗服务质量的整体提升。

在辅助诊断方面，如阿里巴巴的 ET 医疗大脑，利用深度学习算法分析医学影像，辅助医生在诊断肺结节等疾病时提高准确性，减少了诊断时间并增强了诊疗的可靠性。在远程医疗和个性化患者护理方面，视听大模型通过连接医生与患者，克服地理障碍，实现远程诊断和治疗。例如，腾讯的"云医务室"服务，通过视频通信技术，为偏远地区的患者提供专业医疗咨询服务，扩大了医疗服务的覆盖范围。此外，通过积累和分析患者的生理、病理和行为数据，视听大模型能够制订个性化的医疗护理计划，如智能穿戴设备能监测患者健康状况并提供实时反馈。

视听大模型的应用，已经显著地提升了医生的诊断质量和效率，优化了患

---

① 卢小雁、吴英飞、许今茜编著《新媒体发展与应用》，浙江大学出版社，2022，第86页。

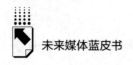

者的就医体验。随着技术的不断进步，其在医疗健康领域的应用将更加广泛和深入，将为患者带来更加精准和便捷的医疗服务。

3. 科技金融行业

视听大模型在科技金融行业的应用范围正不断扩大，从交易监控到客户服务，从身份验证到市场分析，其不仅提高了金融服务的效率和安全性，也为客户提供了更加个性化和高质量的服务体验。

在交易监控与风险管理方面，视听大模型通过对交易数据的全方位学习，帮助金融机构实时捕捉异常行为，有效识别并防范欺诈风险。根据 IBM 的一项研究，使用人工智能技术进行欺诈检测可以减少 50% 的欺诈损失。在客户服务方面，自然语言处理和语音识别技术，显著提升了服务效率和客户满意度，如中国建设银行推出的智能客服"小龙人"，可以自动处理大量客户咨询，降低了人力成本并提高了响应速度。在身份验证方面。面部识别技术例如支付宝的"刷脸支付"，在确保交易安全的同时简化了用户操作，减少了身份盗用事件。在市场分析方面，视听大模型为投资者提供基于大量市场信息的定制化投资策略，例如，平安银行推出的智能投顾服务"平安智投"，通过分析客户的风险偏好和市场数据，提供个性化的投资建议。在监管科技（RegTech）方面，视听大模型能自动分析报告和交易数据，帮助金融机构确保合规性，降低合规风险，如中国银行利用 RegTech 解决方案提高合规监管效率，减少了人工审核的工作量。视听大模型不仅提升了金融服务的效率和质量，也为金融机构带来了新的发展机遇。

四 交互方式的革新

（一）自然语言处理：对话的桥梁

自然语言处理（NLP）技术的革命性进展正在重塑人机交互的版图，引领社会进入一个全新的交互时代。在这个时代，智能助手能够流畅地理解并执行复杂的人类指令，极大地降低人与机器间的交流成本。

在可预见的未来，医疗行业可以通过智能医疗咨询系统为患者提供准确度较高的诊疗服务，整体改善医疗行业的资源分布不均衡、医疗资源浪费以及就医难等一系列社会矛盾。在客户服务领域，自动化系统可以通过更高级的 NLP 技术处理复杂查询，提高解决问题的速度和准确性，降低企业成本。创意产业则会因 NLP 技术的加入而焕发新活力，作家和游戏开发者利用这些工具实现创意，甚至在游戏中创造出逼真的 NPC 对话。

NLP 技术有望成为人类的"思考伙伴"，在决策分析、创意发散甚至情感支持方面提供帮助。随着多语言实时翻译技术的成熟，我们预期将迎来一个语言障碍被打破、全球交流更为紧密的新时代。这些变革预示着 NLP 技术将不断拓展其应用边界，深化人机交互，从而为社会带来深远的影响。

（二）情感计算：理解用户的情绪

视听大模型的发展同样也推动了情感计算领域的发展，其将会赋予机器理解、解释甚至模拟人类情绪的能力，这标志着人机交互的另一场变革。随着对人类情绪更加深刻地洞察，技术设备和系统也逐步能够提供更为丰富和个性化的交互体验。

情感计算技术的核心在于情绪识别技术，它可以通过分析用户的音调、面部表情、身体语言和文本的语义来推断其情绪状态。例如，一些智能客服系统已经开始利用情感计算技术来识别客户的情绪，并据此调整回应策略，以便有效地解决客户问题，提供更加个性化的服务。

在心理健康领域，情感计算技术的应用可以为情绪障碍患者提供新的支持方式。智能情绪追踪和分析工具能够帮助用户监测自己的情绪变化，提供专业的心理健康建议，甚至辅助专业医疗人员进行远程治疗。在教育领域，智能教学工具能够通过分析学生的情绪，调整教学方法和内容，使学习过程更加愉快，从而提高学生的学习效率和参与度。在商业领域，情感计算将为市场营销带来新的洞察。通过分析消费者的情绪反应，企业能够更好地理解消费者的需求和偏好，从而设计更符合目标市场的产品和服务。例如，一些零售商店已经利用情感分析的思路来优化产品展示方式和广告策略，增强销售效果。

尽管情感计算技术拥有巨大的发展潜力，但它也会迎来一系列挑战，包括情绪识别的准确性、用户隐私保护和伦理等问题。开发人员和企业要在设计和实施情感计算解决方案时，充分考虑这些因素，确保技术的应用既有效又符合伦理标准。

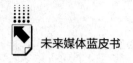
（三）增强现实与虚拟现实：沉浸式体验的探索

增强现实（AR）与虚拟现实（VR）技术正联手开创沉浸式体验的新纪元，虽然没有脑机接口那样的科幻化与理想化的全方位沉浸，但它们同样打破了传统界面的界限，将用户带入一个全新的交互维度。在教育领域，这些技术通过模拟历史场景或复杂科学实验，为学习者提供了一种全新且直观的学习方式，极大地提升了知识的吸引力和易理解性。医疗行业也能够利用 AR 和 VR 技术进行模拟手术和远程诊断，从而提高医疗培训的效率和增强手术的精确度。

设计和制造行业通过利用 AR 和 VR 技术逐步实现了更加直观和动态的产品设计与测试，优化了设计流程并加速了创新步伐。在零售和营销领域，这些技术通过提供虚拟试穿和家居布置服务，为消费者提供更加个性化和具有互动性的购物体验，同时为品牌创造全新的广告和营销策略。随着各类建模软件和游戏引擎的逐渐强大，三维建模也将变得更加简单与逼真。AR 和 VR 技术将为用户带来更加丰富和真实的体验，推动社会创新和行业发展。

五　拥抱未来迎接挑战

在科技的浪潮中，人工智能无疑是最引人注目、发展最迅速的领域。它让我们见证了从 ChatGPT 的对话能力到文心一言的中文语境理解能力，再到盘古大模型在智能社会建设中的强悍能力。诸如此类的 AI 产品在各个领域争相涌现，尤其是 Sora 和 Vidu 等文生视频大模型的进化速度更是让人感到惊艳。这些技术的进化无一不是在完善着视听大模型的生成能力，不仅改变了我们的交互方式，也让我们预见到了一个智能无处不在的未来。

（一）技术趋势：智能的进化

我们正经历着从基础自动化到高级智能系统的深刻转变的过程。对话式 AI 将变得更加智能和个性化，它们不仅能够理解复杂的语境，提供精准的信息和服务，更将深入日常生活，成为我们决策过程中的智能伙伴。同时，多语言模型的发展也将打破语言障碍，促进全球文化的交流与融合，这预示着我们即将进入一个无界限沟通的新时代。

文生视频技术的革新为创意产业带来了革命性的变化，降低了影视创作的门槛，使得个人和小型企业都能够轻松制作出高质量的视频作品。智能家居和智慧城市的发展则预示着更加高效和可持续的城市生活，智能系统将精准预测和响应居民需求，从节能管理到交通优化，实现城市管理的智能化。

（二）社会挑战：伦理与法律的边界

人工智能技术的爆发再一次把人类推到了伦理与法律边界的十字路口。视听大模型等 AI 技术的发展，虽然为社会带来了巨大的便利和效率提升，却也必将引发数据隐私、算法偏见等一系列伦理和法律问题。我们要确保这些技术的发展不仅符合可持续目标，而且能够实现技术普惠，让所有群体都能从中受益。这需要我们更新法律框架，确保其适应性，以指导 AI 技术的健康发展。我们要汇集各方的智慧和力量，[①] 共同探讨解决方案，朝着一个更加公正、安全和包容的智能社会迈进，确保 AI 技术成为推动人类社会进步的积极力量。

（三）交互方式：未来的形态

视听大模型的发展正引领我们进入一个人机交互的新时代。技术层面的突破预示着交互方式将变得更加自然、直观。未来的交互体验将不再局限于单一设备，而是实现跨多个设备。无论在家中、工作场所还是公共空间，视听大模型都将以最适合的形式出现，满足用户的需求。从智能家居到可穿戴设备，从虚拟助手到智能环境构建，视听大模型将给人类带来无缝集成的交互体验，将理解人类需求和情感，从而提供最合适的服务。

未来社会包容性将成为交互设计的核心原则之一。这意味着交互设计需要考虑到不同年龄、能力和文化背景的用户，从而确保技术的进步能够触及每一个人。同时，这种设计也需考虑到跨文化和全球化的语境，以适应不同地区和语言的需求。视听大模型将不仅是智能工具的一部分，而是成为人类活动中的重要组成部分，它将增强我们的能力，扩展我们的体验，并与我们一起共同创造更加丰富和多元的世界。

---

① 廖华、罗俊梅、陈双荣等：《新时代网民意见表达引领研究》，西南财经大学出版社，2023，第 53 页。

调查数据 ⟩

B.13
智能视听可供性视角下青年网民
内容生产与消费行为研究[*]

张晓旭　李亚婷[**]

摘　要： 作为人工智能技术的核心应用场景，智能视听产业是我国新质生产力发展的重要方向。青年网民是智能视听最庞大、最活跃的用户群体，他们是优质内容的生产者，也是活跃的视听消费者。本报告基于媒介可供性理论，扎根理论分析，提出了智能视听内容生产和消费行为的理论框架。同时，通过问卷调查分析青年网民智能视听内容生产和消费行为，并对提出的理论框架进行检验。本报告研究发现，用户内容生产的动机为追求名利、表达观点和社会交往，用户内容消费动机为个人成长、享受娱乐和社会归属；智能视听可供性包括生产可供性、社交可供性、移动可供性、消费可供性、情感可供性五个维度。用户内容生产行为有认知盈余、自我呈现和社会资本，用户消费偏好为网感内容、内容付费

---

* 本报告系厦门理工学院高层次人才社会科学研究项目"认同与想象：中国品牌国际叙事体系的建构路径研究"（编号：YSK23010R）的阶段性研究成果。
** 张晓旭，广告学博士，厦门理工学院影视与传播学院讲师，硕士研究生导师，主要研究方向为智能媒体效果、用户心理、媒介文化；李亚婷，厦门理工学院硕士研究生，主要研究方向为广播电视艺术编导。

和倍速阅听；用户内容产消动机引起内容产消行为，智能视听可供性在其中起到中介作用，用户认知评价起到负向调节作用。本报告的主要贡献在于建构了智能视听用户内容产消理论框架，并建构了可供测量的量表进行数据检验，为深度认识智能视听生产和消费行为提供了理论参考和实证依据。

关键词： 智能视听 青年网民 媒介可供性 内容产消理论

如果一台机器可以思考，它可能会比我们更聪明地思考，那么我们应该在哪里呢？

——阿兰·图灵①

一 引言

截至 2023 年 12 月，我国网络视听用户规模达 10.74 亿人，移动端视听应用人均单日使用时长超 3 小时。② 智能视听的发展不仅表现为用户规模的扩大和用户黏性的增强，更表现为智能视听技术可供性的提升及其与社会生活的深度勾连。饭前拍照、Vlog 旅行、在线学习……智能媒体已成为个体和社会连接的最重要方式。作为视频化生存的数字原住民，当代青年的成长伴随着智能技术的蓬勃发展和广泛应用。2024 年 6 月 20 日，习近平指出，中国高度重视人工智能发展，积极推动互联网、大数据、人工智能和实体经济深度融合，培育壮大智能产业，加快发展新质生产力，为高质量发展提供新动能。③ 智能视听作为我国文化新质生产力的核心力量，是我国实施文化强国战略的关键一步，亟待学界重视对其相关议题的研究。

---

① 阿兰·图灵，英国计算机科学家、数学家，被科学界称为"计算机科学之父""人工智能之父"。他在 1950 年发表的一篇论文《计算机能思考吗?》中，首次提出了"人工智能"。图灵还提出了著名的"图灵测试"，用于判断一台机器是否具有智能，这个测试至今仍被认为是衡量人工智能水平的一个重要标准。

② 《〈中国网络视听发展研究报告（2024）〉在蓉发布》，中国网络视听节目服务协会网站，2024 年 3 月 28 日，http://www.cnsa.cn/art/2024/3/28/art_ 1977_ 43660.html。

③ 《习近平向 2024 世界智能产业博览会致贺信》，《人民日报》2024 年 6 月 21 日。

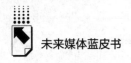

人工智能正在掀起人类视频化生存的新浪潮，智能视听呈现出对以往任何一种媒介形态极强的包裹性和兼容性，已成为学术研究与媒介实践的前沿课题。智能视听有着丰富的应用场景，当前，在广播电视领域，学术研究和媒介实践关注的重点集中在内容采集和生产制作方面，在网络视听领域偏重算法推荐和效果评估，在生活场景领域则偏重内容价值与用户体验的匹配。学界对于智能视听的研究尚处于起步阶段，这就要求研究者围绕相关议题加强智能视听基础理论的建构，厘清智能视听概念的内涵及外延，通过吸纳学界的前沿理论，结合智能视听产业实践，建构兼具规范性和可操作性的核心概念，并尝试发展科学的智能视听用户研究量表，利用调查数据对其进行检验，同时分析青年网民在智能视听使用上存在的问题。本报告首先以行为动机为理论基础，通过扎根理论，建构青年网民智能视听内容生产动机和消费动机。然后，以技术可供性为理论基础，集合生产可供性、社交可供性、移动可供性三个维度，尝试通过扎根理论建构消费可供性和情感可供性两个新维度。本报告将智能视听可供性界定为：用户利用智能技术提供的生产、社交、移动、消费和情感支持实现的视听内容生产和消费行为。同时，本报告以青年网民为研究对象，调查青年网民智能视听内容生产和消费的实际情况，以此促进智能视听技术与用户体验之间的有效融合。最后，本报告对所提出的理论框架进行数据检验。本报告拟回答三个核心问题。R1：青年网民的智能视听内容生产行为和消费行为的形成机制和作用机制如何？R2：智能视听可供性的维度有哪些？R3：青年网民智能视听内容生产和消费行为的现状和问题是什么？鉴于智能视听研究尚处于探索阶段，本报告将采用扎根理论的方法，遵循规范的探索性研究程序，尝试构建一个理论模型，以描述青年网民智能视听产消理论的概念、影响前因和作用机理。

二　文献回顾与评述

（一）用户内容生产和消费动机的相关研究

青年网民的短视频内容生产具有注重人格化生产、善用多模态形式、利用模因式传播的动因机制。[①] 青年网民利用空闲时间进行内容的创作和分享形成了认知盈余，依托互联网的即时响应和其背后的经济价值，青年网民内容生产的正向反馈也成为其创作动力。青年网民在短视频平台上积极进行自我呈现，其动机是希望获得物质和精神上的奖励。根据社会渗透理论，青年网民在短视频平台上的内容生产为自己和他人搭建了一个共同参与的场域，他们在话题的互动中形成价值观认同，获得更多的社会资源。

消费动机理论经历了从需求层次理论[②]到动机双因素理论[③]再到习得性需要理论的发展。麦克利兰的习得性需要理论[④]重点关注环境对人们内在需要和消费动机的影响，认为人有三种基本需要，包括权力需要、关系需要以及成就需要，其中，权利需要是指人们的自主性心理需要，人们期望自行安排事务，不希望受到他人干涉；关系需要是指人们期望获得他人的关心和肯定，形成情感认同；成就需要是人们对获得满足感、胜任感、成就感的需要。竺立军使用显示性需要理论研究网络文学内容消费，归纳了我国青年网络文学消费的五种动机：休闲放松、排遣寂寞、逃避现实、社交从众、归属与荣誉。[⑤] 智能视听相关产品和服务既有着内容生产的工具属性，也有着内容消费的文化产品价值，因此，本报告提出的内容产消理论基于习得性需要理论，充分考察用户产消动机、智能视听可供性和产消行为之间的深层关系。

（二）媒介可供性的相关研究

2003 年，威尔曼（Wellman）等学者率先将媒介可供性概念引入传播学，并将其视作技术影响日常生活的"可能性"，借此研究互联网提供给人的诸多功能。[⑥] 媒介可供性（Affordance）已成为当前媒介研究的核心概念之一，学

---

① 周敏：《青年群体助力网络空间治理的基础与路径》，《人民论坛》2022 年第 19 期。

② A. Maslow, *Motivation and Personality* (New York：Harper and Row, 1954), pp. 80-106.

③ H. C. Triandis, F. Herzberg, "Work and the nature of man," *Monthly Labor Review* 20 (1968).

④ D. C. McClelland, R. E. Boyatzis, "Leadership motive pattern and long-term success in management," *Journal of Applied Psychology* 67 (1982): 737-743.

⑤ 竺立军：《我国青年群体的网络文学消费动机研究——基于显示性需要理论视角》，《中国青年研究》2019 年第 1 期。

⑥ B. Wellman, A. Quan – Haase, J. Boase, et al., "The social affordances of the internet for networked individualism," *Journal of Computer-Mediated Communication* 8 (2003): 1-18.

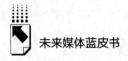
者们将其应用于用户在线知识分享①、信息系统使用②、社交媒体使用③等研究中。潘忠党和刘于思于 2017 年提出了媒介可供性，并将其分为信息生产的可供性（Production Affordance）、社交可供性（Social Affordance）和移动可供性（Mobile Affordance）三个部分。④

虽然"可供性"为理解媒介和用户的关系提供了新的角度，但是当前的媒介可供性研究过于关注媒介技术提供的价值，忽视了媒介生态系统里的其他影响因素，以及用户消费和情感的主体性。当用户成为重要的互联网内容产消者，智能视听研究应从技术和产业领域转向用户心理和行为的领域。从智能视听用户视角出发，将媒介可供性视为外部条件去理解用户行为，能够重新审视技术可供性是否与用户需求对应，以及智能视听技术支持下的用户行为。

三　研究设计

（一）研究方法

本报告旨在深度认识青年网民智能视听内容生产与消费行为，建构内容产消理论框架，因此适合采用定性与定量结合的实证研究方法来进行探索性研究。具体而言，本报告以对智能视听青年用户的问卷调查和深度访谈作为数据来源。在质性研究中，通过开放式编码、主轴性编码及选择性编码三级编码，扎根理论分析青年网民智能视听内容生产和消费行为，探索智能视听用户生产和消费行为的维度构成、形成与作用机制。在量化研究中，开发了智能视听用户产消模型量表，并根据量表和模型开展问卷调查。

① A. Majchrzak, S. Faraj, G. C. Kane, et al., "The contradictory influence of social media affordances on online communal knowledge sharing," *Journal of Computer-Mediated Communication*, 19（2013）：38-55.

② E. B. Sadler, L. M. Given, "Affordance theory：A framework for graduate students' information behavior," *The Journal of Documentation* 63（2007）：115-141.

③ F. Cabiddu, M. De Carlo, G. Piccoli, "Social media affordances：Enabling customer engagement," *Annals of Tourism Research* 48（2014）：175-192.

④ 潘忠党、刘于思：《以何为"新"？"新媒体"话语中的权力陷阱与研究者的理论自省——潘忠党教授访谈录》，《新闻与传播评论》2017 年第 1 期。

（二）数据收集

1. 一手数据收集

本报告的研究对象是青年网民智能视听的生产与消费行为，因此本报告的受访者需要满足媒介素养和年龄范围的设置条件。据中共中央、国务院印发的《中长期青年发展规划（2016—2025 年）》指出，青年的年龄范围是 14～35 周岁。考虑到科研伦理，本报告以法定成年人为受访者，将受访者年龄限制在18～35 周岁。① 本报告在问卷发放和访谈对象选择上进行了初步的人工筛选，要求其有智能视听内容生产和消费经验。

本报告的深度访谈采取了线上、线下相结合的访问方式。2024 年 7 月，笔者通过预访谈 1 位智能视听行业从业者，调整了访谈提纲中存在的问题，对研究的整体框架有了初步判断。同时，通过网络公开招募的形式在知乎、小红书、豆瓣等社交媒体网站和微信群发布访谈对象招募广告，有偿招募智能视听青年用户受访者。10 天内，共有 39 位志愿者报名参与。为了更好地反映研究问题，本报告按照以下三点原则选择深度访谈样本：第一，受访者的人口统计特征需具有差异性（性别、年龄、收入、学历）；第二，受访者提及的智能视听产品或服务尽量与其他受访者有差异；第三，受访者能够保证访谈不受干扰，交流顺利。经过仔细甄别，在 39 位志愿者中选择了 12 位访谈对象。在第一轮访谈工作结束后，发现有偿招募获得的受访者年龄偏低，于是按照上述三个原则，通过熟人介绍、滚雪球的方式再次获得 6 位受访者。最终，一共调查了 18 位目标受访者，具体信息如表 1 所示。

表 1　深度访谈者样本信息

项目	具体信息
性别	男性,10 人;女性,8 人
年龄	18～24 岁,7 人;25～29 岁,7 人;30～35 岁,4 人
年收入	8 万元及以下,4 人;9 万～15 万元,5 人;16 万～30 万元,7 人;31 万～100 万元,1 人;100 万元以上,1 人

① 《中长期青年发展规划（2016-2025 年）》，人民出版社，2017。

续表

项目	具体信息
学历	专科及以下,3 人;本科,11 人;硕士研究生,3 人;博士研究生,1 人
职业	学生,5 人;专业技术人员,5 人;媒体从业人员,5 人;营销经理,1 人;银行职员,1 人;自由职业者,1 人
每天使用时长	2 小时及以下,7 人;2~4 小时,7 人;4 小时以上,4 人

在数据分析初始阶段,对于受访者在访谈过程中提及的智能视听产品和服务,具体消费内容及频次如表 2 所示。

表 2　受访者消费内容及频次

类别	具体内容及频次
视听节目类(101)	短视频(45),网络剧(19),网络直播(19),网络综艺(9),衍生节目(6),虚拟主播(3)
智能终端类(72)	智能音箱(26),智能手表(22),智能家居(9),VR 头显(8),智能耳机(2),自动驾驶(1),智能办公(1),儿童娱乐(1),智慧酒店(1),智慧学习(1)
智能应用类(70)	AI 绘图(18),AI 游戏(14),AI 翻译(16),AI 修图(10),AI 设计(7),AI 办公(5)

2. 数据编码方法

对于一手材料的整理,笔者先通过科大讯飞录音笔完成语音转文本,再通过 MAXQDA2020 软件进行逐句编码。样本数据编码采取"访谈文本编号-句子编号"的形式,例如:编码 E-10,表示第五位受访者的第 10 句话。在完成初步逐句编码后,按照研究问题,即智能视听可供性的理论维度、形成机制与作用机制,反复比较分析所有编码后的语句,合并相同内容的句子,将与研究问题无关的句子删除,最终得到 893 条原始语句。

3. 问卷调查法

本报告的调研对象是青年网民,因此主要依托问卷星完成问卷设计和回收工作。在预调研阶段,通过网络发送问卷调研链接邀请智能视听敏感型职业的用户,如媒体从业者、游戏设计师、网络主播填写初始问卷,并采用滚雪球的方式,通过好友扩散邀请其他技术敏感型用户填写初始问卷。在此阶段,团队回收 30 份有效初始问卷，根据问卷结果对问卷内容修订后形成正式问卷。团队回收 799 份正式问卷，剔除作答时间过长或过短，或填写不认真的样本，最终获得 783 份有效问卷，有效回收率为 98%。

四 数据分析

（一）开放式编码

本报告将基于深度访谈获得的 15 份一手数据（共 829 条原始语句）用于理论建构，余下的 3 份一手数据（64 条原始语句）用于理论饱和度检验。当收集新鲜数据不再能产生新的理论见解，也不会跳出已经编码的资料范畴时，则可以说明资料收集已经达到理论饱和。若未能通过理论饱和度检验，则从样本池中再次选择样本进行深访，并继续编码研究。

（二）主轴性编码

主轴性编码是为了呈现概念之间的联系，对开始式编码中一些反复出现的类属范畴进行聚类分析，抽象出更高级的范畴，并探索类属形成的理论及现实依据。本研究将 21 个副范畴归纳为 6 个主范畴，即内容生产动机、内容消费动机、智能视听可供性、用户认知评价、用户内容生产、用户消费偏好，主轴性编码主范畴与副范畴的对应关系及其内涵如表 3 所示。

表 3　主轴性编码主范畴与副范畴对应关系及其内涵

序号	主范畴	副范畴	关系内涵
1	内容生产动机（Content Production Motivation）	追求名利	根据文献研究和理论归纳,青年生产智能视听内容的动机是追求名利、表达观点和社会交往
		表达观点	
		社会交往	
2	内容消费动机（Content Consumption Motivation）	个人成长	根据文献研究和理论归纳,青年消费智能视听内容的动机是个人成长、享受娱乐和社会归属
		享受娱乐	
		社会归属	

255

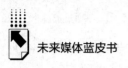

序号	主范畴	副范畴	关系内涵
3	智能视听可供性 （Intelligent Audiovisual Affordance）	生产可供性 社交可供性 移动可供性 消费可供性 情感可供性	媒介可供性分为生产可供性、社交可供性和移动可供性，智能媒体有着工具化、场景化、定制化的特点，因此具备特殊的消费可供性，智能媒体给受众提供了即时满足、陪伴和沉浸的心理体验，因此具备情感可供性
4	用户认知评价 （Cognitive Evaluation）	技术焦虑 隐私担忧 关系压力 媒体倦怠	Lazarus 的认知评价理论认为，评价决定了个体感受到的情绪，同时强调个人持有的先前观点、经验是左右情绪体验的主要因素。① 根据文献研究和理论归纳，智能媒体用户对技术的焦虑、隐私的担忧以及感受到的关系压力和媒体倦怠是值得引起关注的
5	用户内容生产 （Content Production）	认知盈余 自我呈现 社会资本	根据文献研究和理论归纳，青年参与智能视听生产的心理机制是认知盈余、自我呈现和社会资本
6	用户消费偏好 （Consumer Preference）	网感内容 内容付费 倍速阅听	根据文献研究和理论归纳，目前用户消费智能视听内容表现出对短视频、社交媒体内容和网络影视剧的偏好，青年网民具备内容付费意识，他们在阅听时追求速度

（三）选择性编码

本报告通过系统分析在所有已发现的概念中选择一个"核心类属"，以"故事线"统领所有范畴，形成一个完整的理论框架。② 本报告通过分析原始录音材料，并反复比对文本资料，结合拟解决的研究问题，形成的故事线是：用户有内容生产和消费的动机—智能视听可供性—用户内容生产与消费行为。这条故事线可以准确阐释智能视听可供性的核心概念和智能视听用户生产与消费行为的形成机制。青年网民智能视听内容生产和消费行为的形成机制可以解释为在内容生产和消费动机的驱动下，用户通过智能视听可供性，实现内容生

---

① R. S. Lazarus, "Cognitive behavior therapy as psychodynamics revisited," *Springer* (1980): 121-126.

② A. Strauss, J. Corbin, "Basics of qualitative research: Grounded theory procedures and techniques," *Contemporary Sociology* 21 (1992): 138.

产和消费行为。智能视听内容生产与消费行为的作用机制是：用户对智能视听的认知评价、智能视听可供性影响用户内容生产和消费偏好。

五　智能视听内容产消理论维度、形成机制、作用机制

本报告通过扎根理论分析，证明了智能视听内容产消理论是一个多层次、多维度的概念，并建立了用户内容生产与消费动机—智能视听可供性—用户内容生产和消费行为的理论框架。

量表开发需要先通过文献回顾确定构念内涵，再在构念的指导下通过访谈的方式发展测项。[①] 本量表在界定概念范围和扎根理论的基础上，生成原始题项，邀请专家检验题项的表面效度和内容效度，对原始题项进行了提炼。然后通过预调研对量表进行信度分析，再通过探索性因子分析明确量表的维度构成，之后再展开正式调研，对理论模型进行检验。

（一）智能视听内容产消理论的维度

本报告的质性材料分析结果显示，用户内容产消动机有追求名利、表达观点、社会交往、个人成长、享受娱乐、社会归属，智能视听可供性则包括生产可供性、社交可供性、移动可供性、消费可供性、情感可供性五种类型，用户内容生产行为主要有认知盈余、自我呈现、社会资本。用户的内容消费偏好主要有网感内容、内容付费、倍速阅听。

1. 内容产消动机：算法想象下的理性生产与非理性消费

Bucher 于 2017 年首次提出"算法想象"（Algorithm Imaginary）这一概念，算法想象是个体对算法系统的感知、情绪，以及随之产生的算法行为。普通用户在平台上发布内容获得流量和反馈，感受到算法的公平性后，对算法有了美好的想象，对个人在网络世界的价值有所期待，于是更积极地参与到内容生产中。用户参与智能视听内容生产的主要方式是使用智能技术录制、编辑、上传音视频内容，用户感知的经济、时间、精力成本较高，因此他们的生产行为更

---

① G. A. Churchill, C. Surprenant, "An investigation into the determinants of customer satisfaction," *Journal of Marketing Research* 19 (1982): 491-504.

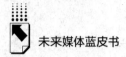

多地建立在理性思考的基础上，关心在网络上发布的内容能否让自己获得更多流量，吸引更多关注，获得更多发展机会。用户参与智能视听内容消费的方式包括刷视频、玩游戏、听音乐等，越来越多的年轻用户使用智能视听获取知识，但智能媒体高度交互、高度沉浸、高度移动的使用体验，常使用户在内容消费时不能很好地管理自己，"媒介依存症"将成为更严重的社会症候。用户的非理性行为包括沉溺其中、冲动消费、情感依赖等，例如，在遇到问题时习惯性跳过思考步骤直接使用 AI 生成答案，将个人思考让渡给机器算法。

智能视听为青年提供了即时娱乐的"电子榨菜"，也提供了包罗万象的"电子燕窝"，其全面渗透到青年网民的日常生活中，影响着青年的认知和价值观，成为青年亚文化的聚集地。青年网民通过智能视听内容的生产和消费表达自己，吸收新的知识、技能和见解，建立新的社交关系，找到情绪宣泄的主动和自我实现的新路径。

2. 智能视听可供性：五种媒介功能

（1）生产可供性：技术赋权与数字劳工

从机器人新闻写作到 AI 办公软件，智能视听产品及技术已经成为用户常用工具。首先，智能视听让普通人具备了超越个人的能力，极大地提升了用户的效能感。技术赋权下，一些原本需要长时间习得的技能变得轻松易得，一些需要长时间梳理的答案片刻即得。原创用户通常具备了多模态内容制作、多平台内容发放的能力。例如微视上多地公安局编导拍摄反诈宣传片，内容丰富，叙事手法多样。如今，视听化生存正随着生产可供性成为现实。其次，智能视听赋予用户参与议程设置的权力感。内容原创用户往往通过发布热点获得流量，优质内容有机会成为网络热门内容。二次创作用户则通过参与网络内容的修改、视频内容的搬运、其他内容的解读扮演信息把关人的角色。其余用户通过点赞、转发和评论扮演信息过滤器的角色。最后，智能媒体生产可供性使普通人成为平台的数字劳工。在流量利益的牵引下，用户时刻处在一种弹性雇佣机制下，其在网络平台上的行为为平台提供了大量原创内容，遭受数字平台冷漠的盘剥。

（2）社交可供性：内容秀场与流量变现

智能视听为用户提供了自我呈现的舞台，并提供了社会资本积累、置换和变现的机会。首先，智能视听提升了用户自我表达的能力，用户的言论、情绪赤裸裸地呈现在平台上。青年网民通过社交媒体上的"积极营业"争取着更高的关注度，以期实现个人价值的跃升。其次，用户通过智能视听内容的生产能够实现社会资本置换，线下的朋友可能参与内容共创和线上评论，线上的朋友可能被内容吸引与内容发布者"奔现"。当用户用心经营的影响力被资本觊觎，用户的自我呈现目标就得以实现。平台的激励机制也使用户不断探索流量密码，通过内容生产实现社会资本的流量变现。

（3）移动可供性：时空自由与模态兼容

移动可供性打破了媒体使用的时空限制，智能手表、智能眼镜、智能手机等便携设备给用户带来了随时随地的信息服务。用户在使用可携带媒体时将其功能与场景完美适配，如跑步时听的智能耳机、开车时导航的智能驾舱、休闲时划开的智能手机，移动可供性使得智能媒体成为真正意义上的伴随媒体，长时间与用户同在。同时，定位技术、语音识别技术和人脸识别技术的应用也使用户数据被采集，这引发了受众的隐私担忧。智能手机和电脑可以说得上是多模态的集大成者，视频、音频、图文、AR 等多模态内容都可以在这两种设备上实现兼容。

（4）消费可供性：场景艺术与算法娱乐

智能视听为受众提供了场景化的用户体验和定制化的个人娱乐。智能驾舱记录着用户的驾驶习惯，提供了一个有求必应的驾驶空间，在开车过程中，用户可以和智能汽车聊天，可以让其播放脑海中一闪而过的音乐，可以设定下班回家的路线。智能家居的使用给用户提供了一个温馨舒适的居住空间，用户可以通过语音控制家中的温度、灯光、电影放映进度，从而获得舒适的家庭影院体验。智能视听产品和服务通过分析用户数据和算法推荐，往往能够给用户带来投其所好的娱乐感受，如平台根据用户短视频观看习惯定向推送内容。

（5）情感可供性：即时满足与虚拟陪伴

智能视听的情感可供性为用户提供了虚拟陪伴、即时满足、心流等情感体验。不同于广播电视节目必须按时收看，智能电视能够通过回放、点播实现内容的即时满足。智能聊天机器人的即时响应、有问必答功能带给用户陪伴感，访谈对象 Q 说："我有心事的时候会问问聊天机器人，听听不一样的答案。"智能手表的用户经常在运动中因为手表的鼓励表现更好，手机游戏用户经常在游戏的虚拟世界里进入心流状态。

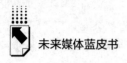

3. 内容产消行为：动机明确的内容收益和悦己消费

用户的内容生产行为有认知盈余、自我呈现和社会资本，认知盈余最早描述互联网时代的知识分享现象，将社会知识存储看作个人事实集合体，共享认知的驱动因素之一。[①] 个体在知识储量、专业特长和兴趣爱好等方面差异较大，他们利用闲暇时间通过网络相互联通，而智能媒体平台有效地聚合了青年网民分享的知识和情感内容，并把这些内容精准投放给潜在的用户，这就发展出了内容付费的盈利模式，内容生产者具备了内容变现的动力。在名利双收的平台激励机制的驱动下，青年网民掀起了内容生产的网感竞赛，"00 后上岗后的政务媒体出圈""国风舞蹈硬控 30 秒""Ins 风拍照窍门"等网感表达几乎构成了青年话语体系。用户的内容消费偏好主要有网感内容、内容付费、倍速阅听，这些都建立在智能视听具有个人媒体特性的基础上，因此用户的消费意愿也是以取悦自己为目标的悦己消费。

4. 技术的倒刺：警惕感知过载与用户智能回避

互联网推动人类进入信息爆炸时代，有限大脑容量与激增信息量间的巨大反差对人类信息处理能力和行为决策能力提出了前所未有的挑战。早有学者提出人们面对过多选择时出现的信息压力，海量信息给人们带来了"甜蜜的负担"。智能视听技术全方位抢占了人们的视觉、听觉、触觉、味觉等感官，多感官刺激下，人们的信息满足阈值不断提高，一些逻辑混乱的微短剧赢得了市场，新闻访谈等优质内容则流量较低，这意味着感知过载带来了用户接受、理解信息和思考方式的变化。这种感知过载也给用户带来一定的压力，青年网民生活在时刻在线、恐慌断网的智能化生存状态下。智能终端的伴随性也挤压了用户独处的时间和空间，个人行动轨迹和媒体使用信息的随时上传也让用户感到前所未有的技术绑架，一些用户有了抵抗智能技术的行为。

（二）青年用户智能视听内容生产与消费行为的形成机制

本报告提出的智能视听内容生产与消费行为的形成机制是内容产消动机—智能视听可供性—内容产消行为。人机传播既包括满足人的功能需要的传播，

---

① 〔美〕克莱·舍基：《认知盈余：自由时间的力量》，胡泳、哈丽丝译，中国人民大学出版社，2012，第 22~50 页。

也包括满足人的情感需要的传播。① 用户在内容生产和消费动机的驱动下使用智能视听实现了智能时代的内容生产和消费。

本报告发现，青年网民为了满足追求名利、表达观点、个人成长、享受娱乐和社会交往的需求，产生了认知盈余、自我呈现、社会资本等内容产消行为。智能视听已为年轻人提供了新的就业岗位和发展赛道，截至2023 年 12 月，我国职业网络主播数量已达 1508 万人。在人潮熙攘的车站机场，在落日斜阳的长堤，或是在静谧古朴的山野，越来越多的年轻人摆放包括脚架、云台和灯光等在内的全套设备，镜头即舞台，主播们以各种标新立异的噱头争抢着时代的流量红利。大多数非职业主播、博主在空闲时间愿意与他人分享自己的专业知识、生活经验和价值观念，将视听内容生产作为"斜杠青年"的隐藏技能。网络上的内容呈现成为用户的社交标签，青年网民通过美颜滤镜、朋友分组等方式对自己的网络形象进行印象管理。人们期待在网络世界里扩大自己的影响力，智能视听可供性在技术上予以支持。

本报告发现，为了满足个人成长需求、享受娱乐需求和社会归属需求，青年网民产生了网感内容、内容付费、速食阅听等消费偏好。青年网民成为短视频、微短剧、社交媒体内容的拥趸，一些现象级的视听作品以网感表达、视觉奇观、符号反差或价值重构等方式紧紧抓住网络流量。青年网民已逐步接受了从为渠道付费到为内容付费的消费方式转变，会员充值、单集购买、直播打赏已成为一些青年的日常生活消费。同时，青年网民正进入一个内容速食的时代，他们喜欢倍速阅听、移动阅听和碎片化阅听。青年网民期待通过内容消费实现自我价值的提升（个人成长）、享受娱乐和加入志同道合的群体（社会归属），智能视听可供性让一切成为现实。

（三）青年用户智能视听内容生产与消费行为的作用机制

智能视听可供性为青年网民提供了内容产消的技术条件，本报告通过扎根理论分析发现，用户在使用智能视听技术时产生了技术焦虑、隐私担忧、关系压力和媒体倦怠的认知评价。这些认知影响着用户的内容生产和消费行

① 彭兰：《人机传播与交流的未来》，《湖南师范大学社会科学学报》2022 年第 5 期。

为。出于智能技术焦虑，一些用户放弃了在平台上的内容生产。用户隐私保护意识的觉醒使得他们在感到被侵权的时候可能选择放弃内容生产和消费。关系压力是指用户感受到了技术带来的负担，如催更压力、沉迷压力、在线压力。媒体倦怠是指用户对智能视听偶尔产生回避态度、情绪和行为。本报告发现，用户内容产消动机引起内容产消行为，用户认知评价起到负向调节作用，如 I-196："当我感觉自己 24 小时都要在线的时候，感觉很恐慌，自己能够被找到，在家里也有能远程开启的智能摄像镜头，这种被包围的感觉让我偶尔想逃离。"

智能视听内容产消行为的形成机制及作用机制见图 1。

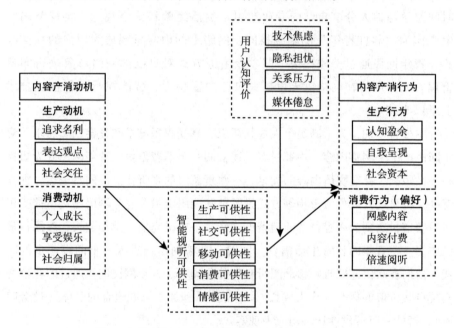

图 1　智能视听内容产消行为的形成机制及作用机制

六　研究结论与讨论

在问卷调查中，本报告结合智能视听内容产消量表，收集了受访者在智能视听终端设备、内容服务、技术应用场景等方面的数据，以便更好地了解用户群体的需求。调查内容涵盖了智能视听技术的使用频率、收看内容偏好、内容创作意愿等多个方面，同时也考查了受访者的个人背景信息，如性别、年龄、受教育水平、职业和年收入等。本报告共收集到 783 份有效问卷，根据数据分析可以得出以下结论。

（一）青年网民智能视听基本使用情况分析

1. 智能视听终端设备使用情况：智能音箱、智能手机和平板电脑普及率最高

智能音箱是被调查对象中使用人数最多的智能视听终端设备，占比为47.13%。其次是智能手机和平板电脑，占比为 44.06%，智能电视和智能手表分别占比 40.87% 和 41.89%。相对而言，虚拟现实头显和智能驾舱是被调查对象中使用人数较少的智能视听终端，占比分别为 21.71% 和 19.54%（见图 2）。

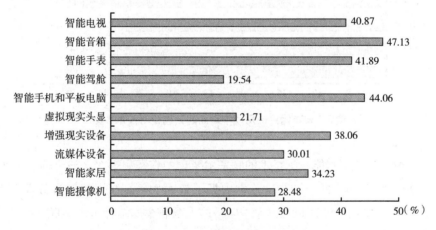

图 2　青年网民使用过的各类智能视听终端设备占比

受访者中，37.93% 的用户每天使用智能视听设备，使用时长为 30~60 分钟，24.52% 的用户使用时长为 60~120 分钟。

2. 智能视听技术使用情况：AI 写作、AI 翻译、AI 修图、AI 游戏技术使用频率较高

问卷调查数据显示，用户使用频率最高的智能视听技术分别为 AI 写作（43.68%）、AI 翻译（42.78%）、AI 修图（40.74%）和 AR 游戏（40.74%）。

结合访谈，用户提到原有的办公软件、翻译软件、修图软件已逐步智能化，WPS 有了智能写作、智能排版功能，有道翻译有了 AI 翻译功能，美图秀秀也有了 AI 换脸功能，这些功能给工作、学习带来极大便利。一些 AI 应用也获得了市场认可，Chatbot、腾讯智影、剪映、Canva 可画等都让青年用户快速上手人工智能技术。AR 游戏随着 Switch 等游戏机的风靡，成为青年游戏消费的一个品类。青年用户对 AI 写作、AI 翻译、AI 修图和 AR 游戏的需求较为广泛（见图 3）。

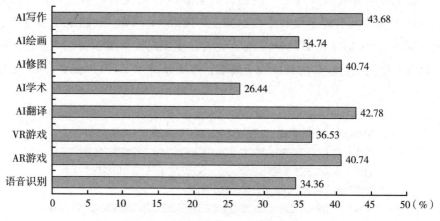

图 3　青年网民使用频率最高的智能视听技术占比

一般用户使用智能视听技术的频率主要集中在每周 3 次（39.21%）和每天 3 次（29.37%）两个选项，分别占据了较大比例。使用频率为每月 3 次（22.48%）和每天 10 次以上（8.94%）的人数较少。结合访谈发现，目前的智能视听终端设备如智能手表、智能眼镜有着日常生活必需的基础功能，因此使用时间较长。

3. 智能视听内容使用情况：微短剧、网络综艺和虚拟现实内容使用频率高

问卷调查显示，使用频率最高的三种智能视听内容服务分别为微短剧、网络综艺和虚拟现实内容，它们的占比分别为 48.91%、46.23% 和 40.74%。这表明在受访者中，微短剧受欢迎程度最高，其次是网络综艺和虚拟现实内容。而相对来说，在线课程和微纪录片使用频率较低，占比分别为 22.22% 和 21.84%。这也证实了用户内容生产与用户内容消费之间的错位。

问卷调查数据显示，受访者最喜欢的智能视听内容中，刷各种社交软件（44.70%）、刷短视频（42.15%）、看网络综艺节目（42.15%）和看纪录片（39.08%）占比较高。相对而言，看电子书（14.81%）占比较低。值得注意的是纪录片受到了青年网民的喜爱（见图4）。

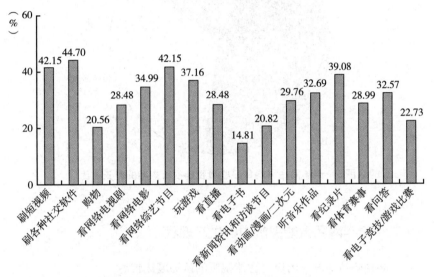

图4 青年网民最喜欢的智能视听内容占比

视频类平台超越传统媒体成为青年获取新闻资讯的主要渠道。青年网民通过使用智能视听设备和平台来满足的主要需求包括购物消费（48.66%）、工作（48.28%）、游戏娱乐（49.55%）、学习（42.15%）、社交（42.27%）、发表观点（42.66%）等。打造人设（10.73%）、分享展示（18.65%）、内容创作（25.03%）等需求相对较少。这说明，大部分用户参与了内容消费，少部分用户参与了内容生产，这也造成了智能视听市场上原创内容供不应求的现象。

参与调查的783人中，平均每日收看智能视听内容的时长分布如下：30分钟及以下的占15.45%，30~60分钟的占32.31%，60~120分钟的占28.10%，120~240分钟的占19.03%，240分钟以上的占5.11%。可以看出，大多数人每天收看智能视听内容的时长为30~120分钟（见图5）。

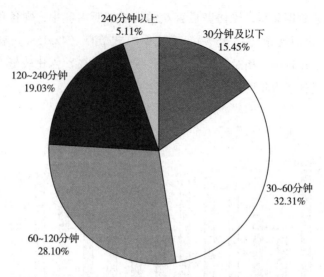

图5 青年网民平均每日收看智能视听内容的时长占比

（二）青年网民智能视听内容生产现状

1. 智能视听认知度：用户对智能视听的认知度比较高

认为自己比较了解智能视听的用户占比28.99%，非常了解的占比19.16%，这说明青年网民对智能视听的认知度比较高。用户对智能视听内容的好感度数据呈现M形（见图6），这说明，尽管更大比例的用户喜欢智能视听产品和服务，但是一些用户对智能视听产品和服务持较极端的否定态度。

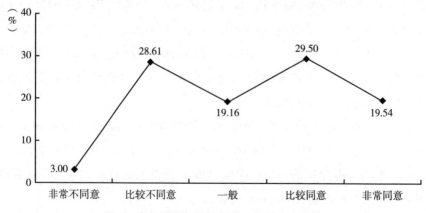

图6 青年网民智能视听内容的好感度占比

2. 智能媒体媒介素养：青年用户使用效能感高

47.38%的用户认为自己能够使用智能媒体；47.89%的用户表示能够迅速上手智能视听的很多应用；47.13%的用户认为自己能够识别恶意的智能视听内容，保护自己不受伤害；46.74%的用户表明自己可以自如地使用智能视听技术和服务。青年网民在智能媒体的使用上效能感较高，这说明，当前智能视听终端设备、技术有易操作的特点。有用户表示，智能电视的操作页面较为复杂，选项过多反而造成认知困扰。

大部分青年通过智能视听平台来进行学习和朋友间交流，当他们使用智能视听平台生产内容时，往往通过一些网络教程自学内容拍摄、剪辑、上传等技能，平台上"一个人怎么拍 Vlog""剪辑不求人"等教程帮助原创用户实现内容创作。

3. 智能视听内容生产特征：以发表原创内容和内容互动为主

在调研中发现，目前，活跃的青年网民以发表原创内容、二次创作内容和内容互动的形式参与到智能视听内容生产中，所有参与调查的青年用户都有内容生产意愿。其中愿意发表原创内容的青年网民占比95.41%、愿意发表二次创作内容的青年网民占比67.33%、愿意与其他人发表的内容进行互动的青年网民占比98.48%。用户在内容生产时有着追求网络热点、网感化表达、表演式呈现的特点。平台引入算法对内容进行分类、过滤和优先级排序，算法决定了"谁"和"什么"能够在用户推荐页面上被展示出来。[①] 在算法友好和公平的想象中，平台的大量用户成为内容创作者。

（三）青年网民智能视听内容消费偏好分析

1. 智能视听消费偏好：内容生产与内容消费错位

调查发现，青年网民平均每天花费 30~60 分钟在内容生产上，花费 60~120 分钟在内容消费上。在内容生产和内容消费上也表现出明显的错位，青年网民对娱乐类内容需求较大，对新闻类、访谈节目类、文学类等严肃内容的需求较小；但娱乐类内容的生产占比低于需求占比，严肃内容的生产占比高于需

---

① T. Gillespie, " The relevance of algorithms," in T. Gillespie, P. Bocpzkowski, K. Foot, eds., *Media Technologies*: *Essays on Communication*, *Materiality*, *and Society* (Cambridge：The MIT Press，2014）, pp. 167–194.

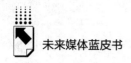

求费占比。这导致在互联网平台上娱乐类内容供不应求，而严肃内容过剩。一些严肃内容也因网感表达才获得网络流量，如微短剧《逃出大英博物馆》。在智能视听终端设备的使用上，用户对智能手表、智能家居、智能驾舱的使用体验较好，特别是其对健康、安全的保障，让用户有持续使用的意愿。

2. 智能视听消费行为：内容付费、倍速阅听已成习惯

大部分人认为智能视听产品能够提供娱乐价值、情感陪伴和沉浸式体验，但也有一部分人担心隐私被泄露和感到被监视的压力。多数受访者表示愿意在平台充值会员、购买付费服务，也愿意为优质内容付费。青年网民在内容消费时主要期待满足个人兴趣和获得认同，在网络中强化自我认知，他们不希望被内容说教，而更希望在网络世界获得认同。同时，多数受访者表示有倍速阅听的习惯。

（四）针对青年网民的智能视听产业发展建议

1. 加快智能视听多平台跨屏跨网连接

未来媒体应逐步完善跨屏跨网的连接方式，实现各种手持终端、可穿戴设备、户外大屏、电视屏幕等显示设备载体的深度连接，进一步提高智能视听的技术可供性。应促进行业内各平台间的技术标准化，确保不同平台间的内容和服务能够无缝对接和共享。同时，开发智能编码技术，根据用户的网络情况和设备性能自动优化画面质量，确保其在各种网络环境下都有良好的观看体验。各平台应设计统一简便的交互界面，使用户能快速上手，从而降低使用门槛。

2. 打造微短剧、网络综艺精品力作

我国微短剧和网络综艺经历了起步初期的野蛮生长阶段，目前正在进入规范化发展轨道。在文化市场的竞争中，初代微短剧粗陋的内容和引流的噱头将会被更有文化价值的优质微短剧驱逐。青年用户是微短剧和网络综艺的高价值用户，这要求内容生产者在创作上一方面传播中华优秀传统文化，把握时代命题，找准年轻人关心的议题，另一方面，回应青年网民倍速阅听习惯，将微短剧和网络综艺与电影、电视剧等长视频联动，以不同的叙事方式衍生同一内容 IP，例如，2024 年 8 月 20 日上线的网络游戏《黑神话·悟空》，一面世迅速成为网络直播、短视频的热门内容。同时，各平台应加大对原创和独家内容的投入与扶持，吸引用户在特定平台观看特定作品，以提升平台的竞争力和增强平台的用户黏性。

3. 完善平台用户内容创作激励机制

完善平台用户内容创作的激励机制，应从经济收益、流量曝光、社区互动、教育培训等多方面着手。这些激励措施不仅能鼓励用户积极创作，也能促进平台内容的多样化和高质量发展，有助于形成良好的内容生态系统，提升用户留存率和平台整体竞争力。通过有效的激励机制，平台能够吸引更多优秀创作者，推动内容创作的繁荣与进步。平台应重点关注暂无变现能力的 Up 主，他们是平台内容生态的基本盘，平台应通过激励机制为他们的早期创作提供帮助。

4. 推动"视听+文旅"深度融合

青年网民正处于视听消费和文旅消费需求旺盛的生命周期，因此，"视听+文旅"的深度融合能够很好地回应青年网民的文化消费需求。智能视听行业应积极探索与文旅、游戏、教育等行业的跨界合作，开发创新型服务与产品，将最受青年喜爱的元素与传统的文旅特色进行转化，为用户提供更丰富的视听体验。例如，随着《黑神话·悟空》游戏一同出圈的还有该游戏中复刻的古刹、古塔、牌楼、雕塑等古建筑，山西省文化和旅游厅官方账号发布的多条"跟着游戏游古建"视频，将游戏玩家从线上引流到线下。

5. 优化智能算法与内容推荐机制

一是利用大数据和人工智能技术，分析青年用户的观看习惯与偏好，优化内容推荐机制，提高用户满意度和增强用户黏性；二是平台应自觉将隐私保护的关口前移到日常经营中，在用户数据质量与安全上统筹兼顾，确保智能化、信息化背景下的便利与个人隐私保护之间的平衡；三是平台反算法推荐机制，平台根据用户以往的使用痕迹推送内容会导致用户无法接触与自己意见相悖的信息，长期下来，用户会被困在信息茧房中。平台可以根据用户数据适时反算法，以更好地提供优质的内容服务。

（五）研究展望

在智能视听技术的赋能下，个体经验将取代公共生活经验，成为人类和机器新框架的主要来源。传统媒体主要依托专业内容生产（Professionally-Generated Content）模式，即 PGC 模式，获取专业人士创作的内容，在社交媒

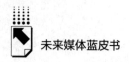

体研究领域，PGC 的概念进行了迁移，在社交媒体上某个领域的意见领袖也被认为是专业内容生产者。互联网社交平台上，由平台提供系统功能和服务，用户可以发布自制内容给其他用户观看，由此，用户生产内容（User-Generated Content）成为互联网内容主体。随着人工智能产品在互联网平台上的惊艳亮相，AIGC（AI-Generated Content）已参与到内容生产中。在智能视听前沿领域，PGC、UGC 和 AIGC 已由内容竞争，转向内容产消的全面融合。内容将不再"必须"合乎某种逻辑或具有某种形式，这带来了知识的去中心化、碎片化。

智能视听技术提供了让用户在信息狂潮中发出自己声音的媒体工具。智能视听为用户提供了一个精彩的文化游乐场，媒体市场越来越少地由平台和品牌驱动，而更多地由用户生产的内容驱动。虽然内容的创作和传播已经持续了数百年，但普通用户对应的个人影响力，是在智能视听技术出现后才得以实现的，而智能视听极大地增强了用户内容产消能力。基于智能视听技术，抖音、快手、小红书等为用户提供了内容产消平台，其运行机制类似一家自助烤肉餐厅，餐厅提供琳琅满目的食物，而食客一边自己烤肉一边吃肉。

正如凯文·凯利在《科技想要什么》中说的那样，没有一个人能够实现人力可及的所有目标，没有一项技术能够收获科技可能创造的一切成果。我们需要所有生命、所有思维和所有技术共同开始理解现实世界；需要技术元素整体——也包括我们——去发明必需的工具，为世界创造奇迹。作为数字经济的创新引擎和场景标配，智能视听将为数字经济的发展发挥重要的牵引、驱动和支撑作用，不断催生新业态新模式，创造重大发展机遇。

本报告进行了一项探索性研究，未来可以继续深入的研究包括：首先，根据本报告收集的数据对内容产消理论进行探索性因子分析和聚类分析的实证检验，并分析用户认知评价对内容产消的影响；其次，虽然媒介可供性是领域内研究热点，但仍然缺乏基于媒介可供性理论的内容产消量表，该量表可以被再次修订；最后，本报告还有一些有趣的其他发现，如用户对智能终端设备的情感依赖、青年用户抵抗智能技术的行为、平台的反算法推送机制等，这些问题都值得深入研究。

智能视听"适老化"提升现状
与用户调查报告

余 霖 石景源*

摘　要：　随着智能视听的发展与我国人口老龄化趋势的日益显著，智能视听产业正面临着向适老化转型的迫切需求与战略性机遇。本报告以福建闽南地区老龄群体为研究对象，展开随机抽样问卷调查、深度访谈。通过对问卷数据及访谈内容的分析与梳理发现，当下多家主流智能视听平台已对现有功能结合老龄群体使用特性进行了适老化提升，但产品在用户体验等方面仍有较大的提升改进空间，特别是需要对适老化内容、用户感官、视觉设计、交互界面便利性等方面的显著问题进行优化，以此为智能视听产业的适老化改革提出了改进的方向。

关键词：　适老化　智能视听　用户分析

　　积极应对人口老龄化已经上升为国家战略。2024 年初，国务院办公厅发布 1 号文，聚焦银发经济，《关于发展银发经济增进老年人福祉的意见》成为中国首个支持银发经济发展的专门文件。2024 年《政府工作报告》提出"实施积极应对人口老龄化国家战略""大力发展银发经济"。对视听平台而言，关注老龄群体、提高适老化体验变得愈发重要。如今各平台都在争夺老龄用户，战况激烈，由于老龄用户是电视大屏最忠实的拥趸，所以智能视听市场整体呈现出移动端"进攻"、电视端"防守"的局面。

---

* 余霖，传播学博士，厦门理工学院影视与传播学院副教授，硕士研究生导师，主要研究方向为新媒体内容生产与传播；石景源，厦门理工学院硕士研究生，主要研究方向为艺术编导。

一　研究设计

2024 年 3 月发布的第 53 次《中国互联网络发展状况统计报告》显示，截至 2023 年 12 月，20~29 岁、30~39 岁、40~49 岁的网民占比分别为 13.7%、19.2%和 16.0%；50 岁及以上的网民占比由 2022 年 12 月的 30.8%[①]提升至 35.2%，互联网进一步向中老龄群体渗透（见图 1）。

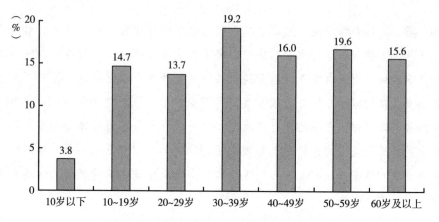

图 1　截至 2023 年 12 月中国网民年龄结构

资料来源：第 53 次《中国互联网络发展状况统计报告》。

（一）问卷调查及采访

笔者对福建省闽南地区老龄群体（60 岁以上人群）发放调查问卷，让他们对智能视听的适老化现状等作出个人评价。同时，结合其问卷作答情况对其进行采访或访谈。以确保所获取的信息符合其个体特点。

问卷调查采取线上和线下两种方式，因部分老龄群体难以熟练操作问卷调查系统，部分数据由其监护人协助进行问卷填写和提交。同时在三地线下发放问卷，随机抽取用户进行问卷调查。

[①] 《CNNIC：第 51 次中国互联网络发展状况统计报告》，互联网数据资源网，2023 年 3 月 24 日，http://www.199it.com/archives/1573087.html。

本次共收集样本 898 份，其中，有效样本 860 份。图 2 显示男性样本占比略高于女性，但整体相对持平。

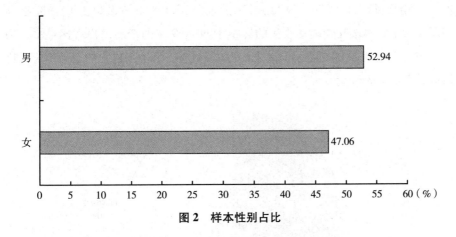

图 2　样本性别占比

如图 3 所示，来自泉州的样本占比最高，为 47.06%，厦门次之，为 35.29%，漳州占比最少，为 17.65%，这与当地实际人口数量情况基本相符。

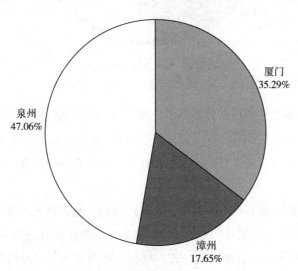

图 3　样本地区分布

老龄人口是指年龄处于老龄界限以上的人口，从人口学的角度来看是与其他年龄阶段（幼年、青年、壮年）相区别的一个社会群体，是人口构成中不可缺少的一部分。老龄人口一般是指 60 岁及以上的人口。从世界范围来看，老龄人口中女性的比重高于男性。中国老龄人口包括：低龄老龄人口（60～69岁）、中龄老龄人口（70～79 岁）、高龄老龄人口（80 岁及以上）三部分。[①]如图 4 所示，本次问卷调查收集的样本中 60～69 岁的老龄用户占比最多，为47.06%，70～79 岁的老龄用户次之，为 29.41%。80 岁及以上的老龄用户占比最低，为 23.53%。

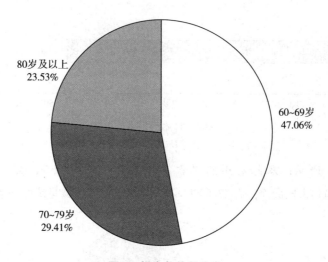

图 4　样本年龄段分布

从老龄群体日常使用的智能视听终端来看，手机和电视是使用率最高的智能视听终端，占比分别为 82% 和 59%，而近些年随着人工智能的发展，智能音箱、智能手表等智能视听终端也逐渐在老龄用户群体中占有一定的市场份额（见图 5）。

当前，主流的视听平台如爱奇艺、优酷视频、腾讯视频等都已设置适合老龄用户的专门模式或板块。如优酷视频推出长辈模式升级版——"银发剧场"，爱奇艺推出的"长辈模式"等。这些功能为老龄用户使用智能视听平台提供了较大的便利，但平台在功能设计等方面仍存在部分不足。

针对这些平台的使用体验，对老龄群体展开问卷调查，调查他们对智能视

---

① 吴忠观：《人口科学辞典》，西南财经大学出版社，1997。

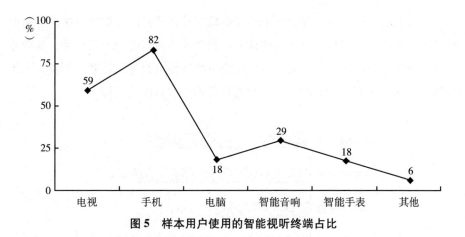

图5　样本用户使用的智能视听终端占比

听平台"老龄模式"的整体满意度、存在的不足及优化建议等。

　　通过图6的评分占比数据可以发现评分集中于 60~90 分，有高达 47% 的用户评分为 60~70 分，使用感受评价为"一般"。仅有 6% 的用户感到非常满意，同时还有 12% 的参与调查的老龄用户感到不满意。由此可见，智能视听平台在"适老化"方面仍存在许多不足，有较大的提升空间。

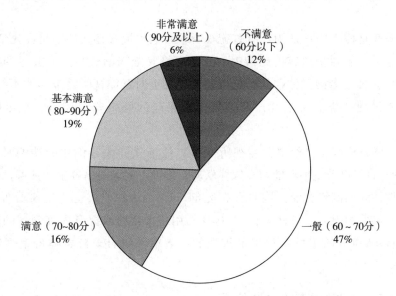

图6　样本用户对智能视听平台"老龄模式"评分占比

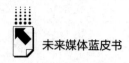

在对老龄群体认为智能视听平台老龄模式符合其使用习惯的特性进行调查后发现，简洁的交互页面是该群体认为最符合其使用习惯的产品特性，鉴于老龄群体的视力等机能相对退化，难以在复杂的操作页面寻找需要的功能，因此简洁的交互页面便成为智能视听平台需具备的基本属性（见图7）。

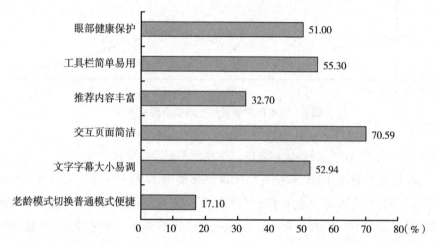

图7　样本用户认为智能视听平台老龄模式符合其使用习惯的特性占比

图8是样本用户认为现有智能视听平台老龄模式存在的不足占比情况，其中容易误触付费内容占比最大，当前网络安全问题成为人们关注的热点问题，尤其是老龄群体往往警觉性较低，加上对智能视听终端操作不熟练，在上网过程中若不加注意，可能会带来相应的网络安全风险，甚至财产损失。

在调查样本用户希望智能视听平台"适老化"改造优化的功能时，有70.59%的用户希望平台能与自媒体联动，增设一些老龄内容生产社群，促进老龄群体间的网络交流。同时有高达64.71%的用户建议优化视频画面、色彩等，以保护视力。另外，有45.00%的用户希望能够提升内容分享的便捷性，有47.06%的用户希望平台推送的广告能够符合老龄群体的消费需求（见图9）。

（二）问卷调查结论与分析

通过问卷调查发现，参与问卷调查的样本中，绝大多数老龄人都有使用智

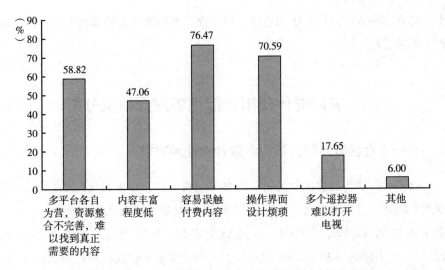

图8 样本用户认为智能视听平台老龄模式存在的各类不足占比

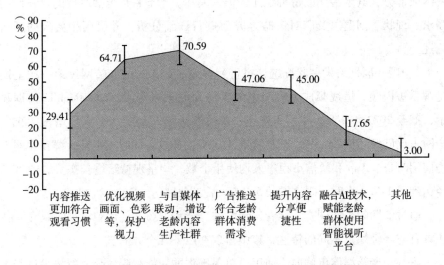

图9 样本用户希望智能视听平台"适老化"改造优化的功能

能视听终端上网的经历。大部分老龄人使用过各智能视听平台推出的老龄模式。但就目前的调查结果来看,用户对平台的老龄模式的满意度整体较低,各平台存在较大的提升空间。在接受调查的样本中,用户对上网安全问题、界面交互设计的便捷性、视听平台资源丰富度、视力保护等方面的关注较多,希望

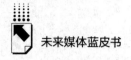

平台能在这些方面进行升级和优化，切实提升老龄群体在智能视听平台使用过程中的体验感。

二　老龄群体使用智能视听媒介情况分析

（一）老龄群体对智能视听媒介的使用需求

随着我国经济的快速发展和医疗水平的提升，人口老龄化问题日益凸显。据国家统计局发布的数据，截至 2023 年末，60 岁及以上人口 29697 万人，占全国人口的 21.1%，其中 65 岁及以上人口 21676 万人，占全国人口的 15.4%。① 预计到 2035 年，60 岁及以上人口将突破 4 亿人，占比将超过 30%。积极应对人口老龄化已经上升为国家战略，而智能视听产业作为信息时代的重要组成部分，其老龄化改造现状尤为值得关注。本节将从老龄群体的媒介使用需求、现状、问题以及应对策略等方面进行详细分析，并引用相关数据进行论述。

《中国互联网络发展状况统计报告》显示，超 1/3 的老龄网民第一次上网是观看短视频，短视频成为吸引老龄人触网的重要因素。QuestMobile 数据显示，截至 2023 年 9 月，银发人群用户规模已达到 3.25 亿人，同比增长 7.6%；全网占比已经达到 26.5%，同比提高 1.3 个百分点。同时，银发人群互联网人均使用时长、App 和微信小程序人均使用个数，均呈现持续增长态势，前者已经达到了 127.2 小时，同比增长 5.2%，后者分别达到 16 个和 11 个。②

通过前期的走访调查，笔者发现大部分老龄群体在使用智能视听媒介时往往具有与年轻用户不同的特性，集中体现在以下几个方面。

第一，老龄群体更倾向于使用简单易操作的智能视听媒介。新技术对于老龄群体来说往往具有难度较高的特点，当前智能视听媒介为了满足用户的各类

---

① 《2023 年国民经济回升向好 高质量发展扎实推进》，国家统计局网站，2024 年 1 月 17 日，https://www.stats.gov.cn/sj/zxfb/202401/t20240117_1946624.html。

② 《QuestMobile2023 银发经济洞察报告：3.25 亿银发用户掀起多个领域的消费热潮，在线旅游行业同比增长 70%……》，Quest Mobile 网站，2023 年 11 月 7 日，https://www.questmobile.com.cn/research/report/1721777249575866370。

需求，具有复杂的菜单分类与操作步骤。而老龄群体因生理机能退化等因素，往往对于新技术新功能的接受和学习过程相对缓慢和困难。第二，老龄群体对智能视听媒介的功能需求相对单一。老龄群体更加注重传统的社交活动和休闲娱乐。他们更倾向于通过视听媒介获取新闻、观看影视剧和参与社交互动。第三，老龄群体更倾向于遵循已有的使用习惯。老龄群体的知识体系较为稳定，具有相对固定的思考习惯和工具使用习惯。例如使用视频软件观看新闻、戏曲，使用喜马拉雅收听广播等。

（二）老龄群体使用智能视听媒介的现状分析

智能视听媒介作为新媒体的重要组成部分，近年来在老龄群体中的普及率逐渐提高。老龄群体使用智能视听媒介的现状如下。

电视端仍是主流媒介。由于老龄群体不太会操作数字设备，电视成为他们获取信息和生活娱乐的主要终端设备。2024 年发布的第 53 次《中国互联网络发展状况统计报告》显示，当前行业对老龄人、残疾人乐享数字生活的保障力度显著增强，2577 家老龄人、残疾人常用网站和 App 完成适老化及无障碍改造，超过 1.4 亿台智能手机、智能电视完成适老化升级改造。[①] 尽管老龄网民数量逐年增加，但电视仍然是他们最忠实的媒介。他们对智能视听媒介的使用仍处于起步阶段。当前智能视听媒介极大地重塑了信息传播与接收的方式，尤其在年轻群体中，这些媒介已成为日常生活不可或缺的一部分，其高普及率反映了年轻一代对新技术的高度接纳与依赖。然而，当我们深入探讨新媒体技术的社会渗透力时，不难发现老龄群体在这一进程中具有较强的滞后性。

数字鸿沟给老龄群体带来上网难问题。面对错综复杂的数字信息时代，越来越多的老龄群体正在饱受数字鸿沟带来的各种不便。老龄群体面对的数字鸿沟主要表现在移动支付受阻、就医难、网络信息难辨真伪等方面。[②] 老龄群体在使用智能视听媒介过程中，同样面临着技术、信息等多方面的鸿沟。他们往往难以适应新技术的发展，导致在获取信息和享受服务方面处于劣势地位。其

[①] 《第 53 次〈中国互联网络发展状况统计报告〉》，中国互联网络信息中心网站，2024 年 3 月 22 日，https://www.cnnic.cn/n4/2024/0322/c88-10964.html。

[②] 章婷：《协同治理理论视角下老年人数字鸿沟治理研究》，《经济研究导刊》2024 年第 10 期。

具体原因涉及个人、家庭、社会、经济及技术等多个层面。随着年龄的增长，老龄群体的身体机能逐渐下降，其认知能力也会逐渐下降，导致学习新技术或操作新设备时困难重重。同时，面对新技术，老龄群体可能因担心误触不良广告、害怕被骗或感到自己与时代脱节而产生心理抗拒和恐惧，这种情绪也进一步阻碍了他们对智能视听媒介的接纳和使用。

（三）智能视听行业的适老化提升路径

早在 2021 年工业和信息化部就发布了《互联网网站适老化通用设计规范》和《移动互联网应用（APP）适老化通用设计规范》，《移动互联网应用（APP）适老化通用设计规范》明确，"在移动应用中，应可对字型大小进行调整""段落内文字的行距至少为 1.3 倍，且段落间距至少比行距大 1.3 倍，同时兼顾移动应用适用场景和显示效果""内嵌适老版界面的移动应用首页需具备显著入口，支持切换至适老版，或在首次进入时给予显著切换提示，且在"设置"中提供"长辈版"入口"。①

随着全球老龄化趋势的加剧，老龄人口数量的不断增长，智能视听行业在适老化体验与提升路径上的探索变得尤为重要。智能视听技术不仅为老龄群体提供了更丰富的娱乐和信息获取渠道，还成为他们融入社会、保持活力的重要工具。然而，老龄群体在上网过程中面临技术障碍、数字鸿沟等问题，这要求智能视听行业从技术路径、数字鸿沟及用户体验等多个方面进行深度优化。

无障碍设计理念的普及是提升老龄用户体验的重要途径。无障碍设计强调以用户为中心，通过简化操作流程、提供辅助工具等方式，降低用户的使用门槛。在智能视听领域，无障碍设计主要体现在以下几个方面。一是大字体、高对比度设计。针对老龄用户视力下降的特点，智能视听设备应提供大字体、高对比度的界面设计。这种设计不仅有助于老龄用户更清晰地阅读文字内容，还降低了长时间观看屏幕对眼睛的伤害。二是简化操作流程，智能视听媒介应尽可能简化操作流程，减少不必要的操作步骤，例如，可以通过一键直达、快捷

---

① 《工业和信息化部办公厅关于进一步抓好互联网应用适老化及无障碍改造专项行动实施工作的通知》，中国政府网，2021 年 4 月 6 日，https：//www. gov. cn/zhengce/zhengceku/2021 - 04/13/content_5599225. htm。

菜单等方式，使老龄用户快速找到所需内容。此外，还应提供清晰的引导信息，帮助老龄用户理解操作流程。

对于提升老龄群体的使用体验来说，提升交互的流畅性至关重要。具体而言，一是可以通过优化语音识别技术和设计友好的语音交互界面来增强语音交互能力，确保老龄人能够轻松通过语音指令控制设备；二是优化触控屏幕设计并改进手势识别技术，使触控和手势操作更加适合老龄人的使用习惯，降低学习成本并提高操作准确性。这些技术方面的提升措施将促进老龄用户与智能视听媒介的有效互动。

（四）多管齐下助力老龄用户跨越"数字鸿沟"

数字鸿沟是当前老龄群体面临的主要问题之一。为了跨越这一鸿沟，需要普及智能设备和技术培训。腾讯曾推出的"银龄计划"旨在通过科技力量帮助老龄人跨越数字鸿沟。该计划通过智能语音助手、安全守护等功能，为老龄人提供便捷、安全的智能生活体验。

1. 普及智能视听设备

政府和企业应加大对智能视听设备的普及力度，通过优惠、补贴等方式降低老龄用户购买智能视听设备的成本。同时，还应推动智能视听设备在老龄人群中普及，使更多老龄用户能够享受到智能视听技术的便利。

2. 技术培训与指导

针对老龄用户的技术培训是跨越数字鸿沟的关键。政府、社区和企业应联合开展技术培训活动，为老龄用户提供免费的培训机会。培训内容应包括智能设备的基本操作、常用软件的使用、网络安全知识等。同时，政府、社区和企业还应提供一对一的指导服务，帮助老龄用户解决在使用过程中遇到的问题。

3. 线上线下融合的服务模式

线上线下融合的服务模式有助于更好地满足老龄用户的需求。政府、社区和企业在线上可以通过智能设备提供便捷的信息获取和娱乐体验；在线下则可以通过社区、养老机构等渠道为老龄用户提供面对面的指导和支持。

应建立专门的线上服务平台，为老龄用户提供新闻资讯、健康养生、休闲娱乐等内容。平台应充分考虑老龄用户的特点和需求，提供语音交互等功能。同时，还应成立专门的客服团队，为老龄用户提供及时的在线服务。

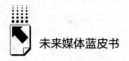

同时，在社区、养老机构等场所开展线下服务活动，如技术培训、健康讲座、兴趣小组等。这些活动不仅有助于提升老龄用户的技能水平和生活质量，还为他们提供了与同龄人交流互动的机会。

（五）AIGC赋能智能视听产业"适老化"提升

生成式人工智能（AIGC）技术的快速发展为智能视听产业的"适老化"提升带来了前所未有的机遇。当前各大智能视听产品纷纷借助AIGC技术，将语音交互、智能算法推荐、无障碍操作等功能引入视听产品，进一步推进智能视听产业的"适老化"提升。

1.语音交互与语音助手

老龄人在使用智能视听媒介时，常常面临操作复杂、界面不友好等问题。AIGC技术通过深度学习，能够优化语音交互系统，使老龄用户通过简单的语音指令即可完成复杂的操作。例如，智能音箱和智能电视可以通过语音助手实现节目搜索、音量调节、天气查询等功能，极大地简化智能视听媒介的操作流程，提高老龄用户的使用体验。

2.内容个性化推荐

AIGC技术通过深度学习和大数据分析能力，能够精准捕捉并分析老龄用户的观看历史、互动行为、兴趣偏好乃至情感倾向等多维度数据，进而构建出高度个性化的用户画像。这一过程不仅仅是简单的数据堆砌，而是基于复杂算法模型，对用户的潜在需求与偏好进行深度挖掘与预测。基于此，平台能够实现内容的精准推送与个性化推荐，为老龄用户量身打造专属的信息获取与娱乐体验。

以视频平台为例，AIGC技术的应用使平台能够智能识别并区分老龄用户的独特兴趣点。对于热衷健康养生的用户，平台会优先推荐关于中医养生、营养膳食、运动健身等方面的专业视频，帮助他们在享受数字娱乐的同时，也能获取到实用的健康知识。而对于历史爱好者，平台则会精心挑选并推送历史纪录片、历史人物传记、经典回顾等内容，满足他们对历史进行探索与追忆的需求。此外，戏曲作为中国传统文化的重要组成部分，在老龄群体中拥有广泛的受众基础，平台还可以根据用户的戏曲偏好，推送京剧、昆曲、越剧等不同剧种的经典剧目，让老龄用户能够随时随地感受传统文化的魅力。

这种个性化的内容推荐机制，不仅极大地丰富了老龄用户的数字生活，让他们能够轻松找到并沉浸在自己感兴趣的内容中，同时也有效降低了他们在海量视听内容中盲目搜索的时间成本，提升了信息获取的效率与质量。通过持续提供符合用户口味的内容，智能视听平台能够显著增强老龄用户的黏性，建立起稳固而忠诚的用户基础，进一步推动平台内容的多元化与适老化发展。

3. 内容无障碍化

优酷视频在 2022 年推出的无障碍剧场，是国内视听平台首次运用 AI 技术合成明星艺人的声音，用于无障碍内容制作。2024 年 3 月发布的《优酷社会责任暨 ESG 报告》显示：2023 年优酷继续加强无障碍剧场建设，丰富剧场内容，优酷无障碍剧场的电影、电视剧、动画片、纪录片等内容已超过 2000 部（集），同比增长超 400%。① 对于视力或听力有障碍的老龄人，AIGC 技术可以通过字幕生成、语音朗读等方式实现内容的无障碍化。视频平台可以自动生成多语言字幕和提供语音解说服务，帮助老龄人更好地理解视频内容。借助 AIGC 技术还可以优化音频，使语音更加清晰、易于理解，提高老龄用户的听觉体验。

4. 智能家居与远程看护

将 AIGC 技术与物联网技术相结合，打造老龄智能家居系统，为老龄群体提供更加便捷、安全的生活环境。例如，智能音箱、智能门锁、烟雾报警器、跌倒检测器等设备可以通过 AIGC 和物联网技术实现远程监控和预警，及时发现并处理潜在的安全隐患。同时，智能机器人可以陪伴老龄人进行日常活动，可以播放视听内容，可以提供心理慰藉和健康管理服务。

三　结论与建议

面对我国老龄化程度日益加深的现状，智能视听产业正站在一个历史性的转折点上，其未来发展既充满了前所未有的机遇，也伴随着不容忽视的挑战。机遇在于，随着老龄人口基数的不断扩大和老龄群体对数字生活接受度的提

---

① 优酷：《优酷社会责任暨 ESG 报告》，2024 年 3 月 29 日，https：//files. alicdn. com/tpsservice/286a2a0a8bf05007bbd284d718b6bb16. pdf。

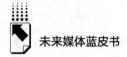
高，智能视听产业迎来了广阔的市场蓝海。通过 AIGC 等前沿技术的深入应用，企业能够更精准地把握老龄用户的需求，开发出更加贴合其使用习惯和心理特点的产品与服务。这不仅能够满足老龄人娱乐、学习、健康管理等多方面的需求，还能有效缓解老龄人面临的"数字鸿沟"问题，促进社会整体的内容无障碍化建设。

同时，智能视听行业存在的挑战同样不容忽视。如何在保证技术创新的同时，确保产品的易用性和安全性，降低老龄人的学习成本和使用风险，是智能视听产业必须面对的重要课题。如何构建完善的用户服务体系，提供及时、有效的技术支持和售后服务，保障老龄用户的权益，也是产业可持续发展的关键所在。随着老龄用户群体的不断扩大，如何避免内容同质化，持续输出高质量、有深度的内容，以吸引并留住用户，也是值得深入思考和探索的问题。

因此，智能视听产业在抓住老龄化社会带来的机遇的同时，必须勇于面对挑战，不断创新与突破。应通过加强技术研发、优化产品设计、完善服务体系、深化内容创新等多方面的努力，共同推动智能视听产业朝更加成熟、健康、可持续的方向发展。只有这样，才能更好地满足老龄用户的多元化需求，提升他们的生活品质，也为社会的和谐与进步贡献更多的力量。社会各界需共同努力，通过设计更加友好易用的界面、开展针对性的数字技能培训，以及制定保护老龄人数字权益的政策法规等措施，提升老龄人在新媒体环境下的智能视听体验。这一过程不仅关乎技术普及的广度，更深刻地触及社会公平与数字包容性等核心议题。同时，AIGC 技术在智能视听产业"适老化"提升中发挥着重要作用。应通过加强技术研发与应用、制定行业标准与规范、加强用户教育与培训以及推动跨界合作与资源共享等措施，推动 AIGC 技术在智能视听产业中广泛应用，为老龄用户提供更加便捷、安全、个性化的智能生活体验。未来，随着技术的不断进步和应用场景的不断拓展，AIGC 技术将在智能视听产业"适老化"提升中发挥更加重要的作用。

B.15
小学生短视频黏性现状调研
与防范机制探析

张 冀 崔茗婷*

摘 要： 短视频作为一种新型信息获取和娱乐方式，因时长较短、内容新颖、搜索便捷，迅速吸引了大批受众，包括未成年群体中的小学生。本报告通过文献分析、问卷调查、深度访谈的研究方法，分析小学生的短视频黏性现状、多种指标与短视频类别的对应关系，并建立模型对观看短视频前后小学生的状态变化进行深入研究。本报告的调研结果显示，小学生的学业表现、身体状况、精神状态、户外活动状态、人际交往状态、睡眠质量等在观看短视频前后均有不同变化。基于以上研究，本报告进一步探析社会多主体联动防范机制，着重从小学生观看短视频的时长、时段及频率，监护人监护渠道和方法、社会及家校联动等方面对应提出正向引导小学生接触短视频、提升短视频质量等相关策略。

关键词： 短视频 黏性现状 小学生 互联网技术

随着互联网技术的快速发展和智能移动终端的广泛使用，短视频逐渐成为未成年人，甚至是越来越多小学生休闲放松、兴趣学习的选择之一。

《第5次全国未成年人互联网使用情况调查报告》显示，2022年，我国未成年人中有互联网接触史的已超过1.93亿人，未成年人互联网普及率为97.2%。其中小学生互联网普及率达到95.1%。未成年网民经常在网上看短视

---

* 张冀，艺术学硕士，厦门理工学院表演系教师，主要研究方向为传播市场调研、新媒体数据分析、智能素养；崔茗婷，厦门理工学院影视与传播学院本科生，主要研究方向为传播市场调研。

频的比例达到 54.1%，32.9%的未成年网民过去一年中曾在抖音、快手、微信等软件上拍摄并发布短视频。77.5%的家长表示会担心孩子看短视频的时间过长。27.6%的未成年网民表示自己曾在过去半年内经历过网络安全事件。28.0%的未成年网民认为自己不会注意识别网络诈骗；35.1%的未成年网民认为自己不会刻意避免在社交网站发布个人信息；41.8%的未成年网民认为自己没有警惕恶意软件的意识。①

一　小学生短视频黏性现状调研设计

短视频平台虽然具有开阔小学生视野、丰富小学生生活的优势，但也带来了小学生个人信息泄露、非法和不良内容污染小学生身心健康、小学生沉迷网络等巨大风险。持续监测小学生的短视频黏性现状，加深对小学生短视频使用保护机制的探究，社会、家庭、学校合力，实施有针对性的措施，具有重要的社会价值和现实意义。

（一）小学生短视频黏性的利弊

1. 短视频对小学生产生的积极影响

（1）有助于树立良好的价值观

小学阶段小学生对事物的探索欲望十分强烈，在此时期，小学生的主要特点为对新鲜事物的接受能力很强，主观意识较强，想象力丰富，不被具体的"刻板印象"所限制，对事物的认知需求较高等。在此阶段小学生同样具有世界观、人生观、价值观未完全树立，辨别是非的能力较弱等特点。且在科学技术发展突飞猛进的背景下，人们能够十分容易地接触到大量网络信息，这些信息很容易被小学生接触到。在此背景下如何正确引导小学生树立良好的价值观成为重中之重。

短视频平台中的公益短视频广告，能够让小学生从小耳濡目染中华民族尊老爱幼、勤奋善良等优秀传统美德，弘扬优秀文化，传承良好家风，树立正确的价值观；爱国主题教育短视频通过展示榜样们的伟大贡献，潜移默化地让小

---

① 《〈第 5 次全国未成年人互联网使用情况调查报告〉发布》，中国互联网信息中心网站，2023 年 12 月 25 日，https：//www.cnnic.cn/n4/2023/1225/c116-10908.html。

学生接受红色文化教育，经受红色精神洗礼，增强作为一名新时代中国学子的志气、骨气、底气；各大博物馆利用网络潮流话题宣传馆内文物资源，生动形象地为小学生展示中华优秀传统文化资源，增强民族自信、文化自信，更好铸牢中华民族共同体意识。这些高质量短视频有助于引导小学生树立正确的世界观、人生观、价值观，学习中华优秀传统文化，弘扬爱国主义精神。

（2）拓宽视野、扩展知识库

短视频平台拥有大量网络资源信息。丰富多样的知识能够以短视频的形式充分呈现，满足了人们日常生活所需，增加了小学生的知识广度，让他们了解到更多书本上没有的知识。动画类短视频鲜艳的色彩、生动活泼的情节深受小学生欢迎。动画类短视频中特定的故事主题、奇思妙想的画面将现实与虚拟相结合，符合此年龄阶段的特点，能够刺激他们开阔思维、拓宽视野，小学生通过理解并学习动画片中蕴含的道理，提高认知能力。科普教程类短视频是以教育游戏的形式或者更新颖有趣的形式呈现的，通过寓教于乐、潜移默化地提高小学生的认知能力。《走近科学》《动物世界》《国家地理》《如果国宝会说话》等视频能够在吸引小学生观看短视频的同时让他们学习到有趣的知识，符合他们的行为偏好。有趣的小知识搭配短视频，科学技术带动知识资源更好地传播，拓宽传播渠道与学习途径，小学生不仅可以得到身心放松，还可以学到书本之外的延伸知识，具有一举两得的优良效果。

（3）增强自我表达能力及社交能力

短视频平台为受众群体提供了可以展示自我的机会和舞台。小学生在观看短视频的同时，能够学习了解视频制作等相关知识，会激发他们创作短视频的想法。且短视频平台还为受众群体提供了各种特效、模板视频、背景音乐、滤镜等资源，小学生可以通过录制发布短视频增强其表达能力，充分展现自我。例如，小学生拍摄的手工小制作讲解类短视频，能收到网友们的点赞和关注、评论，这类积极反馈能够给予小学生良好的情绪价值，提升他们的满足感，提高其自信心。小学生在与网友交流互动时，有时还可以结交到新的朋友。这增强了小学生的社交能力，满足了他们的社交需求。

2. 短视频对小学生产生的消极影响

（1）影响思维深度

通过调查研究及日常接触观看短视频发现，其内容大多数较为简单直白，

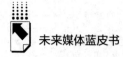
易于小学生理解，各种节奏欢快的"洗脑神曲"搭配卡点视频，增强了小学生的视觉与听觉等感官刺激，使得大脑分泌大量的多巴胺。短视频平台会通过算法分析推送用户感兴趣的内容，让小学生沉浸其中，越刷越"上瘾"，不知不觉便消磨了时光，如若陷入无限刷视频的循环中，这会浪费大量学习、提升自我的时间，并未给小学生带来真正的收获。短视频的信息碎片化，瞬间性、片段化的信息获取影响了小学生深度思考的能力。

（2）危害交流能力

小学生沉迷短视频，侵占了他们阅读书本知识，与同伴好友、家长互动交流的时间，而这一时期，他们的认知能力正是通过这些活动来不断完善发展的。由于短视频的短暂快乐，让孩子的大脑多巴胺持续分泌，使得他们很难沉下心学习知识，图书与玩具也不能满足他们的需求，过多使用电子产品，观看短视频会引发小学生认知缺陷，使其丧失大量阅读书本的时间与机会，严重阻碍他们身心发展，影响精神状态、睡眠质量、人际交往等多方面发展。

（3）危害身心健康

现在短视频平台与短视频内容多种多样，网络监管有时无法准确捕捉到小学生用户，平台推送的短视频内容是不可控的，父母无法真正做到无害筛选。小学生在接触到不适合心智尚未成熟的他们观看的视频时，其价值观会在不知不觉中被扭曲。例如，相关新闻报道，一名小学生根据短视频不正确的用电方法制作食物，最终受伤。小学时期，学生对家长或社会中的行为处于模仿阶段，新颖的事物会引发其探索的欲望，但他们辨别是非的能力较弱，有些短视频内容具有很大的危险性，若没有家长监督，他们意识不到自己的行为存在安全隐患，从而使自己受伤。

（二）调研方法

本报告在此背景下，通过问卷调查与座谈会的形式，对一手调研数据进行实证分析，研究小学生短视频黏性现状，探析相关防范保护机制。在研究过程中，采用了下列具体研究方法。

1. 文献分析法

本报告在文献资料收集方面，主要参考国内外学术研究数据库最新相关文献。所使用的数据库包括 CNKI、万方数据库、Web of Science、EBSCO、维普数据库。

2. 调查法

本报告通过发放调查问卷的方法对小学生短视频黏性现状进行调查。同时，通过召开座谈会的形式对小学生家长进行深度访谈，以家长视角切入孩子日常生活，让研究对象表达真实感受与想法。

（1）调查时间

问卷调查时间：2024 年 4~5 月

座谈会时间：2024 年 5 月

（2）调查方式

本次调查采用问卷调查和座谈会两种形式进行。问卷调查采取网络问卷的形式开展。经过 1 个月的问卷调查，共发放网络问卷 5200 余份，收回有效问卷 5031 份。因第 8 题选择"未接触过电子产品"选项的答题人停止回答后续问题，故第 8 题选择"接触过电子产品"的有效问卷为 4418 份。其中男女各占 50%；年级分布中，一年级的占 17.85%，二年级的占 18.90%，三年级的占 19.42%，四年级的占 25.74%，五年级的占 13.70%，六年级的占 4.39%；学校性质分布中，公办学校的占 89.33%，民办学校或私立学校的占 10.67%；家庭年收入分布中，3 万元及以下的占 9.44%，3 万~5 万元的占 12.2%，5 万~10 万元的占 15.58%，10 万~20 万元的占 15.9%，20 万~30 万元的占 16.24%，30 万~50 万元的占 8.81%，50 万元以上的占 4.57%，隐私问题、不方便透露的占 17.25%。

二 小学生短视频黏性现状分析

（一）小学生电子产品使用情况

1. 接近六成的小学生平均每天使用电子产品的时长大于半小时

在当今数字化时代，电子产品的普及极大地改变了人们的生活方式，包括儿童在内的各个年龄段群体都不可避免地融入了这一科技浪潮之中。调查显示，59.15%的小学生平均每天使用电子产品的时长大于半小时。并且可以发现，随着小学生年级的增加，电子产品使用时长大体呈现上升趋势，其中，六

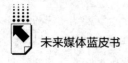
年级学生平均每天电子产品使用时长超半小时的占71.47%，在六个年级中最高（见图1）。

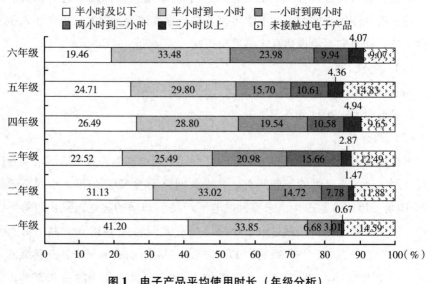

图1　电子产品平均使用时长（年级分析）

在学校性质方面，公办学校的学生平均每天使用电子产品的时长在半小时及以下（含未接触过电子产品，下同）的占42.44%，但民办/私立学校的学生平均每天使用电子产品的时长在半小时及以下的占比仅有27.54%（见图2）。

在监护人学历方面，随着监护人学历提高，未接触过电子产品的小学生占比也增加，但总体而言，在各种学历水平的监护人情况下，小学生平均每天使用电子产品的时长在半小时及以下的比例接近，其中占比最低的为大专（35.50%），占比最高的为初中及以下学历（44.80%），二者的差距小于10个百分点（见图3）。

2. 接近一半小学生只在监护人陪伴下使用电子产品

电子产品已成为小学生日常生活中不可或缺的一部分，因此，如何确保小学生健康、合理使用电子产品尤为重要，由于小学生心智尚未成熟，调查显示，48.09%的小学生只在监护人的陪伴下使用电子产品，16.19%的小学生不在监护人的陪伴下使用电子产品，35.72%的小学生以上两种情况均有。在年

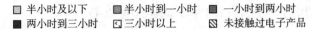

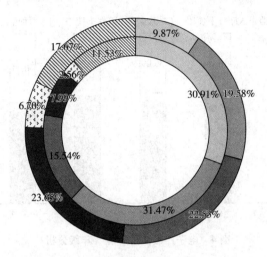

图2 电子产品平均使用时长（学校性质分析）

注：里圈为公办学校，外圈为民办/私立学校。

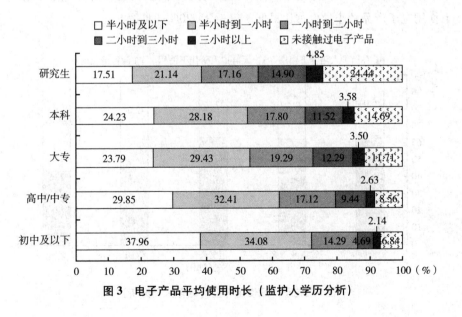

图3 电子产品平均使用时长（监护人学历分析）

级方面，65.97%的一年级学生在使用电子产品时有监护人陪伴，仅有4.82%的学生在使用电子产品时没有监护人陪伴（见图4）。

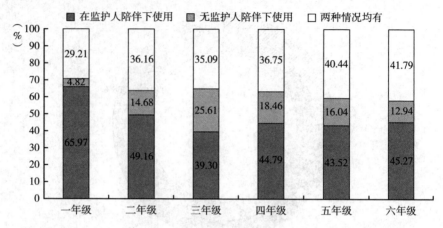

图4 电子产品使用环境（年级分析）

在日常陪伴人员方面，如果父母同时是日常陪伴人员，那么有58.00%的小学生在他们陪伴下使用电子产品，而保姆是日常陪伴人员时，在监护人陪伴下使用电子产品的小学生占比最低，仅为21.20%（见图5）。

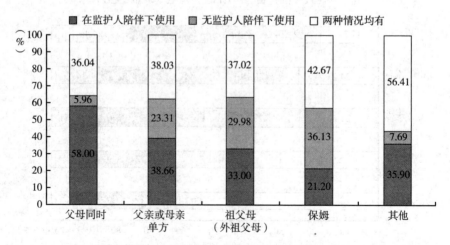

图5 电子产品使用环境（陪伴人员分析）

在监护人学历方面，随着监护人学历的提高，只在监护人陪伴下使用电子产品的小学生比例大致呈下降趋势，其中，监护人为初中及以下学历的占比为52.14%，研究生学历的占比仅为32.11%（见图6）。

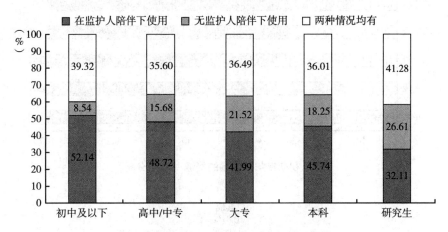

图6 电子产品使用环境（监护人学历分析）

（二）短视频使用情况

1. 观看学习类短视频是接触短视频的首要原因

在快节奏的现代生活下，学生难以抽出大量的时间进行系统性学习，短视频的碎片化学习和个性推荐功能逐渐崭露头角，调查显示，49.48%的学生是由于观看学习类短视频才接触短视频的，其次是他人使用时被吸引的，占比为24.72%。在年级方面，一年级的学生因观看学习类短视频而接触短视频的占比最高，为55.15%，其次是五年级（54.78%）、六年级（53.23%），一年级学生由于他人使用时被吸引而接触短视频的占比也最高，为29.07%（见图7）。

在学校性质方面，公办学校的学生中，有51.45%是由于观看学习类短视频才接触短视频的，而民办/私立学校仅有31.67%，值得一提的是，33.03%的民办/私立学校学生是由于监护人使用短视频来带孩子而接触到短视频的，这个比例是公办学校的两倍多（见图8）。

在监护人学历方面，可以发现，监护人学历越高，孩子由于观看学习类短

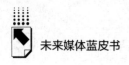

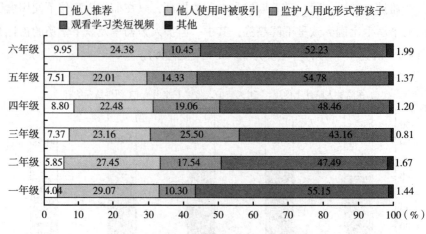

图7　初期接触短视频的渠道（年级分析）

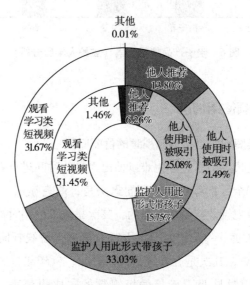

图8　初期接触短视频的渠道（学校性质分析）

注：里圈为公办学校，外圈为民办/私立学校。

视频才接触短视频比例越低，其原因可能是监护人可通过其他方式让孩子进行学习，例如自己进行线下教育，相反，监护人学历越高，孩子由于监护人使用短视频带孩子而接触到短视频的比例越高，研究生学历的达27.06%，而初中及以下学历的仅有9.64%（见图9）。

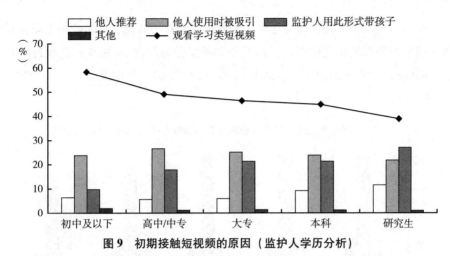

图9　初期接触短视频的原因（监护人学历分析）

2. 监护人对孩子接触短视频持中立态度

调查显示，50.13%的监护人对孩子接触短视频的接受度一般，接受和非常接受的占25.17%，不接受和非常不接受的占24.70%，这说明监护人对孩子接触短视频的态度大体呈中立。在学校性质方面，民办/私立学校学生的监护人对其接触短视频的接受度相对于公办而言更高，接受和非常接受的共占37.78%（见图10）。

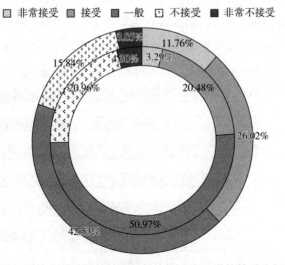

图10　监护人对孩子接触短视频的接受度（学校性质分析）

注：里圈为公办学校，外圈为民办/私立学校。

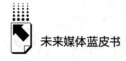

在监护人学历方面，研究生学历的监护人相对于其他学历的监护人而言对孩子接触短视频的接受度更高，接受和非常接受的共占 39.91%，其次是本科（28.83%）、大专（24.27%）、高中/中专（23.52%）、初中及以下（20.92%）（见图 11）。

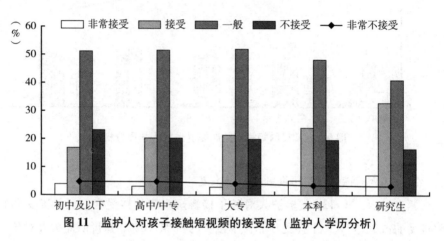

图 11 监护人对孩子接触短视频的接受度（监护人学历分析）

3. 小学生观看短视频频率每周四次及以下的占七成多

调查显示，小学生每天均观看短视频的占 12.9%，每周五到六次的占 15.05%，每周四次及以下的占 72.05%。在年级方面，随着年级增加，小学生观看短视频的频率也逐渐提高，34.83%的六年级学生观看短视频的频率为每周五次及以上，19.95%的一年级学生观看短视频的频率为每周五次及以上（见图 12）。

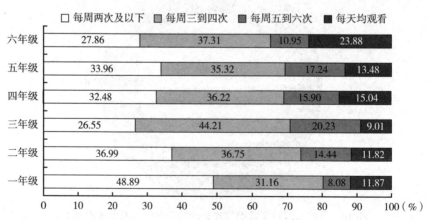

图 12 观看短视频频率（年级分析）

在学校性质方面，公办学校的小学生观看短视频频率为每周四次及以下的占 73.20%，比民办/私立学校高 11.67 个百分点（见图 13）。

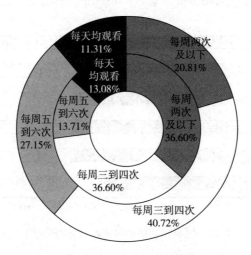

图 13　观看短视频频率（学校性质分析）

注：里圈为公办学校，外圈为民办/私立学校。

4. 周末及节假日是最常观看短视频的时间段

由于小学生在周一至周五上学，他们在周末及节假日观看短视频的机会更大，调查显示，83.25%的小学生在周末或节假日观看短视频，30.90%的小学生在周一到周五观看短视频，有 11.75%的小学生是按自身情绪分配观看短视频的时间段的，14.67%的学生是按监护人的时间分配的。在年级方面，一年级的学生在周一至周五观看短视频的占比最低，为 24.20%，六年级占比最高，为 32.84%。四年级学生在周末或节假日观看短视频的占比最高，为 53.91%，六年级占比最低，为 46.93%，此外，一年级学生按自身情绪分配和按监护人时间分配占比最高，分别为 8.16%、12.38%（见图 14）。

在日常陪伴人员方面，祖父母（外祖父母）让孩子观看短视频的时间段为周一至周五的占比最大，为 32.57%，父母让孩子观看短视频的时间段为周末的占比最大，为 55.30%，保姆为陪伴人员的情况下，让孩子按自身情绪分配观看短视频时间段的占比最大，为 13.30%，父亲或母亲单方陪伴时，让孩子按父母的时间分配观看短视频时间段的占比最大，为 9.93%，说明在单亲陪

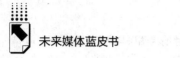

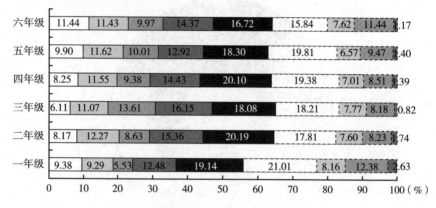

图14 观看短视频的时间段（年级分析）

伴下，其由于工作等繁忙时，孩子观看短视频的时间只能按监护人的时间分配（见图15）。

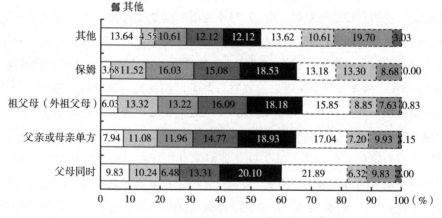

图15 观看短视频的时间段（陪伴人员分析）

5. 抖音是小学生浏览短视频的首选平台

抖音作为一个老牌短视频平台，涵盖了多样化的视频内容，并且也有智能推荐技术，能够满足小学生的多种不同兴趣需求。调查显示，学生观看短视频用得最多的平台是抖音，占比为60.03%，其次是快手（38.05%）、小红书（32.10%）。在年级方面，明显发现，一年级学生使用抖音观看短视频的占比最高，为39.90%，其余各年级使用抖音的占比接近，二年级为33.97%，三年级为28.40%，四年级为32.56%，五年级为32.62%，六年级为31.83%，而一年级同学使用哔哩哔哩平台的占比远低于其他年级，为6.46%（见图16）。

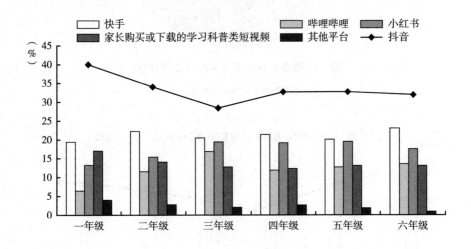

图16　观看短视频所用平台（年级分析）

在性别方面，除女生使用小红书平台的占比比男生高4.26个百分点，其余平台男女选择差异不大（见图17）。

6. 手机是小学生观看短视频的首选设备

调查显示，使用手机观看短视频的学生占比为69.35%，使用平板、电脑、智能电视的占比分别为47.40%、20.82%、21.91%。在年级方面，三年级学生使用手机的占比最低，为36.86%，一年级占比最高，为50.56%，一年级学生使用电脑观看短视频的占比最低，为6.06%，其原因在于电脑使用难度较高，并且一年级学生也很少接触使用电脑（见图18）。

在日常陪伴人员方面，保姆为陪伴人员时使用手机观看短视频的学生占比

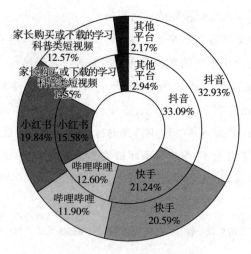

图 17　观看短视频所用平台（性别分析）

注：里圈为男生，外圈为女生。

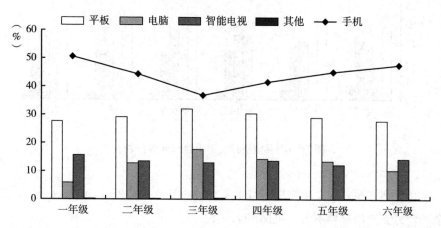

图 18　观看短视频所用电子产品类别（年级分析）

最低，仅占 24.97%，父母同时陪伴时使用手机观看短视频的学生占比最高，为 49.20%，其原因在于如果保姆为日常陪伴人员，孩子使用手机的机会就会减少，因为大多数孩子没有自己的手机（见图 19）。

7. 四成多的小学生每日观看短视频的时长在半小时及以下

调查显示，42.26% 的学生每日观看短视频的时长在半小时及以下，半小

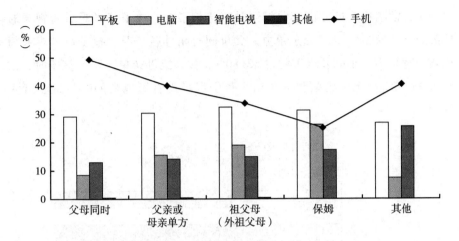

图 19 观看短视频所用电子产品类别（陪伴人员分析）

时到一小时的占比为 32.32%，一小时到两小时的占比为 17.84%，两小时到三小时的占比为 6.13%，三小时以上的占比为 1.45%。在年级方面，明显能够发现，随着年级增加，每日观看短视频的时长在半小时及以下的小学生占比总体呈减少趋势，其中，一年级学生每日观看短视频的时长在半小时及以下的占比为 60.63%，六年级为 26.37%，二者相差很大，六年级学生每日观看短视频时长超三小时的占比最大，达 4.48%（见图 20）。

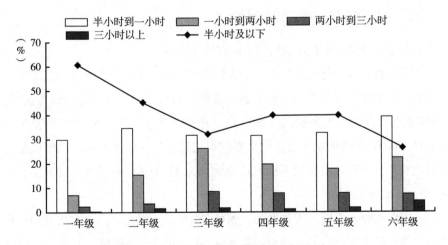

图 20 每天观看短视频时长（年级分析）

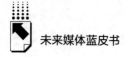

在日常陪伴人员方面，父母同时陪伴孩子时，孩子每日观看短视频时长最短，其次是父亲或母亲单方。父母同时陪伴孩子时，孩子每日观看短视频的时长为半小时及以下的占53.80%，父亲或母亲单方陪伴孩子时，占比为33.02%。保姆为陪伴人员时，孩子每日观看短视频的时长最长（见图21）。

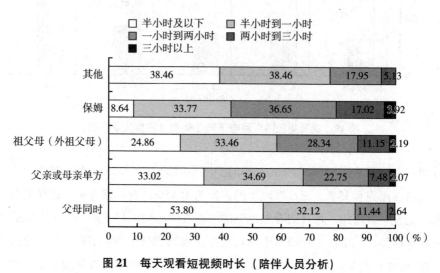

图21　每天观看短视频时长（陪伴人员分析）

（三）短视频参与行为情况

1. 接近两成的学生在浏览短视频时有消费行为

随着短视频商业化进程加速，其也渗透到了未成年人的日常生活之中，不乏未成年人在短视频平台上产生消费，这种行为也日益受到关注，调查显示，3.35%的学生经常产生消费，16.55%的学生偶尔产生消费，66.41%的学生从不消费，而10.59%的学生有过购买意向但被阻止。在年级方面，六年级学生在短视频平台上有过消费行为的占比最大，为25.37%，一年级占比最小，为16.04%（见图22）。

在家庭年收入方面，调查发现，随着家庭年收入增加，学生在短视频平台上产生消费的比例也增加，特别是年收入50万元以上的家庭，其孩子在短视频平台上经常消费的比例为20.90%，远大于其他各种家庭年收入情况，相对

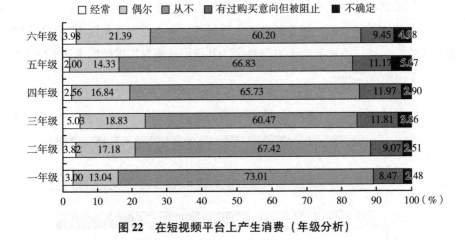

图22 在短视频平台上产生消费（年级分析）

而言，在年收入为 20 万元及以下的家庭中，孩子经常在短视频平台上消费的
比例低于 3%，从不消费比例高于 60%（见图 23）。

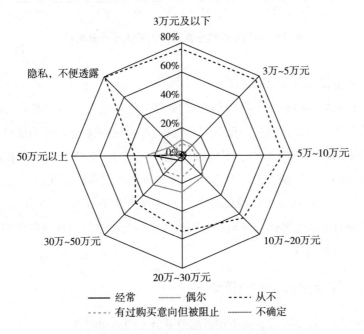

图23 在短视频平台上产生消费（家庭年收入分析）

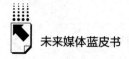
2. 接近六成的学生不存在与短视频博主互动经历

在监护人学历方面，随着监护人学历提高，学生与短视频博主互动的频率也越频繁，其中，监护人学历为研究生，其孩子从不与短视频博主互动的占比不到一半（见图24）。

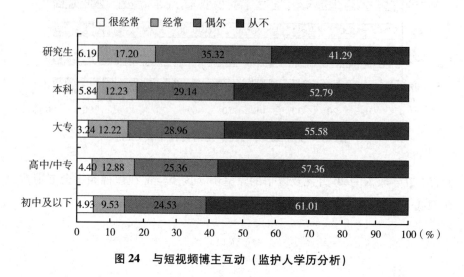

图 24　与短视频博主互动（监护人学历分析）

3. 女生更倾向参与短视频制作

当今社交媒体盛行，短视频创作已成为一种广受大众欢迎的表达日常生活、展示自我的方式，当然，在不同的性别下，短视频制作的参与度也存在差异。调查显示，56.52%的学生不曾参与短视频制作，2.29%的学生很经常参与短视频制作。在性别方面，男生从不参与短视频制作的占比比女生高6.26个百分点，女生偶尔参与短视频制作的占比比男生高5.84个百分点，可见，虽然女生相对于男生更倾向参与短视频制作，但女生参与短视频制作的频率也不是很高（见图25）。

（四）家长对孩子的监管情况

1. 超半数家长从不留意孩子在短视频平台上的互动内容

调查显示，56.34%的家长从不留意孩子在短视频平台上的互动内容，偶尔留意的占比为26.98%，说明大多数家长对孩子在短视频平台上的互动内容

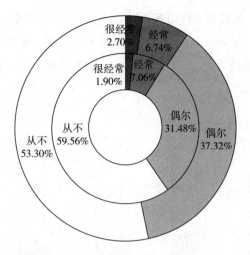

图 25 参与短视频制作（性别分析）

注：里圈为男生，外圈为女生。

不那么在意。在日常陪伴人员方面，如果保姆是日常陪伴人员，那么监护人留意孩子在短视频平台上互动内容的占比最大，为 62.83%，其次为祖父母（外祖父母）（51.74%）、父亲或母亲单方（49.72%）、父母同时（37.64%）（见图 26）。

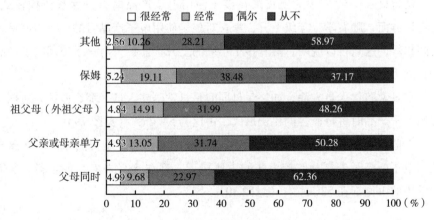

图 26 留意孩子在短视频平台上的互动内容（陪伴人员分析）

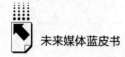
2. 超半数家长未在孩子使用短视频平台时打开未成年模式

在日常陪伴人员方面，在父母同时陪伴下，在孩子使用短视频平台时开启未成年模式的占比最大，为 54.65%，祖父母（外祖父母）陪伴下占比最低，为 39.58%（见图 27）。

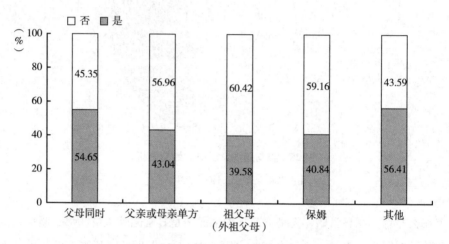

图 27　打开短视频平台的未成年模式（陪伴人员分析）

3. 超半数家长未在孩子使用电子产品时打开家长监控模式

调查显示，54.87% 的家长未在孩子使用电子产品时打开家长监控模式，在年级方面，随着学生年级上升，家长对孩子使用电子产品时的监控力度呈现下降趋势，这点可以说明，随着孩子年级的上升，监护人对孩子使用电子产品的自制力也更加放心（见图 28）。

在日常陪伴人员方面，如果父母同时是日常陪伴人员，那么监护人对孩子使用电子产品时进行监控的比例最大，占比为 54.65%（见图 29）。

在监护人学历方面，初中及以下、高中/中专、大专学历的监护人在孩子使用电子产品时未打开监控模式的占比接近，都在 58% 左右，而本科、研究生学历的占比都在 52% 左右（见图 30）。

（五）多种指标与短视频类别对应分析

从图 31 的对应分析中，明显看出学生观看不同类型短视频的频率存在显

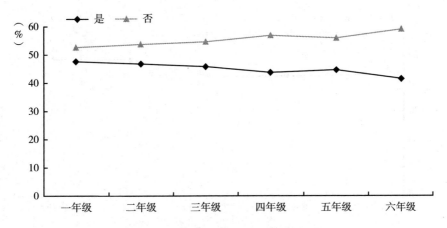

图28 打开家长监控模式（年级分析）

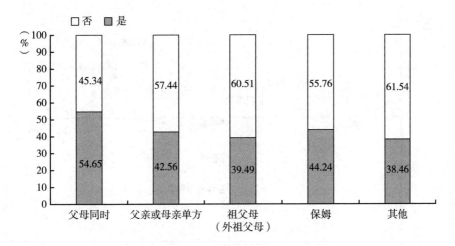

图29 打开家长监控模式（陪伴人员分析）

著差异，学生观看动画类短视频的频率是最低的，一般是每周两次及以下，这可能与动画内容的特定受众群体及其观看习惯有关，动画类短视频往往更吸引低龄儿童或是对特定动画文化有浓厚兴趣的学生，而非广泛覆盖所有年龄段的学生群体。而学生观看综艺类和短剧类短视频的频率最高，每天都会观看。这类视频以轻松娱乐、内容多样、更新迅速的特点，成功吸引了大量学生的关注。学生观看音乐体育类短视频的频率一般是每周三到四次。综上所述，不同类型短视频在学生中的观看频率差异显著，反映了学生兴趣爱好的多样性。

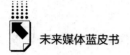

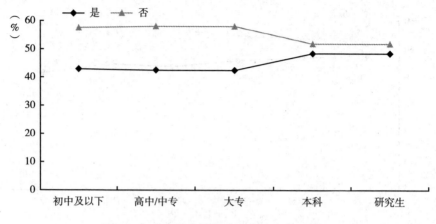

图30　打开家长监控模式（监护人学历分析）

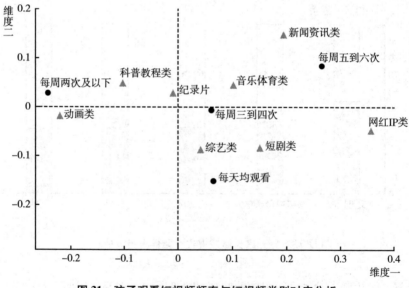

图31　孩子观看短视频频率与短视频类别对应分析

从图32的对应分析中，明显看出学生在浏览不同类型短视频时与博主的互动频率具有显著差异，学生在观看新闻资讯类短视频时经常与博主互动，这可能是由于在新闻资讯类短视频中博主常常会提到许多社会热点事件，容易引起学生们的兴趣和引发学生们的思考，学生可以通过与博主互动表达自己的观点。而在科普教程类短视频中，大部分学生从不与博主互动，这是由于科普教程类短视频本身注重对知识的讲解，内容相对严肃，学生们更倾向于被动接收信息而非主动参与讨论。

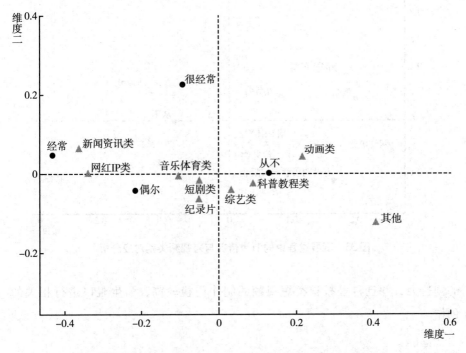

图32 学生与短视频博主互动频率与短视频类别对应分析

从图33的对应分析中，明显看出学生在观看不同类型短视频时的消费行为具有显著差异，大部分学生在观看新闻资讯类短视频时偶尔会产生消费，这种现象可能是由于新闻资讯类短视频可能常嵌入广告内容，其中包含着一些社会热点和当下的流行趋势，能够激起学生的购买欲。大部分学生在观看科普教程类短视频时不会产生消费，其原因在于科普教程类短视频侧重于知识的传递，较少涉及商业推广。

从图34的对应分析中，明显看出学生在浏览不同类型短视频时参与短视频制作的情况具有显著差异，大部分学生在观看短剧类、纪录片、综艺类短视频时偶尔会制作短视频，因为这类短视频往往具有丰富的故事情节或能陶冶情操，能够激发学生的创造力和灵感。而学生在浏览科普教程类和动画类时基本不会制作短视频，因为其内容虽具有教育意义，但不足以激发学生

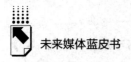
未来媒体蓝皮书

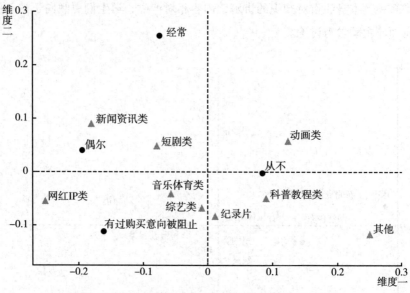

图33 观看过程中的消费情况与短视频类别对应分析

的创造力,并且科普教程类短视频的制作门槛较高,学生难以进行相关的创作。

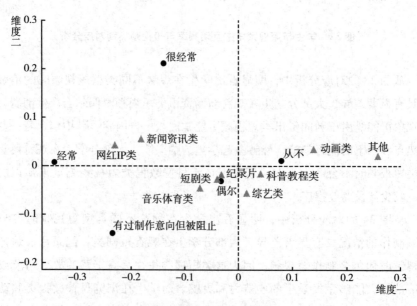

图34 参与短视频制作情况与短视频类别对应分析

310

三 观看短视频前后状态的建模分析

为研究小学生观看短视频前后的六种状态变化情况（学业表现、身体状况、精神状态、户外活动状态、人际交往状态、睡眠质量），本部分根据小学生短视频黏性现状问卷调查回收的数据，建立多元回归模型进行分析。先对这六种状态进行赋值（不及格，1分；及格，2分；中等，3分；良好，4分；优秀，5分），因变量的赋值由观看短视频后的状态得分减去观看短视频前的状态得分加4分确定，经赋值处理后因变量的值为非负数，且因变量的值越小，学生观看短视频后的状态比观看短视频前的状态越差。

（一）观看短视频前后学业表现变化

采用逐步回归法对所选变量进行筛选，最终从以小学生学业表现变化为因变量的模型中共筛选出4个变量，这4个变量均通过t检验，P值均小于0.050。大专、抖音、周末及节假日18：00~22：00等变量系数为负，说明监护人为大专学历，观看短视频使用的平台为抖音，观看短视频时间段为周末及节假日18：00~22：00对小学生的学业表现都有负向作用（见表1）。

表1 观看短视频前后学业表现变化

	回归系数	标准误	t值	P值
常量	3.928	0.022	179.320	0.000
大专	−0.076	0.024	−3.205	0.001
抖音	−0.045	0.022	−2.057	0.040
周末及节假日18：00~22：00	−0.048	0.023	−2.057	0.040
家长监控模式	0.086	0.021	4.004	0.000

（二）观看短视频前后身体状况变化

采用逐步回归法对所选变量进行筛选，最终从以小学生身体状况变化为因变量的模型中共筛选出7个变量，这7个变量均通过t检验，P值均小于

0.050。其中，民办/私立学校、祖父母（外祖父母）、保姆、家长监控模式等变量系数为正，说明学校性质为民办/私立学校，祖父母（外祖父母）或保姆为日常教养陪伴人员，监护人在小学生使用电子产品时打开家长监控模式对小学生的身体状况都有正向作用。

此外，周一至周五放学后到晚饭前、按孩子情绪分配、抖音等变量系数为负，说明观看短视频时间段为周一至周五放学后到晚饭前，监护人按小学生情绪分配观看时间段，观看短视频使用的平台为抖音对其小学生的身体状况都有负向作用（见表2）。

表 2　观看短视频前后身体状况变化

	回归系数	标准误	t 值	P 值
常量	3.815	0.041	94.016	0.000
民办/私立学校	0.069	0.033	2.092	0.037
祖父母(外祖父母)	0.081	0.023	3.537	0.000
保姆	0.085	0.036	2.390	0.017
周一至周五放学后到晚饭前	-0.059	0.029	-2.041	0.041
按孩子情绪分配	-0.100	0.031	-3.229	0.001
抖音	-0.041	0.020	-2.031	0.042
家长监控模式	0.080	0.020	4.097	0.000

（三）观看短视频前后精神状态变化

采用逐步回归法对所选变量进行筛选，最终从以小学生精神状态变化为因变量的模型中共筛选出 4 个变量，这 4 个变量均通过 t 检验，P 值均小于0.050。其中，研究生、家长监控模式等变量系数为正，说明监护人学历为研究生，监护人在小学生使用电子产品时打开家长监控模式对其精神状态都有正向作用。

此外，抖音、观看短视频频率等变量系数为负，说明观看短视频使用的平台为抖音平台，观看短视频频率较高对小学生的精神状态都有负向作用（见表3）。

表3　观看短视频前后精神状态变化

	回归系数	标准误	t 值	P 值
常量	3.905	0.030	128.369	0.000
研究生	0.076	0.035	2.187	0.029
抖音	-0.073	0.021	-3.471	0.001
观看短视频频率	-0.021	0.010	-1.978	0.048
家长监控模式	0.076	0.021	3.614	0.000

（四）观看短视频前后户外活动状态变化

采用逐步回归法对所选变量进行筛选，最终从以小学生户外活动状态变化为因变量的模型中共筛选出 7 个变量，这 7 个变量均通过 t 检验，P 值均小于0.050。其中，研究生、音乐体育类、家长监控模式等变量系数为正，说明监护人学历为研究生，监护人在小学生使用电子产品时打开家长监控模式，观看音乐体育类短视频，对小学生的户外活动状态都有正向作用。

此外，观看短视频频率，动画类，网红 IP 类，短视频互动内容留意度等变量系数为负，说明观看短视频频率较高，喜欢浏览动画类或网红 IP 类短视频，监护人较少留意孩子在短视频平台上的互动内容对小学生的户外活动状态都有负向作用（见表4）。

表4　观看短视频前后户外活动状态变化

	回归系数	标准误	t 值	P 值
常量	4.090	0.058	70.378	0.000
研究生	0.137	0.038	3.586	0.000
观看短视频频率	-0.033	0.012	-2.883	0.004
动画类	-0.052	0.026	-2.015	0.044
网红 IP 类	-0.129	0.031	-4.177	0.000
音乐体育类	0.054	0.027	1.977	0.048
短视频互动内容留意度	-0.039	0.013	-2.970	0.003
家长监控模式	0.063	0.023	2.733	0.006

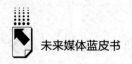

（五）观看短视频前后人际交往状态变化

采用逐步回归法对所选变量进行筛选，最终从以小学生人际交往状态变化为因变量的模型中共筛选出 5 个变量，这 5 个变量均通过 t 检验，P 值均小于 0.050。其中，祖父母（外祖父母）、家长监控模式等变量系数为正，说明日常教养陪伴人员为祖父母（外祖父母），监护人在小学生使用电子产品时打开家长监控模式对小学生人际交往状态都有正向作用。

此外，周一至周五晚饭后到睡觉前、短视频制作、每天观看短视频时长等变量系数为负，说明小学生观看短视频的时间段为周一至周五晚饭后到睡觉前，参与短视频制作的频率较低，每天观看短视频的时长较长对其人际交往状态都有负向作用（见表5）。

表 5　观看短视频前后人际交往状态变化

	回归系数	标准误	t 值	P 值
常量	4.057	0.062	65.789	0.000
祖父母(外祖父母)	0.071	0.011	-2.619	0.009
周一至周五晚饭后到睡觉前	-0.078	0.028	-2.825	0.005
短视频制作	-0.031	0.015	-2.119	0.034
家长监控模式	0.063	0.021	2.957	0.003
每天观看短视频时长	-0.030	0.011	-2.619	0.009

（六）观看短视频前后睡眠质量变化

采用逐步回归法对所选变量进行筛选，最终从以小学生睡眠质量变化为因变量的模型中共筛选出 10 个变量，这 10 个变量均通过 t 检验，P 值均小于 0.050。其中，民办/私立学校、家长监控模式、智能电视等变量系数为正，说明小学生所在学校性质为民办/私立学校，观看短视频所用电子产品为智能电视，监护人在小学生使用电子产品时打开家长监控模式对其睡眠质量都有正向作用。

此外，周一至周五晚饭后到睡觉前、周末及节假日 18：00～22：00、短剧类、网红 IP 类、短视频互动内容留意度、抖音、每天观看短视频时长等变量系数为负，说明小学生观看短视频的时间段为周一至周五晚饭后到睡觉前或周末及节假日 18：00~22：00，观看的短视频类型为短剧类或网红 IP 类，监护人较少留意孩子在短视频平台上的互动内容，观看短视频使用的平台为抖音，每天观看短视频的时长较长对其睡眠质量有负向作用（见表6）。

表6　观看短视频前后睡眠质量变化

	回归系数	标准误	t 值	P 值
常量	4.050	0.066	61.156	0.000
民办／私立学校	0.075	0.035	2.116	0.034
周一至周五晚饭后到睡觉前	-0.079	0.028	-2.867	0.004
周末及节假日 18：00~22：00	-0.054	0.023	-2.396	0.017
短剧类	-0.073	0.022	-3.237	0.001
网红 IP 类	-0.100	0.029	-3.488	0.000
短视频互动内容留意度	-0.042	0.012	-3.529	0.000
家长监控模式	0.050	0.021	2.333	0.020
抖音	-0.044	0.022	-2.021	0.043
智能电视	0.076	0.025	3.004	0.003
每天观看短视频时长	-0.050	0.011	-4.386	0.000

四　小学生沉迷短视频的防范机制与对策

（一）小学生沉迷短视频的防范机制

1. 学业表现方面防范机制探析

通过对观看短视频前后小学生学业表现变化的建模分析发现，小学生的学业表现在接触短视频后出现下滑的现象，需要进一步平衡观看短视频和学习之间的关系。首先，应当控制小学生在周末及节假日 18：00~22：00 这一时间段观看短视频的时长，并且减少其使用抖音平台观看短视频的时间。因为抖音短视频平台有很强的个性化推荐功能，小学生容易沉迷在其感兴趣的内容中无法自拔。其次，由于小学生对使用电子产品的自制力相对较弱，监护人应当时

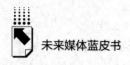

刻关注小学生使用电子产品的情况，开启家长监控模式，防止小学生沉迷于短视频内容，影响其学业发展。

2. 身体状况方面防范机制探析

通过对观看短视频前后小学生身体状况变化的建模分析发现，小学生的身体状况在接触短视频后出现下滑，需要采取措施保证小学生的身体健康。首先，如果小学生在周一至周五放学后到晚饭前习惯看短视频，监护人一定要严格控制其观看时长，防止其沉迷短视频而耽误吃饭。其次，要减少小学生使用抖音平台观看短视频时间，避免小学生沉迷短视频而忽略了正常的休息和运动。最后，为了保证小学生的身体健康，监护人应打开家长监控模式限制其使用短视频的时长，推动其恢复正常作息，提高运动量，增强身体素质。

3. 精神状态方面防范机制探析

通过对观看短视频前后小学生精神状态变化的建模分析发现，小学生的精神状态在接触短视频后出现下滑，我们应当时刻关注这一群体的心理健康，保证其有一个良好的精神状态。首先，如果小学生在抖音平台上观看短视频的频率过高，监护人应当严格限制其观看频率和时长。其次，监护人应打开家长监控模式，了解小学生平时观看的短视频内容，及时屏蔽不良内容，为小学生营造一个更加安全、健康的网络环境。

4. 户外活动状态方面防范机制探析

通过对观看短视频前后小学生户外活动状态变化的建模分析发现，小学生的户外活动状态在接触短视频后出现下滑，我们应当采取措施使小学生保持良好的户外活动状态。首先，如果小学生经常观看短视频，并且常浏览动画和网红 IP 类的短视频，监护人应当减少其观看这一类短视频的时长，从而增加更多户外活动的时间。其次，可以适当让小学生观看一些音乐体育类的短视频，增加小学生对户外活动的向往和憧憬。

5. 人际交往状态方面防范机制探析

通过对观看短视频前后小学生人际交往状态变化的建模分析发现，小学生的人际交往状态在接触短视频后出现下滑，我们应当让小学生意识到人际交往的重要性。首先，如果小学生习惯在周一至周五晚饭后到睡觉前观看短视频，监护人应当控制其在这段时间的观看时长。其次，在合理范围内鼓励小学生参与短视频制作，短视频制作不仅能够培养其创造力，也能促使其交到更多志同道合的朋友。再次，小学生每日观看短视频的时长也需要控制在一个合理的区间内，防止其过度沉迷短视频而影响社交。最后，提倡在小学生使用短视频时打开家长监控模式，使家长可以关注到小学生的人际交往状态，保证他们在线上也能处在一个健康、安全的人际交往环境中。

6.睡眠质量方面防范机制探析

通过对观看短视频前后小学生睡眠质量变化的建模分析发现，小学生的睡眠质量在接触短视频后出现下滑，我们应当采取一系列措施来优化小学生的作息习惯。建议减少小学生在周一至周五的晚饭后到睡觉前，以及周末及节假日18：00~22：00这两个时间段观看短视频的时间，特别是限制观看短剧类、网红 IP 类短视频以及抖音平台上的短视频。限制小学生每天观看短视频的总时长。

（二）小学生沉迷短视频的防范对策

青少年是祖国的未来，正处于成长、成型的关键阶段。因此，正确的引导对于青少年十分重要。解决小学生沉迷短视频问题是一个系统工程，应按照疏通结合的方式多措并举、综合发力。

首先，社会应建立更为完善的未成年人网络管理平台，加强对未成年人短视频沉迷问题的监督和管理。设立未成年人专区，加强短视频平台的内容审核机制，通过各种科学技术算法提高短视频平台对未成年人的辨识能力，以及信息精准推送的能力，提高短视频供给质量。持续优化未成年人防沉迷系统的功能，不断升级未成年人保护模式，优化家长监管模式。有关部门与短视频平台可以开展相关活动、推出公益广告或拍摄相应系列视频，宣传正确的短视频软件使用方式，引导小学生科学理性地使用短视频软件，提醒小学生注意网络安全和个人隐私保护，并持续引导学校和监护人做好校园教育和家庭教育。

其次，学校应积极举办有趣、有意义的文化艺术节、读书分享会或运动会、篮球比赛等实践活动，丰富小学生日常校园活动，让他们的娱乐、信息、社交需求得到更充分的满足，这样更有利于降低其沉迷网络的概率。开展主题班会或专题讲座，开展"短视频防沉迷"倡议活动。学校应开设网络安全知识课程，在课堂中教授小学生如何正确利用互联网，使其认识到互联网是一把"双刃剑"，不能够将时光浪费在短视频上，虚度光阴，同时要配合家长共同

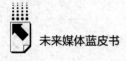

关注学生的上网行为。

最后，监护人应落实监管责任，加强对小学生的约束力，特别是家长应以身作则，减少刷短视频的时间，小学生在身边时要控制使用手机的时间。在合理约束小学生上网行为的同时，陪伴小学生阅读图书、观看积极向上且符合其年龄段的影片。组织郊游，参观文化艺术展览、科技馆等亲子活动，培养小学生的兴趣爱好。更要建立家庭规矩，控制小学生的上网时间，培养小学生的自我控制能力。

短视频并非洪水猛兽，它是数字网络时代发展的产物。若社会各群体没有正确引导小学生观看短视频，便会危害社会及小学生身心健康。因此，应引导小学生合理接触短视频，促进小学生健康成长。

B.16
厦门市湖里区融媒体中心
高质量发展研究报告（2024）*

厦门市湖里区融媒体发展课题组**

摘　要： 作为我国文化新质生产力的重要应用场景，县级融媒体承担着宣传思想文化工作的文化使命，是我国文化事业繁荣发展的实践地。当前，湖里区融媒体中心已形成了"2+3+N"的媒体融合格局。本报告基于对湖里区融媒体中心的深入调研，总结分析湖里区融媒体中心构建新型主流媒体平台、整合媒介内外资源、创新内容生产传播流程、应用智能视听技术、生产优质融媒体产品、关注融媒用户体验等特色经验。针对湖里区融媒体中心结构性困境未打破、产业融合活力不足、内容设计不够精准、内容生产力量不足、团队建设后劲不足等问题，提出构建新时代治国理政新平台、全媒体制作生产传播矩阵、多元化业务融合发展新模式，持续输出优质化特色化媒体精品，打造融媒体人才队伍管理新模式等建议，以促进湖里区融媒体中心实现高质量发展，为我国全媒体格局建设提供厦门经验。

关键词： 湖里区融媒体中心　媒介融合　县级融媒体　厦门

2023 年 10 月召开的全国宣传思想文化工作会议正式提出习近平文化思

* 该课题在中共厦门市湖里区委宣传部指导下，由华人头条（厦门）传媒有限公司负责数据调查，厦门理工学院未来媒体智库课题组负责数据统计、专题座谈和报告撰写。

** 课题组组长：沈萍，湖里区委常委、宣传部部长。课题组副组长：施芗萍，湖里区委常委、宣传部常务副部长。课题组成员：陈瑜瑾，湖里区委常委、宣传部宣传教育科科长；王春华，湖里区融媒体中心副主任。执笔人：林小勇，厦门理工学院影视与传播学院副院长、教授、高级编辑，福建省重点智库福建未来媒体智库主任；蓝燕玲，厦门理工学院影视与传播学院副教授，福建省重点智库福建未来媒体智库研究员；张晓旭，厦门理工学院影视与传播学院讲师，福建省重点智库福建未来媒体智库研究员。

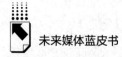

想，为我国做好新时代新征程宣传思想文化工作提供了根本遵循，是推动融媒体中心高质量发展的强大思想武器和科学行动指南。当前，我国正在加快打造具有强大引领力、传播力、影响力的全媒体格局，这就要求区域融媒体中心提升核心竞争力，打通传播"最后一公里"，与中央和省、市级媒体形成互补优势，成为不可替代的基层新型主流媒体。

福建省紧跟国家步伐，力促县级融媒体中心建设。自2018年8月21日中央提出要"抓好县级融媒体中心建设"以来，福建积极响应号召，2018年8月30日，省内首家融媒体中心永泰县融媒体中心揭牌成立。紧接着，漳州南靖县、泉州惠安县、龙岩武平县、福州连江县、三明永安市、三明沙县区、宁德周宁县、泉州石狮市、福州市福清市、龙岩市永定区、龙岩上杭县等相继成立融媒体中心。2018年底全省实现84家县级融媒体中心全部挂牌，比中央提出的"2020年底基本完成全覆盖"的目标提前两年。我国县级融媒体中心建设实践主要有"省域统筹""市域联动""县域自主"三种模式。福建县级融媒体中心在"1"标准单位下，"N"地制宜，各显神通。其中，60.38%的县级融媒体中心签约接入福建广电网络集团统一部署的省级技术云平台；30.19%的县级融媒体中心选择自建；还有个别县级融媒体中心先行先试，探索与企业共建的发展模式。福建省县级融媒体中心的发展特点为：以广电系媒体为主力军、已形成一定规模的传播矩阵、尝试引入市场化运行机制、探索多功能融合。

当前媒体融合发展进入深水区和关键期，为了进一步推进县级融媒体中心创新发展向纵深推进。课题组于2023年6~9月对湖里区融媒体中心发展现状展开了系列调研工作。本次调研面向湖里区融媒体中心的网络用户、各关联行政单位部门、相关专家学者和融媒体中心工作人员等群体，采取问卷调查和专题座谈两种方式展开调研，共收集2789份问卷，力求客观真实地反映湖里区融媒体中心的基本状况及发展中存在的问题。从调查情况看，湖里区融媒体中心取得了一定的工作成效，整体上用户满意度较高，基本满足了当前用户的媒体使用需求。但产业融合活力不足、内容生产力量不足、跨媒介传播定位模糊、用户参与生产意识薄弱、专业高层次人才不足等深层次问题有待突破。课题组在对比分析省、市级融媒体中心发展情况的基础上就湖里区融媒体中心的未来发展提出具有建设性的对策建议。

一 厦门市湖里区融媒体中心发展现状

自 2019 年成立以来，湖里区融媒体中心在市委宣传部的关心指导和区委、区政府的坚强领导下，持续强化顶层设计、不断整合资源，围绕"主流舆论阵地、综合服务平台、社区信息枢纽"的职能定位，从体制机制、流程管理、人才技术等方面系统性地推进融媒体建设。随着媒体融合程度的加深，湖里区融媒体中心已积累了一定的经验，在构建新型主流媒体、整合媒介内外资源、立足移动视频渠道、提升智能视听技术、生产优质融媒体产品、变革媒体运营模式等方面都有了显著进展。形成了"2+3+N"的媒体融合格局，"2"即以湖里区融媒体指挥调度中心和"湖里头条"公众号为核心，"3"即以头条团队、视频团队、技术团队为融媒人才队伍，"N"即以 37 家传统媒体、新媒体、海外媒体以及自媒体联盟为外宣渠道。

在媒体融合的探索实践上，湖里区融媒体中心基本做到了"六个融合"：资源融合，有效整合了各类媒体资源；渠道融合，涵盖手机、PC、PAD、其他互联网终端以及传统媒介终端等全渠道；技术融合，上线 AI 数字虚拟主持人，积极探索广播电视前沿技术——生成式人工智能技术在内容创作上的应用；场景融合，湖里区融媒体中心内容平台的大多数用户是在多种不同场景下交替使用不同媒介终端的；组织融合，包括媒体内部新媒体部门与传统媒体业务部门的融合，也包括不同媒体组织机构的合并融合，还包括媒体与其他行业组织机构的融合；运营融合，从用户需求出发，以产品运营为导向，变原先以采编为单一导向为以采编+产品运营为导向。

（一）构建新型主流媒体平台，融媒发展初见成效

一是媒体覆盖率高，影响力高。截至 2023 年 6 月 9 日，湖里区融媒体中心共在各类媒体报道 1.2 万条次，其中省级以上媒体 340 条次，总点击量超过 1.9 亿次，彰显了媒体融合的强大优势。3 月份以来，在福建日报·新福建客户端发布的福建微信县域影响力排行榜中，"湖里头条"微信公众号稳居前八名。湖里区融媒体中心媒体覆盖率高，51.35% 的受访者使用过湖里区融媒体中心的内容平台，其中，"先锋湖里"App 的占比最高，达 73.35%，其次是

"湖里头条"微信公众号，占比达 59.57%；"湖里头条"微信视频号的占比为51.67%。二是视频化、移动化、社交化的融媒体传播态势满足了网络媒体的用户需求。受访者表示在本地政府主导的融媒体传播渠道中，本地微信公众号和本地抖音号是最受欢迎的，分别占 82.91% 和 69.83%。最受调查人群喜欢的信息形式是短视频，占比为 66.46%，其次是图片，占 51.12%，文字占43.3%。在湖里区融媒体中心的内容平台中，抖音号满足了用户对内容多元化方面的需求；微博政务号满足了用户对信息推送及时方面的需求；微信公众号满足了用户对内容个性化强方面的需求；微信视频号满足了用户对信息来源真实方面的需求；App 满足了用户对生活资讯获取便利方面的需求。综合来看，受访者在选择不同的平台时，会根据不同的需求和偏好进行选择，没有明显的单一首选平台（见图1）。三是目前各平台用户有年轻化和本地化特点。本次调研发现，收看湖里区融媒体中心相关内容的用户大多集中在 18~35 岁；大部分关注湖里区融媒体中心的用户对闽南语较为熟悉，这意味着本地方言元素可以作为本地文化传播的一个有力符号。

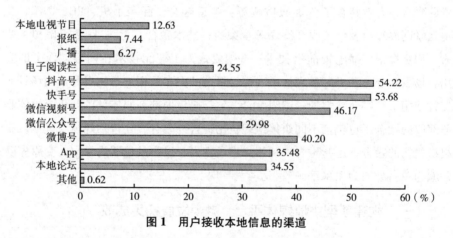

图 1　用户接收本地信息的渠道

（二）整合媒介内外资源，切实服务社会民生

一是媒介内资源的深度融合，湖里区融媒体中心在全省率先探索推出了具有本地特色的融媒体产品"湖里文化地图"，与厦门地区有影响力的 12 家新媒体签约，成立"湖里区新媒体联盟"，推进"报、台、网、端"立体化全媒

体传播，构建"横向到边、纵向到底"的"互联网+"宣传矩阵。在两年的探索建设中，湖里区融媒体中心按照"实用、管用、节俭"的原则，在福建广电网络集团厦门分公司、厦门日报社、厦门广电集团等单位的支持下，打造出集指挥调度、舆情预警、内容发布、直播及大数据分析等云服务于一体的平台聚合式"中央厨房"，串联传播链条，切实服务社会民生。"先锋湖里 祝福祖国"文艺晚会中，湖里区融媒体中心首次进行现场采编、全媒体联动宣传，同步阅读量超过40万次。同时，加大与党报党台党刊的合作力度。依托厦门日报社，在全市率先成立湖里区全媒体记者站并将其纳入湖里区融媒体采编中心，提升采编能力。二是媒介外资源的初步融合，湖里区融媒体中心积极与新浪厦门合作，以"先锋湖里"微博政务号为直播主阵地，将线上与线下相结合，开展以第18届厦门元宵民俗文化节为主题的两场直播活动，累计总浏览量超56.8万次，新浪直播间累计总浏览量超121.6万次；与企业服务中心惠企直播间联合开展常态化融媒体直播，增强直播运营能力。湖里区融媒体中心将进一步加强与区城管委、行政审批部门、招商引资平台的联系，成为"上连党心、下接民心"的重要平台。三是尝试通过优质内容"出圈"，"湖里头条"微信视频号推出针灸、就业、音乐会、社区生活、配音大赛等直播吸引流量，同时，湖里区融媒体中心开通"曼读"音频读书频道，满足受众的收听需求。

（三）创新内容生产传播流程，立足移动视频优先

一是强化"新媒体首发"理念，以全区新闻宣发协调机制为保障，形成移动端先行播发，广播电视和报纸联合刊播的发布机制。对医疗、健康、教育、文化、城区环境等民生领域的新闻，以及区域内的重大事件，新媒体首发率达到100%。以"湖里头条"微信公众号为统领，打通融合"湖里头条"微信视频号、"先锋湖里"抖音号、"先锋湖里"App等自有平台，新媒体矩阵配合宣发，实现新闻传播的全方位覆盖、多领域拓展。二是探索爆款短视频流量密码。与厦门广电集团合作，成立湖里区融媒体中心视频团队，历经半年人员更替和流程的规范化管理，文案、拍摄、后期、主播、技术运维各司其职、互相补台，团队已初步成型。在视频生产上，区分重要专题节点类、资讯类、专栏类、电视新闻类，加强与华人头条抖音团队互通互融，实现短视频制作常态化、专业化、精细化，每天制作并发布2~3条资讯类短视频，

积累流量；开设"湖里'曼'生活"专栏，由主持人曼鹭为其配音，娓娓道来，配合充满人间烟火气的画面，带大家领略湖里人敢打拼、爱生活的状态；与厦门中医院联合打造"二十四节气"系列养生宣传视频，制作精良、赢得口碑；先后推出《微笑出发，做最好的自己》、《邂逅·湖里 桥之旅》、三八妇女节宣传片《她·不凡》、母亲节专题片《抱抱妈妈》以及《曼读·城中村的光阴故事》等精品力作，各项传播数据创新高，收获业界内外一片好评，截至 2023 年 6 月 9 日，12 条短视频播放量累计突破 100 万次，其中，《半盘黄瓜下肚突然休克！医生：死亡率极高》短视频在"湖里头条"微信视频号的播放量超 1000 万次，湖里区融媒体中心迎来首条单平台流量破千万的产品，《紧急提醒！！近期晚上不要随便开窗！#厦门#白蚁#雨后》短视频播放量超 600 万次。同时，加大与新媒体合作的力度，与厦门网联合制作"湖里·笑容"系列宣传片（已完成 3 期），多视角、多维度地展示湖里人的幸福生活，与东南网合作，配合禁毒委、教育局制作《无毒青春 湖里少年说》系列宣传片等。

（四）应用智能视听技术，抢占数智媒体高地

一是率先将生成式人工智能引入智能新闻生产流程。2021 年与东南网合作，共同运用 AI 虚拟主播技术快速生产、发布新闻资讯，与科大讯飞合作推出智能语音产品"AI 虚拟主播小晴"，累计播报超过 200 条新闻。2023 年 9 月起，湖里区融媒体中心推动"湖里头条"微信公众号中的固定栏目《一周部门动态》，在提供文本阅读服务的基础上，将 AI 主播融入其中，AI 主播已播报 12 期《一周部门动态》，积极响应受众的多元化阅读需求。2023 年 11 月，东南网再次转型升级，重塑虚拟主持人形象，于 12 月陆续上线。二是技术赋能智媒传播，湖里区融媒体中心加强核心技术攻关，推动 5G、大数据、云计算、AIGC 等新技术在媒体内容生产、分发等全流程中的综合应用；结合报道任务，积极布局新技术应用场景，进一步探索技术与报道在湖里区融媒体中心智媒传播下的深度融合。

（五）生产优质融媒体产品，打造城市文化新名片

一是聚焦主题主线，开展专题宣传。积极对接央视，2023 年 1 月 17 日，

央视社会与法频道《热线 12》特别节目播发 6 分 27 秒的新闻《中国之治——城市治理法治支撑 福建厦门：凝聚基层力量 共建和谐家园》，通过采访湖里区禾山街道禾山社区，展示湖里区坚持党建引领，深化近邻服务，打造共建共治共享机制下的基层治理"湖里模式"；推出"解码湖里高'研'值"系列专题报道，全景式、生动化展现辖区高科技企业，围绕企业服务主题，开展一系列宣传报道，助力企业提振发展信心；推出"厦门新未来 城市追梦人"湖边东片区宣传策划，开通"曼生活"视频专栏，策划"湖里村晓"城中村现代化治理系列报道和"湖里笑容"系列宣传片，制作推出新闻报道、短视频等一系列融媒体产品，宣传记录城市更新发展实践探索历程。二是开展了项目化、专题化、特色化新闻宣传，推出一系列融媒体报道，讲好湖里故事，推动主流媒体的舆论影响力显著提升，交出了一份媒体融合的"湖里答卷"。《奋斗》系列短视频等现象级融媒体产品的推出，让党的声音传播到最基层，让湖里故事的传播力和影响力与日俱增，已上线的 13 期均被学习强国平台采用。先后策划推出了《新思想·少年说》《我眼中的改革开放·厦门》等一系列专题报道，并在《人民日报》（海外版）、《党建》杂志等重要媒体上讲好"湖里故事"、传播"湖里声音"，极大地提升了湖里区对外影响力和知名度。近期的《湖里生花 生生不息》也成为"湖里头条"微信视频号的高赞内容。

（六）关注融媒用户体验，满足用户媒介使用需求

一是用户体验良好："湖里头条"微信公众号和视频号用户满意度高、参与度高、使用意愿强。受众思维要求重视新闻的交互性，新闻工作者和受众接收新闻信息的机会是均等的，新闻工作者要改变传统媒体自上而下的新闻传播思维。受众对传媒品牌的忠诚度不仅取决于媒体本身的公信力，更取决于大众从传媒平台上获得的体验与感受。在湖里区融媒体中心的各个内容平台的用户满意度方面，比较满意的人数最多，其次是非常满意的人数，而比较不满意和非常不满意的人数相对较少（见图 2）。不同平台之间的用户满意度差异不大，但微信公众号和微博政务号的用户满意度稍高于其他平台。"湖里头条"微信公众号的用户满意度为 85.53%，"先锋湖里"微博政务号的用户满意度为 80.13%，"先锋湖里"抖音号的用户满意度为 79.15%，"湖里头条"微信视频号的用户满意度为 80.30%，"先锋湖里"App 的用户满意度为 78.66%。用

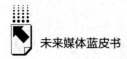

户对湖里区融媒体中心内容平台在第一时间获取信息方面的满意度较高。在用户参与度方面，用户最积极参与的平台是微信公众号，其非常积极和比较积极的选项占比分别为29.44%和51.68%。在主动分享、讨论平台信息方面，"湖里头条"微信公众号也是被频繁使用的平台，有25.84%的人选择频繁使用；其次是"先锋湖里"微博政务号，其比较积极和非常积极的选项占比分别为36.14%和37.69%。在持续使用意愿方面，有较高比例的用户表示愿意持续使用"湖里头条"微信公众号和"湖里头条"微信视频号，"先锋湖里"微博政务号和"先锋湖里"抖音号也有一定的用户支持，但相对来说用户对于"先锋湖里"App的持续使用意愿较低。二是用户学习、生活、娱乐的心理需求得到满足。调研发现，受众关心的大多是与自己息息相关的民生类等新闻。对于新媒体新闻，受众更关心的是维持自身生存方面的信息，即对吃、喝、行等新闻信息的关注度较高。通常情况下，网民愿意评论、转载和收藏的新闻信息，往往是新闻所透露的观点或新闻事件中重要人物的言论观点与自己的观点一致的信息，被认可会使网民收获满足感。新媒体能够提供消遣和娱乐信息，这些信息能够帮助人们减轻日常生活的压力和负担，带来情绪上的缓和、解脱。调研发现，用户使用湖里区融媒体中心不同内容平台的主要动机是学习新知、获取生活资讯、进行社会交往。

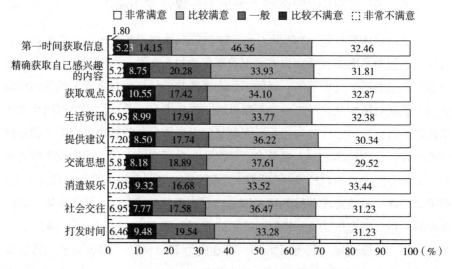

图2　用户对湖里区融媒体中心内容平台的满意度

二 湖里区融媒体中心发展面临的主要问题

福建省县级融媒体中心发展目前面临四大问题：县级融媒体中心迭代升级仍存结构性困境、县级融媒体中心的流程再造仍待继续突破、县级融媒体中心的传播渠道与用户较单一、县级融媒体中心的内容生产制作力量不足。对比福建省其他县级融媒体中心，湖里区融媒体中心在媒介实践中已取得了"走前头、争上游"的成效。一是湖里区融媒体中心已走出传统媒体惯性思维，初步形成了融合发展思维和互联网思维。二是湖里区融媒体中心目前的新闻内容生产形式已实现从单一的采制视听节目向"一次采集、多次编辑、多元传播"的图文视听融媒体产品转型。三是湖里区融媒体中心已基本形成"中央厨房"的布局，打通了与各级媒体的技术和内容通道。同时，通过调研发现，湖里区融媒体中心存在下述具体问题。

（一）结构性困境未打破，市场竞争激烈

一是机构定位困境。媒体融合是一种断裂式的技术迭代与行业变革。而在福建县级融媒体整合过程中，基层的主要关注点还停留在人员身份、机构属性（事业性质还是企业性质）和行政级别等较浅层的方面，尚未走出传统媒体改革发展的固有路径，互联网革命性转型创新发展的推动力依然不足。二是新媒体市场格局困境。目前，全国整个新媒体市场以商业性新兴媒体为主的格局短时间难以改变。湖里区融媒体中心大多由基层广播电视机构、报社等整合组建而来，互联网人才、技术较为匮乏，优质原创产品的生产与传播能力相对薄弱，人才待遇差、存在感弱等问题难以在短时间内解决。

（二）产业融合活力不足，实践探索保守

湖里区融媒体中心仍以信息生产发布为主，在发挥社区信息枢纽功能、参与社区治理等方面有所不足，在与文旅、教育、医疗等产业的融合方面有待加强。一是产业融合已广泛影响传媒产业的发展，甚至正在重塑传媒产业的结构形态。湖里区融媒体中心尚未积极发展传媒经济，尚未扩大在广告、直播带货方面的业务。二是用户参与内容生产尝试不足，尚未将本地网红纳入融媒体传

播阵线。对 Web 4.0 及其之后媒体的研究和探索表明，智能化、多渠道、终端兼容的网络服务将成为互联网发展的方向。湖里区融媒体中心可以在专题新闻报道中将众多的受众纳入，共同进行新闻创作。这样的新闻方式类似于电视现场新闻中的连线报道，但是报道并不完全由媒体工作者完成，而可能是由分散在各地、使用不同媒介形式的事件参与者和评论者共同完成。当前湖里区融媒体中心的内容生产模式较多依赖"传统媒体形态的内容"和"专业生产内容"，有固化传统单向输出型宣传格局的思维倾向。平台功能单一和无法实现互动已成为一些用户不关注湖里区融媒体中心内容的主要原因。调研显示，近2/3 的用户表达了应加强平台的用户参与互动功能。三是目前各个平台上的叙事风格较为严肃，难以在互联网上获得较多流量。湖里区融媒体中心的内容大部分在脚本、音乐、剪辑等方面制作精良、内容精美，但网感不足、话题性偏弱，难以产生良好的二次传播效果。

（三）内容设计不够精准，场景思维薄弱

目前湖里区融媒体中心的技术支撑能力不强，难以实现精准化、分众化综合服务，与综合民生信息服务平台的目标定位还有一定差距。

一是尚未根据用户使用场景差异设计专门内容。调研数据反映，各平台的用户使用场景、观看时长、内容偏好都表现出较大的差异性。85.83%的用户在乘坐交通工具时使用微信公众号和 App 了解权威信息、开展社会交往，87.76%的用户在晚上睡觉前使用微博政务号了解最新资讯，90%左右的用户在午休和晚上睡觉前使用微信视频号和抖音号休闲娱乐。当前湖里区融媒体中心虽已形成"一次采集、多元生产、多平台集中发声"的产品发布模式，但尚未针对不同的平台类型、不同平台用户的媒介使用需求进行差异化内容设计，对用户使用习惯和动机把握不足，需要根据调研数据进一步精准设计跨媒介传播内容。二是新闻内容质量不高。根据调查，湖里区融媒体中心新闻内容方面存在的主要不足是新闻可信度不高（88.72%）、界面体验感差（85.2%）、个性化设计不足（64.02%）、互动性差（63.53%）、部分新闻和评论低俗（54.21%）、本地特色内容较少（54.05%）。没有持续关注湖里区融媒体中心内容的用户认为，湖里区融媒体中心存在的不足主要是信息内容无趣（75.14%）、信息没有被推送（69.83%）、信息内容与我无关（64.84%）。这

说明湖里区融媒体中心的内容没有满足用户的个性化需求，需要更好地定位目标用户并提供相关内容。平台功能单一和无法实现互动也是一些用户不关注湖里区融媒体中心内容的原因，占比分别为55.85%和56.91%。三是没有根据跨媒介平台的内容特点进行精准推送，不同平台内容同质性高。本次调查显示，用户对微信公众号"湖里头条"的内容需求排在前三的是社会新闻（86%）、本地生活（81%）、科技新闻（77%）；微博政务号"先锋湖里"的内容需求排在前三的是本地生活（88%）、体育新闻（55%）、娱乐新闻（48%）；抖音号"先锋湖里"的内容需求排在前三的是娱乐新闻（91%）、本地生活（87%）、体育新闻（79%）；微信视频号"湖里头条"的内容需求排在前三的是娱乐新闻（87%）、社会新闻（84%）、科技新闻（65%）；App"先锋湖里"的内容需求排在前三的是社会新闻（86%）、娱乐新闻（76%）、本地生活（65%）（见图3）。

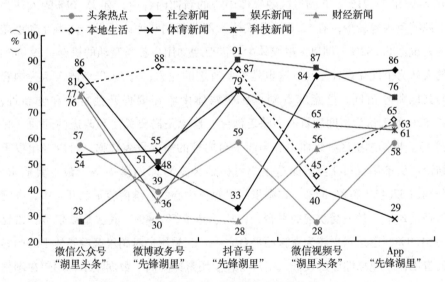

图3　用户对不同平台的内容需求占比

（四）内容生产力量不足，用户思维匮乏

湖里区融媒体中心内容生产力量不足，尤其是交互式、服务式、体验式的新闻信息制作生产的力量明显不足。同时，内容形式较为单一，以广播电视、

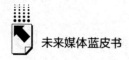

新闻报道内容生产为主，短视频、直播方面生产能力有限，远不及商业性媒体，难以形成持续有力的舆论引导。一是本地特色原创产品较少，用户尚未参与内容生产。尽管已围绕"开门红"、企业服务、城中村现代化治理、基层治理等主题主线，开展项目化、专题化、特色化宣传，创作了一大批高质量的融媒体产品。但调查问卷数据也显示，仍有71.19%的用户认为湖里区融媒体中心推送的本地特色内容较少，推送的新闻资讯较为庞杂。有调查对象特别反映了"标题要素不齐全""对用户的需求把握不明，速度不够快，内容深度不够"等问题。从媒体融合的样态上看，从传者和传者之间的融合、受者与受者之间的融合，走向传者与受者之间的融合是媒体融合的必然发展趋势。因此，传受融合是媒体融合模式的最终追求，是媒体融合的内涵。二是用户核心诉求尚未满足。用户参与功能、地方文化传播功能和政府信息发布功能是用户认为湖里区融媒体中心平台应加强的三个主要功能，分别占比61.74%、67.54%和57.71%。在湖里区融媒体中心的新闻内容中，有71.19%的人认为本地特色内容较少；有62.82%的人认为部分新闻和评论低俗；认为互动性差的人也占62.82%，湖里区融媒体中心需要增加用户参与互动的机会；59.88%的人认为个性化设计不足，这也是需要改进的地方；有54.38%的人认为内容与其他账号雷同，这意味着湖里区融媒体中心需要提升独特性和创新性；40.82%的人认为新闻质量不高缺乏深度，这也是需要关注和改进的问题（见图4）。根据湖里区融媒体中心当前平台内容的需求量表数据，可以得出以下结论：头条热点和社会新闻是用户对微信公众号"湖里头条"最主要需求，分别占57.47%和86.37%。在湖里区融媒体中心的后续内容平台开发中，哔哩哔哩（B站）是最受欢迎的平台，占比达到了58.64%，其次是微信群，占比为51.9%，也是用户较为青睐的平台之一。三是用户对湖里区融媒体中心内容的有用性、趣味性评价较低，用户持续使用意愿不高。数据显示，用户在湖里区融媒体中心各个平台内容有用性评价中选择"非常有用"和"比较有用"的加起来不足50%，同样，用户在湖里区融媒体中心各个平台内容趣味性评价中选择"非常有趣"和"比较有趣"的加起来也不足50%。可见，湖里区融媒体中心在内容设计上需要提供对用户更有用、更有趣的信息。此外，仅有少数用户表示会持续关注湖里区融媒体中心各个平台的内容。

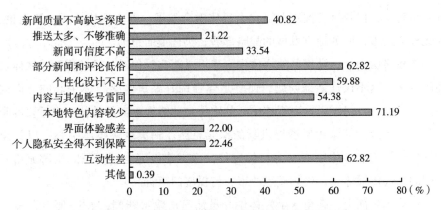

图 4　用户对湖里区融媒体中心新闻内容各类负面评价占比

（五）团队建设后劲不足，专业人才紧缺

一是湖里区融媒体中心的内容生产团队年龄结构梯次不合理，全媒体"超级记者"缺失。在岗工作人员 5 人，平均年龄 40 岁，无 30 岁及以下的人员，采访、编辑、拍摄、剪辑等业务能力不足，缺乏技术型、专业型人才。通过与市属媒体合作，以项目运营维护方式派驻微信公众号运营、视频拍摄、后期制作、技术保障等一线工作人员 17 名，虽暂时缓解人员急缺之窘况，但驻点职员比重过大，团队存在流动性强、工作经验不足等问题，导致内容生产传播机制无法高效运行。随着新媒体的不断深入发展，以及湖里区融媒体中心产品业务的不断拓展，各种新闻产品审核量不断加大、审核难度不断加大。湖里区融媒体中心存在在编人数少、部分人员媒体素养偏弱、审稿经验不足等问题，跟不上形势发展，需要不断加强人员审稿能力。二是存在自主直播能力不足和审核流程不完善等问题。目前，湖里区融媒体中心的直播形式以转播上级部门链接及图文直播为主，自主直播能力不足，人员、技术等方面都要加强，另外，在直播的内容审查流程上，有时还存在线上审核、线下补填手续的问题，如何优化审核机制需要进一步研究。

三　赋能湖里区融媒体中心创新发展的建议

湖里区融媒体中心建设已取得亮眼成绩，且逐步从规模增长向其与内涵提

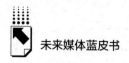

升并重转变，但要真正实现前沿化全媒体融合发展，切实达成壮大主流舆论、优化社会治理、服务地方发展的战略部署，仍任重而道远。

在战略层面上，湖里区融媒体中心建设需要与时俱进，持续更新对媒体功能的定义，这不仅是认知问题，而且是建强用好湖里区融媒体中心的方向问题。只有进一步将湖里区融媒体中心的定位与功能往更高的站位、更重要的领域延伸，才能为其深化发展提供新的探索思路。湖里区融媒体中心应以"全省标杆性县级融媒体中心"为目标定位，努力建设好与厦门国际旅游城市相匹配的现代传播体系，讲好湖里故事，传播厦门声音。

在战术层面上，湖里区融媒体中心虽然已构建"新闻+政务+服务"的平台发展模式，但主要业务仍以新闻传播为主，综合服务平台尚未形成，亟须从机制政策、流程管理、业务创新、人才配置、技术升级等方面全方位发力。具体的创新发展建议如下。

（一）统筹全局设计，构建新时代治国理政新平台

2018年8月，习近平总书记在全国宣传思想工作会议上强调，"要扎实抓好县级融媒体中心建设，更好引导群众、服务群众"，并在各个场合多次强调，"过不了互联网这一关，就过不了长期执政这一关"。县级融媒体中心建设必须及时顺应时代发展的需要，紧密联合国家战略的部署，与时俱进，深化对县级融媒体中心新定位与新功能的理解和把握。

一是明晰定位，构建新时代治国理政新平台。2020年底，在基本实现县级融媒体中心的全国覆盖以后，按照中宣部的规划，下一阶段工作的重点是"建强用好"，即使其成为加强城乡精神文明建设、助力乡村振兴的强大支撑，成为建构新时代共建共治共享的社会治理格局的有效路径。湖里区融媒体中心要将自身定位与新时代治国理政新平台建设结合起来，加入社会治理中去，努力成为社会治理过程中的重要支撑。首先，将湖里区融媒体中心建设与智慧城市、智慧乡村、智慧社区和智慧家庭的建设相结合，推动形成"现代传播+政务服务+智慧运营"融合发展的新模式。其次，使其成为加强城乡精神文明建设、助力乡村振兴的强大支撑，成为建构新时代共建共治共享的社会治理格局的有效路径。最后，将湖里区融媒体中心与"新基建"结合起来，将融媒体技术平台建设与5G、人工智能、工业互联网、物联网等新型基础设施建设结

合起来，培育视听服务新业态。

二是坚持方向，成为"主流舆论阵地、综合服务平台与社区信息枢纽"。县级融媒体中心建设被中央纳入顶层设计后，2019 年、2021 年、2022 年、2023 年中央"一号文件"多次强调县级融媒体中心的发展方向：要依托县级融媒体中心等平台开展对象化分众化宣传教育，弘扬和践行社会主义核心价值观；要通过不断深入发展的县级融合媒体为社会基层治理赋予更强动能。在一系列政策的指引和推动下，各地县级融媒体中心应不断强化引导群众、服务群众的核心功能，以信息服务为依托，成为吸引用户、聚集流量的平台，真正做到参与社会治理心中有"数"，真正成为区域综合智慧平台，推动实现信息治理体系和信息治理能力的现代化。借助聚合优势，打造新闻信息服务与基层政务服务、生活服务、经济服务相结合的一体化综合服务社区，成为政府与群众连接的枢纽。

三是全局统筹，区政府应给予全方位系统性支持。今天的县级融媒体中心已不同于传统媒体，它不仅是传播平台，同时也是基层社会治理与综合服务平台，无论是体制机制、资源投入、政策支持还是管理思路，都应有所突破。这些突破不仅有赖于顶层设计，更有赖于地方给予的系统性支持。县级融媒体中心的建设不单是主管宣传部门的任务与工作，也需要区政府的高度重视，无论是资源投入、政策支持还是管理思路，都应有所突破，区政府应给予县级融媒体中心资金、场地、设备、人员、政策等方面的支持与投入，这是其实现可持续发展的保证。

（二）推进深度融合，构建全媒体制作生产传播矩阵

"十四五"规划强调要"推进媒体深度融合，做强新型主流媒体"。县级融媒体中心的内容生产与传播流程要能真正契合融媒时代"中央厨房"的采编模式，从管理机制到资源整合、技术升级，再到平台再造，统筹构建"统一策划、共同采集、分类编辑、多种生成、多端发布、立体传播"的全媒体制作生产传播矩阵。

一是管理机制上，要重塑媒体内部组织架构。以互联网思维、全媒体思维重塑媒体组织架构。湖里区融媒体中心要实行"三个一"统一管理（一套人马、一个平台、一个标准进行策采编发等），进行集中指挥、采编调度、高效

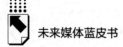
协调与信息沟通，打通制作生产、传播分发、内部管理各环节，努力实现制作流程一体化、实现"一次采集、多种生成、全媒传播"。进一步制定与完善相关管理制度，以《湖里区融媒体中心关于新闻报题若干规定》《关于加强湖里区新闻发布管理的通知》为基础，不断优化策、采、编、发、存、评一体化工作流程。

二是资源整合上，要建好全媒体指挥调度中心。统筹分散在不同部门的人员力量，建设由内容生产供应体系、集成播控运营体系、内容分发服务体系、产品应用营销体系等组成的融媒体协同机制，整合媒体资源、生产要素、人才队伍。一方面，要进一步整合人才资源，形成合力。将分散于各个媒体的采编团队打通，形成联合行动组织，推动策划、素材等共通共享。做实集中选题会制度、媒体联席会制度，通过定期碰头、报题的方式，全面统筹"湖里头条"微信公众号、"湖里头条"微信视频号、"先锋湖里"App、"先锋湖里"抖音号、"先锋湖里"微博政务号以及区属政务"两微一端"的新闻采编工作。另一方面，要进一步打造全媒体矩阵，扩大影响力。继续加大与各级主流媒体及新媒体联盟的合作力度，尤其是要积极开拓海外宣传平台，深入联动"华人头条""香港商报"等头部华文媒体和"微传讯"等自媒体大V，壮大"朋友圈"，提升湖里对外影响力，进一步打通"报、台、网、端、微、抖"全媒体传播矩阵。

三是技术升级上，要深化数据赋能媒体智慧运营。技术创新与技术应用是媒体融合发展的重要驱动力。一方面，要持续创新技术接入路径，突破技术瓶颈。县级融媒体中心建设恰逢社会加速信息化、智能化的浪潮，必须要强化创造性应用新技术的行动自觉，推动其转型升级与融合创新。另一方面，要深化数据赋能，提升传播效果。以大数据、云计算、智能化为技术基础构建用户大数据库、立体化用户画像，精准理解用户特征与需求，切实把握用户的媒介接触行为与习惯。通过对用户大数据库的挖掘和分析达成信息供给与用户需求的智能匹配，实现信息精准化个性化推荐，提高主流内容的触达率和影响力，优化信息传播生态。

四是平台建设上，建强做大"先锋湖里"App。湖里区融媒体中心现有的各内容平台中，"湖里头条"微信公众号运营最成熟、用户最多，但如果把湖里区融媒体中心的主流发布渠道建立在微信这种第三方商业平台上，虽短时间内见效较快，但长期来看会受制于人，很难达成"大平台"模式，无法发挥媒体融合的优质效果。湖里区融媒体中心应以 App 建设为契机，通过与指挥调度中心的融合联动将现有的微信、微博、抖音等融媒体资源进行集中调度，并聚合各级、各类政务"两微一端"资源，推动平台创新创优，凝聚平台合力，打造兼容并蓄、功能齐全、覆盖广泛、影响力强的自主客户终端。

（三）连接本地用户，构建多元化业务融合发展新模式

县级融媒体中心在业务模式方面创新改造的关键就在于重建本地用户连接，融入基层社会治理。融媒体中心建设要树立用户思维及本地意识，探索"网络群众路线"，将互联网用户思维深度嵌入自身业务的转型实践，走进基层、服务群众，推动新闻信息与政务、服务紧密结合，从新闻主业拓展为"新闻+政务服务商务"，构建多元化业务融合发展新模式。

一是要与本地用户深度连接，做实"媒体+"服务模式。一方面，要树立用户思维以及本地意识。重新审视"本地传播"的发展战略，树立基层用户意识，探索"网络群众路线"，将互联网用户思维深度嵌入自身业务的转型实践，重新实现与本地用户的深度连接。另一方面，要贯彻与落实"媒体+"理念。县级融媒体中心除进行舆论引导和信息传播外，服务功能是其区别于传统媒体最重要的地方。坚持以人民为中心的工作导向，聚焦群众需求，有效对接、整合地方党政部门的信息资源，直接面向群众提供及时高效的信息服务，构建通民意、惠民生、解民忧的综合服务平台，向着"现代传播+政务服务+智慧运营"的新模式持续努力。

二是要重塑新闻信息服务体系，壮大主流舆论阵地。第一，坚持本地是新闻信息的"根"。在新闻信息的生产和传播中，湖里区融媒体中心只有树立本地意识、塑造本地思维、提供本地内容、服务本地受众，才能真正成为"有人看"的地方融媒体。第二，坚持提供优质的新闻产品和新闻服务。致力于挖掘和生产具有吸引力、传播力、影响力、引导力的地方新闻，巧用地域资源，更好地满足基层民众对本地新闻的需求。第三，实现"新闻+信息"的跨界融合。进一步打造集新闻推送、政务信息、市场情报、生活资讯等于一体的信息聚合平台，实现人、事、物等多种信息的融合。

三是要构建基层政务服务体系，协同优化社会治理。第一，以全面整合政

务资源为基点。构建基层政务信息和政务服务的聚合式一体化平台，集党建、行政、司法等多种政务服务于一体；打造政务直播、群众参政、政企云服务等多种平台。第二，深度嵌入基层公共政策全过程。成为政策问题的耳目、政策互动的平台、政策解读的窗口、政策反馈的通道、政策执行的鼓号，助力基层实现全过程人民民主。第三，做好做实舆情监测。发挥融媒体中心在收集民情民意方面具有的天然优势，深化开展舆情监测、民意收集、数据分析等工作，为区域舆情预警、舆情研判、舆情引导提供重要的参考信息。

四是要完善基层公共服务体系，助推区域高质量发展。第一，嵌入城市信息化工程，助力智慧社区建设。构建公共服务大数据基础支撑平台，融入智慧农业、智慧医疗、智慧教育、智慧交通等基层重点服务项目，让群众享受精准智能、开放共享、公平高效的公共服务。第二，创新地域文化传承与传播，助力文化产业发展。打通本地数字文化资源，实现基层公共文化服务空间的线上转移，为地域文化的普及、传承与传播提供充分的共享与展示平台。结合地方文化特色大力打造地方特色文化 IP，培育发展新型文化业态，助推区域文化产业高质量发展。第三，嵌入数字经济，助推区域经济发展。要积极将新闻用户引向商务平台，进而带动本地特色产品销售，在形成规模效应后，还可以进一步打造地理标志品牌，推动地方特色产品走向全国，促进区域数字经济发展。

（四）加强内容供给，持续输出优质化特色化媒体精品

湖里区融媒体中心依然存在内容生产力量不足、内容质量有待提升的问题，尤其是交互式、服务式、体验式的新闻信息数量明显不足。其还未真正建成通联队伍，内容采编制作力量远远不足，也不适应互联网背景下全民参与和共建共享的时代新特点。

一是要深化内容生产供给侧改革，实现多元化生产。第一，在融媒体平台推行名记者、名主持、名编辑融媒体工作室制度，坚持引进人才和激发释放原有员工创新创造力并举。第二，加快融合型、专家型"融媒体骨干人才"培养，促进员工能力提升。第三，构建开放式新闻协作体系，结合湖里区实际，重点扶持一批导向正确、有公信力和影响力的自媒体入驻，探索编辑、记者、受众等主体之间的多元协同和智慧共享，实现内容生产主体多元化。

二是要丰富本地素材的来源渠道，推动用户深度参与。通过对接或组建拍客群、博主群等素材供应团队，获取更多鲜活生动、接地气的图片视频类新闻素材。在微博、微信、抖音、App 等平台上通过高频率、常态化的"评论回复、私信交流、搜索分享"等互动举措，及时有效地捕捉与挖掘有价值的新闻线索。在"先锋湖里"App 平台上创建素材集结与分享空间，给用户提供便捷的内容上传入口与在线展示平台，对素材定期进行整理、分类、存储和管理，再通过二次加工用于新闻报道、专题制作、历史资料等不同领域。通过提供奖励进一步激励用户深度参与，让本地素材的多样化收集和利用成为一个联结群众与持续发展的过程。

三是要提升优质媒体产品产能，持续保持内容定力。一方面，强调重大主题策划。围绕"更好服务党委和政府中心工作、更好服务群众生产生活"的中心思想，定期策划以时政、民生、对外形象宣传等为主题的重大专题报道，打造具有广泛社会影响力的新闻拳头产品。另一方面，丰富媒体内容表现形式。要善于利用虚拟现实、增强现实、人工智能等新技术，提升媒体的表达力与传播力。要探索跨界融合，将不同领域、不同文化、不同媒介形式融合起来，善于采用短视频、直播、小说、动漫、游戏等形式，打造出全新的媒介产品，让新闻报道更加生动。以精品创作理念引领工作，通过创新话语表达，把握好新闻内容的专业性、生动性与贴近性，从而满足用户的多元化需求。构建融媒直播机制，实现融媒直播常态化，并制订应对突发新闻的大型融媒直播预案。做大视频团队，加强与合作媒体互通互融，形成短视频生产规模，实现短视频制作常态化、专业化、精细化。积极探索爆款短视频流量密码，做精《湖里"曼"生活》专栏，持续打磨"湖里城中村"主题短视频等精品力作。

（五）探索机制创新，打造融媒体人才队伍管理新模式

县级融媒体中心大多由基层广播电视机构、报社等整合组建而来，在人力资源配备上，原本就存在互联网人才匮乏、人才待遇差等现实问题与困难。人员问题始终是媒体融合的核心问题，融媒体中心的深化改革与发展首先遇到的往往都是人员方面的阻力。

一是探索机制创新，补齐全媒体人才短板。针对湖里区融媒体中心人才队

伍人员数量不足、人才政策吸引力不够的主要问题，第一，要积极探索机制创新，可以与市级两大媒体集团联合成立先锋湖里融媒发展公司，尝试新的人才引进、培养和管理理念与实践，探索全媒体人才队伍建设，补齐全媒体人才短板。第二，要主动对接上级，将湖里区融媒体中心与厦门日报社、厦门广电集团等市属媒体一并纳入全市宣传阵地，建立完善市区融媒体联席会议制度和联络员责任制度，进一步明确工作职责和程序，打造全市宣传系统上下协作联动的一体化管理体系。建立全市协同联动合作机制，推动市区两级融媒体中心在技术、平台、内容等领域的共建共享，推动建立市区两级媒体人才交流机制，定期选派业务骨干到市区两级融媒体中心挂职工作，实现区域融合、抱团发展，推进各区级融媒体中心共享发展成果。第三，要推进高校与湖里区融媒体中心共建一支媒体融合智库队伍。借助高校理论、人才优势，共建融合创新、实习实训基地，联合开展课题研究、技术攻关、项目合作，建立和健全产学研互动体系，提高融媒体中心员工的业务技能和创新能力。

二是让编辑记者走出去"培训"，加强专业理论学习。一方面，坚持把践行"脚力、眼力、脑力、笔力"作为增强本领、提升素养的重要方法，鼓励编辑、记者下基层，到一线采写。另一方面，围绕"新闻写作、新闻摄影、新媒体内容生产与运营、新闻发布技巧"等方面策划"湖里融媒月享会"系列培训，全方位、高频次地提升全体采编人员和宣传人员的素质与技能。组织业务骨干参加市宣、市文旅局等组织的县级融媒体新闻采编与政务短视频创作、广播电视公益广告创作、网络舆情动向监测培训等，打造一支政治过硬、业务精湛、真融深融的融媒铁军。

三是创新人才队伍管理机制，改革用人机制和激励机制。在旧的人才体制已经打破，新的体制还未建立的阶段，应尽快建立科学合理的考核评价体系、职称晋级制度、薪酬分配办法，以增加对人才的吸引力与凝聚力。一方面，要深化改革用人机制和考核评价体系。要区分新闻宣传与商业运营不同的管理机制，突破现行做法，事业、产业双轮驱动，实现用人和分配的准市场化。要分别建立不同职能部门、不同技术团队适用的绩效评价体系与薪酬分配体系，允许一定的经营活动。另一方面，优化完善已出台的相关系列人员管理制度。如《湖里区融媒体中心人员编成和工作职责》《加强媒体采编合作管理办法》《新闻报道稿件审批工作制度》等，从决策与执行、运行与管理、考评与激励等多个维度，完善人员制度管理体系。进一步区分和明确策划运营、采编策划、技术支撑等不同岗位及其职责，建立驻点人员量化考评办法，采用精准化手段实施绩效动态管理，把"催着干、推着干"变为"争着干、比着干"，激发人员创业劲头。

环球动向

B.17
机遇与挑战：美国智能视听
发展报告（2024）

李 啸 王冰倩*

摘 要： 随着科技的持续进步和全球范围内广大用户需求的扩大，全球智能
视听产业无论是在规模还是在发展速度方面都于过去一年内得到了进一步提
升。在智能视听狂飙突进的今日，美国在其雄厚的科技实力及产业规模等优势
加持下，已经成为当今全球智能视听技术及产业发展的重要引领者之一。本
报告从产业发展状况、技术发展状况及未来将要面临的危机与挑战视角对美
国智能视听发展的相关数据及资料进行整理及解读，使用个案分析、文本分
析等方法对相关数据及案例进行研究，并就其整体发展状况进行客观总结，
以期为我国相关领域的从业者及研究者提供帮助，助力我国智能视听领域进
一步发展。

关键词： 美国 人工智能 视听产业 视听技术

* 李啸，新闻学博士，厦门理工学院影视与传播学院副教授，硕士研究生导师，主要研究方向
为新闻史、新媒体传播；王冰倩，厦门理工学院硕士研究生，主要研究方向为广播电视艺术
编导。

在过去的一年内，美国凭借其多年积累的技术创新优势、市场优势及产业整合等方面的优势，已经在世界范围内成为视听产业和视听技术的引领者之一，并呈现出更加深刻的多元化发展趋势。无论是 Netflix、Prime Video、Disney+等领衔的流媒体平台，还是以 CBS、ABC、CNN 等为代表的传统广播电视平台，或是以 TikTok、YouTube Shorts、Instagram Reels、Triller 等为首的新型短视频平台，抑或是以 Stitcher、Spotify、Pandora 等为代表的音乐播客平台，都在通过提供丰富多彩的原创视听内容来吸引客户，并且在客观上实质性地推动了视听内容体验方式的变化。

与此同时，继 GPT-4o 发布后，被称为其最强竞争者的 Claude 3.5 Sonnet 在近期问世，再加上谷歌及亚马逊公司正在开发的 AI 聊天机器人，无不说明美国掌握的人工智能技术与美国视听产业在智能视听领域尚有极大的融合与探索空间。

一　美国智能视听产业发展状况

（一）智能视听产业规模的发展

一般来说，智能视听产业指的是结合视频及音频功能，向用户提供智能化视听体验的一系列专业技术及设备。该产业包含了诸如智能家居、智能电器等智能物联产品及其技术服务。在智能视听技术的普及下，美国智能视听产业已将触角延伸至娱乐、教育、文化等多个领域，并实际应用于家庭、商业、政府、公共空间等不同场景。2023 年，美国视听产业规模达到了 40 亿美元，相较于 2022 年的 37 亿美元有所增长，同比增长率为 8.11%。根据加拿大数据桥市场调研机构的推算，这一数据预计将在 2031 年增长至 100 亿美元。

首先，科技的进步是促使美国智能视听产业规模快速增长的主要因素之一。近年来，计算机人工智能技术和物联网技术在视听设备上的融合越发深入，通过诸如 AI 视频降噪功能、语音过滤功能以及镜头追踪等功能，已经可以自动生成高品质且具有个性化的视听产品，满足用户不断增长的视听体验需

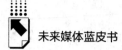
求。例如，在观看足球比赛时，用户可以自由切换视角，让镜头全方位地展示自己喜欢的球员在场上的一举一动，以此来获得个性化的观赛体验。

其次，交互性设备的广泛应用是美国智能视听产业规模快速增长的另一个主要因素。在今天，裸眼 3D、AR、VR 等技术已经逐渐在智能视听领域得到深入应用，这也促使用户热衷于选择具有智能交互功能的视听设备来获取视听产品。苹果公司近期发布的首款 MR 眼镜 Vision Pro，便是一款即使用户抛弃手机和电脑，也可以顺利获取实境信息的智能化视听设备。截至 2024 年 6 月，Vision Pro 已经在全美售出 20 万台。在 Vision Pro 成本高居不下、价格昂贵的当下，调查机构 XR Today 甚至预测该机型将在今年达成 40 万台的销售量。①可以预见的是，未来类似 Vision Pro 的智慧型可穿戴设备的研发和生产将会是智能视听产业布局的重点。

再次，促使美国智能视听产业规模快速增长的另一个主要因素则是智能视听软件的开发及应用。产业规模的不断增长及技术的不断创新，使美国智能视听产业正在致力于使用计算机和手机软件来解决用户的智能视听产品体验需求。相比起研发硬件设备，在相关协作平台之上开发通用于智能手机和主机的计算机应用程序，不仅可以节省成本，也可以更加快速地实现功能的升级。

最后，远程工作及学习的现实需求也是推动美国智能视听产业规模扩大的一个因素。时至今日，距美国总统拜登宣布结束因疫情导致的"国家紧急状态"已经一年有余，但美国仍有 1/3 的联邦政府公务人员选择居家办公。一些美国政府大楼甚至因此空空如也，政府机能至今仍未能完全恢复。这种因特殊时期而产生的特殊需求，在近年来推动美国远程工作及学习设备的研发。同样，智慧屏幕、在线学习平台、远程操作系统、智能化的文档识别工具也都逐渐在美国校园中流行开来。新冠疫情期间，一些国外留学生甚至在没有踏足美国本土的情况下远程完成了学业。

在技术革新、硬件研发、软件开发及实际需求等因素的叠加下，美国智能视听产业得到了发展，美国视听市场上出现了更加个性化、更加具有吸引力的智能视听产品，从而使美国智能视听用户规模得到了扩大。

---

① "Report Claims Vision Pro Sales Have 'Fallen Sharply' as Apple Struggles to Whip Up Demand," TechRadar, 2024-04-24, https://www.techradar.com/computing/report-claims-vision-pro-sales-have-fallen-sharply-as-apple-struggles-to-whip-up-demand.

（二）智能视听平台用户规模的变化

2023 年，美国不同智能视听平台用户规模的变化各有不同。本报告将选取视频流媒体平台、社交媒体平台、音乐流媒体平台三个领域予以分析。

1. 美国视频流媒体平台用户规模变化

据统计，网飞平台在 2023 年第三季度的用户数量超过了 8013 万，相较于 2022 年第三季度略有增长，但增速较低。从 2021 年开始，网飞平台的用户数量始终围绕着 8000 万上下浮动，上升和下降幅度较小。而造成这一现象的原因为：首先，网飞平台受到了来自亚马逊、迪士尼、YouTube 平台的强力竞争，使得用户人数被分流；其次，疫情和国际形势的变化导致通货膨胀问题愈发严重，增加了美国民众的消费顾虑，影响了用户的消费行为；最后，持续的经济压力使得越来越多的美国民众开始考虑放弃收费但无广告的网飞平台，转向需要观看广告但费用较低甚至免费的流媒体平台。[1] 为应对这一窘境，网飞平台甚至也开始考虑彻底放弃无广告模式，向所有用户播放广告，以降低用户付费压力，维持用户人数。[2]

另一流媒体平台巨头 YouTube 2023 年初的用户数量约为 2.46 亿，这一数据虽然与 2022 年同时段的统计数据持平，但相比于 2020 年的 2.12 亿和 2021 年的 2.24 亿有着明显增长。[3] 受新冠疫情期间隔离政策的影响，YouTube 用户人数从 2020 年开始有所增加。同时，由于诸如直播等视听内容消费概念的兴起，YouTube 用户人数在 2021 年同样得到了显著增加。时至今日，YouTube 已经成为美国第一大流媒体视听平台，其用户规模占美国总人口的八成左右。而在世界范围内，其用户规模仍在进一步扩大。

2. 美国社交媒体平台用户规模变化

2023 年，美国最大的社交媒体 Facebook 的用户数量为 2.47 亿人，较上一年

---

[1] "Netflix's Advertising Challenge: It Isn't Big Enough," DEG, 2024 - 07 - 24, https://www.degonline.org/netflixs-advertising-challenge-it-isnt-big-enough-bloomberg/.

[2] "Netflix Will Carry Two Exclusive NFL Christmas Games in 2024," Los Angeles Times, 2024-05-15, https://www.latimes.com/entertainment-arts/business/story/2024-05-15/netflix-will-carry-two-exclusive-nfl-christmas-games.

[3] "A Comprehensive Look At YouTube's User Statistics," AVADA Commerce, 2023-09-12, https://avada.io/articles/youtube-statistics/.

的2.43亿人同比增加了1.65%（见图1）。Facebook的用户数量看似稳中有增，但在增长率和用户活跃度方面的增速已明显放缓。这是由于：首先，Facebook的用户基数较大，且市场较为饱和，进一步大幅增长较为困难；其次，近年来各类视听平台层出不穷，特别是抖音等短视频平台的兴起，也迫使一部分Facebook用户转向了其他平台；最后，各类涉及Facebook的负面信息披露，诸如数据泄露、裁员、恶意竞争、操控舆论等，也影响了Facebook平台用户的忠诚度。

图1　美国Facebook用户数量变化趋势（2019~2028年）

资料来源："Number of Facebook users in the United States from 2019 to 2028," Statista, 2024-05-22, https：//www.statista.com/statistics/408971/number-of-us-facebook-users/。

作为美国视听领域的后起之秀，TikTok近年来的用户数量增长速度十分亮眼。其2023年北美地区用户规模达到了1.92亿人，相较于2022年的1.69亿人增长了13.61%（见表1），相比于初次进入美国视听市场时1200万人的用户规模更是增长了15倍。① 这种增长速度足以给任何一家视听平台带来压力。TikTok用户大幅增长的现象不仅仅发生在北美地区，也同样发生在亚洲、欧洲等其他地区。字节跳动公司强大的AI个性化推荐算法、开放式的用户原创模式、丰富多彩的视听内容，以及国际化的市场扩张策略是TikTok在全球大行其道的根本原因。这也说明以短视频为主要视听内容的相关领域有着巨大的发展潜力和商业吸引力。

---

① "TikTok Revenue and Usage Statistics（2024），" Business of Apps，2024-07-08，https：// www.businessofapps.com/data/tik-tok-statistics/。

表 1　TikTok 年度用户数量变化（2018～2023 年）

单位：百万人

年份	亚太地区	北美地区	欧洲地区	拉丁美洲地区	中东地区
2018	88	12	8	5	6
2019	185	49	59	33	28
2020	300	82	104	61	55
2021	404	110	138	97	82
2022	590	169	199	168	129
2023	682	192	238	207	171

资料来源：TikTok Revenue and Usage Statistics（2024）。

3. 美国音乐流媒体平台用户规模变化

作为全球最受欢迎的音乐流媒体平台，Spotify 以其庞大的音乐数据库及个性化的音乐推荐算法著称，可在多种设备及平台上使用，如车机、手机、平板电脑及台式电脑。在用户类型上，Spotify 有免费用户和付费用户两种。用户可以先免费注册体验，并随着体验感的提升和品牌忠诚度的增长而转为付费用户。付费用户则可以体验离线缓存及无广告服务。当前，Spotify 的付费用户数量大约为 8800 万，北美地区用户约占 1/4，[①] Spotify 历年收入统计见图 2。

苹果公司自营的 Apple Music 是另一家流行于北美地区的音乐流媒体平台。Apple Music 于 2015 年上线，其全球初始用户数量超过 1500 万，并包含 650 万付费用户。由于融入了苹果控制服务，用户可通过 Apple Siri 对该平台进行智能化的语音控制。2016 年，Apple Music 成长为了仅次于 Spotify 的全球第二大音乐流媒体平台。截至 2021 年，Apple Music 占据了全球 15%的音乐流媒体市场份额（见表 2）。截至 2023 年，Apple Music 的美国用户数量为 8800 万，相较于 2022 年的 8200 万，同比增加 600 万用户。[②]

---

① "Spotify User Stats," Backlinko, 2024-08-01, https：//backlinko.com/spotify-users.

② "Music Streaming Statistics in 2024（US & Global Data），" Musical Pursuits, 2024-01-16, https：//musicalpursuits.com/music-streaming/.

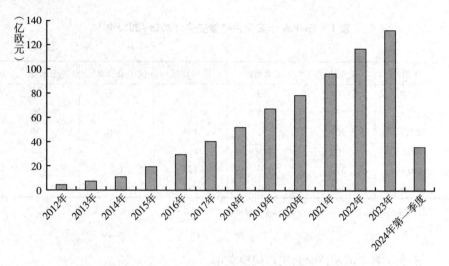

图2　Spotify 历年收入统计（2012 年至 2024 年第一季度）

资料来源：Backlinko。

表2　全球音乐流媒体平台市场占有率对比（截至 2021 年）

平台	Spotify	Apple Music	Amazon Music	Tencent Music	YouTube Music
市场占有率(%)	31	15	13	13	8

资料来源："Music Streaming Statistics in 2024（US & Global Data），" Musical Pursuits, 2024-01-16, https：//musicalpursuits. com/music-streaming/。

Spotify 及 Apple Music 等音乐流媒体平台的兴起，进一步证明数字流媒体音乐对于全球音乐文化具有重要的推动力。音乐流媒体这种音乐视听模式贡献了全球 80%以上的音乐视听收入。

（三）智能视听产业的深度整合

与此同时，电影行业也在经历波动。虽然好莱坞依然是全球电影产业的中心，但近年来受到编剧和演员罢工、全球票房波动以及流媒体竞争等多重因素的影响，电影制作和发行面临挑战。不过，随着行业逐步复苏，美国电影市场依然保持一定活力，本土电影与国际大片的竞争也愈发激烈。

长期以来，美国拥有的众多好莱坞电影制片厂都是世界市场上优质视听产品的重要提供商。而美国各大流媒体平台则在新媒体时代为这些数字化视听产品提供了长期且稳定的播放渠道。在当前的智能视听时代，以各大科技公司为代表的视听技术服务商，也逐渐融入了美国智能视听内容的生产及播放环节当中，并使得美国智能视听产业的融合呈现出供应商、服务商及播放渠道"三位一体"的多元结构。在产品上，这种深度整合则体现在不同类型视听产品的联动及融合上。

影游融合类视听产品的热销便是这种深度整合进程中的产物。所谓影游融合类视听产品，主要指以影视剧为代表的作品与游戏 IP 融合后所产生的视听产品。在多媒介相互融合的当下，原本被固定于主机类游戏中的 IP 可以延伸到不同的媒介渠道当中，以动漫、影视剧、图书和手游的形式分别呈现，它们相互间产生联动效应，从而构建出一个完整的"影游宇宙"。2023 年，一部改编自日本任天堂经典游戏《超级马力欧兄弟》的动画电影《超级马力欧兄弟大电影》在全球上映。截至 2024 年 4 月，该片票房口碑双丰收，不仅在全球收获了 13.6 亿美元的票房，且豆瓣影评评分高达 8.2 分，美国烂番茄评分达到 4.75 分，还受到了美国制片人工会奖、人民选择奖等多项电影奖项认可。

纵观好莱坞电影历史，各类改编自游戏的同名电影不可谓不多，但大多不温不火。造成这种现象的原因主要是影游形式的不一致、影游叙事方式的不一致、创作思维方面的不协调，而导致的内容转换不到位。最简单的解释便是，在游戏中，用户可以通过与游戏进行互动，将碎片化的剧情拼接成为一个完整的故事，但在电影当中，用户可以接触到更加完整的故事情节、更加细腻的人物设定以及动作表现，但失去了对于剧情推进的参与。这也是影游融合类视听产品长期以来在相互转换方面所面临的问题和困境。例如，2001 年上映的《最终幻想：灵魂深处》全球票房仅 8500 美元，亏损严重；2016 年上映的《愤怒的小鸟》全球票房虽为 2.83 亿美元，但口碑较为一般，烂番茄好评率仅 46%；同年上映的另一部改编自经典游戏的电影《魔兽》则票房口碑双崩塌，不仅票房亏损，烂番茄好评率更是只有 38%；此外，2018 年上映的《古墓丽影：源起之战》、2022 年上映的《刺猬索尼克 2》也同样表现平平。与上述影游融合类电影相比，《超级马力欧兄弟大电影》的名利双收确实显得与众不同。

《超级马力欧兄弟大电影》最大的成功因素，来源于任天堂游戏主机

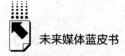

Switch 因其独特的视听优势而在电影上映前的全球热卖。首先，Switch 具有高分辨率的显示屏，可以在确保便携性的基础上，保证画面的高质量呈现，极大地提升了游戏沉浸感；其次，Switch 游戏库中多样化的游戏类型以及多种多样的体感设备，增强了游戏的互动性和社交属性；另外，Switch 集成了精确的运动传感器和触摸反馈技术，使这款主机从一款单纯的游戏机升级成为一件科技时尚品，吸引了一大批非传统玩家尝试使用相关设备。

Switch 的出现带动了马力欧 IP 形象的铺陈，为电影的大卖提供了助力，而电影的热映又促进了游戏主机的销售。这种相互成就的双赢局面正是媒介融合理念及技术所赋予的时代特色。作为视听产业的重要组成部分，游戏长期以来作为一种娱乐产品广受各路玩家钟爱。近年来，随着智能视听科技的不断发展，融入游戏中的虚拟现实、智能互动等新技术也在不断拓展游戏世界的边界，尝试通过连接现实世界来吸引更多用户参与其中。

二 美国视听技术发展状况

（一）人工智能大模型领域的狂飙突进

2023 年，美国人工智能大模型领域的发展十分迅猛。美国知名的互联网企业及科技公司都纷纷在过去一段时间中推出了自己的人工智能模型，如 OpenAI 的 GPT-4o 和谷歌的 Gemini 1.5 pro。2024 年 6 月，被相关人士称为 OpenAI 最大竞争对手的计算机科技公司 Anthropic 发布了新一代大模型 Claude 3.5 Sonnet。该款模型在上一代大模型的基础上于各方面得到了显著提升，其智能化水准超越了市面上绝大多数竞品。

1. 生成式 AI 技术的进步

生成式 AI 技术成长快速。OpenAI 的 GPT-4o 在自然语言的处理能力方面相比于上一代有了显著提升。无论是在对指令的理解方面，还是在内容生成的可读性和准确性方面，GPT-4o 都表现得足够优秀。同时，GPT-4o 在图片、音频和视频的处理和生成方面的能力也足够令人惊喜。而 Claude 3.5 Sonnet 同样在视觉模型方面体现出强大的能力。它已经能够做到独自处理复杂的图表信息，并从中准确提取数据。此外，Google DeepMind 开发出的 Gemini 1.5 pro 同样显示出了处理复杂任务并提供精确结果的能力，并且也同样在视频生成和特效制作方面具有较强能力。[①] 派拉蒙电影公司在 2023 年上映的影片《夺宝奇兵：命运转盘》的拍摄过程中使用了 AI 工具处理视频内容，使现年 82 岁的主演哈里森福特看上去似乎年轻了几十岁。

2. 生成式 AI 的商业化拓展

过去几年中，随着 AI 大模型的功能逐渐拓展，其开发规模和难度也逐渐扩大。为了更好地维持其快速发展，一些 AI 大模型供应商开始收取费用，以缓解大模型开发所带来的资金压力。当前，各大供应商基本遵循以流量计费的方式收取费用。例如，GPT-4 的定价为每百万个输出 tokens 收费 60 美元（每两个 token 基本可生成一个汉字）。而 Claude 则提供免费版、专业版和共享版三个版本，用户可根据需求自行选择购买。

在企业合作方面，生成式 AI 已经被广泛应用于企业运营及产品开发等环节。很多媒体机构已经习惯于使用 AI 来自动生成财经或体育类新闻。例如，《华盛顿邮报》早在 2016 年的里约奥运会期间，就开始尝试使用 AI 来辅助记者撰写稿件。[②] 此外，AI 还被大量应用于客户服务环节当中。一些企业通过 AI 的聊天功能和语言处理功能来处理客户咨询，从而节省人力开支，提高用户满意度。例如，美国电话电报公司（AT&T）就使用了一款名为"ABATAR"的 AI 机器人来处理烦琐的客户查询业务。[③]

3. 生成式 AI 的日常化介入

生成式 AI 技术不仅在商业领域有所拓展，还逐渐融入了美国市民的日常生活当中，并对人们的工作和生活方式产生了影响。在家庭环境中，以 Google Assistant、Amazon Alexa 和 Apple Siri 为代表的语音助手已经成为一款既常见又实用的智能家电产品。随着语音识别技术和自然语言处理技术的不断进步，很多智能视听设备已经通过内置语音处理模块，来实现与用户的信息交互，从而

[①] "The State of AI in 2023: Generative AI's Breakout Year," McKinsey & Company, 2023-08-01, https://www.mckinsey.com/capabilities/quantumblack/our-insights/the-state-of-ai-in-2023-generative-AIs-breakout-year.

[②] 管琼:《"机器人记者"新闻生产的现状与趋势》,《传媒》2017 年第 3 期。

[③] "How To Understand, Manage Token-Based Pricing of Generative AI Large Language Models," CLOUD WARS, 2023-08-12, https://accelerationeconomy.com/ai/how-to-understand-manage-token-based-pricing-of-generative-ai-large-language-model-costs/.

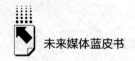

更加智能化地对相关硬件及软件进行控制。语音交互功能的实际应用，可以让用户在不同场域环境中下达信息搜索和控制播放等指令，极大提升了生活的便利性。通过向内置于硬件及软件设备中的 AI 机器人下达指令，人们可以语音遥控智能家居设备的运行。

此外，在教育和学习领域，AI 也展示出了强大的介入能力。教师通过 AI 监测功能观察学生的学业情况；使用智能生成技术针对不同学生制订不同的个性化学习计划，生成个性化的学习材料，帮助学生提高学习效果。学生通过 Khan Academy 和 Coursera 等线上教育平台跟随 AI 教师进行课程学习。这已经成为很多美国师生的常态。

同时，AI 还会被应用于娱乐创作过程中。一些视听平台借助大数据技术分析用户行为及偏好，提供更能满足其个性化需求的视听内容，或者根据用户喜好生成原创艺术作品，从而提升用户体验及满意度。AI 也会被植入各种可穿戴设备中，作为健康监测工具关注人类健康数据。例如，国际足球理事会就曾在 2023 年允许各家足球俱乐部在足球鞋中植入智能追踪设备，用以记录球员奔跑距离、肌肉疲劳度等健康数据。

（二）人工智能生成在视听领域的应用

2024 年 2 月 15 日，OpenAI 推出了最新开发的人工智能视频生成机器人 Sora。作为一款基于文本生成视频的人工智能模型，Sora 可以自动通过内容压缩或扩展技术，在不影响视频质量的情况下生成具有视觉冲击力的视频。这就使得 Sora 在处理不同质量及时长的视频时更加的灵活。

Sora 的问世对视听领域意义重大。首先，在电影拍摄领域，它的出现将使未来的电影制作迎来巨大的变化。以往一些需要多角度、多镜头拍摄的视频，可以通过 Sora 来直接生成，从而使电影拍摄变得简单而高效，节省大量的拍摄资金。而 Sora 所呈现出的镜头处理能力，也为其今后的技术更新及大规模应用指明了方向。随着 Sora 的迭代产品或竞品出现，未来的电影制作环节必然将会被 AI 大量介入。

其次，在短视频领域，Sora 强大的创作潜力令人生畏。一些广告公司及自媒体主播已经开始利用 Sora 生成高质量的视听产品，并以此在一些短视频平台上牟利。Sora 在大幅度缩短创作时间和降低创作成本的同时，也打破了视频创作的专业性壁垒。例如，美国玩具业巨头"玩具反斗城"（Toys R Us）利用 Sora 完成了一部名为《玩具反斗城的起源》（*The Origin of Toys "R" Us*）的 AI 广告。但是，负责制作和完成这部视频的广告公司 Native Foreign 的首席创意官尼克·克莱维洛夫（Nik Kleverov）表示，制作《玩具反斗城的起源》不仅仅是在人工智能系统上按下一个按钮那么简单，制作中一个特别的挑战是告诉人工智能工具是什么促使角色做出其在视频中的行为，这对于实现正确的面部表情和动作很重要。该公司组建的一支 20 人团队通过给 Sora 几段指令来生成每个镜头或帧，但这种文本转视频的工具经常误解作者的意图，有时需要对文本进行数百次修改。但即便如此，与没有人工智能的时代相比，这则广告所需的预算、时间和人力仍旧更少，这恰恰说明 Sora 的开发将会是解决人类资源短缺和资源浪费问题的一种方案。①

三　美国智能视听领域面临的危机与挑战

（一）相关机构对智能视听产业及技术的监管与限制

2024 年 5 月 15 日，由美国参议员舒默（Chuck Schume）等人领衔的美国参议员人工智能工作组（US Senate AI Working Group）发布了一篇题为《推动美国人工智能创新：人工智能路线图》（以下简称报告）的报告。报告共 31 页，提出了多项关于资金分配优先事项、新立法发展以及需要进一步探索的领域的建议。报告还鼓励美国各行政部门"以及时和持续的方式"分享其人工智能优先事项以及与其他国家签署的任何与人工智能相关的谅解备忘录以及研究结果，以便更好地为立法提供信息。

舒默表示需要立即设立"护栏"，以确保人工智能的安全性和可靠性。他还表示如果创新是以牺牲美国的经济安全、公民权利或自由为代价，那么人工智能的潜力将不得不被限制。基于此报告，参议院内不同的委员会将在人工智能政策路线图的基础上，将其转化为具体的法案。在这份路线图中，罗列出了一些关键

---

① "All-AI Ad From Toys 'R' Us Inspires Debate Over the Future of Marketing," Adweek，2024-06-28，https://www.adweek.com/morning-media-newsfeed/all-ai-ad-from-toysrus-inspires-debate-over-the-future-of-marketing/.

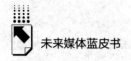

的资金和立法优先事项，以及工作组认为值得进一步研究的领域。①

1. 资金分配

报告建议将相关资金优先应用于由美国能源部、美国商务部、美国科学基金会、美国卫生研究院、美国航天局等部门牵头的涉及人工智能研究与开发的相关项目上，并继续推进 2022 年制定的《芯片和科学法案》涉及的相关资助项目，以及为美国国防部提供必要资金，用以开发下一代高端 AI 芯片，从而保证美国在人工智能领域的科技竞争力。同时，报告还建议为推进国家安全、工作场所安全、工业效率、经济生产力和竞争力，要通过对各部门进行协调，为人工智能和机器人技术领域的研发活动提供资助，并制定适当的扶持政策。另外，报告还建议美国国会应在政府的现代化服务、人工智能的基础设施建设、网络安全、工业安全、重大科学挑战等方面予以资助。

2. 涉及人工智能的立法工作

报告建议美国国会制定一系列涉及人工智能的法律法规。报告建议应对人工智能的创新领域予以规定，尽量减少人工智能可能带来的风险；对受到人工智能影响的劳工，应给予培训和技能提升的机会，鼓励企业制定将重新培训的员工融入工作场所的策略，以及制定蓝领和白领员工从社区学院和大学获得再培训机会的激励措施；制定相关法律来应对网络暴力给儿童带来的问题，保护儿童免受人工智能造成的网络危害；制定相关法律，确保医疗产品和临床支持服务中人工智能技术的使用透明化，以及用于训练人工智能模型的数据透明化；减少人工智能系统存储或使用的非公开个人信息的数量，以保护个人信息；制定相关法律鼓励使用生成式 AI 的产品提供商以及摄像头和麦克风等硬件提供商提供内容来源信息，保护人们免受人工智能滥用其姓名、肖像、声音和形象的行为；制定相关法律，推动研发工作，以应对各种人工智能系统带来的风险。②

---

① "US Senate AI Working Group Releases Policy Roadmap," Tech Policy. Press，2024 - 05 - 15，https：//www. techpolicy. press/us-senate-ai-working-group-releases-policy-roadmap/.

② "Senate AI Working Group Releases Roadmap for Artificial Intelligence Policy," MAYERBROWN，2024 - 05 - 17，https：//www. mayerbrown. com/en/insights/publications/2024/05/senate - ai - working-group-releases-roadmap-for-artificial-intelligence-policy.

（二）智能视听技术面临的法律与伦理问题

2023 年 6 月，全球影迷在新上映的美国电影《闪电侠》中惊讶地看到了一个熟悉的身影——"老超人"克里斯托弗·里夫。该演员已于 2004 年去世，生前因多次在《超人》系列电影中担任主角而被世人所熟识。出于剧情需要，导演使用 CG 技术在电影中"复活"了克里斯托弗·里夫。这一桥段在影片上映之后引起热议。一些观众对剧组在电影中"复活"一位亡者的做法颇有微词。实际上，这已经不是亡者在电影中第一次"复活"了。上映于 2016 年的星球大战系列电影《星球大战外传：侠盗一号》中，去世于 1994 年的演员彼得库欣和 2016 年去世的凯利费雪就被导演通过 AI 技术"复活"在了电影当中。

如果说基于商业行为的电影制作中出现亡者还情有可原的话，那么 2022 年以来网络上层出不穷的基于 AI 技术制作而成的明星换脸视频则让一大批明星苦恼不已。很多明星都在担心会因网友的恶搞而失去对自身形象的控制权。这一现象发生在包括美国在内的全球网络世界中。

这些涉及伦理与法律问题的 AI 滥用事件，在全世界范围内激发了人们关于人工智能生成边界问题的探讨。从法律方面看，"复活"已故人物，最起码会涉及声音权、肖像权及隐私权的问题，极易因侵权而造成违法行为。而从伦理方面看，这一行为首先是对生命的不尊重，会使人们歪曲对逝者的珍贵记忆。其次，人类无论是出于何种目的通过 AI 技术"复活"亡者，实际上都是在为自身的某种情感寻找寄托。正确地对这种人类情感加以引导，比一味限制 AI 能更有效地杜绝相关违法行为。

在看到美国智能视听产业及技术飞速发展的同时，我们也需要看到人类对人工智能的看法呈现出两极分化的状态。一方面，人类认为 AI 可以在日常生产和生活方面代替人们完成一些低效工作，使人们可以将宝贵的时间和精力投入更加有效的工作当中。另一方面，人类也同样会因为 AI 狂飙突进式的发展趋势而感到不安和担心。人们认为如果不对 AI 加以限制，不对 AI 的发展方向加以调整，机器人将在短时间内迅速取代人类大部分工作，使人类脱离推动社会进步的工作岗位。

B.18
英国智能视听发展报告（2024）

朴经纬　邢渭姗*

摘　要： 本报告论述了2023~2024年英国网络视听产业的发展，重点探讨了人工智能（AI）技术在新闻制作、广播电视和影视剧创作中的应用，并分析了AI技术带来的创新挑战及监管问题。AI技术在提升新闻生产效率、个性化内容推荐以及数据驱动报道方面发挥了显著作用，同时，也引发了关于数据透明度和新闻可信度的担忧。广播电视行业在流媒体服务增长和大数据应用中寻求转型，但面临政府政策变动和收入来源多样化的挑战。影视剧行业则因投资减少和制作活动受限而经历重压，行业组织介入和监管机构的成立为行业稳定提供了支持。AI技术的深度融合为内容创作带来新机遇，但也伴随着版权保护、伦理道德和监管适应性方面的挑战。本报告通过研究英国政府在技术风险评估、监管措施等方面采取的对策及其与欧盟监管策略的不同，展示其对AI技术的深入理解及对潜在风险挑战的前瞻性思考。英国政府制定的监管框架强调安全性、透明度、公平性、责任性和治理性，旨在确保AI技术的健康发展和行业的公平竞争。本报告强调，随着技术与行业环境的快速变化，持续关注网络视听产业的发展对于把握行业趋势和应对未来挑战至关重要。

关键词： 网络视听　广播电视　人工智能　英国

　　本报告探讨了2023~2024年英国网络视听产业的发展趋势，重点分析了AI技术在新闻、广播电视和影视剧行业的应用，以及由此引发的创新挑战和

---

* 朴经纬，博士，厦门理工学院影视与传播学院讲师，硕士研究生导师，主要研究方向为国际传播、文化产业发展；邢渭姗，厦门理工学院硕士研究生，主要研究方向为国际传播、文化产业发展、微影像创作。

监管问题。本报告将讨论 AI 如何提升新闻生产效率，推动数据驱动新闻生产，以及流媒体服务的兴起和大数据在内容个性化推荐中的作用。同时，将深入探讨英国政府如何应对 AI 带来的挑战。

一　新闻行业

在英国新闻行业中，人工智能（AI）等先进技术的应用正在逐渐深化，其在新闻的采集、制作和分发方式上带来的影响也日益明显。在线新闻视频的消费量正在迅速增长，2016～2020 年，每周观看在线新闻视频的新闻消费者比例从 24% 增加到 67%，这一趋势在 2023 年继续显著，推动了新闻机构在视频内容上的投入和创新。[①] 同时，新闻机构面临着商业模式转变的压力，需要适应数字化转型和平台公司的主导地位。[②] 平台公司如谷歌、亚马逊、Meta 和微软等在新闻的编写、传播等商业活动中扮演着核心角色。具体来说，这些影响主要体现在技术应用、跨界融合和创新挑战三个方面。

（一）技术应用

技术应用深度且广泛地在全世界范围改变着新闻行业。与传统的新闻内容生产形成鲜明对比，人工智能（AI）和自然语言处理（NLP）技术的应用，大大提高了新闻报道的产出效率，使新闻内容更加精炼。[③] 英国的新闻行业发展呈现数据驱动的新闻生产行为占比逐步增加特征。

数据新闻的兴起，尤其是计算机辅助报道（Computer-Assisted Reporting, CAR）的发展以及在线和数字媒体的发展，都体现出技术在新闻制作中愈加重要的作用。数据新闻被 Rogers 定义为"一个结合电子表格、图形数据分析和重大新闻故事的领域"。[④] 英国《卫报》（The Guardian）是数据新闻实践的先

① N. J. Thurman, S. Stares, M. Koliska, "Audience Evaluations of News Videos Made with Various Levels of Automation: A Population-Based Survey Experiment," *Journalism* (2024).

② F. M. Simon, "Escape Me If You Can: How AI Reshapes News Organisations' Dependency on Platform Companies," *Digital Journalism* 12 (2024): 149-170.

③ L. Hannaford, "Computational Journalism in the UK: Newsroom Hybrids or Specialists?" *Journalism Education* (2015): 7.

④ S. Rogers, *Facts Are Sacred: The Power of Data* (London: Guardian Books, 2011).

驱之一（见表1）。《卫报》开发了一个应用程序，能将原始数据转换成可编辑的地图，从而制作基于这些数据的交互式图表。①

表1　英国《卫报》的数据新闻实践案例

数据技术应用	实践的内容领域	内容呈现的方式和特点
《卫报》开发的数据浏览器	对阿富汗战争日志和伊拉克战争日志的报道	记者可以通过关键词或事件搜索故事，更容易地从大量数据中生成新闻报道
利用 Google Maps 制作的交互式地图	对伊拉克战争日志的可视化展示	增强了数据新闻的互动性和观赏性，是交互式数据新闻的杰出例子之一
Rogers 撰写的数据新闻项目的图书	对《卫报》数据新闻项目的详细介绍	不仅作为一种技术指导，提供数据新闻实践方法，同时也展示了数据新闻的实际应用案例
《卫报》数据新闻实践的研究	对数据新闻实践多样性的考察	揭示了数据新闻实践存在一定的局限性，特别是在数据的深度和复杂性方面

资料来源：《卫报》（The Guardian）。

但是，相关调研表明，数据新闻报道在数据来源的透明度方面存在问题。Knight 对 2011~2021 年英国 10 余家新闻机构的数据新闻报道进行了深入分析。研究覆盖了《卫报》（The Guardian）、《泰晤士报》（The Times）、《每日电讯报》（The Daily Telegraph）、《独立报》（The Independent）、《每日镜报》（The Daily Mirror）、《快报》（The Express）等。研究发现，数据新闻报道中40%的数据来源未明，28%的数据来自研究机构，11%的数据来自政府部门。② 这表明，新闻报道在数据采集和利用上存在一定的问题。其中最为显著的是数据来源的透明度，几乎一半的数据来源未能明确，这可能会对读者的信息判断造成困扰，同时也可能影响到新闻报道的可信度。此外，研究机构和政府部门在数据提供方面发挥了重要作用，但仍有大量数据来源未明。这些问题反映出新闻

① "Turning Official Figures into Understandable Graphics, at the Press of a Button," Inside the Guardian Blog, 2008, http：//www. theguardian. com/help/insideguardian/2008/dec/18/unemploymentdata.

② M. Knight, "Data Journalism in the UK：A Preliminary Analysis of Form and Content," *Journal of Media Practice* 16（2015）：65.

机构在数据采集和利用上需要做出改进，特别是提高数据来源的透明度和可验证性，以增强新闻报道的公信力和可靠性。

又如，BBC Visual Journalism Unit 和 Financial Times' Interactive News Team 开发的多个获奖的交互式项目，以及《卫报》的 Datablog 专注于数据驱动新闻报道的平台。英国新闻行业在未来将继续深入探索新技术的应用，如区块链技术在确保内容真实性和追踪版权方面的应用，并寻求新的商业模式，如订阅服务和会员制，以适应数字化时代的发展。[1]

（二）跨界融合

跨界融合和多平台内容分发促进了新闻的传播，也改变了内容生产和消费模式。为了覆盖更广泛的受众群体，新闻内容正在通过包括网站、移动应用、社交媒体等在内的各种不同的平台进行分发，这种多平台的内容分发策略增强了新闻的传播效果，[2] 使得新闻能够触及更广泛的受众。根据 Oliver & Ohlbaum Associates Ltd 的报告，英国电视制作行业的收入从 2011 年的 5.94 亿英镑增长到 2021 年的 6.80 亿英镑，年均增长率为 1.36%。[3] 这种增长的背后，流媒体服务起到了重要的作用。

追溯内容生产流程，跨界融合表现在新闻行业积极地拥抱并应用先进技术。例如，新闻组织使用自然语言处理（NLP）技术自动生成新闻摘要，以提高新闻的生产效率，并使得新闻内容更加精炼和严谨。此外，数据驱动的新闻制作正在变得越来越重要。记者和数据科学家协作，通过分析大量的数据发现新故事，使新闻内容更加丰富和深入。这种技术的融合与创新，不仅提高了新闻的生产效率，也丰富了新闻的内涵。以 BBC（英国广播公司）为例，其开发的 BBC iPlayer 在线视频点播服务，已经成为观众获取新闻和娱乐内容的主要途径。根据 Oliver & Ohlbaum Associates Ltd 的报告，BBC iPlayer 在英国的广

---

[1] L. Hannaford, "Computational Journalism in the UK: Newsroom Hybrids or Specialists?" *Journalism Education* (2015): 7.

[2] L. Hannaford, "Computational Journalism in the UK: Newsroom Hybrids or Specialists?" *Journalism Education* (2015): 7.

[3] "Understanding the UK's TV Production Sector," 2023, https://static1.squarespace.com/static/5cacbb42a568278dd5430feb/t/64e505809fd79d2a1ac178e7/1692730755281/2023 + - + Oliver + and+Ohlbaum+-+Understanding+the+UK%27s+TV+production+sector+%28Slide+deck%29.pdf.

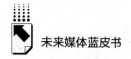

播视频点播（BVOD）服务中拥有最高的观众覆盖率。

2023 年，自动化技术在英国新闻制作中的应用日益广泛，特别是在新闻视频的制作上，例如路透社等机构已经开始使用 Wibbitz 等公司提供的视频自动化服务（Video Automation Service）。这种技术的应用提高了新闻制作的效率，同时也为新闻机构提供了新的工具，以应对不断变化的新闻消费需求。在观众对自动化新闻视频的感知方面，尽管人类制作的视频在某些评价指标上获得了更好的响应，但差异并不显著，表明观众对自动化新闻视频表现出较高的接受度。

但是新闻行业的跨界融合和多平台内容分发仍存在实践上的问题。首先，随着新闻内容的数字化和多平台分发，假新闻和误导性信息的传播问题日益严重。这不仅损害了新闻机构的信誉，也对社会和公众造成负面影响。其次，广告收入的减少和社交媒体平台对新闻分发的控制也对新闻行业造成冲击。此类情形下，新闻机构需要寻找新的商业模式和收入来源。

（三）创新挑战

首先，新闻机构对平台公司的依赖性在增加，尤其是在分发和生产方面，这种依赖性可能会限制新闻机构的自主性，平台公司在新闻的生产、传播中扮演着核心角色。[1] 在这种背景下，新闻行业面临的自主性和控制力问题日益突出，新闻机构需要在整合 AI 技术时考虑依赖性风险。

其次，新闻机构在面对技术和业务压力时，往往会模仿其他成功机构的做法，这种机构同质化现象（Institutional Isomorphism）在新闻行业对 AI 技术的使用上尤为显著。尽管对平台公司的依赖日益增加，但新闻机构对可能的长期业务风险保持警惕，意识到过度依赖平台公司可能会削弱自身的市场控制力和内容自主性，因此在战略上保持一定的警惕性。

此外，英国新闻行业采用数据应用的创新应对数字化时代的挑战，但与此同时也带来新的问题。

数据新闻中的可视化元素，尤其是图表、静态地图和动态地图等在新闻中

---

[1] F. M. Simon, "Escape Me If You Can: How AI Reshapes News Organisations' Dependency on Platform Companies," *Digital Journalism* 12 (2024): 149-170.

的广泛使用，被认为牺牲了数据的清晰性。① 英国数据新闻的来源包括政府、企业、研究机构、国际组织、民意调查和自生成数据。然而，Megan Knight 的研究显示，数据新闻目前仍在很大程度上依赖研究机构的数据，这对新闻报道产生了深远影响。新闻报道的权威性和信任度会因为引用知名研究机构的数据而提高，但过度依赖可能导致新闻机构缺乏独立收集和分析数据的能力。同时，过于关注数据的表面展示可能会限制新闻媒体提供深入分析和批判性思考的作用。此外，如果多数新闻机构依赖相同的研究机构提供的数据，可能导致新闻内容同质化，失去多样性和独特视角。

数据新闻依赖于对大量数据的分析和可视化，以及使用算法进行自动化新闻写作。② 然而，技术在新闻制作中的应用也引发了一些讨论，包括数据新闻的装饰性与信息性之间的平衡问题。③ 研究机构的数据和解释可能会影响公共议题的塑造和公众的感知，新闻媒体通过报道这些数据，间接地参与了社会问题的定义和优先级排序。例如，在健康报道中，《卫报》《独立报》使用数据元素（如数字引用）报道社会问题（如贫困、教育和住房）时，通过数据的呈现可以更有效地影响公众的认知；报道环境问题时，通过碳排放量的数据可视化可以增强公众对气候变化等问题的意识等。这些数据新闻通过强调某些问题的数据表现，可以引发公众讨论和媒体关注，进而影响政治议程。

数据应用的创新也为新闻行业带来挑战。新闻行业的信誉和商业模式受到了假新闻和误导性信息传播、广告收入下降以及社交媒体平台控制新闻分发等因素的影响。④ 同时，数据隐私、算法偏见和内容监管等问题也带来新的伦理和法律问题。新闻机构需要在遵守法律和满足受众需求之间找到平衡。

---

① M. Knight，"Data Journalism in the UK：A Preliminary Analysis of Form and Content," *Journal of Media Practice* 16（2015）：55-72.

② "Guardian：Analysing Data is The Future for Journalists，Says Tim Berners-Lee," Editors Blog ｜ Journalism. co. uk，2010，https：//blogs. journalism. co. uk/2010/11/22/guardian - analysing - data-is-the-future-for-journalists-says-tim-berners-lee/.

③ M. Knight，"Data Journalism in the UK：A Preliminary Analysis of Form and Content," *Journal of Media Practice* 16（2015）：55-72.

④ L. Hannaford，" Computational Journalism in the UK：Newsroom Hybrids or Specialists?" *Journalism Education*（2015）：7.

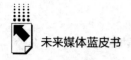
总而言之，英国新闻行业正在经历快速的变化和创新，具体体现在技术发展重塑新闻制作、分发和消费方面。这种深度的技术整合和跨界融合推动了新闻行业的快速发展，但同时也带来了新挑战。

二 广播电视行业

英国电视行业在 2021 年的总收入接近 19 亿英镑，比 2020 年增长了大约 20 亿英镑，这一增长主要由在线电视收入的飙升推动。① IBISWorld 在 2023 年的调研显示，虽然英国广播电视行业的市场集中度很高，四大公司（BBC、ITV、Sky 和 Channel 4）创造了超过 70%的行业收入，但是仍在网络视听产业发展方面面临挑战。首先，政府对电视许可证费用的冻结对公共资金支持的频道产生了影响，这促使这些频道寻找新的收入来源和分发方式。② 其次，在线流媒体的发展成为电视广告收入的主力军，仅 2021 年英国电视广告收入就达到了创纪录的 54.6 亿英镑。③

尽管面临挑战，英国广播电视行业的发展前景仍然向好。预计到 2030 年，英国电视生产行业的收入将从 2021 年的 68 亿英镑增长到 80 亿英镑，年均增长率为 1.82%。这一增长将受到 SVOD 服务增长、国际收入增长的推动。因此，在 2023 年，英国广播电视行业在网络视听领域的发展，以数字化转型为核心特征，具体表现在以下两个相互关联的方面。

（一）流媒体服务的崛起

网络视听产业数字化转型带动了流媒体服务的崛起。在技术飞速发展的背景下，英国广播电视行业的数字化转变不仅意味着该行业技术的更新，更标志着行业竞争格局的重塑。众多频道的出现，以及市场由订阅套餐主导的新现

① "Television industry in the United Kingdom‐statistics & facts," Statista, 2024, https：// www. statista. com/topics/3155/television‐industry‐in‐the‐united‐kingdom‐uk/.

② L. Hannaford, "Computational Journalism in the UK：Newsroom Hybrids or Specialists?" *Journalism Education* (2015)：7.

③ "Television Programming & Broadcasting in the UK‐Market Research Report (2014‐2029)," IBISWorld, 2024, https：//www. ibisworld. com/united‐kingdom/market‐research‐reports/ television‐programming‐broadcasting‐industry/#IndustryStatisticsAndTrends.

象，显示了行业正在迎接新的挑战和机遇。在这个过程中，Netflix、Disney+和 Amazon Prime Video 等流媒体服务的崛起，给传统广播公司带来了巨大的竞争压力。由于流媒体服务的吸引力，观众正在转移至这些新兴的平台，这给传统广播电视行业带来了显著的竞争压力。[①]

流媒体服务的普及改变着消费者的观看习惯。平台允许观众随时观看电视节目和电影，而不是将他们限制在固定的播放时间表上。这一现象进一步加剧了流媒体服务给传统广播电视行业带来的挑战。然而，这些流媒体服务的出现，也在一定程度上推动了广播电视行业的数字化转型，促使传统广播电视公司寻求新的发展途径。IBISWorld 的调研发现，已经有一些广播电视公司成功地通过开发在线点播和流媒体平台，吸引了部分观众。[②] Oliver & Ohlbaum Associates Ltd 的报告体现，BBC iPlayer 作为英国广播电视公司的广播视频点播服务平台，拥有最高的观众覆盖率，其次是 ITV Hub 和 All 4，这表明公共广播公司也在适应流媒体服务的增长趋势。[③]

在收入方面，IBISWorld 的数据显示，2022 年，虽然英国电视行业收入最高的企业仍然是平台运营商，但订阅型视频点播（SVOD）服务，例如 Now，也取得了约 33 亿英镑的收入。这表明虽然电视仍然是重要的广告收入来源，但流媒体服务的增长也正在逐渐改变这一格局。

（二）数据的应用

在大数据时代的背景下，广播电视行业正积极利用数据驱动的方式进行内容创作与分发。广播电视公司主要通过数据分析，对观众行为进行深入的理解，从而对内容进行定制，优化广告的投放。这种变化不仅打破了传统的内容生产和

---

① "Television Programming & Broadcasting in the UK – Market Research Report（2014 – 2029），" IBISWorld，2024，https：//www.ibisworld.com/united – kingdom/market – research – reports/ television-programming-broadcasting-industry/#IndustryStatisticsAndTrends.

② "Television Programming & Broadcasting in the UK – Market Research Report（2014 – 2029），" IBISWorld，2024，https：//www.ibisworld.com/united – kingdom/market – research – reports/ television-programming-broadcasting-industry/#IndustryStatisticsAndTrends.

③ "Understanding the UK's TV Production Sector，" 2023，https：//static1.squarespace.com/static/ 5cacbb42a568278dd5430feb/t/64e505809fd79d2a1ac178e7/1692730755281/2023 + – + Oliver + and + Ohlbaum+ – +Understanding+the+UK%27s+TV+production+sector+%28Slide+deck%29.pdf.

传播模式，同时也为整个行业带来了新的机遇。通过大数据和人工智能技术的应用，广播电视公司能更精准地把握观众的喜好和行为，提供更符合他们需求的内容，极大地提升了内容推荐的个性化程度，从而增强了用户黏性。这说明，未来的广播电视行业将更加注重提供个性化和精准化的服务，以满足观众的需求。

与此同时，英国的广播电视行业正大力创新，以在高度竞争的市场中保持领先地位。例如，Channel 4 在布里斯托尔和格拉斯哥设立了创意中心，推动技术与创意的融合，这不仅促进了当地创意产业的发展，也让 Channel 4 在创新内容制作方面保持了领导地位。此外，BBC 的研发部门也在积极探索新技术，包括虚拟现实（VR）、增强现实（AR）以及 4K/8K 超高清广播技术，以期在内容制作和传播方式上进行创新。他们的目标是将这些技术整合到未来的广播服务中，为观众提供更加引人入胜和互动性更强的观看体验。

为了优化观看体验，英国广播公司和其他广播公司正在投资新技术。这些新技术的应用，不仅能够丰富观众的观看体验，提升观众的满意度，也是广播电视行业面对挑战时，通过技术创新提升自身竞争力的重要途径。如今，BBC 和其他广播公司正在探索如何将 AR 技术融入新闻报道中，通过在电视屏幕上叠加数字信息和图像，为观众提供更丰富的信息和更深入的洞察。此外，BBC 已经启动了一系列的虚拟现实项目。例如，BBC 推出了一个名为"Dambusters 1943"的 VR 体验，观众能够身临其境地体验第二次世界大战期间的空袭行动。这个项目展示了 BBC 如何利用 VR 技术来为观众提供沉浸式的历史体验。

三 影视剧行业

2023 年，英国电影和电视剧产业遭遇了许多挑战。2023 年英国电影和高端电视剧（HETV）[①] 的总投资下降了 32%[②]。这对包括《死侍 3》和《魔法

---

① HETV 指的是"High-End Television"，即高端电视剧。这通常指的是那些具有高质量制作价值、高预算、可能由知名演员参与，并且往往具有复杂剧情和高制作水准的电视剧。这类电视剧经常在质量上与电影相媲美，因此被称为"高端"。在英国，HETV 的制作常常能够获得税收减免等政府激励措施，以促进该行业的发展。

② "UK Film and High-End TV Production Spend Falls to ￡ 4.23bn in 2023," Ibc365, 2024, https：//www.ibc.org/news/uk-film-and-high-end-tv-production-spend-falls-to-423bn-in-2023/10695.article.

坏女巫》在内的大型项目产生了直接影响，给英国本土制作公司带来了财务压力和人才流失。此外，英国独立制片行业也遭遇了困境，许多制片人和投资者向政府提出了增加税收抵免的建议以支持该行业发展。美国制片公司和流媒体平台在人才、团队和工作室空间方面的竞价能力也给英国本土产业带来压力。英国影视剧行业正在发生变化，新的分销商的出现，以及BFI① 电影基金的重组，预示着行业正在适应和寻找新的解决方案。

（一）好莱坞罢工的影响以及罢工结束后的持续挑战

根据英国电影协会（British Film Institute）的数据，好莱坞编剧和演员的罢工导致英国电影和高成本电视剧制作的总投资从2022年的62.7亿英镑下降到2023年42.3亿英镑。罢工对英国的影视剧生产产生了严重的负面影响。好莱坞编剧和演员罢工导致英国的影视剧生产活动"戛然而止"。实际上，BFI指出，那些在2023年开始但因罢工而暂停的拍摄项目，其总支出被完全计入2023年的统计数据中。

此外，好莱坞罢工对独立制片部门也产生了深远的影响。尽管好莱坞罢工理论上为英国独立制片部门提供了机会，但实际上并没有带来预期中的忙碌期。这导致许多工作人员失去了工作，并对他们在行业的未来产生了疑问（见图1）。

为了支持独立制片部门，代表英国独立制片公司的贸易组织Pact② 提出税收抵免的议题，得到了包括BFI、Film4、BBC Film等多个机构的支持。

2024年起，罢工结束后的重启过程并不容易。虽然好莱坞罢工的结束意味着更多的工作机会，但是预计到2024年4月前后，影视剧生产可能会再次加速，美国制片公司和流媒体平台可能会在人才、团队和工作室空间上出价更高，给本土产业带来竞争压力。③ 这一预期反映出好莱坞罢工对英国影视剧产业连带的长期影响。

---

① 英国电影协会（British Film Institute），旨在支持电影制作和推广英国电影文化。在2023年，BFI电影基金经历了重组，并更名为Filmmaking Fund，作为BFI更新的10年国家彩票基金战略的一部分。
② Pact是一家代表英国独立制片公司的贸易组织，它在电影和电视产业中扮演着重要角色。Pact为独立制片公司提供支持，包括政策倡导、行业洞察、培训和建议等服务。
③ "UK Film and TV Industry in Crisis Bectu Report Feb 2024," Bectu, 2024, https：// members. bectu. org. uk/advice-resources/library/3182.

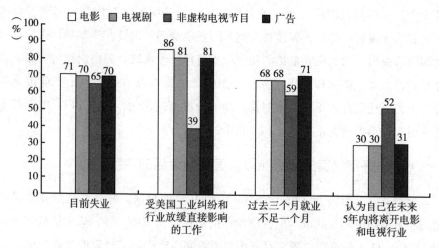

图1 好莱坞罢工给英国各个影视剧板块带来的影响

资料来源："Seven Talking Points for the UK Film Industry in 2024," SHOWNEWS, 2024-01-04, https://shownews.co.nz/seven-talking-points-for-the-uk-film-industry-in-2024/。

虽然面临挑战，但2023年英国电影票房总收入比2022年增长了4%，达到98580万英镑。然而这一数字仍比2019年的票房收入低24%。[1] 这一数据对比说明，好莱坞的罢工及其引起的市场条件变化使得英国制片公司在独立电影与高端电视剧（High-End Television，HETV）方面与大型美国制片公司竞争时面临更多困难。例如，2023年英国票房最高的电影《芭比》（*Barbie*）收入为956万英镑，占该国年度总票房的9%。这进一步凸显了好莱坞罢工对英国影视剧产业，特别是对独立电影的长期影响。

（二）行业组织的介入和行业监管的成立

2023年英国电影和电视行业的发展中行业组织介入的影响显著。这些组织在为行业提供必要的支持和指导，以应对好莱坞罢工引发的影响和行业内部的挑战方面发挥了关键作用。好莱坞的罢工导致英国电影和电视制作投资大幅下降，因此，行业组织和制片公司寻求政府支持以缓解这一影响。例如组织

---

[1] "Studios are Like Ghost Towns: How Britains TV and Film Industry Fell into a Hole Television Industry," PGM B Consultancy, 2023, https://pgmbconsultancy.com/studios-are-like-ghost-towns-how-britains-tv-and-film-industry-fell-into-a-hole-television-industry/.

Pact 提出了增加税收抵免的提议，即对于预算在 100 万～1500 万英镑的电影，增加 30%～40% 的税收抵免。① 此提议得到包括 BFI、Film4、BBC Film、Creative UK、Screen Scotland、Producers Collective UK 等在内的广泛支持。税收抵免主要针对的是预算较低的电影，而不是被定义为"独立"的电影，以避免有的项目利用政策漏洞来获取税收优惠的"系统性游戏"行为。

行业组织的介入还提出了影视剧产业重组的地区性建议。一些组织如 Screen Scotland、Northern Ireland Screen 和 Screen Alliance North 主张为伦敦和英格兰东南部以外的内容制作提供额外的激励，以分散英国整体过度以伦敦为中心的内容制作模式。② 这显示了行业组织在推动行业发展的多元化和地区均衡方面的作用。

同时，英国影视行业在完善行业监管方面取得了重要进步，特别是成立了创意产业独立标准权威机构（Creative Industries Independent Standards Authority，CIISA）。CIISA 的成立是对创意产业中长期存在的欺凌、骚扰等问题的回应，这些问题在全球范围内的#MeToo 运动以及其他类似运动中得到了广泛关注。CIISA 的成立是对 Russell Brand③ 受到性侵、性骚扰和情感虐待方面指控（他否认）的一个行业反应，这凸显了对完善行业监管制度的迫切需求。

CIISA 得到了包括 Times Up UK 主席 Heather Rabbatts、制片人 Barbara Broccoli 和 David Puttnam、演员 Stephen Graham 和 Keira Knightley 以及包括 BBC、ITV、Channel 4 和 Sky 在内的主要英国广播公司的支持。这个机构为创意产业中的工作者提供了一个独立的和能够保密地提出关于某些担忧的空间。这对于一个主要由自由职业者组成的劳动力市场来说是非常必要的。

---

① "Studios are Like Ghost Towns: How Britains TV and Film Industry Fell into a Hole Television Industry," PGM B Consultancy, 2023, https://pgmbconsultancy.com/studios-are-like-ghost-towns-how-britains-tv-and-film-industry-fell-into-a-hole-television-industry/.

② "Studios are Like Ghost Towns: How Britains TV and Film Industry Fell into a Hole Television Industry," PGM B Consultancy, 2023, https://pgmbconsultancy.com/studios-are-like-ghost-towns-how-britains-tv-and-film-industry-fell-into-a-hole-television-industry/.

③ Russell Brand 是一位英国的喜剧演员、主持人和演员。他面临了一些严重的指控，包括性侵犯和情感虐待，但他否认了这些指控。

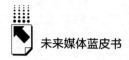

CIISA 的建立是为了给在职场中遇到问题的人们提供援助和引导。这是对行业中长期存在的问题的积极回应，也是朝着创造更安全、更包容的工作环境发展的重要一步。我们期待它能对整个行业的文化和实践产生深远的积极影响，这是英国影视行业在加强行业监管方面的重大进步。

四　人工智能的应用

在 2023 年，人工智能（AI）在英国网络视听行业中的应用和发展引起了广泛的关注。随着科技的不断进步，AI 已经在多个领域深度融合，并显示出多样化的应用趋势。AI 能够通过分析大量数据来驱动内容的发现，从而提升内容创作的经济效益，同时也激发了更多的创意和生产力。尽管如此，AI 的应用也引起了用户对隐私安全以及版权和监管方面的担忧。

英国智能视听产业 AI 的应用正在扩展到音乐、广播电视、影视剧和文化创意等多个领域，改变着内容的创作、分发和消费方式。AI 在音乐产业中的应用日益广泛，从音乐创作到分发各个环节都有涉及。例如，Jukedeck、Sonalytic 和 AI Music 等公司利用神经网络和机器学习技术，为音乐产业提供深入洞察以及生成和应用新概念的服务。这些技术可以帮助艺术家创作音乐，提供个性化的音乐体验，并优化音乐分发策略。[①] 在影视剧领域，AI 技术被用于剧本创作、角色设计和特效制作等方面。例如，Apple TV+*Slow Horses* 的导演 James Hawes 预测，AI 可能在 3~5 年内完全接管电视剧的制作，包括剧本创作和场景生成。AI 工具如 Sora 能够根据文本指令生成逼真的场景，这可能会对传统的编剧和演员工作产生影响。[②]

AI 技术为文化创意产业提供了新的可能性，包括通过数据分析来发现新的故事线和叙事角度，以及通过 AI 生成的内容来创造独特的知识产权。例如，

---

① "This Is Music: Artificial Intelligence and the Music Industry," UK Music, 2023, https://www.ukmusic.org/news/this-is-music-artificial-intelligence-and-the-music-industry/.

② "TV Soaps Could Be Made by AI within Three Years, Director Warns," *The Guardian*, 2024, https://www.theguardian.com/tv-and-radio/2024/feb/22/james-hawes-select-committee-tv-soaps-made-using-ai.

AI 可以分析体育赛事的实时数据，然后通过实时图形解决方案以沉浸式的方式在屏幕上展示信息。[①]

（一）内容生成和个性化推荐

在英国，AI 技术通过智能算法推荐，被广泛用于提供个性化用户体验。BBC 总裁 Tim Davie 提出 BBC 开发的"独特的伦理算法"（Unique Ethical Algorithms），用于增加个性化服务，同时保持推荐内容的多样性。Tim Davie 强调，BBC 在应用 AI 技术时会严格遵循其已公布的伦理准则，且不会削弱人类对创新的掌控。BBC 独特的伦理算法不仅能提供个性化推荐，同时也能推送可以满足受众好奇心的内容，以及 BBC 编辑可能认为重要的报道，从而实现内容多样性。[②]

AI 在流媒体和娱乐零售商的创新方面也发挥了重要作用。根据 2024 年 Entertainment and Retail Association（ERA）的数据，AI 在提高效率和提供个性化服务方面的潜力巨大。[③] 其中显著的例子就是 Spotify 的"AI DJ"功能，以及 Proper Music Distribution 在英国最大的 CD 和黑胶仓库中使用轮式机器人为客户挑选产品。

Spotify 通过其"AI DJ"功能，利用大数据和先进的算法，为用户提供更准确、更贴近其个人口味的音乐推荐。运用这一技术策略成为网络视听服务领域一种重要的发展趋势。Spotify 的人工智能应用在大规模用户数据的基础上运行，这些数据包括但不限于用户的互动行为，以及可能涉及的用户设备上下文信息（例如时间和地点等）。

Spotify 的"AI DJ"功能提升了音乐流媒体服务的个性化服务标准，促使其他竞争者也加强了 AI 技术的应用。它的成功激励了其他公司在 AI 技术上的投资和研发。"AI DJ"功能通过个性化推荐改变了用户发现和消费音乐的方式，使得音乐消费更加便捷和智能。

---

① "TV Soaps Could Be Made by AI within Three Years, Director Warns," *The Guardian*, 2024, https：//www.theguardian.com/tv-and-radio/2024/feb/22/james-hawes-select-committee-tv-soaps-made-using-ai.

② "BBC Has 'Significant' Ambitions for AI, Director General Tim Davie Says," Variety, 2024, https：//variety.com/2024/tv/global/bbc-ai-artificial-intelligence-tim-davie-1235952137/.

③ "Entertainment and Retail Association（ERA）Yearbook 2024," era, 2024, https：//www.eraltd.org/yearbook.

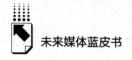

（二）技术整合创新的趋势

AI 被认为是一种能够提升创新力和生产力的工具。它让创作人员能够将更多的精力集中在创新性工作上，同时，创作人员可以利用 AI 处理大量数据，使得内容创作更具成本效益。这一点在当前的经济环境下显得尤为重要。英国的媒体服务公司 dock10，以在电视和数字内容制作服务上的创新表现，充分体现了 AI 在智能视听领域的应用趋势。dock10 并非简单地将 AI 视为一个孤立的技术工具，而是将其作为一种能够整合多种技术的平台。通过将 AI 与其他先进技术（如虚拟制作、动作捕捉和实时图形解决方案）相结合，dock10 创造出了独特的知识产权，并提高了内容创作效率。它成功地利用 AI 进行数据分析，实现了更为逼真的虚拟制作，同时，运用 AI 在图形方面的实时处理能力，为观众带来了丰富的视觉体验。

dock10 还运用 AI 技术生成个性化内容。例如，通过分析观众的喜好和反馈，AI 可以创建定制化的内容或提供互动体验。利用 AI 的数据分析工具，dock10 可以发掘出故事中隐藏的叙事线索和新的视角，为内容创作者提供新的创意和洞见，进一步丰富了内容的深度和广度。在经济效益方面，AI 的高效处理能力使得内容制作变得更为经济高效，这对内容制作行业来说是至关重要的。dock10 的例子表明，AI 是一个能够激发创意和提高生产力的工具，它让内容创作者能够更专注于创新性的工作，同时提高了他们的生产效率。

五　网络视听领域的技术监管

英国在网络视听领域的技术监管制度明确且具有针对性，有效应对了行业中涉及前沿技术的风险问题。首先，英国实行了一套严格的风险评估与管理制度。该制度要求对高风险的人工智能系统在上市前进行全面的风险评估，并在其整个生命周期中进行持续的风险管理。其次，英国虽然大力推动人工智能的发展，但同时也强调了数据的相关性、代表性和完整性，以预防因数据偏见和歧视引发的问题。此外，英国政府对人工智能系统的透明度和信息提供也有严格的要求，目的是增强用户对系统的理解并建立信任。最后，英国政府和行业组织正在努力更新相关法规，以应对由人工智能技术引发的各种法律和道德挑战，包括保护艺术家的知识产权，以及预防工作岗位被人工智能取代的风险。

（一）技术风险评估

根据《欧盟人工智能法案》（*EU AI Act*），英国的智能视听领域对 AI 系统的风险评估与管理首先体现在强调了高风险 AI 系统在上市前的全面风险管理，包括记录和管理系统整个生命周期内的潜在风险。其次，在合规性评估方面，AI 系统在上市前需要符合《欧盟人工智能法案》中列出的基本要求，这些要求包括数据和数据治理、技术文档、记录保存、透明度和用户信息提供、人工智能监督以及鲁棒性①、准确性和安全性。在数据和数据治理方面，为了确保数据的相关性、代表性、无误性和完整性，数据集的设计和使用需要得到充分的考虑。

在人工智能的监督方面，AI 系统需要具有能够在使用期间被自然人有效监督的功能，包括使人类监督者能够发现异常、意识到"自动化偏见"、正确解释系统的输出。在透明度和用户信息提供方面，为了提高透明度，AI 系统需要向用户提供关于其工作原理和决策过程的清晰信息。在后市场监控方面，AI 系统提供商需要建立与 AI 技术的性质和风险相称的后市场监控系统。在市场监管机构（Market Surveillance Authority, MSA）的角色方面，MSA 负责监督 AI 系统的合规性，并在发现 AI 系统使用不当或存在风险时采取行动。

在法律和道德问题方面，AI 技术的使用引发了知识产权、品牌以及伦理和道德的担忧。2023 年美国西部编剧工会（Writers Guild of America West, WGA）及演员和广播电视艺术家联合会［Screen Actors Guild（演员工会）和 American Federation of Television and Radio Artists（美国电视和广播艺术家联合会）的合并组织，SAG-AFTRA］参与了针对好莱坞电影产业使用人工智能技术的罢工活动，这些活动是由制作公司联盟（Alliance of Motion Picture and Television Producers, AMPTP）② 提出的，旨在重塑内容创作，减少人力劳动

---

① "鲁棒性"（Robustness）在人工智能领域指的是系统在面对错误输入、异常情况或不确定性时，仍能保持稳定性和有效性的能力。换句话说，一个鲁棒的 AI 系统能够处理各种未预见的情况，即使在不理想的条件下也能产生可靠的结果。

② 制作公司联盟（AMPTP）是一个代表电影和电视制作公司的组织，其成员包括主要的电影制片厂和电视制作公司，它们共同就各种行业问题进行协商和政策制定。

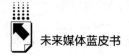

以最大化商业利润。WGA 和 SAG-AFTRA 寻求通过与 AMPTP 达成协议来规范 AI 的使用，并在 2023 年的晚些时候达成了临时协议，为演员和编剧争取到了更多的薪酬和在他们的形象及作品被 AI 复制时的保护。WGA 和 SAG-AFTRA 的罢工行动是为了保护人类表演的重要性和降低工作被 AI 替代的风险，同时寻求更有效的 AI 使用监管和版权保护改革。

在政府和行业的责任方面，行业正在呼吁政府对法规进行更新，以解决 AI 带来的新挑战，并确保艺术家的知识产权得以维护。这些调整涉及的领域包括电视编程和广播、数据管理、新闻报道、技术投资和创新，以及版权保护等。目标是促使 AI 技术的使用者更负责任，同时保护个人和社会的利益。

（二）监管措施的建立

英国对网络视听领域的 AI 监管措施反映了政府对 AI 技术深入的理解以及对未来可能遇到的风险和挑战的深思熟虑。首先，政府制定了一个横跨各个行业且以行业产出效率为导向的监管框架，这个框架由五个核心原则构成，即安全性、透明度、公平性、责任性以及治理性。这个框架的创立充分考虑了 AI 技术跨领域的特性以及它对社会各个方面可能产生的影响，体现出英国政府对 AI 监管全面而平衡的理解。这个框架的实施也将对 AI 在英国的进一步发展和应用产生影响。

其次，英国的监管机构将通过应用现有的法律以及发布补充的监管指导来实施这个框架，这体现了英国对法律的连续性和稳定性的尊重，同时兼顾了监管环境的灵活性和适应性。这种基于现有法律并配合补充性监管指导的方式，将有助于确保 AI 技术的健康发展，同时避免可能的滥用和风险。这个监管框架的设计目的在于适应各种类型的 AI 系统，并确保监管机构能够协调一致地应对这些技术可能带来的挑战。

值得注意的是在监管框架中，英国对通用目的人工智能（General Purpose AI，GPAI）的监管方法已经发生了重要转变——从仅关注自愿措施转向认识到未来需要针对性的监管干预。这些干预将针对最强大的 GPAI 模型和系统。由于 GPAI 系统拥有高度的处理能力，不局限于单一功能，而是能够在多个领域内展示智能化行为。因此，与这种高级能力和广泛应用性相伴的是一些特定风险，包括对安全性、隐私、公平性和伦理的挑战。监管机构需要对 GPAI 实施特定的监管措施，以确保其被安全和负责任的使用。英国政府甚至预计可能需要采取针对性的立法干预来解决由 GPAI 带来的风险和挑战。与此同时，领先的 AI 公司，尤其是那些开发 AI 系统的公司，已经承诺采取自愿性的安全和透明措施，并与英国 AI 安全研究所合作，以测试他们的 AI 系统。

再次，英国倡导 AI 模型和系统的开发者，主动采取安全与透明措施，以补充现有的监管框架。这种做法不仅有助于提升 AI 模型和系统的安全性和透明度，也对营造互助互信的监管环境有所助益，从而进一步推动 AI 技术的创新和发展。

最后，英国计划成立一个中心化的机构，以协调不同监管机构之间的工作，确保对 AI 相关风险进行有效的监控和协调。这样的机构有助于提升监管的效率和效果，保障 AI 技术的安全使用和健康发展。

英国已经制定了监管 AI 的具体措施。例如，计划在 2024 年春季启动一个名为"AI 和数字中心"（AI and Digital Hub）的试点服务，这是多个监管机构联合提供的咨询服务，旨在帮助创新者在产品发布前了解和遵守法律，履行监管义务。这种服务的设立将有助于解决 AI 创新者在法律和监管方面可能遇到的问题，从而进一步推动 AI 技术的创新和发展。

（三）英国与欧盟关于人工智能监管策略的对比

全球范围内，人工智能的发展和应用引发了一系列监管问题，不同的国家和地区对此有着不同的应对策略和实践。在这个大背景下，英国和欧盟作为全球科技创新的重要中心，对 AI 的监管策略具有重要的参考价值，尤其是英国和欧盟在地理、政治、文化和法律等方面的紧密联系和显著差异，通过比较两者在 AI 监管策略上的异同，能够深入理解不同监管环境对 AI 技术发展的影响，同时也可以借鉴全球范围内最佳的科技创新和治理实践，应对未来 AI 带来的挑战和机遇。

英国的 AI 监管措施更倾向于采取一种基于原则的、非强制性的框架。这种框架鼓励 AI 模型和系统的开发者自愿采取安全和透明措施，以补充现有的监管框架和监管机构的活动。相对于英国的方法，欧盟的立法措施显得更为详细、更具强制性。欧盟推出的 AI 法案旨在为 AI 的开发、上市和使用制定统一的规则。这个法案采用了基于风险的方法，根据系统的预期用途将 AI 分为四

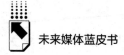

个风险等级，并为高风险 AI 系统制定了详细的认证机制。这种做法在一定程度上提高了 AI 技术应用的安全性和透明度，也使得监管更为具体。

在对待风险的态度上，英国强调自愿性和跨行业合作，而欧盟则通过明确的分类和认证机制管理不同风险级别的 AI 系统。此外，尽管英国已脱欧，但欧盟 AI 法案的域外效力意味着它将对英国 AI 行业产生影响，尤其是针对出口到欧盟或可以实现"AI 即服务"（AI as a Service）的 AI 系统。

小 结

本报告通过探讨 2023～2024 年英国网络视听产业的发展现状与趋势，揭示了行业发展中的关键要素和挑战。其中，技术创新尤其是 AI 技术的应用，正在推动行业的转型和升级，同时也带来了一系列新的挑战。此外，提升监管措施的创新性和适应性，对确保技术健康发展和维护行业的公平竞争起到了至关重要的作用。通过观察和分析英国的应用实践，我们可以得到许多有价值的启示和参考，尤其是在技术快速发展和行业环境不断变化的背景下持续关注和研究网络视听产业发展的必要性。

B.19

韩国智能视听发展报告（2024）[*]

李玮琪　张世超[**]

摘　要： 本报告深入分析了韩国广播电视产业及 OTT 服务的现状，揭示了智能视听技术如何促进产业从传统广播电视向基于互联网的 IPTV 及 OTT 等转型，并强调了技术进步对内容创新的推动作用。韩国政府将建设全球媒体强国作为国政课题，通过法律法规和政策，特别是对弱势群体视听权利的保障，为产业发展提供了坚实基础。随着个性化服务和高质量内容的提供，以及虚拟偶像、元宇宙演唱会等新领域的兴起，韩国智能视听产业预计将持续繁荣，为用户提供更丰富多元的视听体验。

关键词： IPTV　OTT　全球媒体强国

智能视听产业作为一种新兴的产业形态，融合了人工智能、5G 等先进技术①，并通过广播电视和网络视听产业的跨界融合，实现视听内容的智能化生产、分发和消费，核心在于利用新一代信息技术来提升传统视听产业的价值链，从而形成新的媒体融合生态系统②。

智能视听产业作为新兴的产业形态，正迅速崛起成为全球媒体和文化产业

---

* 本报告系 2023 年度福建省教育系统哲学社会科学研究项目（编号：JAS23070）的阶段性研究成果。

** 李玮琪，博士，厦门理工学院影视与传播学院传播系讲师，硕士研究生导师，主要研究方向为计算传播学；张世超，韩国庆北大学在读博士，主要研究方向为跨文化传播。

① 林朝霞、林小勇：《智能视听产业生态培育机制研究——以厦门市为例》，《中国广播电视学刊》2022 年第 2 期。

② C. U. Song, M. Y. Park, "The analysis of the media convergence ecosystem value chain based on broadcast and communications media convergence technology," *International Journal of Multimedia and Ubiquitous Engineering* 10（2015）：269-286.

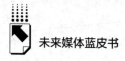
的重要组成部分。2022年7月，尹锡悦政府将建设"全球媒体强国"的目标设为国政课题中的第27号课题，该课题涵盖了规范媒体监管、推动OTT等数字媒体发展以及创新韩国内容产业等。这一课题标志着韩国政府致力于利用尖端视听技术，全面革新传统内容产业，以构建一个充满活力的多媒体融合生态系统。①

本报告整理了韩国广播电视产业及其OTT服务的综合情况，分析了韩国智能视听领域的法律法规和政策，特别是对弱势群体视听权利的保障措施。同时，本报告将重点阐述视听技术进步如何为虚拟偶像、电视节目等韩国内容产业注入新动力。

一　韩国广播电视产业发展现状

（一）韩国广播电视产业

根据韩国广播通信委员会（Korea Communications Standards Commission，KCSC；以下简称"广通委"）② 和韩国文化产业振兴院（Korea Creative Content Agency，KOCCA；以下简称"振兴院"）③的相关资料，韩国的广播电视产业包括以下几种主要形式。

1. 地面波电视（Terrestrial Television）

地面波电视是韩国最基本的广播电视形式，通过无线电波覆盖全国。地面波电视涵盖了电视和广播的综合业务，主要运营商包括KBS、MBC、SBS三大全国性广播电视机构以及地方MBC（文化放送株式会社）和地方民营广播电视台。另外，数字多媒体广播（Digital Multimedia Broadcasting，DMB）提供移动设备上的视频和广播服务。

2. 有线电视（Cable Television，CATV）

有线电视分为综合有线广播电视运营商（System Operator，SO）和转播有

---

① 《120项国政课题》，韩国政府业务评价官网，https：//www. evaluation. go. kr/web/page. do? menu_ id＝162。
② 韩国广播通信委员会官网，https：//kcc. go. kr/user. do。
③ 韩国文化产业振兴院官网，https：//www. kocca. kr/kocca/main. do。

线广播电视运营商（Relay Operator，RO）。SO 提供包括基础和付费频道在内的多种电视服务，如 LG HelloVision①、SK Broadband②、D'LIVE③ 等。RO 负责将电视信号从原始发射源或内容提供商处接收，重新传输给有线电视系统、卫星系统或其他接收平台，以供终端用户接收和观看。

3. 卫星电视（Satellite Television）

韩国的卫星电视服务主要由 KT SkyLife④ 提供，它通过租赁或自有卫星无线电设备进行广播，卫星电视能够提供更广泛的覆盖范围。

4. 节目供应商（Program Provider，PP）

节目供应商是与地面波、有线或卫星电视签订合同，为特定频道提供节目内容的公司或组织。如 CJ 旗下的 CJ ENM⑤，SBS 旗下的 SBS Contents Hub⑥，KBS 旗下的 KBS Media⑦，MBC 旗下的 MBC Global Media⑧ 等。

5. 交互式网络电视（Internet Protocol Television，IPTV）

IPTV 利用宽带网络提供服务，通过互联网协议方式向用户提供包括电视直播在内的各种数据、视频、音频及电子商务内容的综合服务，如 KT 推出的 Genie TV⑨、SK Broadband 推出的 B tv⑩、LG U+推出的 U+ tv⑪ 等。

IPTV 的出现改变了传统的电视内容消费方式，它利用宽带互联网连接来传输视频和音频信号，只要有网络接入便可随时播放，根据用户的需求提供个性化服务，比如点播、回看、暂停等功能，这极大地提高了用户视听享受的灵活性和交互性。

这些不同类别的广播电视形式共同构成了韩国多样的媒体产业格局。

---

① 官网，https：//www.lghellovision.net/main.do。
② 官网，https：//www.skbroadband.com/eng/page.do？menu_id＝E00000000。
③ 官网，https：//www.dlive.kr/front/home/MainAction.do？method＝index。
④ 官网，https：//m.skylife.co.kr/Main#enp_mbris。
⑤ 官网，https：//www.cjenm.com/en/。
⑥ 官网，https：//programs.sbs.co.kr/special/sbscontentshub/main。
⑦ 官网，https：//www.kbsmedia.co.kr/。
⑧ 官网，https：//content.mbc.co.kr/english/index.html。
⑨ 官网，https：//product.kt.com/wDic/productDetail.do？ItemCode＝1163。
⑩ 官网，https：//www.bworld.co.kr/main.do。
⑪ 官网，https：//www.lguplus.com/iptv/plan。

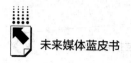
（二）韩国广播电视平台的订阅价格

有线电视、卫星电视、节目供应商和 IPTV 通过各自不同的技术手段向用户提供广播电视节目服务，这些平台在电视内容分发环节中扮演着重要的角色。用户可以根据需求选择不同的平台，支付订阅费用以接收和观看特定的电视频道和内容，获取多样化的视听服务。

1. 有线电视和卫星电视

有线电视和卫星电视的订阅价格相对较低，特别是基础套餐的月订阅价格均低于 10000 韩元，可以收看 100 个以上的电视频道，相对经济实惠。提供更高清画质的高级套餐订阅价格为 13000～16000 韩元，用户可以观看 230～250 个电视频道。有线电视和卫星电视的缺点是其电视直播没有暂停播放的功能，无法满足用户随时暂停、回放视频的观看习惯。

2. 电视节目供应商

电视节目供应商只能提供特定电视频道的节目。以 MBC Global Media 为例，其订阅价格是每两个月 13500 韩元，但用户能够享受的视听服务仅限于 MBC 频道内的自制内容。虽然支持视频下载以及观看部分海外剧集和电影，但其提供给用户的视听内容极为有限。

3. IPTV

IPTV 提供了单独的有线电视频道订阅套餐，以及有线电视频道和 OTT 会员的捆绑服务。

以 Genie TV 为例，有线电视的基本套餐为每月 12100 韩元，订阅用户可以观看 236 个电视频道，这比可以观看同样频道数量的卫星电视的每月订阅价格还便宜 1100 韩元。B tv 和 U+tv 的有线电视套餐价格为 12000～15000 韩元，可以观看 200 多个电视频道。

整合了有线电视频道和 OTT 服务的高级订阅套餐中，Genie TV 的高级奈飞 HD 套餐每月订阅价格为 34380 韩元，可以观看 266 个电视频道，并同时享受奈飞高级会员服务，最多可以同时在 4 台设备上观看。B tv 和 U+ tv 也同样推出价格分别为 31000 韩元和 32200 韩元的奈飞套餐，有线电视频道和 OTT 会员服务的捆绑为用户提供了更加丰富多样的选择，也是 IPTV 的独特优势。

（三）韩国电视收视率

1. 各年度家庭总收视率（HUT）和个人总收视率（PUT）

韩国文化产业振兴院发布的《2023年广播影像产业白皮书》显示，2022年，韩国家庭总收视率同比下降2.69个百分点，降至30.17%，个人总收视率也减少1.05个百分点，降至13.24%。在收视率持续降低的大环境下，2020年有短暂的增长，之后继续减少（见图1）。这种波动可能与新冠疫情的发生有关，疫情期间户外活动受限，导致民众的室内休闲时间延长，尤其是电视观看时间。然而，随着疫情应对措施的系统化和日常生活的逐步恢复，电视观看时间有所减少。

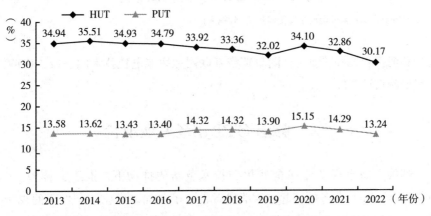

图1　好莱坞2013~2022年韩国各年度HUT和PUT变化

资料来源：据韩国尼尔森传媒的TV收视率整理。

2. 各平台家庭总收视率

2022年，除了IPTV平台的HUT同比增加0.18个百分点以外，所有平台的家庭收视率都有所减少，尤其是有线电视的HUT同比减少了2.70个百分点（见图2）。

韩国的广播电视观看行为的演进呈现出从地面波、有线电视和卫星电视等传统广播电视平台向IPTV转移的趋势。2022年IPTV收视率首次超越了占据主导地位的有线电视。

电视观看模式的转变归因于IPTV提供的个性化内容和互动体验以及技术

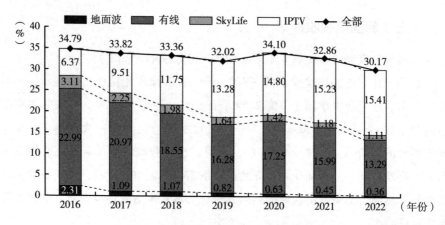

图 2　2016~2022 年各平台 HUT 动向

资料来源：据韩国尼尔森传媒的 TV 收视率整理。

进步和消费者偏好的演变。随着宽带互联网和智能电视技术的普及，IPTV 的市场份额预计持续扩大。

二　韩国 OTT 市场发展现状

韩国广播电视产业在全球化和技术革新的推动下，正经历转型。OTT（Over The Top）服务的兴起，为消费者带来了更加多样化和个性化的视听体验。OTT 服务通过互联网直接向用户提供电视节目、电影等各类视频内容，其核心优势在于服务的提供与物理网络的独立性。① 这种服务模式使得 OTT 服务商可以直接与用户建立联系，提供服务，而传统运营商的角色逐渐变成"传输管道"，难以触及其中蕴含的商业价值。

随着互联网的普及和宽带接入网络、无线局域网（Wi-Fi）的便捷化，基于网络的服务普遍出现了 OTT 趋向。② 各类服务商纷纷利用 OTT 模式，打破传统束缚，为用户提供更加灵活、便捷的服务体验。这种变革不仅重塑了媒体产业的竞争格局，也为用户带来了前所未有的选择自由和个性化服务。

---

① 黄升民、周艳、龙思薇：《八问 OTT——OTT TV 对电视产业的影响和对策解析》，《现代传播》（中国传媒大学学报）2013 年第 10 期。

② 张君昌：《OTT 来临：重新定义广电产业》，《声屏世界》2013 年第 7 期。

（一）韩国五大 OTT 平台

韩国五大 OTT 平台分别是 Netflix①、TVING②、Coupang Play③、Wavve④、Disney+⑤。截至 2024 年 3 月底，五大 OTT 平台的用户总数为 1857 万人，Netflix 作为全球知名的 OTT 服务商，用户数量为 685 万人，在韩国也稳居市场第一。⑥ 除了投资购买内容，Netflix 还与韩国本土制作团队合作，创作出了如《鱿鱼游戏》《王国》《爱的迫降》等爆火的电视剧，在韩国用户群体中深受欢迎。⑦

排名第二的是 TVING。用户数为 435 万人，TVING 背后是 CJ ENM 和 JTBC。CJ ENM 是韩国影视内容制作公司，JTBC 是韩国新晋电视台。TVING 与 Naver Plus 会员服务合作，Naver Plus 会员用户可以免费观看 TVING 的部分电视直播节目，这也在一定程度上增加了平台的用户黏性。

用户数排名第三的是韩国电商巨头 Coupang 旗下的 OTT 平台 Coupang Play。该平台为 Coupang 电商平台会员提供免费内容，这对 Coupang 已有的用户有很强的吸引力。同时，Coupang Play 通过提供各种体育赛事直播和新闻等多元化内容，满足用户的多样化需求。

用户数排名第四是 Wavve。其整合了 SK Broadband 创立的 OTT 平台 Oksusu 和 KBS、MBC、SBS 合作创立的 Pooq，拥有 KBS、MBC、SBS 电视台大量的电视剧、综艺节目和新闻节目，这使其在本地市场上具备独特的竞争优势。

最后是用户数为 115 万人的 Disney+。Disney+拥有丰富的 IP 资源，包括迪士尼经典动画、漫威系列电影、星球大战系列电影和皮克斯电影等，这些内容在全球范围内拥有庞大的粉丝基础，也获得了韩国用户的关注。

---

① 官网，www.netflix.com/kr。
② 官网，www.tving.com。
③ 官网，www.coupangplay.com。
④ 官网，www.wavve.com。
⑤ 官网，www.disneyplus.com/ko-kr。
⑥ 《本土 OTT 发起的决胜战，结果是本垒打还是出局?》，Mobile Index 网站，2024 年 4 月 25 日，https：//www.mobileindex.com/insight-report? pid=305&。
⑦ 《Netflix 为什么如此看重韩国市场?》，搜狐网，2021 年 3 月 3 日，https：//www.sohu.com/a/453811409_ 120490186。

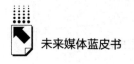

（二）韩国 OTT 平台订阅价格

韩国各大 OTT 平台为改善盈利状况，在 2023 年纷纷调整了订阅费用，并开始限制同一账号可登录设备的数量。

Netflix 在 2023 年 12 月对订阅政策进行了调整，取消了月费 9500 韩元的基础套餐，现有基本套餐订阅者可续费订阅，其他会员和新用户无法订阅这一套餐。标准套餐的订阅费用从 12000 韩元上涨至 13500 韩元，涨幅约为 12.5%。标准套餐支持最多在 2 台设备上观看和下载视频。高级套餐的订阅费用从 14500 韩元上涨至 17000 韩元，涨幅约为 17.2%，高级套餐支持最多在 6 台设备上下载、4 台设备上观看视频。

TVING 从 2023 年 12 月起将订阅费用分别提高到 9500 韩元（基础）、13500 韩元（标准）和 17000 韩元（高级）。① 基础会员套餐支持 720P 高清视频播放，最多可下载 200 次视频，仅限 1 台设备观看；标准套餐支持 1080P 高清视频播放，最多可下载 300 次，可同时在 2 台设备观看；高级套餐支持 1080P 高清和 4K 超高清视频播放，最多可下载 400 次，可同时在 4 台设备观看。此外连接相同 Wi-Fi 的用户间才能共享同一个账户。

（三）韩国 OTT 用户份额

Mobile Index 的数据显示，2023 年 3 月韩国本土 OTT 平台的用户占有率为 46%，国外 OTT 平台为 54%。具体来看，Netflix 以 47% 的占比稳居第一，Coupang Play 占 15%，TVING 占 17%，Wavve 占 14%，Disney+ 占 8%。到 2024 年 3 月，韩国本土 OTT 平台的用户占有率上升至 57%，而国外 OTT 平台下降至 43%。其中 Netflix 降至 35%，Disney+ 仍为 8%。TVING 和 Coupang Play 在本土 OTT 方面表现强劲，分别占 21% 和 23%，Wavve 占 13%。

随着 2023 年 11 月韩国职业棒球（KBO）联赛② 的开播，TVING 和 Coupang Play 通过体育赛事直播吸引了大量用户，TVING 的新增用户量显著增

① 《接连涨价的 OTT 订阅费一览……"到底多少钱？"》，Sisa Journal 网站，2023 年 12 月 15 日，https：//www.sisajournal.com/news/articleView.html? idxno=278906。
② 2023 年 KBO 韩国系列赛事时间为 2023 年 11 月 7 日至 15 日。

长。如图 3 所示，从 2023 年 11 月到 2024 年 1 月，Coupang Play 的月活跃用户数从 552 万人增长到 779 万人，尤其是在亚洲杯①和电视剧《少年时代》热播期间，用户数显著增加。

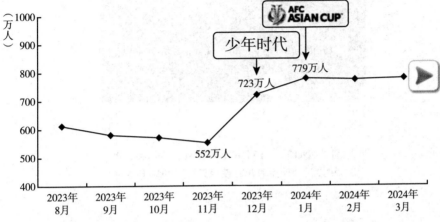

图 3　Coupang Play 用户数量趋势（2023 年 8 月至 2024 年 3 月）

资料来源：Mobile Index。

另外，各个 OTT 平台的用户月均使用天数数据显示，截至 2024 年 3 月，Wavve 在所有 OTT 平台中稳居第一（见图 4）。Wavve 通过提供韩国三大电视台（KBS、MBC、SBS）的独家直播服务，确保了用户的高使用时长，增加了用户黏性，这也使得 Wavve 在韩国 OTT 市场中占据了一席之地。目前 Wavve 的经营策略是围绕 10~30 岁人群，打造独特的内容生态；同时在韩流风靡全球的大背景下，推动韩国流行文化的对外输出也是 Wavve 的重要任务之一。

总体而言，韩国的 OTT 市场在近年来迅速增长，预计将从 2023 年的 5.6 万亿韩元增加到 2027 年的 7.2 万亿韩元。② OTT 市场近期也正向本土服务倾斜，本土 OTT 平台通过内容多样化和质量提升吸引了更多用户。而随着 OTT 市场的竞争加剧，各平台通过差异化内容和优质服务提升用户体验，将成为未来市场制胜的关键。

---

① 2023 年亚足联亚洲杯赛事时间为 2024 年 1 月 12 日至 2 月 10 日。
② 《韩国 OTT 市场规模 2027 年预计达 7.2 万亿韩元》，联合新闻网站，2024 年 3 月 28 日，https：//www. yna. co. kr/view/AKR20240328109800017。

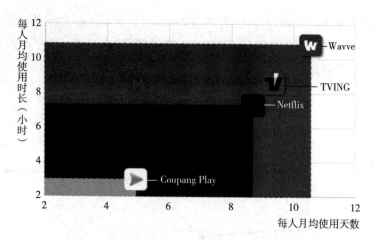

**图4 Netflix、TVING、Wavve、Coupang Play
用户月均使用时长、使用天数（2024年3月）**

资料来源：Mobile Index。

三 韩国智能视听政策法规动态

根据《广播通信委员会的设立及运营相关法律》设立的广通委，负责韩国广播电视通信的监管、用户的保护及广播电视机构独立性保障等工作，旨在积极应对媒介融合现象，促进广电公共性及公益性。

（一）媒体法的立法统合

随着OTT等新媒体的迅猛发展和海外企业在韩国市场日益增长的影响力，传统媒体与新媒体之间，以及国内外服务商之间的竞争愈发激烈。这种竞争态势导致了服务商之间的监管公平性、公平竞争和用户保护等问题的出现，也对现有的监管体系提出了新的挑战。为此，广通委致力于制定涵盖所有媒体服务的综合性法律，旨在建立公平竞争秩序，保护用户权益，并提升新旧媒体监管体系的一致性和合理性。

韩国在2022年7月提出要实现"全球媒体强国"的国政课题，这是尹锡悦政府在执政之初敲定的本届政府120项施政课题之一。该课题目标是通过放宽对媒体的监管以及推动 OTT 等数字媒体和内容产业的创新发展，建设全球媒体强国。该课题内容涵盖了六个方面：制定媒体未来战略和推进体系，创新媒体产业监管，提升 OTT 全球竞争力，创新基于 ICT 的内容制作，培养媒体人才及技术开发，支持中小型和地方广播企业振兴。[①]

广通委此举也是韩国政府实现"全球媒体强国"战略的关键步骤，特别是第一方面"媒体未来战略和推进体系"要求相关部委（广通委、科学技术信息通信部、文化体育观光部等）成立专门机构，制定媒体未来战略和法律，使新旧媒体共同成长。其目的在于为新旧媒体的融合发展制定未来战略和法律框架。

广通委通过整顿《广电法》《IPTV 法》《电信事业法》等按媒体分类的分散法规，纳入包括 OTT 在内的新型媒体，建立支持媒体行业整体长期发展的综合监管体系。通过营造合理的媒体监管体系和健康的媒体使用环境，期望提高观众（用户）对媒体服务的总体满意度。

为推动媒体法的立法统合，2023 年 6 月，广通委成立了媒体法政策研究组，多次举办了公开讨论会，讨论媒体法立法统合的相关争议问题，并听取专家和利益相关者对完善媒体法的意见。讨论《统合媒体法（草案）》的基本方向，首先是引入平行分类体系，提出应当根据"内容""平台"等服务的具体功能来重组媒体监管体系，而不是按媒体类别进行隔离式管理，以建立同一服务同一监管原则的制度基础。其次是合理化媒体监管。制定作为媒体共同遵守的基本原则，并放宽现有的不必要监管，以缩小同类或类似服务之间的监管差距。最后是营造促进媒体共同成长的环境。旨在建立媒体生态系统内公平竞争的基础，并全面支持媒体产业的整体发展。

（二）"协议制度"纳入韩国《广电法》修正案

面对媒体竞争的日益加剧、自然灾难的频繁发生和虚假信息的不断增多，广通委提出对韩国广播公司（KBS）和韩国教育广播公司（EBS）等韩国公营

---

① 《120 项国政课题》，韩国政府业务评价官网，https：//www. evaluation. go. kr/web/page. do？menu_ id＝162。

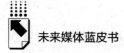
广播电视台的定期审查用"协议制度"替代以往的"再许可制度"。① "协议制度"是指韩国政府与共营广播电视台就其作用和职责进行协商，以协议的形式明确了公营广播电视台的公共责任，政府提供政策支持并通过定期的检查来确保制度的有效实施。②

在引入公营广播电视协议制度的过程中，广通委参考了包括英国等其他国家公营广播电视协议制度的案例，制定了《公营广播电视公共责任草案》和《公营广播电视协议制度草案》。③

2022年5月，广通委联合信息通信政策研究院举办了"公营广播电视的公共责任和协议制度研讨会"，④ 广泛收集了相关领域专家对于引入该协议的看法以及存在的主要争议点。

此外，广通委还对公营广播电视的公共责任进行了全国范围的公众意见征集，以确保协议制度的制定能够充分听取民意。在充分考虑政策研究小组的审查意见和公众意见后，广通委最终制定了引入公营广播电视协议制度的《广电法》修正案草案。

四 弱势群体的视听权利保障

（一）残疾人定制电视

为了改善视力和听力残疾人的视听环境，提高用户体验，广通委致力于推动残疾人定制电视的普及。这些定制电视具备高画质（Full HD）的40英寸显

---

① "再许可制度"是韩国地面波、有线电视台等许可或者批准的有效期间到期后，其电视台要继续进行广播活动，需要经广通委的审查后重新接受许可的制度。《广电法》第16条规定，韩国电视台事业活动许可有效期不超过5年。

② 《总统职务交接委员会"将引入'公共广播协议制度'"》，Mediaus网站，2022年4月27日，https：//www. mediaus. co. kr/news/articleView. html? idxno=246675。

③ 《2023年广播通信委员会年度报告书》，韩国广播通信委员会网站，2024年3月29日，https：//kcc. go. kr/user. do? mode = view&page = A02050300&dc = K02050300&boardId = 1078&cp=1&boardSeq=60404。

④ 信息通信政策研究院会议记录，https：//www. kisdi. re. kr/bbs/view. do? bbsSn = 113803&key = m2101113056011。

示屏，内置有操作菜单语音提示、字幕和手语屏幕分离、手语广播画面比例放大等功能。

视力和听力残疾人专用定制电视的普及开始于2000年的字幕广播接收器和画面解说广播接收器，2013年升级为电视形式的综合接收器，并不断改进功能。截至2022年，累计普及了239798台。[①] 2023年全年共普及20580台，优先向低收入的视力和听力残疾人群免费提供。

为了使残疾人在使用付费电视机顶盒时可以方便地观看有字幕节目，广通委开发了调整字幕大小和位置的功能，以及进行语音提示的技术。同时，为了进一步提升听力残疾人观看电视的便利性，提供了调整手语视频位置和画面大小等智能手语广播电视服务，这项服务已在六个频道（KBS、MBC、SBS、YTN、JTBC、TV朝鲜）和三个平台（SKB、LG HelloVision、Skylife）上运行。广通委还开发和升级了语音—字幕—手语转换系统，包括韩国手语平行语料库学习、男女3D手语动画、字幕和手语同步显示的应用程序开发等，并面向实际需求者进行了试点服务。[②]

（二）弱势群体的媒体权益保障与受害援助

广通委于2019年1月修订《残疾人广播电视节目编排及残疾人广播接近权保障公告》，扩大了手语和画面解说广播电视节目的编排比例，主要修订内容包括将地面波电视、综合编排广电频道和新闻电视频道运营商的韩国手语画面播报比例从5%提高到7%，以及将画面解说广播的重播比例从原来的30%缩减到25%以下，改善了残疾人的视听体验。[③]

广通委致力于消除媒体福利盲区，扩展线上和线下基础设施，以便偏远地区和弱势群体能够更好地接触和利用媒体，例如：在大邱和庆南地区新增了两

---

① 注：韩国视听障碍者登记人数为675991名（2022年，卫生福利部）。
② 《2023年广播通信委员会年度报告书》，韩国广播通信委员会网站，2024年3月29日，https：//kcc. go. kr/user. do? mode = view&page = A02050300&dc = K02050300&boardId = 1078&cp = 1&boardSeq = 60404。
③ 《2023年广播通信委员会年度报告书》，韩国广播通信委员会网站，2024年3月29日，https：//kcc. go. kr/user. do? mode = view&page = A02050300&dc = K02050300&boardId = 1078&cp = 1&boardSeq = 60404。

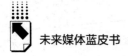

个地区观众媒体中心①，使更多人能够体验媒体创作，同时，增加了 8 辆流动的"媒体共享巴士"②，为偏远地区的学校和团体提供电视主持人、记者和电台 DJ 等多样化的媒体体验机会③。

2022 年 5 月，广通委开设了"在线受害 365 中心"，这是一个帮助国民迅速应对在网络上发生的各种受害情况，提供专业、系统的咨询服务和用户受害支援服务的机构。受害咨询可以通过电话、Kakao Talk、在线受害 365 中心官网（www. helpos. kr）在线咨询申请或邮寄等方式进行，中心在接收后对受害案例进行分类，根据相关法律条款告知申请人应对方案，对复杂或不明确的受害案例提供深入咨询，并在全国范围内受理所有在线服务受害案件，提高用户访问的便利性。④

（三）为残疾人提供灾害信息的媒体服务平台

韩国电子通信研究院⑤研发了为视力和听力残疾人提供灾害信息的媒体服务，通过文本、视频、音频等多种媒体形式，向信息获取有困难的人们提供灾害信息。该服务平台基于 ATSC 3.0⑥，提供针对听力残疾人的虚拟数字人灾害信息手语视频、针对视力残疾人的灾害信息解说音频、针对高龄老人和外国人

---

① 观众媒体中心是广通委根据《广电法》第 90 条第 21 款设立的旨在鼓励观众参与广播实践并保障观众视听权利的机关。免费提供媒体教育和广播制作设施和设备，以便观众能够正确理解媒体并制作广播内容。自 2005 年釜山观众媒体中心开始运营，观众媒体中心目前在光州、江原道、大田、仁川、首尔、蔚山、京畿道、忠清北道、世宗、庆尚南道、大邱等全国 12 个地区运营。

② 媒体共享巴士是指配备了媒体制作、体验、放映设备的大巴车，会前往全国各地为地方居民、少数群体团体和个人提供多种媒体体验和教育，例如：VR 体验、电台体验、动画配音体验、新闻主播体验等。

③ 《你知道会流动走访的媒体分享巴士吗?》，南杨州市网站，2020 年 11 月 12 日，https：//blog. naver. com/nyjloving/222142422538。

④ 《2023 年广播通信委员会年度报告书》，韩国广播通信委员会网站，2024 年 3 月 29 日，https：//kcc. go. kr/user. do? mode = view&page = A02050300&dc = K02050300&boardId = 1078&cp = 1&boardSeq = 60404。

⑤ 官网，www. etri. re. kr。

⑥ ATSC 3.0（先进电视系统委员会）是一项数字地面广播标准，它采用先进的编码和调制技术，能够更加有效地利用有限的频谱资源，旨在为网络运营商提供更出色的灵活性、稳健性和运营效率。

的灾害信息定制图像等，旨在使信息获取受限的人们能够更容易地获取灾害信息。①

在紧急灾害发生时，韩国科学技术信息通信部的紧急灾害警报系统会首先收集和分析灾害信息。通过数据采集与分析，这些信息会被传送至虚拟数字人手语服务器和语音合成服务器。虚拟数字人手语服务器生成虚拟数字人手语视频，语音合成服务器生成相应的语音解说。随后，这些内容会被传送至资料管理传送服务器，进行数据管理和传输，最终通过 ATSC 3.0 服务平台传送至电视终端、智能手机和扬声器等设备，让视力和听力残疾人能及时获取紧急灾害信息。

五 智能视听新技术赋能韩国内容产业

韩国文化体育观光部对"内容产业"的定义是：与出版、漫画、游戏、音乐、电影、动画、广播电视、广告、角色、知识信息和内容物匹配软件的生产、流通、消费有关的产业。② 韩国内容产业在全球范围内的流行被称为"韩流"。智能视听技术的发展为韩国内容产业提供了新的传播渠道和表现形式，韩国内容产业的繁荣也为智能视听产业提供了丰富、多样化的资源。

（一）虚拟偶像

人工智能、AR/VR 以及动作捕捉等技术的发展，为虚拟数字人的制作和开发提供了技术支持。虚拟数字人是指通过利用深度学习、计算机图形学、语音合成技术等聚合技术在计算机中模拟出一个类似真人特质的虚拟人物形象。③ 虚拟偶像是主要在数字网络空间中作为偶像进行活动的虚拟角色。韩国的虚拟偶像市场迅速扩大，主要包括亚当、ISEGYE IDOL、PLAVE、APOKI、SUPERKIND、MAVE 和 ETERNITY（见表 1）。

---

① 《ETRI 在"NAB 2024"展示 AI 功能的视频技术》，ITbiznews 网站，2024 年 4 月 12 日，https://www.itbiznews.com/news/articleView.html? idxno=130961。
② 邓婷婷、曾安东：《韩国文化产业的立法体系及其启示》，《邵阳学院学报》（社会科学版）2017 年第 2 期。
③ 张鹏、方彪：《生成式人工智能赋能下的 AIGC 虚拟数字人：图书馆用户服务的机遇与挑战》，《图书馆》2024 年第 6 期。

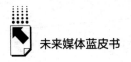

表 1　韩国代表虚拟偶像

组合名 （YouTube 订阅者数）	类型	出道时间	特征
亚当	韩国最早的虚拟偶像	1998 年	外形是用 3D 图形技术制作的，声音使用真人歌手朴成哲的声音
ISEGYE IDOL （66.2 万名）	虚拟女子组合（6 名）	2021 年 12 月	2023 年发布的歌曲 *Kidding* 在 Melon 排行榜上位列第一
PLAVE （72.1 万名）	虚拟男子组合（5 名）	2023 年 3 月	采用 3D 模组技术创造漫画风格的 3D 虚拟人物外形；在 31 周年韩特音乐大奖 2023 上获得特别奖；首个在 MBC"Show！音乐中心"获得冠军的虚拟偶像
APOKI （33.9 万名）	虚拟偶像	2021 年 2 月	被 HTC 选为 2021 年全球 VR 影响力 TOP 100 第 5 名
SUPERKIND （30.5 万名）	韩国首个虚拟人（2名）+真人（5 名）偶像男子组合	2022 年 6 月	在印度滚石杂志 *Link* 评选的 2022 年十佳新人团体中排名第二
MAVE （25.1 万名）	虚拟女子组合（4 名）	2023 年 1 月	通过出演 MBC《Show！音乐中心》正式出道
ETERNITI （10.8 万名）	虚拟女子组合（11 名）	2021 年 3 月	利用深度学习 AI 技术制作而成，通过"AI 心动挑战"偶像选秀最终选出 11 名成员

注：订阅者数据更新截至 2024 年 6 月。

资料来源：《虚拟偶像，能否成为新韩流的主角》，Forbes Korea 网站，2024 年 2 月 23 日，http：//jmagazine. joins. com/forbes/view/339314。

　　虚拟偶像作为一种新兴的娱乐现象，正通过社交媒体平台广泛传播，在全球范围内获得认可。与传统真人偶像相似，虚拟偶像通过发布音乐视频或舞蹈练习视频来推广新曲目。社交媒体是虚拟偶像市场进入海外的关键元素，它为大众提供了一个直接参与和分享虚拟偶像内容的平台。韩国大多数虚拟偶像都活跃在 YouTube 上，利用该平台积累了大量粉丝。以 MAVE 为例，该虚拟偶像在 YouTube 平台拥有 25.1 万名订阅者，2023 年 11 月 30 日发布了新曲 *What's My Name* 的音乐视频后，该视频 12 天内突破了 1000 万次观看。①

从漫画里走出来的"撕漫男"虚拟男团 PLAVE 在 2024 年 4 月 13～14 日在首尔奥林匹克公园奥林匹克厅举行了首场粉丝音乐会，约有 7 万人同时访问预售门票网站，在 10 分钟内全部售罄。预售价格为 10.8 万～12.1 万韩元。②

（二）电视节目

随着韩国电视节目制作的数字化转型，虚拟制作技术（Virtual Production）在节目制作中得到了广泛应用。该技术不仅能够减少场景制作和拆卸的成本，还能在不进行实地拍摄的情况下实现多样化的场景演绎。通过先进的实时图形技术，演员可以在虚拟环境中进行沉浸式表演，大大缩短后期制作的时间和成本。此外，虚拟仿真内容制作公司如韩国坡州市的 CJ ENM③ 和 Dexter Studio④、韩国河南市的 VA Studio⑤、韩国光州市的 VIVE Studio⑥ 等与信息通信公司及海外公司建立了合作伙伴关系，进一步提高了节目制作的完整性和全球市场的竞争力⑦。

韩国地面波广播公司如 KBS、MBC 和 SBS 等正在积极研究并应用人工智能技术来改造广播电视节目。通过深度神经网络（DNN）和卷积神经网络（CNN）等深度学习模型，将低分辨率的旧内容转换为 4K 和 8K 的高分辨率内容，例如 KBS 将 1946 年 8 月 15 日的黑白影像转换为彩色影像。面部识别技术被用于分析和自动解释面部特征，并展示了 1948 年李承晚总统等的影像。⑧

---

① 《"又爆了"网石游戏偶像"MAVE"，新歌点击量突破 1000 万》，Ftoday 网站，2023 年 12 月 11 日，https：//www.ftoday.co.kr/news/articleView.html？idxno＝313130。

② 《虚拟偶像 PLAVE，粉丝演唱会门票 10 分钟内售罄……同时在线购票人数达 7 万》，Topstarnews 网站，2024 年 3 月 20 日，https：//www.topstarnews.net/news/articleView.html？idxno＝15470155。

③ 官网，www.cjenm.com。

④ 官网，www.dexterstudios.com。

⑤ 官网，vacorp.co.kr。

⑥ 官网，vivestudios.com/v2/web。

⑦ 《2023 广播影像产业白皮书》，韩国文化产业振兴院网站，2024 年 2 月 29 日，https：//www.alio.go.kr/occasional/researchDtl.do？seq＝3248460。

⑧ 《KBS，为纪念光复节，将记录百年前时代风貌的视频复原为彩色》，Pdjournal 网站，2022 年 8 月 12 日，http：//www.pdjournal.com/news/articleView.html？idxno＝74006。

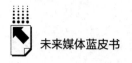
深度学习与去老化技术相结合，将演员尹汝贞 20 多岁的形象重新再现，并通过语音合成技术再现其声音。①

（三）元宇宙演唱会

随着线下演出逐渐恢复，SK Telecom 于 2022 年 6 月 27 日至 7 月 3 日在其元宇宙平台 Ifland② 上举办了"元宇宙音乐节"③。在 12 月底，全球首次视听沉浸式元宇宙演唱会 *Star Iz Born* 也通过娱乐传媒公司 ASIMULA 专用的 VR 应用程序进行全球直播。④

元宇宙演唱会在虚拟的在线空间中举行，超越了物理空间的限制，观众无须为了抢占好位置而激烈抢票，在家中即可舒适地享受演出，并获得与现场演出相同的沉浸感。通过实景和计算机绘图（Computer Graphics，CG）结合的扩展现实（XR）视频，观众可以体验到 360 度的超真实立体音效，体验到现场般的视听沉浸感。观众还可以通过虚拟形象进行实时互动，利用虚拟形象表达情感，获得更加独特的体验。

元宇宙演唱会与通过 YouTube 等视频平台在线播出演出画面的"线上演唱会"形式不同。其虽然也在网上进行演出播出和消费，但这里没有实际音乐家登场，而是通过动作捕捉等技术，将音乐家动画化的虚拟形象呈现出来。根据各种策划和技术的形式，有些音乐家仅在 3D 舞台设置的屏幕视频中出现，有些则是 3D 空间中合成的 2D 实景人物。显而易见的是，通过制作与传统直播演出完全不同的虚拟形象，艺术家成为虚拟存在，并且能够实现更多的互动和虚拟商品创收。

Naver Z 创建的元宇宙平台 Zepeto（https：//web. zepeto. me/zh - cn）在

---

① 《KB Life 生命集团推出广告幕后》，KB Life 生命网站，2023 年 1 月 1 日，https：//www. youtube. com/watch？v=3cdpKBqlpuo。

② 官网，https：//studio. ifland. io/。

③ 《2023 广播影像产业白皮书》，韩国文化产业振兴院网站，2024 年 2 月 29 日，https：//www. alio. go. kr/occasional/researchDtl. do？seq=3248460。

④ 下载地址：www. starizborn. com（提前购买 3 万韩元门票方可在演唱会开始前 24 小时内获得下载安装该程序的权限）；《世界首个视觉与听觉沉浸式元宇宙演唱会"Star Iz Born"将于本月 26 日举行》，TK TIMES NEWS 网站，2022 年 11 月 22 日，https：//blog. naver. com/manfax54/222935025671。

2020 年举办的 Blackpink 虚拟粉丝见面会吸引了 4600 万人参加。Zepeto 在 2022 年上半年全球用户数超过 3 亿人。元宇宙空间中虚拟演出的魅力在于音乐家和观众的紧密连接体验。预计通过 3D 全息图和图形技术、AI（人工智能）技术的发展，元宇宙演出将带来更多样的变化。

（四）文学艺术装置

借助虚拟现实（VR）、扩展现实（XR）和增强现实（AR）等新技术，传统文化遗产和艺术作品焕发了新的生命力。无论身在何处，观众都可以通过这些技术，以沉浸式的方式体验博物馆和美术馆的策展。2024 年 5 月 21 日，在首尔国立中央博物馆举行的"实感华城，数字体验的 8 日皇家行程"展览，将 229 年前正祖的水原华城行程通过数字化策展生动再现，并提供了互动体验，通过 VR 和 XR 设备，观众可以亲身体验正祖与臣子们的射箭活动等，仿佛置身于历史现场。[①]

此外，虚拟现实、全息图、游戏和人工智能等新技术构成的数字体验空间"Museum X"于 2023 年 8 月 4 日在韩国江原道束草市开馆。[②] 该展馆由实感内容专业公司 XOVIS 创建，占地 1750 平方米，共四层。馆内分为 4 个区域，设有 16 个互动体验设施，包括总分辨率达 130K 的投影仪和 2200 万个 LED 灯，该展馆通过与建筑、设计、音乐和 AI 专家合作，展现了融合光、声音、图像和气味的多感官媒体艺术。Museum X 旨在打造"艺术与技术相融合的游乐场"，通过新维度的沉浸式数字体验，展示多种实感内容。

---

① 《VR·XR·AR 技术再现 229 年前"正祖的路"同行》，文化日报网站，2024 年 5 月 28 日，https：//www. munhwa. com/news/view. html？no＝2024052801032312285001。

② 《AI 绘制的肖像画，荡秋千时享受的实感内容……束草"MuseumX"开馆》，女性新闻网站，2023 年 8 月 4 日，https：//www. womennews. co. kr/news/articleView. html？idxno＝239068。

Abstract

Since 2023, there has been an explosive promotion in the application of language models and vertical models, and a breakthrough in the development of generative artificial intelligence, which has sparked a global application boom. Driven by digital technology, "AI +" will become the "standard" for the transformation and development of audiovisual media in the future, and the era of open and collaborative "intelligent audiovisual" is coming.

Annual Report on the Development of Future Media in China (2024) focuses on the innovation and challenges faced by China's audio-visual industry in the intelligent new era from 2023 to 2024, with the theme of "Intelligent Audiovisual: New Quality Productivity Driving the Development of Future Media". The book consists of five parts: "General Report", "Industrial Ecology", "Industry Exploration", "Survey Data" and "Global Trends". The "General Report" comprehensively demonstrates how intelligent technology has become the core driving force behind the transformation of the audiovisual industry. The "Industrial Ecology" section focuses on analyzing the current development status and changing trends of the intelligent audiovisual industry from five industrial modules: content production, technical services, platform operation, education and training, and terminal product manufacturing. The "Industry Exploration" section analyzes how intelligent audio-visual technology empowers and challenges industries such as broadcasting, gaming and animation, digital publishing, film and television, advertising, and performing arts. The "Survey Data" section targets user groups such as elementary school students, young people, and the elderly, analyzing the consumption status of smart audio-visual content among different age groups using primary data. It also conducts in-depth research on local county-level media integration centers and proposes countermeasures and suggestions for high-quality development. The "Global Trends" section summarizes the current development of intelligent audio-visual industry in countries such as the United States, the United Kingdom, and South Korea, and establishes a more comprehensive and in-depth study of the intelligent audio-visual industry from an international perspective.

This report proposes that mainstream media and internet platforms at all levels are empowering audiovisual production with AI, bringing about a "quality and efficiency" transformation to the audio-visual industry by building a strong technological foundation, innovating content forms, deepening scene applications, expanding terminal forms, and strengthening social interaction. However, they also face development challenges such as key technology bottlenecks, limited demonstrative applications, lack of composite talents, and incomplete governance frameworks. In the wave of technological revolution and audio-visual industry transformation, forward-looking technological innovation should lead the transformation and integration of the audio-visual field. The intelligent audio-visual industry needs to improve quality through "intelligence", move towards "innovation", and enter a new era of high-quality development.

Annual Report on the Development of Future Media In China (2024) is jointly compiled by Xiamen university of Technology, Future Media Think Tank in Fujian Province, Future Media Development Research Center of Fujian Education Department Research Base of Humanities and Social Sciences, Fujian Province Key Laboratory of Network Audio-visual Application Innovation.

Keywords: Future Media; Intelligent Audio-visual; Digitalization

Contents

I   General Report

B.1   Annual Theme Report on China's Future Media (2024):
Deep Transformation and Challenges in the Era of
"Intelligent Audio-visual Plus"   *Leng Yingying, Lin Xiaoyong* / 001

Abstract: Intelligent audio-visual is the crystallization and new trend of the deep integration and development of broadcasting and television, internet audio-visual, and the new generation of information technology industries represented by artificial intelligence, as well as strategic emerging industries. It is a new audio-visual communication ecosystem that revolves around multidimensional scenarios, conducting automated content generation and immersive interactions. It is not only a collection of content for audio-visual production and application but also a general term for related technologies, platforms, products, terminals, and services. It possesses intrinsic characteristics such as the evolutionary integration of technologies, the blending of virtual and real expressions, the permeable extension of boundaries, and the comprehensive coverage of the entire industrial chain. The development of intelligent audio-visual can be divided into three stages: auxiliary enhancement, preliminary automation, and automated content production. Currently, with the surge in the application of AIGC, intelligent audio-visual has entered the 2.0 era. Mainstream medias and commercial platforms empower audio-visual production with AI, bringing a "quality and efficiency" transformation to the audio-visual industry through strengthening the technological foundation, innovating content forms, deepening scenario applications, expanding terminal forms, and enhancing social interaction. However, intelligent audio-visual also faces development challenges such as a lack of exemplary applications, a shortage of compound talents, and a governance framework that needs to be improved. Driven by the wave of digital intelligence, "AI +" will become the "standard configuration" for the transformation and development of future audio-visual media, and the era of open and collaborative "pan-intelligence audio-visual" is coming.

Keywords: Intelligent Audio-visual; AIGC; Future Media

II Industrial Ecology

B . 2 Reconstruction of Audio-visual Industry's Content Production in the Intelligent Era (2024)

Lan Yanling, Liu Sihang / 044

Abstract: AI, big data, multi-modal transformation, in-depth learning, large models and other digital intelligence technologies, as new engines for the transformation of social production mode, have become accelerators for the innovation and development of various industries. From 2023 to 2024, the birth of video model represented by Sora and Vidu has provided a core driving force for the structural reconstruction of the audio-visual industry, especially in the content field, which has greatly reconstructed the audio-visual content production mode. This report systematically analyzes the development, application scenarios and technology core of intelligent technology in the field of online audio-visual content production. At the same time, based on the fraud, privacy leakage, originality controversy and other risks of intelligent technology, this report further analyzes the challenges and impacts of generative artificial intelligence on the originality, subjectivity and value of the audio-visual industry. Is the audio-visual content generated by intelligence still original and artistic? How to achieve man-machine cooperation in the intelligent upgrading process of audio-visual industry? When data and computing power become the main body of content co creation, the audio-visual industry should not only think about the future of man-machine symbiosis.

Keywords: Artificial Intelligence; Audio-visual Industry; Content Production; Digital Intelligence Technology

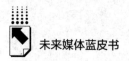
B.3　Development and Research Report on Intelligent
　　　Audio-visual Technology Service System（2024）

Wei Wu , Han Zitong / 064

Abstract：From the perspective of AIGC, this report summarizes the current status of AI technology development and the service applications in the field of intelligent audio-visual, in terms of infrastructure, algorithmic models and technical services. Combining cases from China and other countries in the world, this report sorts out the intelligent technological system in the field of intelligent audio-visual industry chain, including capturing, producing, storing, broadcasting, distributing and displaying. In the context of the rapid development of AI, this report proposes the risks and challenges to be faced by intelligent audio-visual in a future where the infrastructure is getting improved, the technological tools are being advanced, the consumer market is showing enthusiasm, and the macro-regulation is implementing effectively.

Keywords：Artificial Intelligence；Intelligent Audio-visual；Audio-visual Services；Technological System

B.4　Research Report on the Upgrading and Development of the
　　　Operation of Smart Media Platforms（2024）

Zhang Yongnian / 086

Abstract：After undergoing rapid develop, China's smart media platforms are confronted with challenges in areas such as user churn, low-quality and homogeneous content, single business model, and others. This report commences by analyzing relevant industry data regarding the development and market competition pattern of China's smart media market from 2023 to Q1 2024. It sorts out the common issues in the China's smart media market, employs the dimension-upgrading methodology, enhances thinking dimensions, breaks through existing cognitive limitations, assists smart media platforms in establishing new competitive advantages and development perspectives, and systematically constructs strategic measures for the operation and development of China's smart media platforms from five dimensions：policy response, technology empowerment, brand IP and copyright protection, cross-integration development, optimization of overseas plans.

Keywords: Smart Media Platform; Platform Operation; Dimension—Upgrading Development

B.5 Report on the Construction and Development of Intelligent Audio-visual Talents (2024)

Jiang Nan, *Wang Xinyue* / 105

Abstract: With the explosive development of generative artificial intelligence, the demand for talents in emerging industries such as "artificial intelligence" has surged, and traditional education and training can no longer meet the needs of industry talent development. In this context, this article uses data analysis methods to investigate the current status of the construction of intelligent audio-visual talent teams and the employment situation in universities. The study found that there are currently few colleges offering intelligent audio-visual related majors, a high demand for composite talents combining art and technology, and a shortage of applied teachers in the cultivation of intelligent audio-visual talents. Faced with the urgent situation of intelligent audio-visual education reform, this report takes representative enterprises and universities as examples, pointing out that the cultivation of intelligent audio-visual talents should strengthen policy guidance and promote educational reform, so as to provide talent guarantee for the vigorous development of the intelligent audio-visual industry.

Keywords: Intelligent Audio-visual; Education and Training; Talent Training

B.6 Intelligent Audio-visual Terminal Manufacturing Industry Development Status and Trends (2024) *Liang Yuanliang* / 127

Abstract: The intelligent audiovisual terminal manufacturing industry is in a

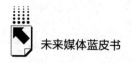

phase of rapid development, benefiting from the widespread application of technologies such as artificial intelligence, big data, and 5G, which has led to market characteristics of scale and diversity. The Chinese government supports the industry's growth through policies such as investment subsidies and tax incentives, driving technological innovation and market penetration of products like smart TVs and smart speakers. However, as the intelligent audiovisual market deepens, competition among enterprises intensifies, and core issues such as supply chain management in terminal manufacturing, product homogenization, and privacy protection emerge. Globally, China holds a significant market share, and the prospects for intelligent audiovisual terminals in areas like smart home and intelligent mobility are vast. Major manufacturers such as Hisense maintain their competitiveness through technological innovation and market expansion. Looking ahead, the intelligent audiovisual terminal manufacturing industry is moving towards greater intelligence, integration, and service orientation, with immense market potential. Enterprises must keep pace with technological advancements and adapt their market strategies flexibly to meet the rapidly changing market demands.

Keywords: Smart Audio-visual Terminals; Technology Applications; Industry Development Trend

III Industry Exploration

B.7 Building a New Pattern of Intelligent Audio-visual

Content Production in the Radio and Television Industry

Wei Xiying / 149

Abstract: In recent years, the development of cutting-edge technologies such as AI, 5G, big data, cloud computing, and the Internet of Things has jointly promoted the intelligent transformation and development of audio-visual content production in China's broadcasting and television industry. The new media production mechanism of human-machine collaboration has improved the efficiency of audio-visual content production; The integration of technology and image reproduction enhances the audio-visual experience; Intelligent technology accurately grasps user needs and assists in the refined operation of media. Central Radio and Television Station, which leads the intelligent construction of broadcasting and television media, Shanghai Radio and Television Station, which launches AIGC application integration tools, Elephant Integrated Media, which empowers technological innovation and business models in the broadcasting and television industry with AIGC, and Shenzhen Radio and Television Group, which empowers "media+" applications with AI technology, are all typical examples of intelligent audiovisual content production.

Keywords: Broadcasting and Television Industry; Intelligent Audio-visual; Content Production; Audiovisual Media

B.8　The Development Report on Generative AI Applications in the Gaming and Animation Industry (2024)

Lin Xinyu, Ren Yiming / 162

Abstract: Since 2018, generative artificial intelligence (GAI) has been a catalyst for transformation in various industries, with the gaming and animation sectors being particularly impacted. These industries have been closely linked with GAI from the start, fostering mutual growth. This report offers a thorough examination of GAI's role in gaming and animation, detailing its foundational principles, evolution, and current industry status. It explores the diverse applications of GAI within gaming, such as enhancing graphics, text, audio, and level design, as well as its contribution to the creation of images and videos in animation. The report underscores the significant opportunities that GAI has opened up, from aiding creativity to boosting production efficiency in both industries. However, it also acknowledges the challenges faced, such as ensuring content safety, safeguarding data security and privacy, and navigating a complex regulatory landscape. By providing a comprehensive analysis, this report seeks to equip industry strategists, developers, and policymakers with actionable insights and essential knowledge. This information is intended to guide strategic decision-making, tackle technological and regulatory hurdles, and foster ongoing development and innovation in the application of GAI within gaming and animation.

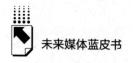

Keywords: Generative Artificial Intelligence; The Gaming Industry; The Animation Industry

B . 9   The Intelligent Transformation and Reshaping of the Digital Publishing Industry   *Cao Dan* / 183

Abstract: The high-quality development of the digital publishing industry is mainly characterized by a significant increase in the leading role of technological innovation, solid promotion of industrial digital transformation, and continuous deepening of high-level opening-up to the outside world. Chinese publishing industry implements the concept of high-quality development, accelerates the construction of a new development pattern for the digital publishing industry, unleashes the vitality of high-quality development through intelligent transformation, promotes efficiency transformation, power transformation, and governance transformation, opens up new tracks for digital publishing, stimulates new driving forces for digital publishing, and coordinates the development and security of digital publishing. The intelligent transformation of the digital publishing industry drives the reshaping of the entire publishing industry chain, the reshaping of the publishing data element system, the reshaping of the publishing regulatory system standards, and the coordinated promotion of the supply side reform and development of the publishing industry.

Keywords: High Quality Development; Digital Publishing; Artificial Intelligence; Data Elements

B . 10   Intelligent Creativity: Report on the Development of Advertising Industry Led by AI (2024)

Lai Zhenli, He Luwen / 195

Abstract: With the rapid development of artificial intelligence technology, the advertising industry is undergoing unprecedented changes in recent years. AI technology has changed the entire advertising ecosystem from the analysis of target users, the creation of advertising content, the strategy of advertising delivery to the detection of advertising effectiveness. It has realized the transformation of high efficiency, high quality and high return on investment for the advertising industry, and also upgraded the experience of consumers in advertising marketing. In the future, AI will continue to promote the whole industry to develop in a more efficient and intelligent direction.

Keywords: Artificial Intelligence; AIGC Technology; Advertising Industry; Internet Advertising

B.11 Report on the Development of Intelligent Audio-visual Technology in the Film and Television Industry (2024)

She Qilin, Liu Zehao and Shi Wei / 216

Abstract: This report focuses on the film and television industry, with a particular emphasis on intelligent audio-visual technology, aiming to explore how intelligent audio-visual technology can empower the comprehensive development of the film and television industry. This report adopts the literature research method to analyze the intelligent audiovisual industry from two perspectives: industrial and policy regulatory. The research results show that firstly, the innovation of intelligent listening technology has accelerated the upgrading of the architecture of the film and television industry, broadened the path of progress of the film and television industry, and deepened the production characteristics of the film and television industry; Secondly, while intelligent listening technology enriches the content creation of the film and television industry, promotes the integration of multiple industries and cross industries, it also raises risks and challenges related to intellectual property, work quality, and market competition. Overall, the film and television industry needs to leverage science and technology, persist in continuous innovation, and adapt to changes in policies and regulations based on in-depth exploration of industrial cooperation models, in order to form effective and benign development.

Keywords: Intelligent Audio-visual; Film and Television Industry; Film Industry; TV Industry

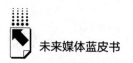
B.12 New Revolution in Interaction: The Development and

Application of Audio-visual Large Models *Li Jianxun* / 233

Abstract: Large models in audio-visual fields, integrating technologies such as deep learning, pattern recognition, and natural language processing, are reshaping the way humans communicate with machines. They have optimized the production of personalized content in media and entertainment, while also showing tremendous potential in industries like education, healthcare, and finance. Large models in audio-visual fields enhance data processing capabilities through deep learning, and technologies for feature extraction and multimodal fusion further increase the efficiency of intelligent transformation.

Although technological innovation brings challenges related to data privacy and ethical issues, interdisciplinary collaboration provides solutions to ensure the inclusiveness of technology. In the future, large models in audio-visual fields will promote the development of more natural and intuitive interaction methods, emphasizing social inclusivity to meet the diverse needs of users around the world, and contribute to building an intelligent, fair, and sustainable society.

Keywords: Intelligent Audio-visual; Large Models; Interactive New Transformation

IV Survey Data

B.13 Research on Content Production and Consumption Behavior

of Young Internet Users from the Perspective of Intelligent

Audio-visual Availability *Zhang Xiaoxu, Li Yating* / 248

Abstract: The intelligent audio-visual industry, at the forefront of artificial intelligence advancements, plays a crucial role in shaping the future of new quality productivity in China. Young netizens, as the primary driving force behind the growth of intelligent audio-visual platforms, contribute to both content creation and consumption. This report is based on the theory of media availability and grounded in theoretical analysis, proposing a theoretical framework for the production and consumption behavior of intelligent audiovisual content. At the same time, a questionnaire survey was conducted to analyze the production and consumption behavior of intelligent audio-visual content among young netizens, and the proposed theoretical framework was tested. This report found that the motivation for user content production is the pursuit of fame and fortune, expression of opinions, and social interaction, while the motivation for user consumption is personal growth needs, enjoyment of entertainment needs, and social belonging needs; Intelligent audio-visual availability includes five dimensions: production availability, social availability, mobility availability, consumption availability, and emotional availability. The production behavior of user content includes cognitive surplus, self presentation, and social capital. User consumption preferences are web sensory content, self presentation, and double speed reading and listening; User content production and consumption motivation leads to content production and consumption behavior, with intelligent audio-visual availability playing a mediating role, and user cognitive evaluation playing a negative moderating role. The main contribution of this study is to construct a theoretical framework for the production and consumption of intelligent audiovisual user content, and to construct a measurable scale for testing, providing theoretical reference and empirical basis for a deeper understanding of intelligent audiovisual production and consumption behavior.

Keywords: Intelligent Audio-visual; Young Netizens; Media Availability; Content Production and Consumption Theory

B.14 Research Report on the Current Situation and User Survey on the Enhancement of "Ageing" of Intelligent Audio-visual
Yu Lin, Shi Jingyuan / 271

Abstract: With the development of intelligent audio-visual industry and the growing trend of aging population in China, the intelligent audiovisual industry is facing urgent needs and strategic opportunities to adapt to aging. This report focuses on the elderly population in the southern Fujian region and conducts random sampling

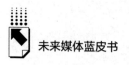
surveys and in-depth interviews. Through the analysis and sorting of questionnaire data and interview content, it was found that many mainstream intelligent audio-visual platforms have improved their existing functions in combination with the characteristics of the elderly population. However, there is still significant room for improvement in terms of user experience, especially in optimizing significant issues such as aging friendly content, user senses, visual design, and interactive interface convenience. This provides a direction for improvement in the aging friendly reform of the intelligent audio-visual industry.

Keywords: Suitable For Aging; Smart Audio-visual; User Analysis

B. 15 Investigation of the Current Situation of short Video
Stickiness of Primary School Students and
Analysis of Prevention Mechanism

Zhang Ji, Cui Mingting / 285

Abstract: Short videos, as a new form of information acquisition and entertainment, have quickly attracted a large audience of fans, including elementary school students among the underage group, due to their short time, novel content, and convenient search. This report uses literature review, questionnaire survey, and in-depth interviews to analyze the current situation of short video stickiness among primary school students, the corresponding relationship between various indicators and short video categories, and establish a model to conduct in-depth research on the state before and after watching short videos. The research results of this report show that primary school students have different changes in academic performance, physical condition, mental state, outdoor activities, interpersonal communication, and sleep quality before and after watching short videos. Based on the above issues, this report further explores the mechanism of multi-party linkage prevention in society, focusing on the corresponding strategies of positively guiding primary school students to access short videos and improving the quality of short videos in terms of the duration, time period, and frequency of their use, guardian monitoring channels and methods, usage platforms, and social and home school linkage.

Keywords: Short Video; Current Situation of Stickiness ; Elementary School Student; Internet Technology

B.16   Research Report on the High‑Quality Development of the Huli District Integrated Media Center in Xiamen (2024)

Research Team on the Development of Integrated

Media in Huli District, Xiamen / 319

Abstract: As an important application scenario for the new cultural productivity in China, county-level integrated media centers bear the cultural mission of promoting the work of ideological and cultural communication and serve as practical grounds for the flourishing of China's cultural endeavors. Currently, the Huli District Integrated Media Center has established a " 2 + 3 + N " media integration framework. This report, based on in-depth research of the Huli District Integrated Media Center, summarizes and analyzes its unique experiences in building new mainstream media platforms, integrating media resources, innovating content production and dissemination processes, applying intelligent audio-visual technology, producing high-quality integrated media products, and prioritizing user experience. In response to challenges such as structural difficulties within the integrated media center, lack of industrial integration vitality, imprecise content design, insufficient content production capabilities, and a shortage of professional talent, the report proposes solutions including the construction of a new platform for governance in the new era, a comprehensive media production and dissemination matrix, and a new diversified business integration development model. additionally, it advocates for the continuous output of high-quality and distinctive media products, the creation of a new model for managing integrated media talent, and the establishment of an intellectual support system combining industry, academia, and research. These measures aim to promote the high-quality development of the Huli District Integrated Media Center and provide Xiamen's experience in the construction of China's all-media framework.

Keywords: Huli District Integrated Media Center; Media Integration; County‑Level Integrated Mediam; Xiamen

V Global Trends

B.17 Opportunities and Challenges: Report on the Development
of Intelligent Audio-visual Systems in the United States (2024)

Li Xiao, *Wang Bingqian* / 340

Abstract: With the continuous progress of science and technology and the in-depth needs of the vast number of users around the world, the global Smart audio visual has been further grown in the past year, both in terms of industry scale and development speed. With the rapid advance of Smart audio visual technology today, the United States has become one of the important leaders in the development of Smart audio visual technology and industry in the world today under the support of its strong scientific and technological strength and industrial scale. From the perspective of industrial development, technological development and the relevant challenges to be faced in the future, this report sorts out and interprets the relevant data and materials of intelligent audio-visual development in the United States, studies the relevant data and cases using case analysis, text analysis and other methods, and objectively summarizes the overall development status, with a view to providing help to practitioners and researchers in related fields in China. Help the further development of intelligent audio-visual field in our country.

Keywords: American; Artificial Intelligence; Audio-visual Industry; Audio-visual Technology

B.18 Report on the Development of Intelligent
Audio-visual Systems in the UK (2024)

Piao Jingwei, *Xing Weishan* / 354

Abstract: This report provides a comprehensive overview of the development of the UK's online audio-visual industry in 2023, with a particular focus on the application of Artificial Intelligence (AI) technology in news production, broadcasting, and film and television creation, as well as the innovative challenges and regulatory issues it brings. AI has significantly improved news production efficiency, personalized content recommendation, and data-driven reporting, while raising concerns about data transparency and the credibility of journalism. The broadcasting industry is seeking transformation amid the growth of streaming services and the application of big data, but faces challenges from government policy changes and the diversification of revenue sources. The film and television industry is under pressure due to decreased investment and restricted production activities, with industry organizations and the establishment of regulatory bodies providing support for industry stability. The deep integration of AI technology offers new opportunities for content creation, but also comes with challenges related to copyright protection, ethical issues, and the adaptability of regulation. This report demonstrates the UK government's deep understanding of AI technology and forward-looking thinking on potential risk challenges by studying the measures taken by the UK government in risk assessment and regulatory establishment, as well as its differences from EU regulatory strategies. The regulatory framework emphasizes safety, transparency, fairness, accountability, and governance, aiming to ensure the healthy development of AI technology and fair competition in the industry. The report emphasizes the importance of continuously paying attention to the development of the online audio-visual industry to grasp industry trends and address future challenges amidst rapid changes in technology and industry environments.

Keywords: Online Audio-visual; Radio and Television; Artificial Intelligence; UK

B.19　Report on the Development of Smart Audio-visual
　　　　Systems in South Korea (2024)　*Li Weiqi*, *Zhang Shichao* / 373

Abstract: This report provides an in-depth analysis of the current status of South Korea's broadcasting and OTT services, revealing how intelligent audio-visual technology facilitates the industry's transformation from traditional broadcasting to

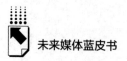

internet-based IPTV and OTT. It emphasizes the role of technological advancements in driving content innovation. The South Korean government has set the goal of becoming a global media powerhouse as a national policy issue, providing a solid foundation for industry development through laws, regulations, and policies, especially in safeguarding the audiovisual rights of minority groups. With the provision of personalized services and high-quality content, along with the rise of emerging fields such as virtual idols and metaverse concerts, South Korea's intelligent audio-visual industry is expected to continue thriving, offering users a richer and more diverse audio-visual experience.

Keywords: IPTV; OTT; Leading Global Media Nation

社会科学文献出版社

皮 书

智库成果出版与传播平台

✤ 皮书定义 ✤

皮书是对中国与世界发展状况和热点问题进行年度监测，以专业的角度、专家的视野和实证研究方法，针对某一领域或区域现状与发展态势展开分析和预测，具备前沿性、原创性、实证性、连续性、时效性等特点的公开出版物，由一系列权威研究报告组成。

✤ 皮书作者 ✤

皮书系列报告作者以国内外一流研究机构、知名高校等重点智库的研究人员为主，多为相关领域一流专家学者，他们的观点代表了当下学界对中国与世界的现实和未来最高水平的解读与分析。

✤ 皮书荣誉 ✤

皮书作为中国社会科学院基础理论研究与应用对策研究融合发展的代表性成果，不仅是哲学社会科学工作者服务中国特色社会主义现代化建设的重要成果，更是助力中国特色新型智库建设、构建中国特色哲学社会科学"三大体系"的重要平台。皮书系列先后被列入"十二五""十三五""十四五"时期国家重点出版物出版专项规划项目；自2013年起，重点皮书被列入中国社会科学院国家哲学社会科学创新工程项目。

法律声明